Le gouvernement municipal du thermalisme

La Fabrique du politique
Sociologie de l'action publique

Cécile Robert et Anne-Cécile Douillet
Vol. 10

Adrien Sonnet

Le gouvernement municipal du thermalisme

Fragilité sectorielle et recompositions d'une capacité politique territoriale

PETER LANG
Bruxelles · Berlin · Chennai · Lausanne · New York · Oxford

Information bibliographique de la Deutsche Nationalbibliothek
La Deutsche Nationalbibliothek a répertorié cette publication dans la Deutsche Nationalbibliografie; les données bibliographiques détaillées peuvent être consultées sur Internet à l'adresse https://dnb.dnb.de

Crédit photo couverture : Marielsa NIELS
Photographie réalisée dans la station thermale de Royat pour la Route des Villes d'Eaux du Massif Central

ISSN 2593-1369
ISBN 978-3-0343-6494-2 (Print)
ISBN 978-3-0343-6495-9 (ePDF)
ISBN 978-3-0343-6496-6 (ePUB)
DOI 10.3726/b23922
Dépôt légal : D/2026/5678/10

Publié par Peter Lang Éditions Scientifiques Internationales - P.I.E., Bruxelles, Belgique

info@peterlang.com

Cette publication a fait l'objet d'une évaluation par les pairs.

www.peterlang.com

Contact concernant le Règlement relatif à la sécurité générale des produits (RSGP) : gpsr@peterlang.com

Table des matières

Liste des figures

Liste des tableaux

Remerciements

En ouverture de cet ouvrage, je souhaite remercier toutes celles et ceux qui, par leur soutien, leurs conseils et leurs remarques, ont contribué à l'aboutissement de ce travail. Mes pensées vont en particulier à Marina Honta et Ludovic Lestrelin, à Cécile Vigour, Romain Pasquier, Michel Koebel et Olivier Le Noé, ainsi qu'aux directrices et évaluateurs de la collection La Fabrique du Politique.

Je tiens à exprimer ma gratitude envers les personnes qui ont accepté de répondre à mes questions et de dévoiler une partie de leur univers professionnel.

Merci également aux collectivités et à leurs groupements (Bagnoles de l'Orne, Grand Dax Agglomération, Landes Attractivité) pour leur autorisation à mobiliser leurs visuels pour illustrer mes propos, à Marielsa Niels et à la Route des Villes d'Eaux pour la photographie de couverture, ainsi qu'au Centre de Recherche Risques et Vulnérabilités (CERREV) et à l'Université de Caen Normandie pour leur soutien institutionnel et financier.

Enfin, je remercie famille et amis, dont la présence a compté dans cette aventure.

Table des sigles

(Les plus fréquemment utilisés)

AFRETh : Association française pour la recherche thermale
ANETT : Association nationale des élus des territoires touristiques
ANMCT : Association nationale des maires des communes thermales
ARS : Agence régionale de santé
CdC : Communauté de communes
CDT : Comité départemental du tourisme
CMPR : Centre de médecine physique et de réadaptation
CRT : Comité régional du tourisme
CNAMTS : Caisse nationale d'Assurance maladie des travailleurs salariés
CNETh : Conseil national des établissements thermaux
DGS : Direction générale de la santé
EPCI : Établissement public de coopération intercommunale
EPIC : Établissement public à caractère industriel et commercial
ETAD : Association des établissements thermaux de l'agglomération dacquoise
FTCF : Fédération thermale et climatique française
IGAS : Inspection générale des affaires sociales
OITT : Office intercommunal du tourisme et du thermalisme
OTT : Office du tourisme et du thermalisme
OTN : Offices de tourisme et territoires de Normandie
PACES : Première année commune aux études de santé
SATF : Syndicat autonome du thermalisme français
SETL : Syndicat des exploitants thermaux landais
SNET : Syndicat national des exploitants thermaux
SNMTh : Syndicat national des médecins thermaux
UNET : Union nationale des établissements thermaux

Introduction

Au printemps 2020, la pandémie de Covid-19 met brusquement en lumière la place occupée par le thermalisme dans l'organisation économique des villes thermales. « Dax : la féria annulée, le thermalisme en berne… une ville durement touchée par la crise sanitaire » ; « Covid-19 : la station thermale de Bagnoles touchée en plein cœur » ; « La fermeture des thermes plonge Balaruc-les-Bains dans le désarroi »[1]. Ces titres, relayés par la presse locale et régionale, insistent sur les répercussions immédiates de l'arrêt de l'activité et soulignent combien les retombées liées à la présence prolongée des curistes dans les stations dépassent le seul secteur des soins[2]. L'hébergement, la restauration, les services médicaux et paramédicaux, les commerces, les transports ou encore les activités de loisirs dépendent directement, dans ces territoires, de l'arrivée saisonnière des curistes et de leurs accompagnants. Chacun d'eux rapporteraient « *2 400 euros en moyenne à l'économie locale* »,

---

[1] Selon les titres d'articles de presse publiés par : *France 3 Nouvelle-Aquitaine*, 1er mai 2020 ; *Le Publicateur libre*, 20 mars 2020 ; *Midi Libre*, 12 avril 2020.

[2] Désignant l'utilisation thérapeutique de l'eau thermale, le thermalisme contemporain repose essentiellement sur le modèle des cures de vingt-et-un jours. Ces dernières sont organisées autour d'une diversité de soins, au premier rang desquels les soins hydrothermaux (bains, douches, boues thermales, vapeurs, gaz…). Des massages délivrés par des kinésithérapeutes, la pratique d'activités physiques et sportives (en eau thermale ou non) ou encore une cure de boisson (dans certaines stations) complètent le dispositif thérapeutique.

pour environ 100 000 emplois créés[3]. Dans des villes de petite ou moyenne taille, bien souvent localisées en milieu rural ou montagnard (Dord, Dubié, 2016 : 15 ; CNT, 2011)[4], cette activité constitue une ressource stratégique. Sa mise à l'arrêt soudaine suscite ainsi l'inquiétude des élus locaux, qui soulignent son rôle central dans l'équilibre économique et social de leur territoire. À Bagnoles de l'Orne Normandie, commune d'environ 2 500 habitants située dans le Nord-Ouest de la France, le maire de la ville évoque « *une situation catastrophique et dramatique pour la commune* ». À Dax, son homologue de l'époque (2016-2020) déplore « *45 000 visiteurs en moins au premier semestre 2020* » et « *des conséquences désastreuses sur les commerces, les hébergeurs, les restaurants et les professionnels paramédicaux* »[5].

Cette inquiétude partagée donne lieu à une mobilisation rapide. Par l'intermédiaire de l'Association nationale des maires de communes thermales (ANMCT) et l'Association nationale des élus des territoires touristiques (ANETT), les élus locaux interpellent le Premier ministre. Relayés par vingt-quatre députés et plusieurs organisations professionnelles, ils dénoncent l'absence de prise en compte des spécificités des communes thermales, déjà fragilisées par la baisse des dotations et désormais exposées aux conséquences de la crise sanitaire, et réclament des mesures exceptionnelles de soutien. La réponse de l'exécutif, transmise par le chef de cabinet du Premier ministre au président du Groupe d'études « thermalisme » de l'Assemblée nationale, réaffirme que le tourisme constitue pour le Gouvernement une « *priorité nationale* » et annonce plusieurs mesures d'accompagnement. Le dispositif de chômage partiel et le fonds de solidarité

---

3 Une étude macro-économique commandée par le Conseil national des établissements thermaux (CNETh) en 2009 estime en effet « à un peu moins de 840 millions d'euros le chiffre d'affaires généré par les curistes et leurs accompagnants » et à 100 000, le nombre d'emplois directs (9 442), indirects (40 300) ou induits (55 930) créés. « Les chiffres clés de la médecine », *La médecine thermale, efficace pour longtemps*, [En ligne], consulté le 15/04/2019. Selon la typologie proposée par la Cour des comptes, les emplois directs impliquent un contact avec les curistes ou touristes. Les emplois indirects renvoient aux fournisseurs, sous-traitants et prestataires des établissements en lien avec les curistes. Enfin, les emplois induits répondent à la demande des personnes en emploi direct ou indirect.

4 D'après Conseil national du tourisme, sur 91 communes thermales recensées, 28 sont situées en milieu rural pour 850 habitants en moyenne et 28 en milieu montagnard pour environ 3 800 habitants en moyenne.

5 Ces propos sont extraits des articles déjà cités.

seront prolongés, les cotisations sociales des TPE et PME exonérées pendant la fermeture, et les loyers dus aux bailleurs publics annulés.

Dans le même temps, le Conseil national des établissements thermaux (CNETh) transmet à la Direction Générale de la Santé (DGS) un « guide des bonnes pratiques sanitaires » dans l'espoir d'obtenir une réouverture anticipée[6]. Mais cette initiative n'aboutit pas. Fin mai 2020, le Premier ministre fixe la date de réouverture des établissements thermaux au 13 juillet, soit plusieurs semaines après celle d'autres établissements de santé.

Cette décision suscite l'incompréhension des professionnels du thermalisme, qui dénoncent le manque de reconnaissance de l'État à l'égard de leur thérapeutique. « *Pourquoi, si les systèmes de santé sont ouverts et que le message du gouvernement est "allez vous faire soigner", le système thermal reste fermé ?* », interroge Olivier Dubois, psychiatre et directeur des thermes de Saujon en Charente-Maritime. La réaction des acteurs thermaux est d'autant plus vive que ce sentiment de « *placardisation dans le domaine du tourisme* » réactive des craintes anciennes. Le thermalisme se distingue en effet par une fragilité structurelle, liée à son positionnement transversal entre santé, tourisme et aménagement du territoire. Historiquement adossé à l'État, le secteur voit sa légitimité thérapeutique régulièrement remise en question, tandis que son ancrage territorial demeure soumis à des équilibres institutionnels instables.

Mieux saisir les contraintes contemporaines qui pèsent sur la filière thermale suppose ainsi de revenir sur l'ambivalence constitutive de son développement, entre vocations sanitaire et touristique. D'abord médical, ce dernier est progressivement favorisé par l'essor du tourisme mondain (Veblen, 1970). Dès le XIXe siècle, « la ville de santé » devient aussi « ville de plaisirs » (Dutheil, 2002). Dans les stations les plus en vue[7], les distractions et les pratiques récréatives prennent le pas sur les logiques thérapeutiques, contribuant pleinement à l'attractivité des lieux. L'univers thermal s'imprègne alors d'un imaginaire

---

6 « Coronavirus : Quand et comment les stations thermales vont-elles rouvrir ? », *20 Minutes*, [En ligne], publié le 15/05/20, mis à jour le 11/06/20, consulté le 15/05/2020. La citation suivante renvoie à cette source.

7 Par « station thermale », nous désignons les « entités territoriales sur lesquelles se déploient les infrastructures et les activités en liaison avec l'exploitation de l'eau thermale » (Conseil national du tourisme, 2011 : 10). Si, dans la majorité des cas, les stations épousent les contours des villes, elles peuvent également avoir une dimension intercommunale.

fait de luxe, de loisirs et de sociabilité ostentatoire, reléguant au second plan la référence au soin et à la maladie. Les villes thermales sont à cette époque appréhendées comme « territoires médicaux et touristiques »[8], identification que transforme profondément le remboursement des cures par la Sécurité sociale en 1947. En démocratisant l'accès aux soins, la création du « thermalisme social » provoque une hausse spectaculaire de la fréquentation – de 141 750 curistes en 1955 à plus de 537 000 en 1983 – et modifie en profondeur la composition de la clientèle. Encore nombreux au début des années 1950, les « curistes libres » cèdent progressivement la place à des « curistes conventionnés », aux propriétés sociales plus modestes (Jamot, 1988 : 492)[9]. Les villes s'ajustent à ce changement. Les palaces et autres lieux réservés à un public fortuné sont remplacés par des structures plus accessibles. De nouveaux usages s'affirment (séjours plus médicalisés, fréquentation populaire, etc.) et c'est l'image même du thermalisme qui se transforme. S'il stimule ainsi leur économie en les consacrant comme « territoires de santé », l'État installe également les villes thermales dans un rapport de dépendance structurelle à l'égard de l'Assurance maladie et du secteur médical (Lohez, 2000 : 316).

À partir des années 1990, les acteurs du monde thermal mesurent la précarité de ces équilibres. Déjà déconsidérée au sein des facultés de médecine et parmi les nouvelles générations de médecins prescripteurs (Boulangé, 2009)[10], la médecine thermale voit son efficacité remise en question par l'État en l'absence de preuves scientifiques du service médical rendu. Ce scepticisme, documenté dans de nombreux rapports administratifs, débouche sur un projet de déremboursement des soins thermaux au tournant des années 2000. Finalement non appliqué, ce dernier n'en constitue pas moins un tournant.

---

8 Le concept de « territoire » renvoie ici et tout au long de l'ouvrage à la définition proposée par les politistes. Il est appréhendé à la fois comme un « espace structurant pour la politique et les politiques » et comme un espace socialement construit. Le territoire est ainsi circonscrit par des frontières qui bornent les élections et « imposent les limites à l'action publique ». Mais ces dernières ne sont pas naturelles. Susceptibles d'évoluer, elles sont le produit des « acteurs du monde social [qui] participent tous, volontairement ou involontairement, à l'institutionnalisation constante des territoires ». Chaque territoire possède donc ses normes, ses règles et ses attentes propres. « Il s'agit des symboles et des représentations sociales qui, au cours de l'histoire, ont été inscrits dans l'espace sous la forme d'appartenances et de cultures » (Smith, Pasquier, 2011).

9 Encore 173 250 en 1955, les curistes « libres » ne sont plus que 59 716 en 1983.

10 Le caractère obligatoire du cours d'hydrologie médicale est supprimé depuis 1968.

Il symbolise la fragilisation croissante d'un secteur concurrencé par d'autres formes de prise en charge du corps, comme la thalassothérapie, dont l'offre semble plus adaptée aux évolutions de la demande. Prisonnières d'une image désormais jugée désuète et fragilisées par la remise en cause de leur modèle de développement par l'État lui-même, les villes thermales connaissent une crise profonde qui s'étend sur près de deux décennies[11].

Cette alternance entre périodes de croissance et remises en question successives, combinée à la tension persistante entre orientations médicale et touristique du thermalisme, soulève une question plus large : celle de l'autonomie des villes vis-à-vis de l'État. Elle renvoie plus précisément aux « enjeux complexes de coordination » liés à la gestion publique des territoires et à leur influence sur l'économie locale (Epstein, 2015 : 457). Analyser la trajectoire des villes thermales revient dès lors à interroger les reconfigurations contemporaines de l'action publique, en prenant en compte à la fois les rapports entre l'État et les gouvernements locaux, et les formes de coordination entre acteurs investis dans sa fabrique à l'échelle locale.

Les villes thermales à l'épreuve du retrait de l'État

Hormis la période médiévale qui a vu l'affirmation des cités-États et d'un pouvoir urbain autonome (Pinson, 2010 : 76), la France est marquée par une longue tradition d'État centralisé (Le Galès, 1995 : 59). La Révolution consacre l'existence des communes, mais l'Empire napoléonien renforce rapidement la tutelle de l'État *via* la figure du Préfet. « Il faut attendre la stabilisation du régime républicain à partir de 1875 pour voir s'ouvrir une nouvelle fenêtre historique plus favorable à la réémergence des pouvoirs urbains » (Pinson, 2010 : 76). Dans un contexte de défiance vis-à-vis du pouvoir central, les républicains renforcent les prérogatives des communes, à tel point que certains auteurs parlent d'un « temps des mairies » (Sawicki, 2001). À la faveur de lois qui augmentent leurs compétences, les villes prennent des initiatives dans divers secteurs d'action publique tels que la santé et le social

---

[11] Les villes thermales enregistrent une chute de fréquentation d'environ 18 % entre 1992 (600 000 curistes) et 2009 (492 000) (CNT, 2011 : 13). Dans certaines stations, comme à Bagnoles de l'Orne, qui perd environ moitié la moitié du nombre de ses curistes sur la même période, le recul est encore plus marqué.

(Pollet, 1995), la planification urbaine (Gaudin, 1985), ou encore l'action économique (socialisme municipal).

Ce moment d'affirmation municipale ne s'inscrit toutefois pas dans la durée. À partir de l'entre-deux-guerres, puis plus nettement sous le régime de Vichy, l'État retrouve un rôle moteur, notamment dans l'aménagement du territoire. Ce mouvement de recentralisation s'accentue sous la IVe puis la Ve République. Nationalisations d'entreprises privées, création de la Sécurité sociale, expansion de l'appareil technocratique et des politiques économiques et sociales, l'État renforce ses capacités d'intervention (Pinson, 2010 : 76-77).

Porté par des logiques keynésiennes et la « croyance [selon laquelle] un optimum collectif [peut] se dégager de la planification » (Lorrain, 1993 : 294), il organise le développement économique en centralisant les leviers d'action. Profitant du régime d'accumulation fordiste, « basé sur l'amélioration de la productivité, la consommation de masse et la hausse salariale », il multiplie les politiques redistributives et interventionnistes (Dormois, 2008 : 47), planifiant les équilibres économiques et territoriaux depuis le centre. Dans cette configuration, les villes et autres territoires locaux sont considérés comme des supports interchangeables, valorisés pour leurs « ressources génériques » (main d'œuvre, matières premières, foncier, etc.), et organisés en fonction d'objectifs définis à l'échelle nationale (Pinson, 2009 : 59-153). Les rapports qu'entretiennent le « centre » et la « périphérie » se veulent hiérarchiques et verticaux. L'État central concentre les principales ressources financières, politiques et d'expertise nécessaires à l'action publique et exerce une « coercition globale » sur les affaires publiques locales (Duran, Thoenig, 1996 : 584 ; Pinson, 2010).

Les acteurs locaux ne sont pas pour autant dépourvus de tout pouvoir (Worms, 1966 ; Grémion, 1975). Si les politiques publiques sont pensées à Paris, leur application est négociée localement entre les représentants de l'État (préfets et membres de l'administration) et les élus locaux (en particulier les notables). En situation de dépendance réciproque – les premiers comptant sur les seconds pour faciliter la mise en œuvre des politiques et répondre aux attentes de leur hiérarchie ; les seconds sur les premiers pour obtenir des financements, améliorer les services locaux et accroître leur légitimité politique – ces acteurs coopèrent selon une logique de « régulation croisée » (Crozier, Thoenig, 1975).

Ces équilibres évoluent toutefois à partir des années 1970. La crise économique qui s'affirme au milieu de cette décennie et le déclin du nombre d'emplois dans l'industrie française (Tracol, 2019) s'accompagnent d'une montée en puissance des logiques néolibérales dans l'administration (Pinson, 2020) et d'une remise en cause de l'État-providence. L'État recentre son action sur ses fonctions régaliennes et « sur la définition de normes juridiques nécessaires au fonctionnement de l'économie de marché » (Dormois, 2008 : 48). Il modifie également ses modalités d'intervention territoriale, au moment même où les villes « montent en puissance » (Lorrain, 1989), portées par une nouvelle génération d'élus désireux d'affirmer leur autonomie et de doter leur administration de moyens pour peser sur les dynamiques économiques locales[12].

Ce nouveau partage des rôles ne signifie pas pour autant un désengagement absolu de l'État, mais une transformation de ses modes d'intervention. Agissant davantage comme un « régulateur » (Chevalier, 2004), il crée d'abord les conditions du développement territorial. Mobilisant de nouveaux instruments d'action publique (diagnostic partagé, projet, contrat) (Epstein, 2015 : 466), il institutionnalise en effet l'action collective et se positionne comme un partenaire des collectivités (Duran, Thoenig, 1996 ; Le Galès, 1995 ; Douillet, 2003). Progressivement toutefois, il adjoint à ce « gouvernement négocié des territoires » une régulation plus distante. Il crée des agences centralisées distinctes de l'administration (moins perméables au lobbying des élus locaux) et recourt à des instruments normatifs et concurrentiels issus du *New Public Management* (appels à projets, prix et autres récompenses). Il laisse ainsi aux acteurs locaux une certaine autonomie, tout en orientant leur action (Epstein, 2005 ; Benamouzig, Besançon, 2007), dans un cadre désormais fondé sur la mise en concurrence des territoires, la valorisation de leurs « atouts », et une logique d'attractivité qui tend à reconfigurer les priorités locales (Béal, Rousseau, 2008).

Associées à l'européanisation des politiques publiques, à la montée en puissance des régions et métropoles ainsi qu'à l'implication croissante d'acteurs privés dans l'action publique (Epstein, 2015 : 459), ces évolutions redéfinissent en profondeur le rôle des élus locaux. Devenus responsables du développement

---

12 Ce mouvement de « modernisation silencieuse » (Lorrain, 1991) est consolidé par les lois de décentralisation de 1982 et 1983, qui élargissent les compétences des collectivités et consacrent leur rôle croissant dans la production des politiques publiques.

de leur territoire, ces derniers tendent à se distancier de la figure du notable, pour incarner une posture « d'élu entrepreneur » valorisant l'innovation, la prise de risque et les résultats (Le Bart, 2011 : 332).

Or, la décentralisation est pensée dans une logique de croissance, dont la « disparition » fait émerger de nouveaux problèmes (chômage, délocalisation, inégalités de logement, nouvelle pauvreté urbaine) et limite la capacité des élus. Si ces derniers maîtrisent les rouages de la communication et valorisent aisément leur action, les élus « entrepreneurs » n'endossent leur rôle qu'en partie. Préférant multiplier les partenariats avec divers acteurs publics, parapublics et privés plutôt que de renforcer leurs propres services municipaux, ils affichent une posture volontariste tout en diluant leur responsabilité dans l'opacité de ces nouvelles procédures (Lorrain, 1993). La multiplication des acteurs associés à la fabrique des politiques urbaines entraîne cependant une dispersion des ressources pour l'action (Pinson, 2010 : 82). Fragilisées, les villes doivent alors innover pour sauvegarder leur « capacité politique », c'est à dire leur « capacité à prendre des décisions et à mobiliser des ressources pour permettre leur mise en œuvre » (Dormois, 2006 : 837).

Face à ces évolutions institutionnelles, qui s'accompagnent d'un retrait tangible de l'État dans les territoires – fermeture de services publics, réduction des implantations locales (Artioli, 2017 ; Taulelle, 2012) –, les élus locaux se retrouvent en première ligne. Cette mise en responsabilité est d'autant plus marquée dans certains territoires spécialisés, historiquement dépendants de la régulation étatique. Les villes thermales en offrent une illustration saillante. De petite ou moyenne taille, majoritairement insérées dans des espaces ruraux, elles sont fortement tributaires d'une économie de services concurrentielle, longtemps soutenue par la dépense publique *via* le remboursement des soins par l'Assurance maladie. Dans ce contexte de désengagement, elles se trouvent particulièrement exposées. D'où la nécessité de porter une attention particulière au rôle des élus locaux : comment composent-ils avec le retrait de l'État ? Quelles alliances construisent-ils à l'échelle municipale ? Parviennent-ils à stabiliser l'action collective autour d'un projet partagé ? Éclairer ces interrogations suppose de revenir sur les travaux existants consacrés au thermalisme et de situer cet objet dans le prolongement des recherches menées sur le gouvernement des villes confrontées aux recompositions de l'action publique.

Saisir le gouvernement municipal du thermalisme par la capacité politique

Les travaux de sciences sociales consacrés au thermalisme contemporain restent concentrés, pour l'essentiel, du côté des historiens. Jérôme Pénez (2004 ; 2005) et Marc Boyer (2005) documentent son développement au XIXe siècle, en analysant notamment les tensions entre mondes médical et touristique, l'évolution de la fréquentation et les réseaux d'investissements ayant accompagné la transformation des stations. De manière complémentaire, d'autres études interrogent les mutations du thermalisme à la Belle-Époque (1871-1914) et dans l'entre-deux-guerres (1919-1939). Parmi celles-ci, Frédéric Dutheil (2002) examine la montée en puissance des loisirs sportifs et de l'économie touristique à Vichy, tandis que Carole Carribon (2001) analyse la façon dont l'affrontement entre deux conceptions du thermalisme – l'une strictement médicale ; l'autre articulant santé et attractivité touristique – structure les relations entre acteurs politiques, économiques, institutionnels et médicaux, aux échelles locale et nationale. Embrassant enfin ces différentes périodes historiques (1830-1962), Éric T. Jennings (2011) élargit quant à lui la focale, en étudiant le thermalisme sous l'angle de la question coloniale.

Quelques géographes se sont également emparés de ce sujet, à commencer par Christian Jamot, dont l'ouvrage fondateur publié en 1988 permet de saisir finement la façon dont le thermalisme social transforme l'économie des villes thermales. Une décennie plus tard, Marc Lohez (2000) questionne l'essoufflement de ce modèle et s'intéresse aux premières pistes de diversifications autour de la remise de forme proposées par les établissements pour enrayer la chute de fréquentation. L'intérêt pour le thermalisme semble alors progressivement retomber jusqu'au milieu des années 2010, où les dynamiques collectives et politiques de développement territorial mises en oeuvre dans les villes thermales pour enrayer la crise suscitent de nouvelles recherches, du côté de la géographie (Férérol, 2012, 2016 ; Pfund, 2021) comme des sciences de gestion (Dupuy-Ramon, 2017).

Si ces travaux apportent des éclairages précieux sur l'histoire du thermalisme, ses recompositions économiques ou son rôle dans les stratégies de développement territorial, l'approche sociologique demeure étonnamment peu mobilisée. Les villes thermales rassemblent pourtant une pluralité d'acteurs (politiques, économiques, médicaux) dont les relations méritent d'être interrogées à l'aune des transformations de l'action publique. Tous investis dans le « monde thermal », ces acteurs appartiennent néanmoins à des « mondes sociaux » distincts, avec des logiques d'action, des normes et des intérêts parfois divergents (Becker, 2010). Cette situation, potentiellement source de tensions, justifie une attention particulière portée à la capacité des élus locaux à organiser, stabiliser et coordonner l'action collective.

Cette perspective prolonge une série de travaux de sociologie politique urbaine, centrés sur l'évolution des relations entre acteurs investis dans la gestion des problèmes publics à l'échelle locale. Menés dans des villes marquées par la désindustrialisation (Besançon, Saint-Étienne, Sheffield, Manchester, Gênes, Turin, et d'autres) ces derniers documentent finement comment, face au retrait de l'État de la gestion des territoires, les autorités municipales s'efforcent de maintenir une capacité d'action collective (Borraz, 1998 ; Béal, 2006 ; Dormois, 2006 ; Béal, Dormois, Pinson, 2010)[13]. Convoquant la théorie des « régimes urbains » (Stone, 1989 ; 1993 ; Stoker, Mossberger, 1994), certains d'entre eux (Dormois, 2006 ; Pinson, 2010) insistent plus précisément sur la façon dont sont créées et stabilisées des « coalitions d'acteurs » permettant l'échange des ressources nécessaires à l'action, et *in fine* la constitution d'une « capacité de gouvernement ». Initiées aux États-Unis et attentives aux problématiques de l'économie politique, ces recherches partent en effet du constat que le pouvoir formel d'une municipalité ne suffit pas à gouverner une ville. Elles montrent comment l'action publique locale repose sur des arrangements entre acteurs aux ressources, intérêts et logiques d'action distincts (élus, promoteurs, entreprises, médias, institutions) qui s'agrègent autour de projets concrets. Dans le contexte américain, la croissance devient l'objectif fédérateur. Comme le souligne Gilles Pinson, « la vie politique des villes nord-américaines est largement structurée autour des conflits opposant les groupes sociaux locaux à propos de l'urgence, du rythme et des formes du développement économique de la ville » (2010 : 86). Or, à l'aune des évolutions évoquées à partir des années 1970, dans les villes françaises aussi ces problématiques se sont progressivement imposées dans les agendas locaux.

La question de la construction et de la stabilisation d'une « capacité politique » à l'échelle d'une ville revêt ainsi toute son acuité. Cela invite

---

13 Si l'ambition n'est pas ici de proposer un état des lieux exhaustif des recherches portant sur ces problématiques, nous pouvons citer en complément de ces travaux ceux de Gilles Pinson (2007 ; 2009).

à s'intéresser à la nature des relations qu'entretiennent les acteurs investis dans la fabrique de l'action publique (analyse du gouvernement local) et à considérer, plus précisément, la capacité des élus locaux à faire coopérer une diversité d'acteurs dans un contexte d'action complexifié (analyse du métier politique) (Dormois, 2008 : 387). En effet, les enjeux de mobilisation, de construction, de coordination et de stabilisation de « coalitions d'acteurs » deviennent centraux. Il ne s'agit pas pour les élus et le personnel administratif des villes d'imposer la coopération, mais d'intéresser les éléments épars aux politiques urbaines. Il leur faut donc susciter de la confiance, favoriser des arrangements et permettre à tous les acteurs impliqués de retirer des bénéfices de la coopération. Dans l'étude qu'il mène sur les agglomérations de Rennes et de Nantes, Rémi Dormois souligne ainsi que, dans les deux cas, une capacité politique a émergé et s'est maintenue *via* des mécanismes analogues : « d'une part, des coalitions d'acteurs publics et privés se sont stabilisées autour de mécanismes d'échanges de ressources et de partages de bénéfices tirés de l'action conjointe menée en matière de planification urbaine. D'autre part, des règles et des récits se sont sédimentés permettant aux membres des coalitions de partager une culture commune, de développer des stratégies d'anticipation et de pouvoir intégrer de nouveaux membres pour élargir le spectre des ressources mobilisables dans l'action conjointe » (Idem : 837-838).

Ces travaux portent principalement sur des villes moyennes ou grandes, anciennement industrialisées, où les capacités de coopération locale ont été longtemps affaiblies par le compromis keynésiano-fordiste. La concentration des ressources au niveau central et les rapports asymétriques entre le centre et la périphérie ont en effet privé l'échelle locale d'une « épaisseur institutionnelle », c'est-à-dire de la capacité des « composantes urbaines à s'interpeller et à agir collectivement » (Pinson, 2010 : 213). Jusque dans les années 1980-1990, « l'ignorance réciproque règne » entre les acteurs locaux, dont les rapports se caractérisent par l'évitement (Idem : 214). Villes industrielles et villes thermales partagent donc des points communs. Elles font toutes deux face à l'érosion de leurs bases économiques, à la raréfaction des soutiens publics, ainsi qu'à la nécessité de recomposer une capacité politique à l'échelle locale. Mais la petite taille des villes thermales, leur ancrage rural, les ressources plus limitées dont elles disposent et leur forte dépendance à l'État leur confèrent un caractère original. L'ambition de ce travail consiste ainsi à interroger, dans ce contexte d'action spécifique, la manière dont les élus locaux composent avec le recul de l'intervention étatique pour construire une forme de gouvernement local capable, malgré la diversité des intérêts en présence, d'organiser la coopération et de structurer l'action collective.

Pour ce faire, le recours à un attelage conceptuel articulant « gouvernement municipal » (Borraz, 1998) et « capacité politique territoriale » (Pasquier, 2017) s'est imposé. Proposé par Olivier Borraz, le concept de gouvernement municipal désigne la capacité des autorités locales à gérer les problèmes publics et à impulser une direction politique à leur ville de manière autonome. Il invite à penser l'action publique comme le produit d'interactions entre quatre dimensions : la politique (les élus et réseaux partisans), l'administration (services municipaux, structures para-municipales, sociétés privées ou d'économie mixte chargées d'une mission ou d'un service public), la société locale (les groupes sociaux parties prenantes d'une question, d'un problème) et le cadre institutionnel et financier (l'État et ses services déconcentrés, mais aussi les Régions, les Départements et les intercommunalités). Particulièrement pertinent pour mener une analyse diachronique, ce concept se révèle en revanche moins opérant pour appréhender les mutations qui touchent le gouvernement des villes (fragmentation de la société urbaine, recul de l'État, multiplication des niveaux de gouvernement, etc.) (Béal, 2006 : 91). Pour mieux saisir cette complexité, la notion de « capacité politique territoriale » vient ainsi enrichir l'approche analytique. Inspirée des travaux de Clarence Stone, cette dernière désigne un processus par lequel institutions et groupes d'acteurs – publics et privés – s'organisent pour réguler collectivement des problèmes sur un territoire donné (Pasquier, 2017 : 248). Au-delà des seules ressources institutionnelles, cette capacité repose sur la construction de formes de coopération durables, encadrées par des pratiques et des normes qui orientent l'action collective et la régulation politique, et qui inscrivent les conflits dans un cadre relationnel stabilisé (Idem).

Plus concrètement, Romain Pasquier identifie deux dimensions clés de cette capacité. La première tient à la formation de coalitions d'acteurs à long terme, fondées sur des intérêts partagés, des échanges de ressources et des bénéfices liés à l'action conjointe. La seconde concerne l'élaboration d'une vision partagée du territoire, autrement dit une représentation du « bien commun territorial » (Lascoumes, Le Bourhis, 1998) susceptible de guider les choix collectifs. Pour saisir empiriquement ces dynamiques, il invite ainsi à déplacer le regard sur les cinq paramètres qui permettent, selon lui, la stabilisation d'une capacité politique territoriale : les ressources institutionnelles et économiques, qui « conditionnent le stock de ressources budgétaires et juridiques » et influent sur « la capacité d'intervention du système d'acteurs considéré [et] sur les stratégies déployées » ; le « récit territorial » qui « renvoie à la configuration identitaire du territoire considéré » ; et, enfin, les relations intergouvernementales et le *leadership* politique, qui « permettent de comprendre la capacité relative des acteurs locaux à porter le projet dans des logiques interinstitutionnelles (autres collectivités ou établissements publics) et multiniveaux (commune, intercommunalité, département) ».

Mobilisés dans une démarche hypothético-inductive, fondée sur des allers-retours entre enquête de terrain et cadre théorique (Vigour, 2005 : 197), ces concepts ont permis de faire émerger quatre hypothèses principales. La première postule que les variations dans l'intervention de l'État, selon les périodes, structurent les rapports de force entre acteurs et façonnent les possibilités de coopération à l'échelle locale. La deuxième suppose que la crise vécue par les villes thermales durant les années 1990-2000 tient à leur incapacité à compenser le retrait de l'État. La troisième avance que le rôle joué par les élus locaux est déterminant dans l'émergence d'une capacité politique, à condition qu'ils parviennent à stabiliser des formes de coopération durables. Enfin, la quatrième et dernière hypothèse considère que, malgré les différenciations locales, les relations qu'entretiennent ces villes avec l'État et entre elles tendent à homogénéiser les stratégies déployées.

Envisager le monde thermal comme une configuration à double étage

Comme toute recherche, celle-ci repose sur des partis pris épistémologiques et méthodologiques qu'il convient d'expliciter. Le premier d'entre eux concerne l'inscription de ce travail dans une perspective relationnaliste et constructiviste, qui considère que, sans être totalement déterminée, l'action des acteurs individuels et collectifs ne relève jamais d'une autonomie pleine et entière (Corcuff, 2017 : 15-16). Nous considérons en effet que les individus sont liés entre eux par « une foule de chaînes invisibles », pris dans un vaste réseau de relations de différentes natures (liens de travail ou de propriété, liens instinctifs ou affectifs, etc.) (Elias, 2015 : 49-50). Ce réseau d'interdépendances, que Norbert Elias conceptualise sous le terme de « configuration », prend la forme d'un jeu de relations dans lequel chaque acteur – y compris le plus dominant (Elias, 1985) – agit en fonction des autres et voit sa liberté d'action contrainte par les équilibres du moment. Mobiliser les travaux de Norbert Elias pour appréhender la capacité politique des villes thermales présente ainsi plusieurs intérêts. Attentive aux questions de domination, d'inégalité mais aussi de solidarité entre (groupes d') acteurs, sa sociologie permet d'étudier finement les relations qui se nouent entre les « acteurs locaux » concernés par l'activité thermale à l'échelle des villes et des intercommunalités[14]. Ces acteurs ont, en effet, des points de vue et des ambitions qui dépendent à la fois de leur fonction et du contexte dans lequel ils s'inscrivent. L'identification touristique ou médicale d'une ville, les stratégies mises en œuvre pour attirer de nouveaux curistes, ou plus largement l'action publique locale peuvent être appréhendées comme le produit de rapports de force qu'entretiennent ces acteurs. L'exemple du développement du tourisme au XIXe siècle illustre clairement ces recompositions. La montée en puissance des pratiques récréatives affaiblit la position des médecins thermaux, historiquement dominants dans le jeu local. Hostiles à toute forme de distractions touristiques (sportives et culturelles), ces derniers défendent un modèle strictement médical du thermalisme. Mais l'influence croissante des investisseurs (publics et privés)[15], associée aux intérêts des élus locaux en quête de notoriété pour leur ville, relègue progressivement la dimension thérapeutique au second plan. Cette dynamique ne s'observe toutefois pas partout. Les caractéristiques géographiques, économiques ou médicales des villes (nombre d'exploitants thermaux et de curistes accueillis,

---

14 Tout au de cet ouvrage, l'expression « acteurs locaux » désigne les acteurs issus des mondes politique (élus locaux, personnel administratif), institutionnel (représentants des services déconcentrés de l'État et des autres niveaux de gouvernement), économique (exploitants thermaux, loueurs de meublés, dirigeants de casino, hôteliers et restaurateurs, promoteurs de loisirs) et médical (médecins thermaux).

15 La notion d'« influence » est mobilisée ici selon deux acceptions complémentaires. Inspirée de la sociologie des organisations, la première renvoie à la capacité d'un acteur (individuel ou collectif) à orienter les décisions ou les comportements d'autres acteurs en l'absence de pouvoir hiérarchique formel. Dans le prolongement de la sociologie eliasienne, la seconde l'inscrit dans un système d'interdépendances, où la position relative des acteurs détermine leur faculté à peser sur les arbitrages et la définition des enjeux collectifs. Dans ce cadre, par exemple, la capacité de l'État à modifier les règles du jeu et à moduler la distribution des ressources financières, juridiques ou symboliques, conditionne les trajectoires des villes thermales, tout autant que les rapports de pouvoir entre acteurs locaux.

orientation thérapeutique) sont autant de facteurs susceptibles de faire pencher « la balance des pouvoirs » (Elias, 2000). Si les médecins ne parviennent plus à faire prévaloir leur conception du thermalisme dans les stations les plus renommées, fortement tournées vers le tourisme, ils conservent une position centrale dans les stations les plus modestes. Pour déconstruire ces relations de pouvoir, il s'agit ainsi d'identifier les groupes d'acteurs les plus influents dans le jeu local, de caractériser les modalités de leur domination, d'en analyser les effets sur le territoire et d'examiner les stratégies d'adaptation ou de contournement développées par les groupes dominés.

Les travaux de Norbert Elias présentent également l'intérêt d'offrir une lecture processuelle des relations sociales, en les inscrivant dans des dynamiques historiques. L'exemple évoqué ci-dessus souligne l'importance d'une telle posture. Les médecins thermaux n'exercent pas la même position dominante dans les villes à la Belle-Époque ou après la Seconde Guerre mondiale. Leur place dans le jeu local évolue en fonction des transformations économiques, sociales et politiques qui touchent le monde thermal. Comprendre ces évolutions nécessite ainsi d'articuler l'analyse des interactions locales à celle des contextes historiques plus larges qui en modifient les équilibres.

Or, la troisième raison de convoquer la sociologie eliasienne réside précisément dans sa capacité à penser les rapports entre l'individuel et le collectif (Noiriel, 2008), à différentes échelles. Le concept de configuration s'applique en effet à des groupes de tailles variées, et peut intégrer plusieurs niveaux d'interdépendance. Une configuration initialement constituée d'un seul niveau peut évoluer en système à « deux étages », lorsque les acteurs ne jouent plus directement ensemble, mais sont coordonnés par un sous-groupe situé à un niveau supérieur (Elias, 1981 : 99-100)[16].

---

[16] Cette particularité offerte par le concept de configuration est précieuse. Comme le souligne Gérard Noiriel, « en distinguant des relations à plusieurs "étages", Elias donne au socio-historien la possibilité d'enrichir son vocabulaire. On a le droit désormais d'envisager les groupes socioprofessionnels, les partis ou les nations, comme des personnages collectifs et leur attribuer des actions, car on les a définis au préalable comme des ensembles d'individus réels liés entre eux par un type particulier de relations. Le socio-historien doit simplement toujours être capable de refaire le chemin inverse et de retrouver les "atomes élémentaires" que sont les êtres humains en chair et en os » (2008 : 31). Ainsi, quand nous évoquons les « villes thermales », nous faisons référence aux acteurs politiques, économiques et médicaux appréhendés collectivement.

Tout au long de l'ouvrage, nous appréhendons ainsi le monde thermal comme une configuration à double étage, dont le premier niveau est celui des villes. Engagées dans des relations d'interdépendance marquées par des logiques de concurrence et de coopération, ces dernières rivalisent pour attirer curistes et touristes, tout en partageant des intérêts communs face aux stations étrangères ou balnéaires. Ces interdépendances sont renforcées par la circulation des professionnels du thermalisme (exploitants ou médecins thermaux), des responsables administratifs (directeurs de services, responsables d'offices de tourisme, etc.) et des savoirs (au gré des salons, forums et autres journées du thermalisme). Mais ces dynamiques locales s'inscrivent dans un rapport d'influence plus large, exercé par le second niveau de la configuration, au sein duquel l'État joue un rôle central. En effet, la « force au jeu » de cet acteur – *e. g.* sa « capacité à dominer le jeu en influant sur ses règles » (Elias, 1981 : 86) – depuis l'avènement du thermalisme moderne (XVIIIe siècle) est prégnante. Par ses actions, il régule, structure et oriente le développement de l'activité thermale comme celui des villes. Mais il ne constitue pas à lui seul ce niveau supérieur. Celui-ci résulte de l'émergence, à l'échelle nationale, d'organisations représentatives des groupes d'acteurs identifiés localement. Prenant des formes diverses (amicales, syndicats, fédérations), ces dernières sont créées pour défendre leurs intérêts. Elles peuvent ainsi, selon les circonstances, entrer en concurrence (en cherchant à faire primer leurs intérêts particuliers auprès de l'État) ou coopérer (en s'unissant pour faire pression et défendre le thermalisme comme bien commun).

Norbert Elias le rappelle, « les deux étages dépendent l'un de l'autre et ont – selon des degrés de dépendance réciproque – des capacités de pouvoir plus ou moins élevés » (Elias, 1981 : 100). Pour saisir ces relations d'interdépendance entre échelles locale et nationale, nous mobilisons ainsi la sociologie des problèmes publics (Céfaï, 1996 ; Gilbert, Henry, 2012 ; Neveu, 2015a), des mouvements sociaux (Benford, Snow, 2012 ; Neveu, 2015b) et des groupes d'intérêts (Offerlé, 1994). Ces entrées théoriques permettent de questionner la transformation de faits sociaux d'ampleur locale – tel le développement des loisirs dans les stations – en problèmes publics structurant l'action à l'échelle nationale. Selon Érik Neveu, faire d'une situation un problème public consiste à la rendre visible comme un enjeu collectif, à en nommer les causes, parfois les responsables, et à porter des demandes auprès d'institutions censées y répondre (2015a : 42). D'après cet auteur, la première opération nécessite l'intervention de groupes d'acteurs qu'il qualifie « d'entrepreneurs

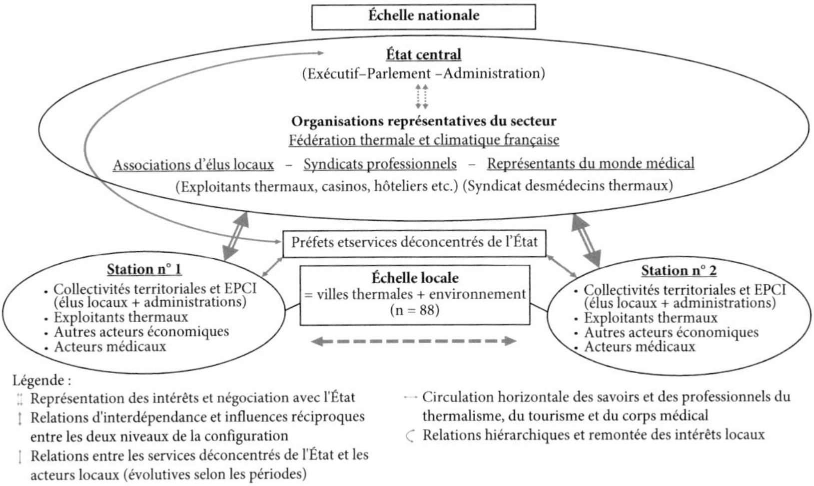

Schéma n°1 : La configuration à double étage du thermalisme français.

de problèmes » en référence au concept d'« entrepreneurs de morale » théorisé par Howard Becker (1985). Leur rôle ne se limite pas à désigner une situation comme problématique, mais consiste à réaliser un « travail d'association » qui rassemble un groupe autour d'un sentiment partagé d'injustice, mobilise des soutiens, forme des coalitions et engage des forces capables de faire avancer les revendications (Neveu, 2015a : 42). En d'autres termes, ils « cadrent » le problème. Ils cherchent à lui donner du sens, à le faire changer d'échelle, à l'inscrire dans une symbolique plus large et à justifier de son importance ou de sa gravité pour qu'il soit pris en charge. Or, cette opération met souvent aux prises différents groupes d'acteurs ayant l'ambition de légitimer leur propre vision du problème. Produit d'un rapport de force, ce dernier peut donc échapper à ses créateurs et se transformer. Suivre l'émergence de problèmes du premier au second étage de la configuration permet ainsi de questionner l'institutionnalisation des organisations représentatives, leurs modes de fonctionnement, leurs stratégies et les relations de dépendance réciproque qu'elles entretiennent entre elles et avec l'État. Ainsi, cela rend possible l'observation de l'influence du second étage de la configuration sur le développement du thermalisme et *a fortiori* des villes thermales.

La posture consistant à poser sur les villes thermales un double niveau d'observation – local et national – présente toutefois certaines limites. Tout en englobant des formes de relations allant « des plus macro (le marché économique mondial) au plus micro (une partie de cartes) », la notion d'interdépendance se montrerait moins adaptée pour saisir la complexité des situations locales (Corcuff, 2017 : 25). Dans notre cas, si elle reste utile pour analyser les rapports de pouvoir entre groupes d'acteurs, elle ne permet pas de saisir pleinement les raisons pour lesquelles ces acteurs s'engagent dans des formes d'organisation collective à l'échelle locale. Pour dépasser cette limite et analyser plus finement les interrelations à cette échelle, nous avons complété notre lecture configurationnelle par les travaux de sociologie de l'action organisée, développés par Michel Crozier et Erhard Friedberg. Certes, cette association peut surprendre. Norbert Elias lui-même critique durement les « théories de l'action et de l'interaction » qui, selon lui, enferment l'individu dans une posture d'autonomie abstraite et négligent les relations d'interdépendance qui conditionnent l'action (1985 : 151). Mais les travaux de Michel Crozier et Erhard Friedberg échappent en partie à ces critiques. Ils partagent d'ailleurs avec ceux de Norbert Elias l'ambition systémique de « repenser la globalité plutôt que les parties, les interactions dynamiques plutôt que les causalités, la complexité plutôt que le simple » (Ansart, 1990 : 66). Leurs approches convergent également sur d'autres points. Tous conçoivent le pouvoir comme une relation d'échange, un rapport de force, et non comme une propriété intrinsèque. Norbert Elias parle d'« une particularité structurelle des relations humaines » (1981 : 86), là où Michel Crozier et Erhard Friedberg insistent sur « le caractère relationnel du pouvoir » (1977 : 65). Enfin, ces deux approches partagent l'idée que les phénomènes sociaux sont le produit de co-constructions d'acteurs insérés dans des relations d'interdépendance, qu'Erhard Friedberg qualifie d'« interdépendances stratégiques ».

Or, c'est précisément cette place laissée à l'analyse stratégique qui nous intéresse dans la sociologie de l'action organisée. En mobilisant le concept de stratégie, Michel Crozier et Erhard Friedberg questionnent en effet les dynamiques de groupes, les conflits, les négociations et les arrangements qui structurent les relations au sein d'une organisation. Ils s'intéressent notamment au décalage entre son fonctionnement formel (règlement, statuts, organigramme) et son fonctionnement informel (pratiques réelles, arrangements entre acteurs) ainsi qu'à l'inégale distribution des ressources stratégiques entre les membres. Le comportement des acteurs dans l'organisation est perçu comme « un comportement actif, jamais totalement déterminé, sans que, cependant, l'acteur ait des objectifs parfaitement clairs et constants.

Il changera d'objectifs au cours du temps, en découvrira de nouveaux, en raison même des résultats qu'il aura obtenus » (Ansart, 1990 : 70).

Nous souscrivons ainsi à l'assertion de Michel Crozier et Erhard Friedberg selon laquelle « le raisonnement stratégique est un raisonnement de découverte, un *raisonnement heuristique*, à l'aide duquel on élabore et vérifie des hypothèses de plus en plus générales sur les caractéristiques de l'ensemble, à partir des problèmes vécus par les participants dans chacune des parties » (Crozier, Friedberg, 1977 : 231). Cet apport conceptuel s'est révélé précieux pour analyser, à l'échelle locale, le fonctionnement d'organisations collectives rassemblant des acteurs économiques, politiques et médicaux. Il nous a permis de mieux cerner les objectifs (individuels et/ou partagés) des (groupes d') acteurs insérés dans ces organisations, mais également de comprendre pourquoi certains de ces (groupes d') acteurs continuent à « jouer collectif » malgré des marges de liberté parfois limitées.

Cette lecture des dynamiques locales s'est accompagnée d'un dernier grand choix épistémologique, devant renforcer la portée analytique de notre démarche.

L'analyse comparée au cœur de la démarche : Dax et Bagnoles de l'Orne comme cas d'étude

Afin d'analyser comment les spécificités locales conditionnent la capacité des villes à faire face à la crise et augmenter la portée générale de notre travail, nous avons adopté une démarche comparative. Comme le souligne Cécile Vigour, la comparaison est « loin d'être seulement une méthode ». Elle constitue « plus largement une stratégie d'enquête et de recherche », qui implique une série de choix structurants, depuis la définition de la problématique jusqu'à l'analyse des données, en passant par le choix du terrain (2005 : 17).

La mise en œuvre de cette démarche comparative a débuté par la sélection de deux terrains d'enquête. Le premier, Bagnoles de l'Orne, s'est imposé dans la continuité de recherches qui portaient sur l'expérience de la cure contemporaine (Sonnet, 2014 ; Sonnet, 2015). Après avoir analysé l'évolution des profils de curistes et de leurs usages, il s'agissait désormais d'en comprendre les causes, en s'intéressant à la construction de l'offre et à la fabrique locale de l'action publique. Les caractéristiques de la ville, façonnée à la fois par l'économie touristique et le thermalisme social justifiaient par ailleurs de la retenir comme cas d'étude. Organisée autour d'un lac central et bordée par une forêt de 5 400 hectares, Bagnoles de l'Orne est la seule station thermale du grand-ouest de la France et l'unique ville touristique d'un département très rural, l'Orne. Petite ville de 2 500 habitants, elle se distingue par une architecture héritée de la Belle-Époque, par la densité de ses équipements sportifs et culturels ainsi que par la composition de ses eaux[17], qui lui permettent d'attirer à la fois une clientèle curiste âgée et un public plus jeune, en quête de bien-être.

Pour prendre du recul sur ce premier terrain et éprouver plus largement les hypothèses formulées, nous avons décidé de confronter la situation bagnolaise à celle d'une seconde ville, aux caractéristiques institutionnelles, économiques et territoriales différentes. Une telle posture, consistant à privilégier l'exercice de la « monographie comparée » à « l'orthodoxie comparative » (Pinson, 2019 : 44)[18], devait nous permettre de faire « cas des cas », autrement dit de rendre compte de leur « texture particulière » à l'aide de matériaux variés. Appréhender les cas de manière holistique, restituer « toute leur épaisseur », sans les réduire « à l'état de gisement de variables » (Idem : 55-57) s'avère en effet heuristique (Vigour, 2005 : 182 ; Dogan, Pélassy, 1980). La « confrontation détaillée » entre les cas permet de « trouver un bon équilibre entre le général et le particulier », d'approfondir l'analyse de certains processus et de « mettre en évidence des spécificités et des originalités » (Idem).

C'est dans cette perspective que notre attention s'est portée sur Dax, dont le statut de « première ville thermale de France », revendiqué depuis la fin

---

17 Selon qu'elles soient plutôt sulfurées, sulfatées, bicarbonatées, chlorurées, minéralisées ou radioactives, les eaux thermales n'ont pas toutes les mêmes bienfaits. Douze orientations thérapeutiques sont ainsi distinguées : la phlébologie, la gynécologie, la rhumatologie, la neurologie, la dermatologie, les troubles du développement de l'enfant, les affections urinaires, les affections des voies respiratoires, des muqueuses bucco-linguales, psychosomatiques, digestives et les maladies cardio-artérielles. Bagnoles de l'Orne propose quant à elle une triple orientation phlébologie-gynécologie-rhumatologie.

18 Selon l'auteur, « l'orthodoxie comparative » repose sur quatre préceptes. Le précepte nomothétique est le premier. Il consiste à établir des lois sociales. Le précepte variabiliste invite le comparatiste à tester des variables et à saisir celle(s) qui fait diverger les cas étudiés. Le précepte de numérosité « établit que les résultats de la comparaison seront d'autant plus fiables que le nombre de cas comparés sera élevé ». Enfin, le précepte de comparabilité suggère que la « comparaison sera d'autant plus féconde et fiable que les cas comparés seront… comparables » (46-47).

des années 1980, a d'abord aiguisé notre curiosité. Mais ce choix s'est imposé avec d'autant plus d'évidence que Dax et Bagnoles de l'Orne présentent d'importants contrastes, tout en partageant plusieurs traits communs. Au rang des différences, la taille des villes et le nombre de curistes accueillis. La situation de Dax, ville de taille moyenne (21 300 habitants), insérée dans une vaste communauté d'agglomération (65 000), tranche avec celle de Bagnoles de l'Orne (2 500) et sa communauté de communes rurale (13 000). Surtout, en 2015, au moment où nous commençons notre recherche, Dax accueille environ 45 500 curistes conventionnés, soit quatre fois plus que Bagnoles de l'Orne (≃ 11 500). L'apparente complexité de l'offre thermale dacquoise a par ailleurs retenu notre attention. Dans le paysage thermal français, Dax est une ville atypique. Contrairement à la plupart des villes thermales, dont Bagnoles de l'Orne, qui possèdent un seul établissement de soins, Dax en regroupe treize (voir le tableau n°1 ci-dessous).

Tableau n°1 : Les établissements thermaux de l'Agglomération du Grand Dax en 2017

<table>
<tr><th>Commune thermale</th><th>Établissement thermal</th><th colspan="2">Propriété / Exploitation</th></tr>
<tr><td rowspan="5">Dax</td><td>Thermes de l'Avenue
Thermes Bains Saint Pierre
Thermes Bains Sarrailh
Thermes Bérot
Thermes Borda
Thermes Les Écureuils</td><td colspan="2">Thermes indépendants
Entreprises familiales depuis leur création</td></tr>
<tr><td>Thermes Foch</td><td>Thermes achetés par un groupe d'investissement en 2012</td><td rowspan="3">Thermes achetés à la Compagnie Thermale de Dax, SEM dissoute en 2013</td></tr>
<tr><td>Thermes Daxadour</td><td>Thermes achetés par un investisseur indépendant en 2013</td></tr>
<tr><td>Thermes Jean Nouvel</td><td>Thermes achetés par la famille Bérot en 2015</td></tr>
<tr><td>Thermes du Grand Hôtel
Thermes Les Arènes
Thermes Régina</td><td colspan="2" rowspan="2">Thermes du groupe Arenadour (résultat de la fusion en 2013 du groupe Thermes Adour et des Thermes Les Arènes)
L'actionnaire majoritaire est un fonds d'investissements</td></tr>
<tr><td>Saint-Paul-Lès-Dax</td><td>Thermes des Chênes
Thermes de Christus
Thermes Sourcéo</td></tr>
</table>

Source : (Dupuy-Ramon, 2017 : 123).

Depuis 2013, date à laquelle la municipalité dacquoise s'est retirée de la gestion des quelques établissements qu'elle possédait, tous sont la propriété d'exploitants privés. Sept d'entre eux sont gérés par des entreprises familiales. Trois autres ont été achetés par des investisseurs indépendants. Les trois derniers appartiennent à un « groupe » – « Arenadour » – dont l'actionnaire majoritaire est un fonds d'investissement, qui possède les trois établissements de Saint-Paul-lès-Dax, une ville thermale attenante à Dax, qui accueille 14 500 curistes. Cette particularité, qui renvoie plus largement à l'environnement de la station dacquoise, a également motivé notre choix. Tandis que Bagnoles de l'Orne est la seule station du Nord-Ouest de la France, Dax est au contraire insérée au centre d'un département et d'une région dans lesquels l'économie thermale est très développée. Le Département des Landes, qui regroupe, aux côtés de Dax et Saint-Paul-lès-Dax, trois autres stations, est le premier département thermal de France avec 76 792 curistes conventionnés en 2017[19]. La Région Nouvelle-Aquitaine pointe quant à elle à la deuxième place du classement des régions thermales, derrière l'Occitanie et devant la Région Auvergne Rhône-Alpes.

Malgré ces importantes différences, nous pouvions identifier au moins deux points communs avant d'entrer sur le terrain. D'une part, les deux stations sont composées d'exploitants thermaux issus du secteur privé. D'autre part, et surtout, elles présentent les mêmes orientations thérapeutiques (phlébologie-rhumatologie) et sont donc susceptibles d'accueillir une population de curistes aux caractéristiques semblables.

En permettant d'interroger le poids des facteurs locaux de différenciation dans l'origine et l'intensité de la crise du thermalisme social, et d'observer les réactions de ces deux villes face à des problématiques *a priori* similaires, ce choix comparatif s'est rapidement révélé pertinent. Encore fallait-il adopter une méthode permettant d'appréhender ces configurations locales dans toute leur complexité.

Une enquête qualitative

Ayant privilégié une comparaison de cas plutôt qu'une analyse par les variables, l'entretien semi-directif s'est rapidement imposé. L'approche par les cas insiste

19 « Une bonne fréquentation pour le thermalisme landais en 2017 », *Les Landes, baromètre du thermalisme 2018*, [En ligne], consulté le 18/05/2019.

en effet « sur la complexité de l'écheveau de causalité, ainsi que sur l'ancrage national ou historique des catégories d'analyse » (Vigour, 2005 : 203). Or, l'entretien semi-directif présente l'intérêt de pouvoir être mobilisé à la fois de manière « informative », « narrative » ou « rétrospective » – permettant de « reconstituer le déroulement de l'action publique dans son historicité » (Pinson, Sala-Pala, 2007 : 556)[20] – mais également dans une optique « compréhensive », en s'intéressant aux pratiques des acteurs et aux représentations qui les sous-tendent.

Conscients toutefois des reproches adressés à l'entretien semi-directif, portant notamment sur l'authenticité des propos tenus (imprécisions, oublis, reconstructions *a posteriori* ou langue de bois) (Idem : 560), nous avons cherché à en limiter les effets, à travers deux leviers. Sensibles à l'un des conseils formulés par Howard Becker, selon lequel une « manière de s'assurer que l'on fait preuve du scepticisme nécessaire est de chercher à recueillir "d'autres opinions" », de chercher des gens occupant une place différente dans l'organisation et qui vous donneront un point de vue différent » (2002 : 155), nous avons d'abord veillé à interroger des acteurs aux profils variés, en confrontant les discours et en croisant les informations, jusqu'à ce qu'un effet de saturation émerge. Dans le même temps, et afin d'objectiver certains propos ou de les contextualiser, nous avons mobilisé des sources écrites. À Bagnoles de l'Orne, cela a notamment impliqué un travail d'archives, à partir des séries C (bibliothèque administrative), K (élections et personnels) et W (affaires générales, archives contemporaines) du fonds municipal, ainsi que l'exploitation d'un ouvrage de synthèse réalisé à l'occasion du centenaire de la ville (Dangy, 2013). Ce matériau a permis d'éclairer certains éléments recueillis lors des entretiens, de repérer des régularités et d'affiner nos hypothèses au fil de l'enquête.

À Dax, nous avons fait le choix, pour des raisons pragmatiques, de limiter nos sources écrites aux données de seconde main. Ayant concentré nos efforts sur la réalisation d'un maximum d'entretiens, nous nous sommes appuyés sur deux ouvrages de l'historien Hubert Delpont (2011 ; 2014), réalisés à partir des archives municipales et départementales, et dont le parti pris – retracer l'évolution du thermalisme dacquois à travers les figures politiques et économiques qui l'ont structuré – s'accordait pleinement avec notre problématique.

---

[20] En faisant appel à la mémoire de l'enquêté, cet usage de l'entretien semi-directif permet à la fois de recueillir des informations factuelles (dates, déroulement d'un événement, etc.), de reconstruire des processus historiques (processus de décision et d'action) mais aussi de s'intéresser à l'itinéraire de vie des enquêtés.

Enfin, à Dax comme à Bagnoles de l'Orne, nous avons rassemblé un ensemble de documents (plaquettes publicitaires publiées par les collectivités ou les établissements thermaux ; bulletins municipaux ; articles de presse ; sites internet des établissements thermaux et des offices de tourisme) dont l'étude est venue compléter et prolonger l'analyse.

Nous avons également été attentifs aux biais induits par la situation d'entretien. Si nous avons globalement été épargnés par les formes de domination symbolique, certains enquêtés ont tenté d'orienter l'échange ou de mobiliser des discours convenus. Pour désamorcer ces situations et obtenir un maximum d'informations, nous avons alterné stratégies d'empathie et directivité assumée, notamment en relançant avec des données précises ou en affichant notre niveau d'information, suivant les recommandations de Gilles Pinson et Valérie Sala-Pala (2007 : 581).

Enfin, une dernière critique fréquemment adressée à l'entretien concerne la double influence de la subjectivité de l'enquêteur et de l'enquêté sur les matériaux récoltés. Pour limiter la nôtre, nous avons systématiquement laissé l'interviewé s'exprimer sur une question générale, avant de relancer par des questions plus ciblées. La subjectivité des enquêtés, quant à elle, a pu être encadrée dans l'usage informatif par le croisement d'autres sources. Dans une optique compréhensive, où il s'agit moins de vérifier si les acteurs disent « la vérité » que de comprendre pourquoi ce qu'ils disent fait sens pour eux (Pinson, Sala-Pala, 2007 : 584), cette subjectivité n'était pas perçue comme un obstacle. Tout l'enjeu du chercheur consistait à accéder à l'intériorité de l'enquêté et, par l'analyse, d'objectiver cette subjectivité. Considérant avec Everett Hugues que l'argumentation logique fonctionne par syllogisme, nous nous sommes ainsi appliqués à déconstruire le raisonnement des acteurs et à mieux comprendre leurs logiques d'action, en interrogeant les prémisses implicites de leurs discours (Becker, 2002 : 238)[21].

---

[21] Un syllogisme est un raisonnement logique mettant en relation au moins deux prémisses et une conclusion, ce que souligne bien l'exemple classique proposé par Aristote : Tous les hommes sont mortels (prémisse majeure). Or, tous les grecs sont des hommes (prémisse mineure). Donc, tous les grecs sont mortels (conclusion). Selon Everett Hugues, une argumentation par syllogisme est toutefois rarement saisissable dans son entièreté. Il est indispensable selon lui « d'extraire la majeure cachée ». Autrement dit, comprendre ce qui amène un acteur à formuler certaines conclusions suppose de remonter aux présupposés implicites qui structurent son raisonnement. Questionner ces prémisses revient ainsi à interroger, entre autres, les représentations sociales des enquêtés.

Après trois ans d'enquête et cinquante entretiens d'une durée moyenne supérieure à une heure et demie réalisés auprès d'acteurs politiques (élus locaux et personnel administratif), économiques (exploitants thermaux des deux villes et leurs représentants à l'échelle nationale ; dirigeants de casino ; hôteliers ; etc.), médicaux (médecins thermaux) et institutionnels (élus et personnels chargés du thermalisme et du tourisme des intercommunalités, départements et régions dans lesquels les villes sont insérées ; responsables d'ARS), nous nous sommes consacrés pleinement à l'analyse des données. La « phase interprétative est centrale dans l'enquête compréhensive : la démarche étant inductive, c'est de l'interprétation que découle la théorisation, une théorisation ancrée dans le terrain » (Pinson, Sala-Pala, 2007 : 595). Pour ce faire, nous avons privilégié l'analyse de contenu catégorielle (Bardin, 2013 : 150 et suivantes). Nous avons donc retranscrit l'intégralité des entretiens réalisés et dégagé différentes catégories thématiques. Certaines, déjà balisées par les concepts, se sont rapidement imposées. Ainsi, en fonction de la temporalité (années 1970-1990 *versus* 2000-2010) et du cas observé (Bagnoles de l'Orne *versus* Dax), nous avons été attentifs au rôle joué par l'institution municipale, aux relations entre élus locaux et exploitants thermaux, à la diversification de l'offre et à l'image des villes et, enfin, aux relations interinstitutionnelles, avant, pendant et après la crise du thermalisme social des années 1990-2000. D'autres thèmes, telle la réorganisation collective des acteurs, l'impact des réformes territoriales et la capacité des acteurs à stabiliser ces coalitions nouvelles, ont ensuite émergé de l'enquête. Ces principales thématiques étaient elles-mêmes composées de sous-catégories : profil du maire, relations de concurrence ou de coopération, fonctionnement de l'EPIC Bagnoles de l'Orne Tourisme et du cluster Aqui O Thermes, et modalités d'intervention des différentes échelles régionale, départementale, intercommunale, ou des services déconcentrés de l'État sur le développement de la ville.

Quatre chapitres émergent alors de ce long travail de confrontation entre les données empiriques elles-mêmes et vis-à-vis de la littérature retenue.

Gouverner le thermalisme, entre permanences et recompositions

Ces quatre chapitres permettent d'interroger, sur le temps long, les formes prises par le gouvernement municipal du thermalisme. Entre dépendance historique à l'État et tentative de reconstruction d'une capacité politique territoriale, ils suivent la manière dont les rapports entre acteurs politiques, économiques, institutionnels et médicaux se sont recomposés, sous l'effet des mutations de l'action publique et des dynamiques territoriales. C'est à partir de cette double tension – entre permanence et transformation, entre échelles nationale et locale – que se déploie l'analyse.

L'ouvrage s'ouvre sur une relecture socio-historique du gouvernement des villes thermales, en mettant en lumière les rapports de pouvoir entre élus, médecins et acteurs économiques à l'échelle locale, dès le XIXe siècle (*chapitre I*). Cette première séquence interroge les tensions anciennes entre orientation médicale et ouverture au tourisme, et analyse la manière dont ces conflits, d'abord circonscrits à l'échelle locale, ont progressivement investi l'échelle nationale. Confronté aux revendications concurrentes des élus, des médecins et des exploitants, l'État finit par endosser un rôle d'arbitre, consacrant dans l'entre-deux-guerres une double orientation, médicale et touristique, du thermalisme.

Donnant naissance au thermalisme social, ce compromis, formalisé par la création des Assurances sociales et l'instauration du remboursement des soins thermaux, inscrit toutefois les villes dans une relation de dépendance à l'égard de l'État, qui se manifeste plus sensiblement à partir des années 1990, dans un contexte de recomposition de l'action publique (*chapitre II*). Imprégné des techniques du *New public management*, l'État redéfinit en profondeur ses modalités d'intervention. « Gouvernant à distance » (Epstein, 2005) les acteurs du monde thermal, il multiplie les évaluations médico-économiques de l'activité, construit (*via* l'IGAS et la Cour des comptes) les contours d'un « problème du thermalisme social » et mobilise l'Assurance maladie pour conditionner le remboursement des soins thermaux au respect de normes spécifiques. Face à cette mise en cause, les acteurs du secteur réagissent collectivement. Tout en faisant pression pour maintenir le *statu quo*, ils s'adaptent aux attentes de l'État : une structure de recherche est créée pour démontrer le service médical rendu selon les standards de *l'evidence based medicine*, des guides de bonnes pratiques sont élaborés et des pistes de diversification sont explorées autour de la prévention en santé. Dans le même temps, l'État cherche à réorienter leur action vers le marché du bien-être. Entre ajustements, contournements et relégitimation, les bases d'un nouveau positionnement du thermalisme se dessinent.

Or, la relance de l'économie thermale suppose d'abord une capacité à organiser localement l'action collective. À Dax comme à Bagnoles de l'Orne, l'ampleur de la crise est d'autant plus marquée que les gouvernements municipaux se trouvent, dans un premier temps, privés de capacité politique. Qu'elle soit héritée des années 1970 (Bagnoles de l'Orne) ou du milieu des années 1990 (Dax), cette situation se traduit par un isolement des acteurs municipaux, qui se prolonge tout au long des années 2000. Dans les deux villes, un tournant s'opère toutefois au début des années 2010, lorsque les élus parviennent à mobiliser une pluralité d'acteurs autour d'un projet commun (*chapitre III*).

Stabiliser ces coalitions d'acteurs afin de maintenir la capacité politique territoriale et relancer durablement l'économie thermale devient dès lors l'objectif des acteurs publics dacquois et bagnolais (*chapitre IV*). Face aux réformes territoriales de la décennie 2010, susceptibles de fragiliser les contours des organisations collectives créées, les autorités municipales adoptent des stratégies différentes. Tandis que les élus dacquois s'appuient sur l'intercommunalité pour redéfinir leurs marges d'action, leurs homologues bagnolais recourent au statut de commune nouvelle afin de préserver leur autonomie. Dans les deux cas, la consolidation de l'action collective repose toutefois sur l'émergence d'une vision partagée du « bien commun territorial » (Lascoumes, Le Bourhis, 1998). Mises en œuvre pour relancer l'attractivité économique, les politiques de marketing territorial poursuivent ainsi un second objectif : restaurer la légitimité politique des élus locaux dans un environnement institutionnel en recomposition.

La construction (discontinue) de « territoires de santé »

Les villes thermales occupent une place singulière dans le paysage urbain français. Structurées par une activité spécifique, la cure thermale, elles se distinguent par un urbanisme particulier, une architecture souvent ostentatoire, ainsi que par une densité d'équipements de loisirs, de santé et d'hébergement. Elles renvoient l'image de lieux à part, porteurs d'un charme parfois qualifié de « désuet » (Boyer, 2005 : 11), où coexistent l'univers du soin et celui du plaisir.

Cette singularité repose sur une histoire ancienne et discontinue. Issu de pratiques antiques, le thermalisme est redécouvert à la Renaissance par des médecins italiens, puis français, qui en prescrivent l'usage à des fins curatives (Lefebvre, Raynal, 2015 : 31). Pris au sérieux par la Cour royale, qui devient propriétaire des sources en 1549 et amorce leur encadrement juridique, il prend son essor à mesure que s'affirme l'État central. Mais ce n'est qu'à partir du XIXe siècle, avec l'affirmation d'une double vocation médicale et touristique, que les villes thermales connaissent un véritable développement. Cette double orientation, longtemps constitutive de leur identité, est à nouveau reconfigurée après la Seconde Guerre mondiale, sous l'impulsion de l'État. En actant le remboursement des soins thermaux par la Sécurité sociale en 1947, celui-ci identifie les villes thermales comme « territoires de santé », reléguant leur dimension touristique au second plan.

L'évolution des formes prises par le gouvernement municipal du thermalisme explique ce développement discontinu. Depuis le XIXe siècle, différents groupes d'acteurs – médicaux (médecins thermaux), politiques (élus municipaux et leur administration) et économiques (exploitants d'établissements thermaux, hôteliers, commerçants, promoteurs de loisirs) – cohabitent dans les stations. Mais leurs intérêts sont souvent divergents. Certains défendent un modèle de développement fondé sur la reconnaissance médicale et la légitimité scientifique des soins thermaux ; d'autres privilégient l'ouverture au tourisme, à la villégiature et aux loisirs. L'orientation retenue dans chaque station résulte le plus souvent de compromis fragiles, construits au fil des rapports de pouvoir entre ces groupes. Ces équilibres sont toutefois rarement durables. Des désaccords peuvent ressurgir, se transformer en tensions et, dans certains cas, déboucher sur de véritables conflits. Dans ces situations, les acteurs locaux en appellent à l'État pour arbitrer, légitimer une position ou reconfigurer les termes du développement thermal. Mais ces interventions ne relèvent pas encore d'une politique sectorielle, fondée sur un référentiel stabilisé (Jobert, Muller, 1987)[22]. Jusqu'à la Seconde Guerre mondiale, le thermalisme reste traversé par des logiques sanitaires et touristiques dont la hiérarchie évolue selon les périodes, avant que l'État n'impose un cadrage médical plus stable.

C'est à l'analyse de ces configurations que ce chapitre est consacré. Il revient, dans un premier temps, sur la période d'après-guerre, marquée par une forte dépendance des villes thermales vis-à-vis des décisions étatiques (I). Il explore ensuite les formes d'autonomie relatives qui prévalaient auparavant, entre la Révolution et le tournant du XXe siècle, dans un contexte d'affirmation du tourisme (II). Enfin, il revient sur les tensions entre acteurs à l'échelle nationale pendant l'entre-deux-guerres, et leur effet structurant sur les expériences du thermalisme contemporain (III).

I. L'invention du « thermalisme social » ou la dépendance des stations thermales vis-à-vis de l'État

La période qui s'ouvre après la Seconde Guerre mondiale constitue un tournant majeur dans l'histoire du thermalisme français. En intégrant le remboursement des cures au système de protection sociale naissant, l'État légitime leur

---

22 Selon Bruno Jobert et Pierre Muller, une politique sectorielle désigne l'ensemble des actions publiques organisées autour d'un domaine d'activité structuré (agriculture, santé, énergie, etc.), faisant l'objet d'un cadrage institutionnel spécifique, avec des groupes d'acteurs organisés (professionnels, représentants d'intérêts économiques, associations, élus), une administration compétente et un ensemble d'instruments associés. Elle repose sur un référentiel sectoriel, c'est-à-dire un cadre cognitif et normatif partagé qui permet d'identifier les problèmes et solutions légitimes, ainsi que les modalités d'intervention.

appartenance au service public de santé[23]. Il consacre ainsi la vocation médicale de l'activité, reléguant au second plan sa dimension touristique. Favorisé par le contexte politico-économique de la Libération – puissance des forces de gauche, affaiblissement du patronat, recul provisoire du parlementarisme et déclin de l'idéologie libérale (Pallier, 2007 : 72 ; Merrien, 1990) –, ce cadrage étatique redéfinit les équilibres institués pendant l'entre-deux-guerres, tout en transformant l'expérience thermale.

L'émergence d'un « thermalisme social », centré sur le soin et accessible au plus grand nombre, inscrit en effet les établissements dans un modèle économique fondé sur le remboursement public, où l'afflux de curistes conventionnés devient un levier central de développement.

Ce nouveau cadre confère une légitimité accrue aux médecins, renforce l'autonomie des exploitants thermaux et marginalise les élus municipaux, dont la capacité d'agir se réduit. Mais il place également les villes dans une situation paradoxale. Tout en profitant de l'arrivée d'un public plus nombreux, plus âgé et socialement moins favorisé, qui stimule leur économie, elles deviennent progressivement prisonnières d'une image médicalisée, moins compatible avec les usages touristiques (1). Source de dynamisme, cette spécialisation les rend aussi structurellement dépendantes des décisions de l'État, qui encadre le financement comme les conditions d'accès aux soins, limitant d'autant les marges de manœuvre des acteurs locaux (2).

1) Des stations thermales transformées par la croissance du thermalisme social (1947-1990)

Le cadrage posé à la Libération se précise au début des années 1950. Une lettre circulaire du ministère du Travail, datée du 5 janvier 1950, rappelle que la cure thermale « n'est, en aucun cas, un congé payé, ni un repos, mais

[23] C'est par la circulaire du 14 août 1947 que l'État acte la prise en charge du thermalisme par l'Assurance maladie. Il convient de rappeler que « l'État n'est en rien absent dans le pilotage de la Sécurité sociale même s'il peut apparaître en retrait. […] La Sécurité sociale est certes confiée aux partenaires sociaux mais c'est l'État qui en est le véritable instigateur. De plus, une part non négligeable des modalités de fonctionnement du nouveau système reste de sa compétence réglementaire et législative » (Nezosi, 2017 : 41).

une thérapeutique », entérinant ainsi sa dissociation avec toute vocation récréative (Jamot, 1988 : 63)[24].

Cette reconfiguration influe directement sur les équilibres économiques, les profils de clientèle et les représentations associées aux stations. À l'aristocratie et à la bourgeoisie de la Belle Époque et de l'entre-deux-guerres succède un public plus âgé et plus modeste, prioritairement en quête de soins (Jamot, 1988 : 496-497 ; Delomenie, 2000 : 10). Ce changement assure temporairement la prospérité des villes thermales, le nombre de curistes « conventionnés » passant de 141 750 à 537 444 entre 1955 et 1983. Mais cette dynamique s'accompagne aussi d'un repositionnement médical – comme en témoigne le recul parallèle du nombre de curistes « libres » ou « indépendants », de 173 250 à 59 716 sur la même période[25] – auquel s'adaptent rapidement les acteurs locaux.

a. Une économie stimulée par la croissance du thermalisme social

À partir des conclusions d'un rapport rédigé par la compagnie d'études économiques et de gestion industrielle (CEGI) en 1978, Christian Jamot établit le coût moyen journalier d'un curiste en 1986 à 320 francs et l'investissement par personne à 97 francs. Le chiffre d'affaires du thermalisme est estimé à 3,8 milliards de francs, contre 1,5 milliard en 1930 selon les chiffres du Docteur Cany (concernant uniquement les stations classées, les plus importantes). Aussi ces retombées économiques engendrent-elles la création de nombreux

---

[24] Dans un rapport de 1995 portant sur « les interventions publiques dans le domaine du thermalisme », la Cour des comptes souligne cependant que les stations thermales bénéficient d'une marge de manœuvre pour développer une économie touristique attenante à l'activité thermale. En effet, si le principe d'économie prévu par l'article L 162-4 du code de la Sécurité sociale prévoie en creux l'obligation d'adresser le curiste à la station thermale la plus proche de son domicile (orientation thérapeutique prise en compte), cette règle n'est que très peu respectée (p. 52). Or, « à partir du moment où le libre arbitre a été laissé à la clientèle dans le choix de sa station, ce sont des principes touristiques qui ont fait le succès des centres actuellement les plus fréquentés (facilité d'accès, qualité de l'accueil, importance du potentiel de loisirs ; tout ceci commandé par l'ampleur et la précocité de l'investissement) » (Jamot, 1988 : 114). Ainsi, tout en devenant des territoires de santé, les stations thermales demeurent en concurrence les unes par rapport aux autres, notamment dans le cadre d'un « tourisme de santé ».

[25] En valeur relative, la proportion de curistes conventionnés passe de 45 à 90 % de la fréquentation totale.

emplois dans les stations. Leur nombre attendrait environ 46 000 en 1988, dont 6 000 au sein des établissements thermaux, 6 000 pour le domaine médical et paramédical (dont les médecins), 16 000 pour les hôtels et les cafés-restaurants, 15 500 pour les commerces et 2 500 pour la catégorie « casinos, accueil social, camping » (Jamot, 1998 : 309)[26].

Au-delà des établissements thermaux eux-mêmes, ce sont le secteur médical et les commerces qui profitent le plus de la croissance du thermalisme social. De 1947 au milieu des années 1990, le nombre de médecins augmente sensiblement dans les villes thermales. S'il s'agit, dans la plupart des cas, de médecins saisonniers, certaines stations urbaines telles que Vichy, Dax, Aix-les-Bains ou Royat voient des praticiens s'installer à l'année. À Dax, Christian Jamot évoque le nombre de 95 médecins établis dans la ville à la fin des années 1980 (1988 : 257), au moment où celle-ci devient première station thermale de France, contre une vingtaine seulement en 1936 (Carribon : 138-139). Dans des villes plus modestes, comme à Bagnoles de l'Orne, le nombre de médecins augmente également de manière conséquente. Un médecin thermal et phlébologue retraité se souvient d'une « *énorme concurrence* » à son arrivée au milieu des années 1980. « *C'est-à-dire qu'on était 18, 20* », souligne-t-il, en insistant sur l'importance du nombre au regard de la taille réduite de la station. Cette installation massive, qui se traduit par un renforcement de leur poids dans la gestion des villes thermales[27], s'accompagne d'un développement des infrastructures hospitalières ou paramédicales. Un centre hospitalier est créé à Dax en 1984 tandis qu'à Bagnoles de l'Orne, deux établissements de soins renforcent l'orientation médicale prise par la station. La clinique du

26 Ces chiffres sont nuancés par plusieurs rapports rédigés par la compagnie d'études économiques et de gestion industrielle (CEGI) en 1978, la direction de l'industrie et du tourisme (1988), par un député socialiste pour le compte de l'Assemblée nationale (1996) et par l'inspection des finances (1998). Ainsi, celui de la CEGI qui utilise des catégories d'analyse similaires (emplois directs, indirects et induits) établit un nombre avoisinant les 32 000, quand les deux derniers rapports (1996 et 1998) font respectivement état de 120 000 et 100 000 emplois.

27 C'est par exemple le cas à Bagnoles de l'Orne et Tessé-la-Madeleine, qui forment de 1919 à 2000 la station hydrominérale Bagnoles-Tessé. De nombreux médecins sont élus maires à Tessé-la-Madeleine tout au long du XXe siècle, tandis qu'ils occupent régulièrement des postes d'adjoint à Bagnoles de l'Orne. Ils sont aussi particulièrement investis dans le fonctionnement de l'office de tourisme et de la communauté de communes à la fin du siècle. Ce point fait l'objet d'un développement spécifique dans le chapitre III.

Parc est fondée en 1960 avec l'objectif de proposer une offre thermale avec hospitalisation, tandis qu'en 1978, le docteur Pierre Noal, maire de Tessé-la-Madelaine (qui forme avec Bagnoles de l'Orne la station hydrominérale Bagnoles-Tessé jusqu'en 2000), œuvre à la réalisation d'un centre de rééducation fonctionnelle (CMPR). Outre l'augmentation du nombre de médecins, la construction de ces structures médicales stimule donc l'emploi dans les stations. À Bagnoles de l'Orne, le CMPR mobilise environ 160 salariés tandis que la clinique du Parc, devenue en 1994 un « centre de soins de suite et de réadaptation » emploie 109 personnes[28].

Les commerces profitent également de cette croissance. Leur densité au regard du nombre d'habitants distingue d'ailleurs les villes thermales d'autres villes de même envergure. À titre d'exemple, Vichy (30 000 habitants) propose autant de commerces et de services à la fin des années 1980 que des villes de 100 000 habitants telles que Calais ou La Rochelle. Toutefois, et bien qu'ils cherchent à s'autonomiser progressivement du rythme saisonnier des cures, en cherchant à capter une clientèle régionale et permanente, les commerçants demeurent fortement dépendants du flux de curistes (Jamot, 1988 : 282). Ils s'adaptent en conséquence aux attentes et caractéristiques de la nouvelle clientèle thermale, âgée, souffrante et féminisée. Mais ce processus est encore plus sensible pour les activités connexes au thermalisme, héritées du passé luxueux des stations et qui s'avèrent en inadéquation avec les attentes de la nouvelle clientèle thermale.

b. Diversification de l'hébergement et mise en concurrence de l'hôtellerie

L'hébergement est la première activité connexe au thermalisme touchée par cette évolution. L'hôtellerie et notamment les « palaces » subissent le plus fortement le tarissement de la clientèle fortunée. Entre 1929 et 1939 déjà, les grands hôtels doivent faire face à la crise économique liée au krach boursier. Mais au sortir de la guerre (de 1948 à 1955), la situation change radicalement. L'hôtellerie de luxe compose avec le développement d'une offre d'hôtels

[28] Les chiffres concernant le CMPR sont issus de deux entretiens réalisés avec des élus bagnolais, par ailleurs investis dans l'équipe de direction du CMPR et de l'association Pierre Noal qui regroupe plusieurs établissements médicaux en Normandie (dont le CMPR).

familiaux et de pensions de familles, mieux adaptée à la nouvelle clientèle. L'ancien directeur des Thermes de Bagnoles de l'Orne de 1980 à 1987 témoigne de ces changements. Entre les lignes, il suggère que la croissance du nombre de curistes modifie la « *loi du marché du thermalisme* ». À partir de la fin des années 1950 et jusqu'au milieu des années 1990, l'offre doit s'ajuster à la demande. « *La typologie des clientèles de curistes a évolué de façon telle que, petit à petit, décennie après décennie, ça a entraîné aussi une transformation des stations thermales*, évoque-t-il. *Transformation du niveau des prestations hôtelières par exemple, à la fois dans le service qui était offert mais aussi dans la qualité des infrastructures. Les gens qui venaient-là étaient moins exigeants, donc ça poussait moins les hôteliers à faire des efforts en termes d'infrastructures, ça les entrainait à offrir moins de services qu'ils n'en offraient avant-guerre aux têtes couronnées qui venaient fréquenter les grands hôtels* ».

Les hôteliers développent de nouvelles formules (Jamot, 1988 : 189-200). « L'hôtel intégré », qui possède en sous-sol un établissement thermal, est la première de ces innovations. La ville de Dax qui, avec quelques autres stations, fait figure d'exception et affiche une forte croissance de sa capacité hôtelière tout au long de la seconde moitié du XXe siècle, est fortement dotée de ce type d'équipements. Qu'ils soient des bâtiments historiques de la ville (le Splendid ou le Miradour) ou des constructions plus récentes (les Thermes Bérot, les Thermes de l'Avenue, etc. créés dans les années 1970), c'est le modèle privilégié dans la station. « L'hôtel résidence » présente, pour sa part, la particularité d'assimiler la chambre à un studio dans lequel le client, qui ne bénéficie pas de pension, est relativement autonome tout en bénéficiant de certains services de l'hôtellerie classique. « L'hôtel animé » propose enfin au client, outre les services classiques, un ensemble de distractions.

L'adaptation de l'hôtellerie aux curistes conventionnés est rendue d'autant plus nécessaire que l'offre d'hébergement dans les stations thermales se diversifie tout au long de la seconde moitié du XXe siècle. L'accueil en « meublé », qui se développe sensiblement avec l'arrivée de cette nouvelle clientèle, constitue la principale alternative à l'offre hôtelière. Composé de logements peu qualitatifs mais accessibles, ce mode d'hébergement évolue lui-aussi. L'arrivée de « professionnels » de l'immobilier et la montée en exigence des curistes oblige les propriétaires historiques à investir dans la réfection de leurs logements, favorisant une amélioration du parc locatif dans les stations (Jamot, 1988 : 215).

Enfin, et sans toutefois rivaliser avec l'hôtellerie et la location de meublés, le camping-caravaning se développe à partir des années 1970. Dans un premier temps, seuls les « curistes libres » (autrement dit qui profitent de soins non remboursés par l'Assurance maladie) ou les touristes peuvent en effet s'en saisir. Hostile au développement de toutes formes de diversification touristique, le corps médical considère les conditions de vie en camping inadaptées aux exigences d'une cure. Aussi s'oppose-t-il au remboursement des soins thermaux pour les campeurs jusqu'en 1981, date à laquelle le ministère de la Santé s'y déclare favorable[29].

L'arrivée massive d'une clientèle moins fortunée que celle d'avant la Seconde Guerre mondiale transforme donc fortement le parc d'hébergement des stations thermales. Si de nouveaux opérateurs voient dans cette évolution une opportunité pour investir le marché (campings, meublés), certains modes d'accueil traditionnels, notamment l'hôtellerie de luxe, ne peuvent s'adapter. Symboles du faste et du luxe associés au thermalisme du XIXe siècle et de la première moitié du XXe siècle, ces bâtiments ferment au profit d'offres financièrement plus accessibles. Cette évolution participe du changement d'image des stations.

c. L'inadéquation d'une offre de loisir héritée du passé

La montée en puissance du thermalisme social produit aussi ses effets sur les équipements de loisirs destinés à divertir le public curiste et ses accompagnateurs. Il est alors « peu original de posséder une ou deux piscines, des courts de tennis, des boulodromes, des stands de tir, des centres d'équitation et des terrains de sports variés. [...]. De même, les stations thermales offrent une gamme complète d'activités de détente : cinémas et dancings, clubs de bridge et de billard, clubs de jeunes ou maisons des jeunes et de la culture » (Jamot, 1988 : 244). Mais les stations présentent aussi une part d'équipements « particuliers » hérités directement du glorieux passé du thermalisme français et qui s'avèrent en inadéquation avec la nouvelle clientèle.

---

29 Nos données ne sont pas suffisantes pour analyser l'importance de ces tractations entre promoteurs d'offres d'hébergement et médecins thermaux à l'intérieur des stations. Néanmoins, Christian Jamot suggère qu'il est possible qu'il existe une connivence entre acteurs médicaux, hôteliers et loueurs de meublés pour maintenir les campings à l'écart du marché du logement pour curistes conventionnés.

C'est d'abord le cas des casinos. Avant la Seconde Guerre mondiale, ces derniers abritent diverses distractions, en plus des jeux d'argent et de hasard (opéra, théâtre, concerts, restaurant, salon de thé, salles de réunions et/ou de réception, etc.) (Carribon, 2014). Jusque dans les Années folles, ces établissements sont des lieux de sociabilité incontournables et se distinguent par leur offre culturelle diversifiée. Cette situation est bien différente à la fin des années 1980 après plusieurs décennies de thermalisme social. Nombre d'entre eux sont confrontés à des problèmes de rentabilité (certains déposent le bilan) et beaucoup replient leur activité sur les seules salles de jeux. À Bagnoles de l'Orne, par exemple, la situation économique du casino est particulièrement dégradée au tournant des années 1990 comme en témoigne l'un de ses anciens directeurs. Arrivé dans la station bagnolaise après avoir dirigé le casino de Trouville, il expose : « *Quand j'arrive en 1992, il y a 8 personnes, tout est un peu délabré. Il n'y a plus de salle de grands jeux. Il reste une salle de boules avec trois tableaux qui travaillent dans des conditions un petit peu ubuesques et une salle de machines à sous qui vient d'être installée juste avant que j'arrive avec 49 machines. Quatre murs, une caisse, une moquette qui date des années 1950, même pas un bar dans le casino, rien !* ». Pour attirer une clientèle plus nombreuse, les machines à sous deviennent alors l'argument principal de la politique marketing de l'établissement.

Les stations affichent également un autre héritage, sportif celui-ci, qui apparaît surdimensionné au regard des attentes et pratiques des nouveaux curistes conventionnés. En effet, de nombreuses villes thermales (parfois de petite taille) possèdent golf, hippodrome, voire aérodrome, leur permettant de se distinguer des villes voisines et de leur assurer une certaine attractivité. Mais le « problème » de la rentabilité se trouve posé étant donné, là encore, le caractère saisonnier et la taille souvent modeste des stations. Pour Christian Jamot (1988 : 254), « la sous-utilisation des équipements paraît [...] aberrante ; même au sortir d'une période de croissance euphorique du mouvement touristique, il semble que les investissements aient été poussés bien loin pour une adaptation à l'économie de marché et à la concurrence entre les stations ».

La transformation de l'expérience thermale, au profit d'une clientèle moins encline à dépenser sans compter, plus âgée et souffrante, place donc les structures touristiques dans une situation économique complexe. Face à celle-ci, les autorités locales de certaines stations n'hésitent pas à investir financièrement dans la rénovation ou la construction d'équipements prestigieux (complexe tennistique, hippodrome, golf, notamment) afin de préserver, aux côtés de l'activité thermale florissante, une vocation touristique[30]. Nous l'avons souligné, les villes d'eaux sont progressivement assimilées à des « *villes de vieux* »[31], ou *a minima*, à des villes de santé. L'attractivité touristique qui les caractérise jusqu'à la Seconde Guerre mondiale semble révolue, les plaçant dans le même temps dans une situation de forte dépendance vis-à-vis du remboursement des soins thermaux par l'Assurance maladie. Aussi s'agit-il, pour certains élus locaux, de parer aux effets potentiellement pervers d'une mono-économie thermale en conservant une marge de manœuvre touristique. Mais cette volonté politique se heurte à la faible adhésion, voire à la résistance, d'autres acteurs influents dans les stations, au premier rang desquels les exploitants thermaux.

S'il développe l'économie des villes thermales, le thermalisme social bouleverse, en effet, des équilibres et modifie des rapports de force institués de longue date. Les principaux bénéficiaires sont les exploitants thermaux, dont la position dominante dans le jeu local se renforce fortement jusqu'au milieu des années 1990. Suffisamment puissants pour ne pas tenir compte des intérêts des autres acteurs locaux (qu'ils soient économiques, politiques ou médicaux), ils tendent à agir de manière plus autonome. La question de l'allongement de la durée de la saison pour parer aux problèmes de rentabilité en est une illustration. Quand hôteliers, commerçants et autres services (y compris publics) nécessaires à l'animation de la station évoquent, aux côtés des autorités locales, de telles intentions, ils se heurtent au désintérêt des exploitants thermaux, provoquant l'échec de toute tentative (Jamot, 1988 : 126).

Ces éléments montrent en filigrane que la mise en place d'une action collective visant à répondre aux « problèmes » des villes thermales ne va ni de soi, ni sans effort. Tant que la « fonction thermale » assure des retombées économiques jugées suffisantes, les acteurs économiques et politiques coexistent sans réelle coopération. Pourtant, entre la fin des années 1950 et

---

30 C'est le cas à Bagnoles de l'Orne par exemple, où les équipes municipales successives à partir de l'élection de Maxime Merlin (pharmacien de métier) en 1966 ne cessent de développer le potentiel touristique de leur ville alors même qu'elles n'ont que très peu de pouvoir sur l'établissement thermal qui représente la quasi-totalité de l'économie du territoire. En 1984, un complexe tennistique d'envergure est par exemple créé dans cette perspective.

31 Selon les propos de plusieurs enquêtés rencontrés à Bagnoles de l'Orne et à Dax.

les années 1970, trois séquences successives révèlent à quel point ces groupes d'acteurs (économiques, politiques et médicaux) demeurent dépendants de l'État. Cette période marque ainsi un premier tournant : l'indifférence entre acteurs laisse place à une prise de conscience de leur vulnérabilité commune.

2) Quand l'État entend changer les « règles du jeu »

Avec la création de la Sécurité sociale en 1945 et la circulaire du 14 août 1947 propre au remboursement des soins thermaux par l'Assurance maladie, l'État favorise le développement économique de nombreuses villes, souvent situées dans des territoires ruraux et montagnards[32]. Mais cette situation repose sur des règles du jeu qui demeurent susceptibles d'être remises en cause. Leur fragilisation menace alors les équilibres construits localement. Or, tandis que le thermalisme social poursuit sa croissance, trois remises en causes successives du cadre fixé par l'État au sortir de la Seconde Guerre mondiale donnent aux acteurs locaux un aperçu de la situation de dépendance dans laquelle ils se trouvent pris.

La première intervient dès la fin des années 1950, sous l'impulsion d'Antoine Pinay, alors ministre des Finances et des Affaires sociales. Ce dernier est nommé par le Général De Gaulle au sein de son gouvernement d'Union nationale, avec comme mission principale de stabiliser les comptes du pays (Chélini, 2001). S'il en va de l'image de la France de poursuivre « l'action modernisatrice lancée à la Libération », le pays doit aussi faire face à une première crise budgétaire en 1956. Aussi, Antoine Pinay choisit-il d'opérer des coupes budgétaires, notamment dans « ce qu'il croit être des abus dans la pratique de la prise en charge ». Il remet en cause les acquis de 1947 en signant deux ordonnances, l'une en décembre 1958, l'autre en février 1959. La première stipule que « les frais de toute nature, afférents à des cures thermales ou climatiques ne sont pas couverts par l'Assurance maladie » (Jamot, 1988 : 65). La seconde nuance cette restriction en indiquant que les « frais

[32] Pour l'année 2008, le Conseil national du tourisme établit que sur les 91 stations françaises, 28 sont rattachées à des communes rurales (850 habitants en moyenne) et 28 autres sont localisées en montagne (3 820 habitants en moyenne). Nous pouvons présumer que le nombre d'habitants était encore inférieur dans les décennies 1960, 1970 et 1980, l'activité thermale s'avérant donc d'autant plus essentielle d'un point de vue économique (CNT, 2011 : 16).

[de remboursement seront] imputés sur le fonds d'action sanitaire et sociale dans les conditions et les limites qui seront précisées par arrêté interministériel » (Cour des comptes, 1995 : 15). Avec cette nouvelle ordonnance, Antoine Pinay revient donc sur l'annulation du remboursement des soins thermaux prévue dans un premier temps. Mais il accroît sensiblement le pouvoir du gouvernement dans sa relation aux stations thermales en lui permettant de modifier les « règles du jeu » et de soumettre le remboursement à des conditions qu'il aura lui-même choisies et qui apparaissent plus dures que pendant les dix premières années. L'ordonnance précise, en effet, que « la période de cure ne peut plus correspondre avec celle des congés payés et que chaque curiste doit se présenter devant un médecin-conseil » (Idem). Surtout, elle soumet le remboursement à un « plafond de ressources placé volontairement très bas » et ne prend plus en charge le transport et l'hébergement que pour des cures dites « spéciales » (Jamot, 1988 : 65)[33].

Les effets de ces mesures sur la fréquentation thermale sont immédiats. Alors que 329 375 curistes sont recensés en 1958, ils ne sont plus que 255 294 l'année suivante d'après les chiffres rapportés par la Direction générale au tourisme (Jamot, 1988 : 490). Face à cette chute, les acteurs locaux se mobilisent fortement pour faire pression sur l'État qui abandonne finalement la réforme (Cour des comptes, 1995 : 15 ; Jamot, 1988 : 65).

Le décret du 29 avril 1960 rétablit ainsi le remboursement des cures thermales. Mais il opère une distinction entre les « prestations obligatoires » et les « autres frais ». Le remboursement des « prestations obligatoires », autrement dit des frais médicaux, est restitué à tous les assurés sociaux, tandis que les « autres frais », à savoir l'hébergement et les transports, sont dorénavant remboursés « sous condition de ressources ». Par ailleurs, un second décret, daté du 8 juin 1960, pose les bases des relations à venir entre établissements thermaux et Assurance maladie : « les frais de traitement dans les établissements thermaux sont réglés sur la base de forfaits fixés par des conventions entre la CNAMTS et les établissements thermaux intéressés » (Cour des comptes, 1995 : 15). Le principe des « conventions » entre Assurance maladie

[33] Certainement ce qualificatif renvoie-t-il entre autres aux cures destinées aux victimes de guerre, militaires invalides et aux personnes souffrant d'affections de longue durée, de victimes d'accident du travail ou de maladies professionnelles, comme le prévoit la législation actuelle.

et établissements thermaux est ainsi acté, soumettant ces derniers à l'impératif de « négocier » les tarifs de cures avec les services de l'État[34].

À l'issue de cet épisode législatif, la chute de fréquentation est enrayée et le nombre de curistes progresse à nouveau jusqu'à retrouver le niveau atteint à la fin des années 1950. De 281 649 en 1960, le nombre de curistes s'établit à 320 723 en 1961 et même 341 932 en 1962. Mais, à la fin des années 1960, un scénario similaire se produit à la suite d'un nouveau projet de réforme de la Sécurité sociale porté cette fois-ci par Jean-Marcel Jeanneney, ministre des Affaires sociales.

Alors que les comptes de la Sécurité sociale sont équilibrés de 1956 à 1963, la situation se dégrade jusqu'en 1967. Plusieurs rapports sont publiés afin de remédier « au problème ». Outre l'augmentation du ticket modérateur (autrement dit, le reste à charge pour les patients), quatre branches administrativement et financièrement séparées sont différenciées dans une perspective de rationalisation des dépenses et de sectorisation du système de protection. Les branches maladie, accidents du travail et maladies professionnelles, assurance vieillesse et prestations familiales sont créées (Palier, 2007 : 123). Concernant les soins thermaux, l'ordonnance du 27 août 1967 ne remet pas fondamentalement en cause le principe du remboursement. Mais elle fragilise à nouveau l'équilibre établi en 1947. Une première mesure prévoit en effet l'augmentation de 20 à 30 % du ticket modérateur tandis que la seconde supprime le paiement d'indemnités journalières pour les arrêts de travail prescrits à l'issue d'une cure thermale (Jamot, 1988 : 66)[35].

Là encore, les conséquences de ces mesures sont rapidement effectives puisque le nombre de curistes chute de 444 594 à 392 204 entre 1967 et 1968. Et comme en 1958, « le gouvernement doit temporiser [...] devant la vague de protestations qui s'étend au pays entier ». Partant, « un décret de février 1969 rétablit l'indemnité journalière qui entre dans le domaine des prestations facultatives soumises au plafond de ressources [et] un arrêté de 1970 parachève le retour à la situation de 1960 ». La fréquentation peine néanmoins à repartir et il faut attendre 1973 (452 177 curistes) pour retrouver les chiffres de 1967. Cette seconde « attaque » de l'État au système de remboursement produit ses effets sur l'image de la thérapeutique thermale, telle que l'illustre Christian

---

[34] Nous revenons plus précisément sur ce point dans le chapitre suivant.

[35] Les citations suivantes renvoient à la même source.

Jamot. « Le climat de confiance n'existe plus entre la clientèle potentielle du thermalisme et l'État, régulateur des prestations sociales et dont la politique paraît peu amène à l'égard de la cure. Les gens hésitent à entreprendre une série de soins, étalés sur trois années au moins », préférant « se faire traiter par la chimiothérapie ou la chirurgie » pour lesquels « le remboursement est quasi-total avec un complément mutualiste ».

Enfin, en 1977, la fréquentation « subit » les conséquences du Plan Barre (arrêté du 6 novembre 1976) qui, concernant le thermalisme, conditionne le remboursement des frais « facultatifs » (transport et hébergement) à un nouveau plafond de ressources de nouveau établi très bas (30 000 francs). Cette mesure entraîne un ralentissement dans la hausse continue du nombre de curistes au cours des années 1970. Alors que ces derniers passent de 484 646 en 1975 à 506 751 en 1976, ils sont 507 951 en 1977. En réaction à cette troisième remise en cause du principe de remboursement institué en 1947, l'État doit faire face à des « protestations unanimes des élus des régions thermales et des corps constitués du thermalisme » (Idem : 67). En 1978, sous l'impulsion de Simone Veil, ministre de la Santé, le gouvernement relève le plafond de remboursement des frais à hauteur de 40 000 francs entraînant une nouvelle augmentation de la fréquentation (524 245 curistes en 1978).

Ces trois remises en question du thermalisme social illustrent la « force au jeu » que possède l'État vis-à-vis des acteurs locaux. Chaque modification des règles de remboursement produit systématiquement un tassement ou une chute de la fréquentation à l'échelle locale. Aussi, la principale contrepartie à la croissance économique engendrée par le thermalisme social est une forte dépendance des villes thermales à l'État.

Malgré tout, les acteurs locaux font preuve d'une réelle capacité de mobilisation dès lors que la pérennité du développement économique des stations semble menacée. Si les élus peinent souvent à enrôler acteurs économiques et médicaux dans une action collective visant à réduire leur dépendance à l'État – en diversifiant par exemple l'économie touristique –, ces mêmes acteurs les sollicitent activement pour préserver le *statu quo* et défendre leurs intérêts. Ces mobilisations territoriales, qui rassemblent pouvoirs publics locaux et acteurs socio-économiques, n'ont toutefois rien de surprenant si l'on considère, avec Anne-Cécile Douillet et Rémi Lefebvre, que les « autorités locales », certes souvent placées en position de « "récepteurs" (au moins potentiels) de demandes et d'intérêts sociaux », peuvent aussi s'engager dans des « logiques conflictuelles et revendicatives » à l'égard de l'État (2017 : 175-176).

En identifiant les villes thermales comme « territoires de santé », l'État en stimule l'économie. Avec l'essor du thermalisme social, elles se transforment pour accueillir une clientèle modeste et vieillissante. Si les élus locaux restent attentifs à la menace que ferait peser une rupture de ces compromis avec l'État, la fin des années 1980 confirme que le développement économique de ces territoires repose plus que jamais sur le maintien du système de remboursement des soins par l'Assurance maladie. Pourtant, depuis l'avènement du thermalisme moderne à la fin du XVIIIe siècle, les relations entre les villes thermales et l'État n'ont pas toujours été marquées par une telle dépendance. Il convient donc désormais de s'interroger sur les conditions ayant conduit à cette évolution.

II. La « fièvre thermale » du XIXe siècle ou l'autonomisation fluctuante des villes

En tant que configurations d'acteurs socio-économiques, politiques et médicaux, les stations thermales n'ont pas toujours été placées dans une situation de dépendance aussi prononcée vis-à-vis de l'État. Certes, le rôle joué par ce dernier dans le développement et l'orientation du thermalisme au tournant du XIXe siècle est manifeste. D'un côté, il pose le cadre juridique (et assure son respect) à partir duquel l'activité thermale prend son essor. De l'autre, il favorise directement le développement des villes thermales que ce soit *via* l'action des Préfets et sous-Préfets, en investissant dans la construction d'infrastructures ou en assumant directement la gestion des sources thermales. En plus de légitimer par le droit sa domination sur les stations, l'État consacre, dans un premier temps, le thermalisme comme une activité médicale. Cela assure aux médecins le contrôle des stations jusqu'au dernier quart du XIXe siècle (1). Néanmoins, l'ordonnance royale de 1806 (qui autorise les casinos et cercles de jeux dans les villes d'eaux pour la durée de la saison), associée au développement plus général du tourisme, offre parallèlement les conditions d'une double autonomisation progressive : celle du thermalisme vis-à-vis de la stricte domination médicale, celle aussi des villes à l'égard de l'État. Le succès du thermalisme est, en effet, indissociable de la naissance du tourisme (Jarrassé, 1992 ; Dutheil, 2002 : 99). Avec le développement de la villégiature, les stations ne sont plus uniquement fréquentées pour leurs eaux, mais aussi pour les attraits touristiques décrits par les auteurs romantiques. Cette clientèle fortunée en quête de distractions attire de nouveaux profils d'investisseurs et c'est progressivement l'ensemble du séjour thermal qui se voit transformé (2). Des désaccords émergent localement entre les groupes d'acteurs politiques, économiques et médicaux sur ce qui doit fonder l'identité des territoires thermaux. Ils trouvent d'autant plus matière à s'exprimer que la période est marquée par un affranchissement tendanciel vis-à-vis du pouvoir exercé jusqu'alors par l'État sur le développement de l'activité (3).

1) L'État comme catalyseur du développement des stations thermales

La forte influence de l'État dans la construction et « l'identification » des stations thermales est bien antérieure à la création de la Sécurité sociale. Dès la fin du XVIIIe siècle, et malgré les troubles causés par la Révolution, le cadre législatif oriente en effet le développement de l'activité, résolument médicale et « sociale » dans un premier temps.

a. Le contrôle administratif du développement d'un thermalisme médical

L'arrêt du Conseil d'État du 5 mai 1781 est la première des mesures qui assurent la prééminence du monde médical. La Société Royale de Médecine se voit en effet confier le rôle (partagé quelques années plus tard par l'Académie de Médecine et le ministère de l'Intérieur) de délivrer l'autorisation d'exploiter les sources, les contrôler, nommer les intendants des eaux et, enfin, assurer le recensement des sources d'eaux minérales du royaume (Jarrassé, 1992 : 24).

Le Directoire dresse ensuite les contours d'un thermalisme social, au sein duquel les municipalités jouent un rôle de premier plan. L'arrêt du 23 vendémiaire An VI (14 octobre 1797) porte sur la gratuité des eaux pour les indigents et soldats blessés quand celui du 29 floréal An VII (18 mai 1799) impose la prise en charge de leurs frais de voyage par les municipalités (Carribon, 2001 : Annexe 26). Ces premières mesures dessinent les fondements d'un processus de municipalisation du thermalisme social qui s'inscrirait dans un mouvement plus large au sein duquel l'ancrage territorial est placé au centre du dispositif de l'assistance publique moderne (Pollet, 1995 : 116-117).

Avec l'arrivée au pouvoir de Napoléon Bonaparte en 1799, l'État élargit son champ d'action vis-à-vis du thermalisme. Alors que la législation de la fin du XVIIIe siècle s'intéresse plus au contrôle des eaux et à leur usage, celle du début du XIXe siècle vise la gestion et l'amélioration des établissements thermaux. L'arrêté du 3 floréal an VIII (23 avril 1800) confie aux Préfets des prérogatives déterminantes quant au développement des stations. Le Préfet devient ainsi, « outre son rôle de police (il entérine les règlements proposés par les inspecteurs), souvent l'instigateur des réalisations architecturales, avec l'aide de l'Ingénieur en Chef des Ponts et Chaussées puisqu'il n'existe pas encore d'architecte départemental » (Jarrassé, 1992 : 25). Mais son influence ne s'arrête pas aux sources appartenant à l'État. L'arrêté du 6 Nivôse An XI (27 décembre 1802) dispose de son contrôle sur les eaux en gestion municipale ou privée. Les propriétaires privés doivent respecter certaines obligations, qu'elles concernent le paiement des officiers de santé nommés par le gouvernement ou les tarifs des soins fixés par les Préfets.

Tout au long de la première moitié du XIXe siècle, la liberté des acteurs locaux apparaît donc fortement entravée. C'est l'État qui oriente et contrôle le développement du thermalisme. Or, en confiant à la fin du XVIIIe siècle des responsabilités dans la gestion du fonctionnement du thermalisme à l'Académie de Médecine, il légitime indirectement la domination du monde médical sur l'activité.

Cette attitude produit ses effets à l'échelle locale, où les médecins thermaux s'affirment comme les personnages centraux des stations. Que ce soit de manière curative ou préventive, ils possèdent l'art d'administrer l'eau thermale, dorénavant caractérisée comme un « médicament » (Pénez, 2004 : 120-124)[36]. Jusqu'au dernier quart du XIXe siècle, ils contrôlent ainsi le comportement des visiteurs, qu'il s'agisse des pratiques vestimentaires, de la nutrition, mais aussi la gestion du temps. Celle-ci leur fournit un pouvoir important dans les stations tant « la contrainte temporelle est présente toute la journée », de la durée des soins, à la consommation de l'eau (horaire du premier verre d'eau, intervalle entre chaque prise, etc.), en passant par les horaires des repas et du coucher.

[36] Les citations suivantes renvoient à la même source.

Mais ce pouvoir s'exerce également sur les autres acteurs (politiques et économiques) participant au développement des villes. Jusqu'à ce que l'usage des eaux soit déconditionné de la prescription médicale en 1860, le médecin ne se contente pas de régler la vie de la station. Il influe également sur sa fréquentation. Certes, ce pouvoir ne s'exerce pas uniformément sur toutes les clientèles. Les aristocrates et haut-bourgeois qui côtoient autant les stations dans un souci de distinction que dans une perspective médicale sont, par exemple, accueillis avec les honneurs. Mais le médecin décide en partie quel malade a « droit de cité » ou non. Certains souffrant de maladies infectieuses peuvent se voir interdire l'accès à la cure, tout comme les « mourants », que les responsables des stations rechignent à accueillir. « Mauvaise publicité, incidence fâcheuse sur le moral des autres malades, incompatibilité avec les distractions et les loisirs mis en place. La mort est hors la loi dans les stations, tout comme le sont les malades trop atteints, trop pauvres ou souffrant de maladies contagieuses ». Ces catégories de curistes sont bien souvent reléguées à l'écart de la station. Quand ils sont pris en charge, ils le sont à des horaires choisis et rarement en pleine saison pour ne pas incommoder la clientèle aisée.

A contrario, les maladies chroniques sont particulièrement ciblées par les médecins thermaux, car elles leur permettent de rappeler le sérieux de la thérapeutique[37], l'usage de l'eau minérale étant souvent le « dernier recours » utilisé par la médecine pour traiter ces affections. Les personnes en bonne santé sont elles aussi encouragées à recourir à ce « médicament de confort ». Les médecins thermaux s'inscrivent ainsi dans le courant hygiéniste qui gagne en influence à la fin du XIXe siècle. Dès les débuts de la IIIe République, certains médecins – élus à la Chambre ou nommés dans l'administration – cherchent en effet à faire appliquer les principes d'hygiène et de salubrité qu'ils défendent depuis plusieurs décennies. La mise en œuvre de ces mesures suscite des controverses politiques et l'action en matière de santé publique reste inégale d'une municipalité à l'autre (Murard, Zylberman, 1993). Mais ces débats publics, associés au vote de la loi du 15 février 1902 (relative à la protection de la santé publique), favorisent la démocratisation des pratiques hygiéniques, élargissant ainsi la clientèle potentielle des établissements thermaux.

[37] Les maladies chroniques ont ceci de particulier qu'il n'existe pas de traitement curatif pour les enrayer. Aussi, l'adjectif « chronique » souligne-t-il que ces maladies durent aussi longtemps que la vie de la personne (Carricaburu, Ménoret, 2004 : 93).

Le cadre législatif posé par l'État au tournant du XIXe siècle structure donc largement l'expérience thermale et, ce faisant, les rapports de force à l'échelle locale. Résolument médical, le thermalisme de la première moitié de ce siècle offre aux médecins thermaux beaucoup de pouvoir dans le jeu local. Mais l'influence de l'État s'exerce à un autre niveau. En investissant directement dans la gestion et/ou le développement de certaines stations, il participe à l'accroissement de l'activité.

b. Quand l'État (s')investit directement dans le développement des stations

Si l'initiative privée reste possible, la période 1800-1850 voit surtout l'État et les communes porter les grands projets thermaux (Jarrassé, 1992 : 25). Tout au long du XIXe siècle, l'État s'investit concrètement dans le développement du thermalisme. Il crée en 1808 une administration centrale des eaux, chargée de la gestion de plusieurs stations pyrénéennes, et intervient directement dans l'exploitation de certains établissements.

L'État ne gère pas pour autant de la même façon l'ensemble de ses stations. Il emprunte des formes de gestion directe en privilégiant la mise en régie, ou indirecte *via* l'affermage ou la concession. Le choix du type de gestion est à chercher « dans [sa] volonté ou non de développer l'exploitation. Souvent, faute de volonté d'investir directement, l'État fait appel à des investisseurs privés pour créer les infrastructures thermales nécessaires au lancement d'une station » (Pénez, 2004b : 6). Néanmoins, l'option qui consiste à « déléguer » au privé le développement de la station caractérise plutôt la seconde moitié du XIXe siècle, période pendant laquelle l'image des sociétés capitalistes dans l'opinion publique se transforme profondément. Après avoir longuement suscité la défiance, elles sont désormais envisagées comme garantes de la prospérité locale, au service de l'intérêt général (Idem : 12).

Trois stations (Plombières, Vichy, Aix) peuvent être prises en exemple pour illustrer ces divers modes de gestion. Plombières-les-bains, destination appréciée par Napoléon III, profite particulièrement de l'intervention de l'État dans son développement[38]. Dès le début du XIXe siècle, les pouvoirs publics

[38] L'empereur y séjourne à cinq reprises (1856, 1857, 1858, 1865 et 1869). Il se rend également cinq fois à Vichy (1861, 1862, 1863, 1864 et 1866) et une fois à Saint-Sauveur en 1859.

optent pour l'affermage, confiant l'exploitation de l'établissement thermal à de modestes propriétaires locaux, installés à Plombières ou dans ses environs. Mais ces derniers se contentent, faute de moyens financiers, d'entretenir les installations. En 1857, l'affermage est donc attribué à une compagnie plus importante, créée sous le règne de Napoléon III et constituée d'actionnaires de la région vosgienne. Hommes politiques locaux, industriels investis dans le Conseil général des départements attenants ainsi que des membres des professions libérales composent la compagnie. La concession est établie sur une durée de quatre-vingts ans, témoignant d'une volonté de l'État d'aider l'entreprise à se développer. « En échange, la nouvelle société doit construire un ensemble complet d'infrastructures thermales : des thermes, un casino, des hôtels, un parc... le tout dans un délai de trois ans. [...] Afin d'aider la nouvelle société, l'État prend à sa charge les travaux de captage des eaux minérales et l'assainissement de la ville à hauteur de 345 000 francs et se porte garant des emprunts successifs réalisés par la société » (Idem : 6).

La participation de l'État au développement de la station est tout aussi active à Aix-les-Bains et à Vichy. « Le Second Empire s'attache au développement et à l'embellissement des principales villes d'eaux. [...] "Le thermalisme est pour Napoléon III un champ d'essai exemplaire pour ses projets urbains". [...] C'est ainsi que la ville de Vichy est assainie au cours des années 1860. Un plan d'urbanisme ambitieux la modèle : émerge peu à peu la ville telle que nous la connaissons de nos jours ; on y construit une gare, une mairie, un casino, des hôtels et un grand parc au bord de l'Allier » (Lefebvre, Raynal, 2015 : 51 ; Toulier, 2004 : 3). Napoléon III ne se contente donc pas d'offrir à Vichy une mise en publicité de la ville en la fréquentant à plusieurs reprises. Il décide, en 1853, de privilégier l'affermage à la gestion en régie (en vigueur depuis le début du siècle) pour favoriser le financement privé de ces différentes constructions.

La composition de la société capitaliste à qui est déléguée la gestion de la station diffère de celle de Plombières. Deux entrepreneurs parisiens, Antoine Callou et Auguste Lebobe, possèdent dans un premier temps la quasi-totalité des actions, le reste étant partagé par un élu local et un médecin de l'empereur. Dénommée Compagnie fermière, la société a une emprise totale sur la station vichyssoise. Par ses investissements (de l'établissement thermal au casino), elle transforme profondément la ville. « Antoine Callou, en fin stratège, comprend très vite que l'exploitation d'une station ne peut se résumer au seul traitement thermal », souligne Frédéric Dutheil (2002 : 108). « Il s'agit d'étendre les activités industrielles de la ville d'eaux en particulier l'embouteillage des eaux minérales, renforcer l'image touristique et mondaine de la station, trouver des débouchés commerciaux aux multiples produits annexes qui font la renommée de Vichy ». Les loisirs participent du programme d'aménagement de la station et concourent à sa publicisation. La Compagnie fermière s'inspire du succès des stations allemandes pour asseoir sa domination sur le thermalisme français : soins médicaux et loisirs combinés favorisent sa réussite économique. Bien que la composition de la société change à la mort d'un des deux entrepreneurs et malgré les charges importantes que doit supporter la société, l'attractivité acquise par la « Reine des Villes d'eaux » (selon le qualificatif que les acteurs vichyssois s'auto-attribuent) lui assure une prospérité certaine. Quant à Aix-les-Bains, l'État choisit la régie directe en raison des bénéfices importants qu'il retire de son exploitation.

L'État joue donc un rôle de catalyseur de l'évolution du thermalisme au XIXe siècle. Devenu « propriétaire de sources, plus par hasard que par une volonté délibérée de prendre en main le potentiel thermal de la France » (Pénez, 2004b : 4), fruit des confiscations propres à la période révolutionnaire et à l'Empire, il n'a toutefois ni les finances pour développer l'ensemble des stations, ni la volonté politique. Il concentre plutôt ses investissements et son soutien vers les stations les plus importantes, et contribue fortement à façonner le paysage thermal français, très diversifié et inégal[39]. Cela offre des opportunités dont se saisissent d'autres profils d'investisseurs, issus du monde privé. Significatifs à partir de la seconde moitié du XIXe siècle, ces investissements s'expliquent aussi, voire surtout, par l'ouverture du thermalisme à l'économie touristique.

2) L'expérience thermale transformée par l'économie touristique : modification de la clientèle et opportunités capitalistiques

Si l'implantation des sources dépend de la géologie, la réussite – ou l'échec – des stations thermales repose sur une multitude de facteurs, parmi lesquels l'accessibilité, la qualité de l'eau ou encore leur notoriété. Plus largement, l'action politique et l'investissement économique jouent un rôle

[39] Toutes les sources du domaine public n'ont pas eu un destin doré. Certaines sont très peu fréquentées tout au long du XIXe siècle.

déterminant. Le décret de 1806 autorisant l'ouverture des casinos pendant la saison en offre un exemple : il favorise l'essor des jeux d'argent et amorce une diversification des usages. Alors que l'expérience thermale du début du XIXe siècle demeure essentiellement médicale, les stations commencent à être perçues comme des « territoires d'exception »[40]. Une offre de loisirs et de divertissements se développe ainsi parallèlement, préparant l'émergence d'une véritable économie touristique.

a. L'émergence du tourisme ou l'accroissement de l'hétérogénéité sociale des visiteurs

Trois évolutions contribuent à la mise en tourisme des stations thermales, à commencer par la marchandisation de l'eau. Avant le XIXe siècle, l'eau thermale est considérée comme un bien commun, accessible à tous. Or, « peu à peu, la croissance urbaine, jointe à la nécessité d'obtenir de l'eau potable de bonne qualité contribuent à modifier le rapport à l'eau, [celle-ci devenant] une marchandise » (Carribon, 2001 : 56). Ce renversement des valeurs fait basculer l'eau minérale dans le domaine du privé. Quel que soit l'usage – bain à la source ou embouteillage – son accès devient payant. Certes, cette taxation suscite de fortes contestations locales, et certaines catégories comme les habitants de la commune, les militaires non gradés ou les indigents conservent la gratuité (Idem). Mais pour l'essentiel de la clientèle, les soins thermaux deviennent onéreux. L'attrait croissant du thermalisme incite les investisseurs et responsables d'établissements (qu'ils soient publics ou privés) à construire ou moderniser les infrastructures. Si les moyens financiers restent souvent limités dans la première moitié du XIXe siècle, les propriétaires misent sur les recettes issues des soins pour rentabiliser leurs investissements.

La deuxième évolution tient au décret impérial du 28 janvier 1860 qui légitime juridiquement l'usage touristique du thermalisme. En supprimant l'obligation de prescription médicale préalable et en rendant facultative la visite médicale sur place, ce texte dissocie partiellement le séjour thermal de sa visée thérapeutique. Il encourage ainsi une fréquentation plus récréative

[40] Nous proposons ce qualificatif car le décret du 24 juin 1806 instaure bien l'idée d'une exception au bénéfice des « lieux où il existe des eaux minérales », ainsi que pour la ville de Paris. Pour une histoire plus précise de la législation sur les casinos et les jeux d'argent, voir la thèse de Carole Carribon (2001 : 192 et suivantes).

des stations et intensifie la concurrence entre elles. Pour séduire une clientèle moins malade et moins dépendante des soins, les acteurs locaux ne se contentent plus de vanter les vertus de leurs eaux. Ils cherchent à valoriser leur ville comme destination de loisirs. À Vichy, par exemple, acteurs publics et économiques œuvrent de concert en ce sens. Évoquant l'aménagement de la station, Frédéric Dutheil souligne que « les animations et distractions ne sont pas oubliées. La publicité qui en découle est même un élément de promotion de la ville d'eaux. Cette politique, érigée en véritable doctrine, est partagée aussi bien par les élus locaux que les administrateurs de la *Compagnie Fermière* » (2002 : 132).

Enfin, l'évolution des transports et notamment du chemin de fer participe à la transformation du thermalisme. C'est là la troisième évolution. Le train raccourcit de plusieurs heures les temps de trajet et permet aux stations d'élargir leurs zones de chalandise. La vitesse rapproche symboliquement des territoires isolés (montagnards ou ruraux) de plus grandes villes où se trouvent les clients potentiels (Rauch, 2011 : 20). L'impact significatif du chemin de fer sur le développement d'une station ne doit cependant pas être restreint à la réduction des distances et à la desserte des voyageurs. Les compagnies ferroviaires jouent également un rôle central dans la mise en visibilité des territoires thermaux et dans l'évolution de l'imaginaire qui leur est associé. Sollicitant des artistes renommés, elles multiplient les affiches colorées qui, en mettant en avant certains de leurs traits distinctifs (paysages, architecture, équipements), inscrivent les stations dans un univers touristique susceptible d'attirer de nouvelles clientèles (Lefebvre, Raynal, 2015 : 62). Ces initiatives promotionnelles reflètent plus largement les liens d'intérêt qui se construisent alors entre thermalisme et compagnies ferroviaires, ces dernières ayant tout intérêt à encourager le succès de cette forme nouvelle de tourisme. L'exemple de la constitution du réseau ferré pyrénéen est significatif de ce point de vue. « La Compagnie du chemin de fer du Midi adapte son offre à la demande thermale en proposant des réductions spéciales pour les séjours thermaux et en construisant des tronçons de voies ferrées qui servent presque uniquement aux curistes » (Pénez, 2004b : 16).

En favorisant l'élargissement des cercles de recrutement au-delà des curistes, le chemin de fer contribue à l'augmentation significative de la fréquentation des stations. Plusieurs recensements réalisés tout au long du siècle permettent de saisir cette évolution. Pour la saison de 1822,

Jean-Antoine Chaptal (médecin et homme politique) rapporte le chiffre de 30 691 baigneurs et buveurs d'eau. En 1830, un second décompte est réalisé par un « hydrologue réputé »[41]. Sollicité par le gouvernement pour répertorier le nombre de sources thermales, il avance le chiffre de 38 250 « malades ou étrangers ». En 1836 et 1839, un docteur œuvrant pour le compte de l'Académie ainsi qu'un médecin inspecteur proposent deux états des lieux sensiblement différents : le premier affirme qu'environ 100 000 baigneurs fréquentent les sources tandis que le second dénombre 150 000 « malades ». Tout au long des décennies 1840 et 1850, le nombre de curistes semble continuer de croître. Cela étant, les écarts importants entre les recensements invitent à la prudence quant aux conclusions à tirer de ces chiffres[42]. Le service des Mines réalise en 1843 sa première enquête et rapporte le nombre de 131 000 curistes quand le Docteur Patissier en compte 93 256 en 1851. Un deuxième docteur en dénombre 160 000 en 1852 et, un an plus tard, un troisième en totalise 300 000. Les deux derniers recensements effectués par le service des Mines en 1882 (221 000 curistes) et 1892 (290 000) modèrent l'enthousiasme des médecins, mais rendent compte d'une augmentation perceptible de la fréquentation, et ce jusqu'à la Première Guerre mondiale. Ainsi, en 1910, le président de la chambre syndicale du commerce et de l'industrie des eaux minérales et établissements thermaux « avance 375 000 "baigneurs" proprement dits, et 325 000 "personnes les accompagnant ou touristes" » (Pénez, 2004 : 32-33).

L'arrivée du train dans les stations n'a pas pour seul effet d'accroître la fréquentation : elle modifie aussi le profil sociologique des visiteurs. Alors que les sources étaient surtout fréquentées par une population locale au début du XIXe siècle, la diversité des termes employés pour désigner les usagers – « curistes », « baigneurs », « buveurs d'eaux », mais aussi « malades », « accompagnateurs » ou encore « touristes » – témoigne du mouvement de diversification de la clientèle, suscité par les trois dynamiques évoquées.

---

[41] Les hydrologues sont des universitaires qui enseignent la thérapeutique thermale. Les médecins thermaux sont quant à eux des praticiens.

[42] Ces variations d'estimation ne sont pas illogiques si l'on prend en considération la grande hétérogénéité des visiteurs des sources. Ainsi, les chiffres varient de manière importante si seuls les « malades » sont dénombrés ou si les accompagnateurs sont également retenus dans les calculs.

L'augmentation significative de la catégorie des « malades » venus « prendre les eaux » s'accompagne d'une hétérogénéisation des pratiques et des catégories de clientèles, amenées à cohabiter au sein des stations. Des « buveurs d'eau » fréquentent les buvettes installées dans certaines d'entre elles, des villégiateurs séjournent dans un souci de distinction et de simples touristes viennent goûter aux distractions et plaisirs divers vantés par la publicité.

Reconfigurées par les exigences du tourisme, les stations proposent une offre complète de distractions. Les loisirs occupent une double fonction : ils occupent les visiteurs pendant leur temps libre et deviennent des arguments publicitaires permettant aux stations de se différencier les unes des autres.

b. L'offre de loisirs, condition sine qua non du succès d'une station

S'il « peut paraître antinomique de lier la médecine et les loisirs », la maladie voisinant mal avec les distractions (Pénez, 2004 : 181)[43], les stations qui dominent le thermalisme français au XIXe siècle et jusqu'à la Seconde Guerre mondiale sont celles qui réussissent cette « alchimie thermale ».

À la fin du XIXe siècle, revendiquer la qualité des eaux n'apparaît plus suffisant pour attirer et conserver une clientèle prestigieuse. Les acteurs politiques et économiques en charge de la gestion des villes thermales se retrouvent face à un défi d'envergure. Il faut occuper le « baigneur ». Ces occupations sont en partie légitimées par le monde médical. L'ennui, susceptible de développer chez le patient une maladie spleenétique, est redouté par les médecins thermaux. L'offre de loisirs n'est donc pas seulement destinée aux touristes. Les « malades » sont aussi concernés car la durée des soins laisse aux curistes beaucoup de temps libre dans la journée. Ainsi, alors que les stations thermales sont plus souvent de petites bourgades plutôt que des villes déjà établies, nombreuses sont celles à mettre en œuvre toutes les conditions pour divertir leur clientèle (Idem : 52).

En dehors de l'établissement thermal, trois grands pôles d'activité structurent la vie durant le séjour (Carribon, 2014 : 90), à commencer par le parc. Lieu de sociabilité et de détente, le parc est un endroit incontournable des stations. Différemment fréquenté selon les moments de la journée – la matinée est allouée aux « malades » qui y « promènent leurs eaux », puis aux

43 Les paragraphes qui suivent reposent essentiellement sur cette source, p. 180-185.

badauds et enfants quand les premiers vont se reposer – son quotidien est rythmé par diverses occupations. Déambulations, concerts et jeux de plein air rassemblent ainsi de nombreux visiteurs, quand d'autres profitent des chaises installées à l'ombre des arbres pour lire ou se reposer. Le parc est par ailleurs pensé comme un trait d'union entre la station et la nature. Il doit symboliser cette dernière et susciter l'envie aux visiteurs de partir en excursion pour découvrir les environs. Sa fonction dans la ville est donc très liée au tourisme, notamment dans la première moitié du XIXe siècle où les autres formes de loisirs sont moins développées (Dutheil, 2002 : 186).

À partir du dernier quart du XIXe siècle, les sports dits « modernes » font leur irruption dans les stations et deviennent rapidement des activités très prisées par la clientèle la plus fortunée. Ces nouveaux passe-temps sont importés directement d'Angleterre par les aristocrates anglais, qui acculturent leurs homologues français et européens pendant la durée de la saison (Idem : 282). Rapidement sont organisés courses de chevaux et d'aviron, tournois de golf, de tennis et d'escrime, de tir aux pigeons et au pistolet. « Le sport fait littéralement tourner la tête à toute une clientèle en mal de distractions et d'émotions. Il mobilise les passions, nourrit les commentaires et pousse irrésistiblement les baigneurs vers les lieux de pratiques ou de spectacles sportifs » (Dutheil, 2003 : 40).

Face à ce succès, des comités des fêtes regroupant élus locaux, hôteliers et gestionnaires d'établissements thermaux, sont créés à la fin du siècle pour développer et rendre ces loisirs sportifs toujours plus attractifs. Dans certains cas, les pouvoirs publics prennent le relais des initiatives privées pour soigner l'image sociale de leur territoire. À Vichy, une « nouvelle représentation de l'action publique se précise et s'affirme autour du thème sportif entre 1890 et 1914. Aux mesures, certes, de plus en plus nombreuses mais néanmoins isolées de la période précédente, succède la construction d'un projet délibéré d'encouragement et d'organisation des loisirs sportifs. Ces distractions s'inscrivent au quotidien dans les préoccupations des pouvoirs publics » (Dutheil, 2002 : 440), qui multiplient les initiatives pour doter la station d'un « programme sportif fourni » et cultiver l'identité d'une ville thermale et de loisirs. Mobilisant des sommes conséquentes (Idem : 477), l'institution municipale subventionne l'organisation de manifestations sportives ainsi que des prestataires privés de loisirs sportifs. Ayant parfois recours au chantage, les élus invitent également leurs « partenaires » privés à construire des équipements (Dutheil, 2002 : 447). Stand de « tir aux pigeons », arènes de Vichy, boulodrome ou encore aménagements sur le Bassin de l'Allier, sont autant de réalisations édifiées dès la fin du XIXe siècle, soit plus d'une vingtaine d'années avant les premières politiques sportives municipales identifiées par les historiens du sport (Callède, 2000 : 1).

Plus important encore pour conforter son pouvoir d'attraction, le casino constitue le dernier grand pôle d'activité des stations. « Pièce maîtresse de l'accueil de la clientèle depuis la seconde moitié du XIXe siècle » (Carribon, 2014 : 93), le casino fait peu à peu partie de l'imaginaire thermal, notamment parce qu'il rassemble en un même lieu une forte diversité de loisirs : « salle des fêtes, salons annexes, salle de billard, fumoir et "cercle" réservés aux messieurs, restaurants, théâtre et salles de jeux » (Idem). Chaque activité a son heure, et chaque « clientèle » son activité. La journée, différents cercles permettent aux visiteurs de discuter, lire ou écrire leur correspondance. Sont également organisés des thés dansants en fin d'après-midi. Mais c'est en soirée que la fréquentation est à son comble. Les responsables du lieu organisent « bals, galas et fêtes de prestige où smoking et robes de soirées sont de rigueur. Il[s] propose[nt] aux clients, abonnés ou non, des spectacles lyriques ou dramatiques. Les programmes des théâtres diffèrent beaucoup entre les casinos les plus prestigieux et ceux des villes les plus modestes » (Idem : 96).

Dès lors, jusque dans les premières décennies du XXe siècle, les loisirs « occupent une place essentielle dans les stations thermales françaises. Ils contribuent à l'urbanité des "villes d'eaux" en dotant les cités hydrominérales d'infrastructures – espaces de promenade, équipements sportifs, casinos – sans commune mesure avec celles des communes "ordinaires" de taille équivalente et ce, même si les stations ne sont véritablement des villes que dans la saison » (Idem : 103). La palette des distractions est importante et les responsables des stations rivalisent pour proposer les dernières mondanités et rester en phase avec les attentes d'une clientèle exigeante qui n'hésite pas à écourter son séjour pour gagner un territoire plus « à la mode ». Dans un marché européen des villes d'eaux extrêmement concurrentiel, les loisirs deviennent des produits d'appels de premier choix. Tandis que l'État se désinvestit de la gestion de nombreuses stations, le développement de ces offres connexes à l'activité thermale et leur mise en publicité posent toutefois la question de leurs promoteurs.

c. Un sens certain de l'initiative. L'action conjointe des élus locaux et des investisseurs privés

L'expression « fièvre thermale » caractérise bien l'important afflux de malades, de touristes, de buveurs d'eau et autres villégiateurs dans les stations tout au long du XIXe siècle (Pénez, 2004 : 28). Elle trouve son origine dans la transformation de l'activité thermale en marché économique associée au développement du tourisme. Ce phénomène repose sur l'action conjointe des autorités publiques locales, soucieuses de valoriser leur territoire, et d'investisseurs privés, attirés par les perspectives de profit.

Observer l'engouement pour le thermalisme sous le seul angle de la demande reviendrait en effet à laisser dans l'ombre le fort investissement, à partir du milieu du XIXe siècle, des municipalités et départements, mais aussi de nombreux acteurs privés relayant l'État pour aménager ou rénover les stations. Les romanciers contemporains de cette époque décrivent d'ailleurs l'essor des sociétés capitalistes dans les affaires thermales. Guy de Maupassant, par exemple, retrace le bouleversement qu'entraîne localement l'initiative d'un riche bourgeois parisien venu tester son habileté de négociateur et ses capacités de gestionnaire en créant un nouvel établissement dans la station de Mont-Oriol (2002 [1887])[44]. S'il met en scène les tensions et autres jeux d'alliances qui se nouent au sein des villes thermales, Guy de Maupassant n'insiste pas sur le rôle joué par les édiles locaux. Pourtant, les pouvoirs publics participent activement au développement du thermalisme, que ce soit directement en investissant dans la construction et le fonctionnement d'infrastructures ou indirectement en cherchant à stimuler la fréquentation de la station.

À l'instar de l'État, communes et départements assurent en effet la gestion de nombreuses stations au XIXe siècle. Les villes en possèdent une cinquantaine, dont « une dizaine de renommée nationale (Luchon, Barèges, Cauterets, Eaux-Bonnes, Bagnères-de-Bigorre, Saint-Sauveur, Évian, Thonon) » (Pénez, 2004 : 9). Dans une moindre proportion, les départements en totalisent « six ou sept pendant tout le XIXe siècle, dont la plus

44 Socialisé aux mondanités des stations thermales, qu'il a côtoyées dans les années 1880, l'auteur s'inspire de Châtel-Guyon dans le Massif Central.

notable est le Mont-Dore dans le Puy-de-Dôme et quatre en Corse » (Idem). Les modalités de gestion retenues par les municipalités et les Départements sont similaires à celles de l'État. Mais ces dernières doivent composer avec des ressources financières insuffisantes. Pour parer à ce problème récurrent dans l'histoire du thermalisme et entreprendre de coûteuses constructions, certaines communes recourent à l'emprunt, tout en faisant d'importants sacrifices (Idem). D'autres s'organisent collectivement pour créer les premières formes d'intercommunalité thermale. Profitant des subtilités offertes par la loi du 22 mars 1890 (Delannoy et al., 2004 : 81)[45], Cauterets crée par exemple avec plusieurs communes environnantes un syndicat de communes pour gérer l'établissement thermal. Jusqu'à la moitié du XIXe siècle, communes et départements assurent ainsi aux côtés de l'État les gros investissements (constructions, rénovations ou restructurations d'établissements), bien que ces derniers demeurent modestes. Les acteurs privés, souvent des médecins et des avocats, se contentent pour leur part de gérer, sans vraiment investir dans le développement d'infrastructures locales. Jérôme Pénez parle d'un « artisanat thermal » (2004 : 14).

L'influence des acteurs publics dans l'expansion du thermalisme s'affirme encore à la fin du XIXe siècle. Avec les débuts de la IIIe République et la loi municipale du 5 avril 1884, les maires gagnent en autonomie dans la conduite des affaires locales. Bien que contraints financièrement – le budget municipal étant toujours fixé par l'État – et soumis à l'autorité et la surveillance de l'administration préfectorale, les conseils municipaux peuvent désormais « délibérer sur l'ensemble des problèmes de la commune alors que le maire reste maître dans le recrutement, la gestion et l'organisation de son personnel » : le processus décentralisateur est enclenché (Dumons, Pollet, 2001 : 23). À Dax, le rôle joué par Raphaël Milliès-Lacroix dans le développement du thermalisme permet d'en prendre la mesure. Maire de la ville de 1887 à 1899, élu conseiller municipal en 1878 à l'âge de 27 ans, sénateur des Landes (1897-1933) puis conseiller général (1898) et ministre

45 D'après les auteurs, la loi du 22 mars 1890 entend parer au « morcellement excessif du territoire » qui constitue à l'époque un « frein à la mise en œuvre de politiques locales volontaristes et efficaces visant à faire profiter le plus grand nombre des progrès apportés par la révolution industrielle ».

des Colonies (1906-1909), ce dernier profite de la « républicanisation de l'ensemble de la nation française » et surtout du système politico-administratif mis en place à cette époque pour stimuler une économie thermale encore peu assurée (Idem : 22). Profitant d'une double opportunité – la découverte d'un gisement de sels gemme à Dax ainsi que la cession du château fort par le ministère de la Guerre à la ville en 1888 – et identifiant dans la réussite de la station de Salies-de-Béarn (située à environ 40 km plus au sud) un modèle à suivre, les élus dacquois entreprennent la restructuration du château en un centre de soins thermaux et balnéaires. La société Dax Salin Thermal (DST), créée en 1890 à l'initiative du maire, lance la construction d'un bâtiment thermal éponyme et d'un casino attenant. Et si le nombre de curistes demeure modeste à Dax – la destination landaise ne bénéficiant pas de l'image d'une station aux multiples plaisirs (Delpont, 2014 : 78)[46] – l'ouverture de cet établissement en 1894 aux côtés des Grands Thermes (1870) et du très ancien établissement des Baignots stimule l'économie thermale dacquoise.

L'élection directe du maire par le conseil municipal, associée à « la nature des relations privilégiées [qu'il noue] avec les représentants de l'État et la construction d'une légitimité notabiliaire » (Borraz, 2000 : 14), permet par ailleurs à Raphaël Milliès-Lacroix d'asseoir son autorité dans le jeu local. Soutenu par le député Théodore Denis, ayant ses relais à l'échelle nationale, il s'entoure aux élections municipales de 1896 des directeurs des trois grands établissements thermaux de la ville, par ailleurs médecins. Signant « la fin de la vieille rivalité entre le monde médical et celui de la politique » (Delpont, 2014 : 100), Raphaël Milliès-Lacroix fait émerger à Dax une capacité politique qu'il mobilise au service du développement de l'économie thermale. La création du DST lui permet en effet, comme le suggère Hubert Delpont, de stabiliser une coalition d'acteurs publics et privés « autour de mécanismes d'échanges de ressources et de partages de bénéfices tirés de l'action publique » menée en direction du thermalisme (Dormois, 2006 : 837-838), mais également de développer une « culture commune » autour de l'identité thermale que peuvent partager

[46] « Dax est le type de station où l'on va pour se soigner et non pour s'amuser » est-il indiqué dans l'édition 1908 du guide Joanne.

l'ensemble des acteurs du territoire[47]. « La création de DST est essentielle d'un triple point de vue, explique-t-il. Pour la première fois, l'opération rassemble structurellement la collectivité territoriale, les grands entrepreneurs privés et l'épargne locale. Et elle pose les bases du développement de la station en créant deux outils indispensables : un établissement de jeux et un de soins, sans venir concurrencer l'hôtellerie. Elle vient constituer un véritable quartier thermal où voisinent un établissement de luxe (Grands Thermes), un autre de standing (Baignots), plusieurs de rangs intermédiaires (Thermes Séris et Saint-Pierre) et enfin de petits établissements plus populaires autour de la Fontaine Chaude (Thermes Romains, Hirigoyen) auxquels s'ajoutent hôtels (Richelieu, de la Paix et de l'Europe) et meublés » (Delpont, 2014 : 115). Quand Raphaël Milliès-Lacroix quitte la municipalité en 1900, Dax est la seconde station thermale en termes de fréquentation derrière celle de Vichy.

Le rôle des acteurs publics dans l'expansion du thermalisme peut prendre d'autres formes. Conscients de l'importance stratégique du chemin de fer pour le développement des stations et pour tirer profit de la « fièvre thermale », de nombreux édiles cherchent à obtenir une desserte ferroviaire pour leur commune ou ses abords. L'épisode de la construction de la gare de Bagnoles de l'Orne en 1881 illustre cette implication croissante des élus locaux dans l'aménagement thermal (Danguy, 2013)[48]. Maire de Tessé-la-Madeleine de 1874 à 1881, Jules de Blanzay parvient par exemple à faire modifier le lieu initialement prévu pour l'implantation de la gare, située à deux kilomètres du centre de la station. Du moins est-ce ainsi qu'il met en scène son intervention dans un long poème (voir encadré n°1), où il se présente comme attentif aux doléances de ses administrés, opposé au ministre, et capable de mobiliser ses réseaux politiques pour donner à la ville les moyens de rivaliser avec les stations concurrentes.

---

[47] Toutefois, l'affaire Dreyfus fait voler en éclats cette coalition. Partisan de Dreyfus, Milliès-Lacroix se trouve en minorité au conseil municipal face aux anti-dreyfusards. Il démissionne alors des affaires municipales mais reste sénateur jusqu'en 1933 et vice-président puis président du conseil général des Landes (Delpont, 2014 : 113)

[48] Cet ouvrage, réalisé par une archiviste de formation à partir des archives municipales, est une commande de l'établissement à caractère industriel et commercial (EPIC) « Bagnoles de l'Orne Tourisme ».

Encadré n°1 : Poème de Jules de Blanzay, maire de Tessé-la-Madeleine (1874-1881)

« Aussitôt mon retour vers mes administrés,
Je les vis accourir, visages sinistrés.
Leur agitation n'était certes pas sourde :
Ils criaient : « Conçoit-on une pareille bourde ? »
Bagnoles, pour la voie est l'élément vital,
Donc la gare de Bagnoles est un point capital.
Placée au carrefour lointain de l'Épinette,
Pour chemin et pays, c'est la ruine nette.
Celui qui trace un plan de si triste façon
N'est pas ingénieur, mais tout au plus maçon.
Il ne faut pas souffrir cela, Monsieur le Maire ! [...]
Je cours en conférer avec de la Raillière
Maire de la Ferté. Peu confiant d'abord,
À la fin, il se trouve avec moi très d'accord
Qu'il nous faut, malgré tout, tenter cette aventure
Du décret du ministre, obtenir la rature.
C'était urgent : la veille on m'avait avisé
Que le décret fatal venait d'être visé,
J'assemble mon conseil, je rédige une adresse
Où d'arguments serrés une liste se dresse.
Puis je cours le pays, voiturant à grand frais,
Qu'il pleuve, vente, ou tonne, en temps chauds, en temps frais.
Mon adresse à la main, partout je la colporte
Pour des adhésions frappe de porte en porte.
Battant ainsi pendant des mois la région,
Je cueillis d'adhérents toute une légion. [...]
Cette gare est le jour le plus beau de ma vie !
[...]
Je pourrai dire, un jour, quelles louches pratiques
D'envie, ambition et prurits politiques
Lancèrent tel ou tel, fourbe ou simple apeuré
Contre moi sans motif. Justement écœuré,
Au conseil je criai : je me démets d'emblée
Et quitte pour toujours cette triste assemblée !
[...]
On peut trop fréquemment dire avec certitude,
Que du bienfait semé pousse l'ingratitude.

En implantant la gare au cœur de la ville, Jules de Blanzay parvient à dévier la ligne ferroviaire de l'axe Paris – La Ferté-Macé – Couterne. Si elle constitue le terminus de cette « ligne courte », Bagnoles de l'Orne devient surtout très vite la localité la plus importante du tronçon (Poisson, 2004). L'arrivée du train renforce sensiblement la fréquentation locale, d'autant qu'en 1900, des liaisons directes Paris-Bagnoles sont mises en œuvre, facilitant encore plus l'accès de la clientèle parisienne issue de la « bonne société ».

Un second acteur joue un rôle significatif dans la promotion de la station normande. Successivement avocat au Conseil d'État et à la Cour de cassation, Préfet de l'Orne, ministre des Travaux publics, député, maire de Tessé-la-Madeleine de 1892 à 1904 ou encore gouverneur du Crédit Foncier de 1878 à 1895, Albert Christophle fait partie de ce « nouveau personnel du suffrage universel [qui] s'installe aux affaires » à la fin du XIXe siècle (Mayeur, 1973 : 51). Maire entrepreneur, il fait notamment construire l'hippodrome et fonde la Foncière, une « société [ayant] pour but la réalisation d'un échange de terrains avec l'État ; 43 Ha de forêt domaniale entre la gare et l'établissement thermal contre 143 hectares de bois et pierrailles dans le département de l'Aude » (Danguy, 2013 : 68). Cette opération permet d'édifier le quartier le plus remarqué de Bagnoles de l'Orne, lui conférant un imaginaire luxueux et distingué. Organisé autour de trois boulevards, le quartier Belle-Époque est un immense lotissement de parcelles de 3 à 5000 m^2 regroupant des villas respectant un cahier des charges très strict sur le plan architectural. Les couleurs et les éléments de construction sont codifiés jusqu'en 1935, accordant à l'ensemble une cohérence urbanistique et, surtout, suscitant l'intérêt d'une clientèle prestigieuse (la photographie ci-dessous en offre un aperçu).

Illustration n° 1 : Quand la clientèle fortunée donne le ton. Exemples de villas du quartier Belle-Époque à Bagnoles de l'Orne.

De fait, la clientèle aisée afflue en masse et participe à la transformation du territoire. Des bâtiments tels que le Grand Hôtel sont érigés pour accueillir les curistes les plus fortunés. Certains de ces riches visiteurs font construire des villas ou deviennent des mécènes de la ville. C'est le cas de Frank Jay Gould, un milliardaire américain qui s'est déjà illustré en finançant l'édification d'un casino et d'un palace à Granville (la « Monaco du nord », telle qu'on l'appelle alors). Il soutient en 1927 la construction du second casino de la ville (le seul à être encore en activité aujourd'hui), donnant à la station sa physionomie actuelle. Depuis la fin XIXe siècle, le lien unissant autorités locales et investisseurs privés est donc particulièrement étroit. Si les premiers multiplient les initiatives, cela ne se fait pas sans le concours des seconds, qu'ils soient mécènes ou entrepreneurs.

Il n'y a donc pas d'un côté les stations gérées par les collectivités locales, dénuées d'initiatives privées, et de l'autre des stations uniquement gérées par des sociétés. Ces deux groupes d'acteurs agissent au contraire de façon conjointe. En ce sens, le « Second Empire a souvent constitué un tournant, au moment même où l'avenir du thermalisme et sa rentabilité semblent assurés, où le chef de l'État a un intérêt personnel pour les eaux et surtout, où le capitalisme s'impose et permet de réunir des capitaux suffisants pour subvenir aux énormes besoins nécessités par le thermalisme » (Pénez, 2004 : 12). Au cours de la seconde partie du XIXe siècle, les investissements privés augmentent de manière considérable. Mais la « guerre des puits » que se livrent les entrepreneurs concurrents nuit parfois au développement des stations. À la Bourboule, par exemple, la multiplication des sondages réalisés auprès de sources déjà en activité menacent d'en altérer le débit (Férérol, 2012 : 52-53). L'État entreprend dès lors d'encadrer ces pratiques *via* la loi du 14 juillet 1856. Des mesures relatives à « la déclaration d'intérêt public et au périmètre de protection des sources ; à l'inspection ; aux conditions générales de fonctionnement des établissements thermaux » entendent limiter cette forme de « libéralisme désordonné » (Lefebvre, Raynal, 2004 : 193). Le législateur précise qu'« aucun sondage, aucun travail souterrain ne peuvent être pratiqués dans le périmètre de protection d'une source minérale déclarée d'intérêt public, sans autorisation préalable » (Idem). Des dispositions pénales sont prévues et reposent essentiellement sur des sanctions financières s'étalant de cinquante à cinq-cents francs.

Si les initiatives se multiplient, le profil des investisseurs change également. S'ajoutent aux sociétés commerciales créées dans le premier quart du XIXe siècle, composées d'acteurs locaux, des organisations d'un second type qui s'ouvrent aux capitaux d'acteurs issus des grandes métropoles françaises et notamment de Paris. Les banquiers jouent ici un grand rôle, auxquels « se joignent des industriels tels que des entrepreneurs de travaux publics souvent en contrat avec l'État pour des marchés publics, mais aussi des médecins qui faute d'apports importants en capitaux apportent leur savoir-faire, leurs compétences » (Pénez, 2004 : 15). La récurrence de ces profils est si importante que Jérôme Pénez évoque « une alliance, presque naturelle dans l'investissement thermal, celle de la banque et de la médecine » (Idem : 17).

Le thermalisme de la fin du XIXe siècle n'a donc plus grand-chose à voir avec celui en vigueur cinquante ans plus tôt. Le développement du tourisme et l'émergence d'une offre de loisirs modifie profondément l'expérience vécue dans certaines stations et, dans le même temps, la clientèle. Prendre soin de sa santé n'est plus le seul motif du déplacement de la « bonne société ». Distractions et sociabilité mondaine composent une part importante de l'attrait pour le séjour. L'identité du thermalisme évolue donc et avec elle celle des stations. Ces dernières ne sont plus uniquement des « territoires de santé », mais deviennent pour les plus en vue d'entre elles des « territoires sanitaire et touristique »[49].

3) Le statut de la médecine thermale. Entre remise en cause et faible reconnaissance médicale

Cause et conséquence de cette transformation, les rapports de force évoluent au sein des stations entre les groupes d'acteurs politiques, économiques et médicaux, tout comme les relations qui unissent les villes thermales à l'État central. D'un côté, en effet, celles-ci s'autonomisent progressivement de l'État à mesure que les élus locaux augmentent leur liberté d'administrer et de développer leur collectivité selon leurs délibérations propres. De l'autre, le repositionnement des autorités locales au centre de la configuration territoriale, associé à l'arrivée d'investisseurs privés, relativise le pouvoir des médecins thermaux. Ces derniers profitent toutefois du « passage dans la seconde partie du siècle de la conception d'une eau minérale uniquement agent thérapeutique capable de guérir d'une maladie, à un liquide capable aussi de maintenir en bonne santé » (Pénez 2005 : 118-120), pour étendre leur champ de compétence à la prévention. Mais ils adoptent surtout une double attitude : la première consiste à poursuivre l'effort initié dans la première moitié du XIXe siècle visant à « scientificiser » la médecine thermale et à institutionnaliser son enseignement ; la seconde entend limiter voire concurrencer le développement des loisirs, notamment sportifs. Dans les

[49] Toutes les stations ne s'inscrivent pas dans une telle évolution. La classification proposée par le Guide Michelin en 1934 distingue six « stations mondaines », 53 « stations fréquentées » et 48 « stations simples ». Rappelons ainsi que seules les deux premières catégories peuvent être qualifiées de « territoires sanitaire et touristique » et que les 25 premières stations concentrent 90 % de la clientèle thermale française.

deux cas, il s'agit de conforter et légitimer leur « art » dans le milieu médical, un univers fortement hiérarchisé. Une meilleure connaissance des eaux (composition et effets thérapeutiques) et une plus grande reconnaissance de « l'hydrothérapie » au sein du monde universitaire doivent leur permettre de réaffirmer leur place dans les stations.

a. La médecine thermale en quête de légitimité

Dès le début du XIXe siècle, les médecins thermaux aspirent à la reconnaissance de leur discipline. Cette ambition est compréhensible tant l'organisation de la profession médicale repose sur une forme de domination symbolique entre spécialités et corps de métiers (par exemple, entre les officiers de santé et les docteurs en médecine à cette époque) (Freidson, 1984 ; Jaisson, 2002a ; Jaisson, 2002b ; Balazs, Rosenberger-Reiner, 2005). Or, peu de ces médecins « deviennent célèbres en dehors de leur spécialité [thermale] ». À l'inverse, « les “grands noms” de la médecine du XIXe siècle se sont souvent très peu intéressés à la médecine thermale qui apparaît comme une parente pauvre de la médecine » (Pénez, 2005 : 118-119).

Dans cette quête de reconnaissance, l'Académie Royale de médecine joue un rôle important. Créée en décembre 1820, elle succède à la Société Royale de médecine et poursuit en partie ses missions. Ses prérogatives vis-à-vis du thermalisme sont nombreuses. Chargée de surveiller les eaux minérales, « elle désigne des “médecins inspecteurs” [...] et leur confie le contrôle et le perfectionnement des stations thermales. L'inspectorat va se maintenir jusqu'à la fin des années 1880, avant de s'effondrer sous le poids des critiques orchestrées par des médecins thermaux jaloux de leurs prérogatives » (Lefebvre, Raynal, 2015 : 42). L'Académie analyse aussi les eaux minérales « qui demandent une autorisation d'exploitation, une déclaration d'intérêt public ou toute autre modification ». Enfin, elle a pour rôle de diffuser les nouvelles médicales liées au thermalisme et représente l'organe de dialogue avec les gouvernements concernant la législation à adopter en ce domaine (Pénez, 2005 : 119).

Avec son laboratoire d'analyse chimique, l'Académie participe directement à la connaissance des eaux minérales, favorisant par là même la reconnaissance scientifique de l'activité. Dès le début des années 1820, les pharmaciens de ce laboratoire s'efforcent de préciser la composition des eaux. Le contexte du début du XIXe siècle est, en effet, celui d'un débat d'idées entre médecins thermaux. Empirisme, observation et expérimentation, chaque technique a ses défenseurs. Les procédés plus « scientifiques » l'emportent progressivement pour comprendre l'action des eaux sur l'homme. Bien que les débats perdurent tout au long du XIXe siècle, l'expérimentation s'affirme pour « permettre une amélioration des méthodes de soin des eaux minérales. Elle peut même être effectuée par les médecins eux-mêmes afin de mieux tenter de comprendre les mécanismes d'action des eaux » (Pénez, 2005 : 136). L'effacement progressif de l'empirisme et de l'observation au profit de l'expérimentation s'inscrit dans un mouvement plus large de valorisation d'une objectivité scientifique basée sur l'effacement « des contextes personnels de la fabrication des faits, [sur] une dépersonnalisation du travail de la preuve » (Fressoz, 2015 : 226). Il s'agit pour les acteurs thermaux de changer le regard que porte la communauté médicale sur la médecine thermale, en parant le thermalisme d'une « expertise scientifique [...] reconnue en vertu de ses certifications censées garantir sa compétence et son objectivité, et présentée comme la seule légitime » (Salman, Topçu, 2015 : 164). Améliorant la connaissance des principes actifs des eaux, la publication de ces analyses chimiques, dès 1825 par le directeur du laboratoire de l'Académie, confère ainsi une aura scientifique à une activité encore relativement empirique.

Les travaux menés par l'Académie de médecine – tels ceux réalisés par le Docteur Patissier en 1838 et 1839 à partir de rapports recueillis dans chaque station – favorisent l'assimilation des eaux minérales à des médicaments et une reconnaissance plus affirmée du thermalisme dans le monde médical. Mais, contrairement aux croyances en vigueur jusqu'alors, ils démontrent également que les eaux ne permettent pas de soigner l'ensemble des maladies. L'action des eaux étant par ailleurs encore relativement méconnue, « certains médecins n'hésitent pas à émettre l'idée que l'eau minérale n'occuperait qu'une place minime dans les causes favorisant les guérisons. [...] L'environnement, le dépaysement, le changement d'habitude, de climat, les principes d'hygiène appliqués dans les stations [expliqueraient plus probablement les] améliorations de santé constatées près des sources » (Pénez, 2005 : 145).

Pour pallier à ces suspicions et augmenter leur légitimité vis-à-vis du monde médical, les médecins thermaux entreprennent un processus de spécialisation. Les prémices de ce mouvement sont décelables dès le début du XIXe siècle. Mais c'est plus particulièrement sous le Second Empire que le phénomène s'amplifie. Nombreuses sont alors les stations qui limitent la prise en charge des affections et approfondissent les connaissances médicales associées à celles-ci. Dans l'esprit du corps médical, faire d'une station la spécialiste d'une ou plusieurs affections à partir des expérimentations réalisées sur les eaux, c'est démontrer que c'est bien l'eau thermale qui soigne et non pas seulement le climat ou les distractions[50].

Les médecins thermaux rencontrent alors les intérêts des acteurs politiques et économiques car cette démonstration, qui engage la réputation médicale des stations, devient aussi un argument distinctif, que ce soit vis-à-vis des stations étrangères ou de la pratique du bain de mer, en fort développement dans la seconde partie du XIXe siècle.

b. L'institutionnalisation de la médecine thermale. L'hydrologie médicale au centre des débats

Malgré les efforts déployés pour doter le thermalisme d'une assise scientifique, la médecine « ne considère pas la thérapeutique hydrominérale comme une de ses priorités » (Pénez, 2005 : 127). Avec le soutien des « industries thermales » et des acteurs politiques locaux (Weisz, 2002 : 103), les médecins thermaux s'emploient alors à institutionnaliser l'enseignement de l'hydrologie médicale à l'université.

L'objectif n'est pas tant de promouvoir les vertus de leurs eaux au grand public, que de sensibiliser les médecins non spécialistes du thermalisme et les étudiants en formation. « La création de chaires d'hydrologie dans les facultés de Médecine permettrait de former directement les nouvelles générations de médecins français et conduirait, en parallèle, à la production d'une littérature scientifique capable de convaincre les médecins étrangers, donc de les amener à envoyer des patients » (Idem, 102). Surtout, cette institutionnalisation de l'hydrologie médicale offrirait à la crénothérapie une reconnaissance symbolique décisive au sein du monde médical (Pinell, 2005).

Le processus s'avère toutefois difficile. Les facultés de médecine manifestent une relative indifférence vis-à-vis du thermalisme tout au long du XIXe siècle. Jusqu'au début des années 1850, les médecins thermaux peinent à diffuser leur savoir, faute notamment d'une revue spécialisée. Il faut attendre 1853, avec la création de deux sociétés hydrologiques à Toulouse et Paris, puis

[50] Cette problématique est consubstantielle à l'histoire du thermalisme dans ses relations avec le monde médical et les pouvoirs publics. Elle resurgit notamment pendant l'entre-deux-guerres mais aussi plus récemment, depuis les années 1990.

1854, avec la parution d'une revue annuelle dédiée au thermalisme, pour que s'opère un premier rapprochement entre les mondes thermal et médical[51]. L'intégration du thermalisme dans les facultés de médecine s'intensifie ensuite au fil de la seconde moitié du XIXe siècle (Lefebvre, Raynal, 2015 : 45), au point que, dès 1890, l'Académie de médecine soutient la création d'une chaire universitaire d'hydrologie médicale. Hydrologiste et membre de l'Académie de médecine lui-même, Albert Robin joue un rôle central dans cette évolution. Soutenu par les élus locaux et les dirigeants d'exploitations thermales, il fonde le Syndicat des Médecins Thermalistes pour défendre les intérêts de la profession. Il sort en partie vainqueur de son combat puisqu'en 1911, « une chaire d'hydrologie fut offerte à la Faculté de Médecine de Paris, par l'intermédiaire des ministères de l'Intérieur et de l'Instruction Publique, grâce à un engagement financier de 10 ans du Syndicat Français des Stations Thermales » (Weisz, 2002 : 103).

Les membres de la faculté de médecine de Paris ne semblent toutefois pas avoir été convaincus par l'entreprise de légitimation menée par leurs homologues thermalistes. Malgré les incitations politiques et le soutien financier du syndicat des médecins thermalistes, ils continuent de refuser l'instauration de cette chaire d'hydrologie qui ne verra pas le jour avant l'entre-deux-guerres. Si la première des deux raisons avancées pour motiver ce refus est d'ordre économique (les moyens financiers des universités sont présentés comme insuffisants), la seconde apparaît liée à une réticence « idéologique » de certains professeurs en poste à la faculté de médecine. Pour ces derniers, il n'est pas justifié d'accorder une chaire à l'hydrologie médicale tandis que certaines « disciplines scientifiques déterminantes » telles que la bactériologie n'en sont pas pourvues (Idem). Pour autant, l'enseignement de l'hydrologie ne fait pas débat. Et si l'introduction d'une chaire d'hydrologie médicale à Paris est un échec, un Institut d'hydrologie et de climatologie médicales de Paris (localisé à l'École des hautes études et associé au Collège de France) est créé en 1913. Lieu de formation où les meilleurs spécialistes délivrent leur savoir aux futurs praticiens, l'Institut joue aussi un rôle important dans la coordination (notamment du personnel technique des stations) de l'enseignement

[51] Cette seconde société existe toujours sous le nom de Société française de médecine thermale.

de l'hydrologie en France et œuvre à la création des deux premières chaires, à Toulouse et Bordeaux (Carribon, 2014 : 115 ; Weisz, 2002 : 103)[52].

À la veille de la Première Guerre mondiale, les médecins thermaux parviennent ainsi à instituer l'enseignement de l'hydrologie médicale au sein de plusieurs universités françaises. Toutefois, le processus de légitimation entrepris dès le milieu du XIXe siècle au sein du monde médical ne semble pas avoir totalement rempli ses objectifs. Le thermalisme demeure symboliquement dominé dans la hiérarchie des disciplines. Dans le même temps, les médecins thermaux doivent faire face à la forte expansion des loisirs dans le quotidien des stations. Pour conserver leur influence localement, leur attitude est ainsi évolutive : elle oscille entre opposition, concurrence et ralliement.

c. À l'échelle des stations, le corps médical face aux distractions sportives

Bien que la médecine ait occupé une place importante dans les villes thermales depuis les débuts du thermalisme moderne, et malgré l'affirmation des principes hygiénistes à la fin du XIXe siècle – période durant laquelle les pouvoirs publics sollicitent activement l'expertise médicale (Murard, Zylberman, 1996) – les médecins thermaux semblent voir leur influence décliner à l'échelle locale. Leur position face au développement des loisirs en offre une illustration révélatrice.

Les médecins thermaux affichent, en effet, un rapport ambivalent aux loisirs. Ils concèdent que les divertissements font partie de la cure et qu'ils participent à la réputation de la station. Mais ils perçoivent également, dans l'affirmation de ces pratiques récréatives, une remise en cause de leur emprise (Dutheil, 2003). La position médicale varie ainsi, dans un premier temps, selon la nature des distractions. Celles qui sont considérées comme « naturellement » liées au thermalisme (telle que l'excursion touristique, censée

---

52 George Weisz souligne pour sa part qu'une chaire d'hydrologie est créée en 1891 à Toulouse, sous l'impulsion des « industries thermales de la Région », convaincues que le « progrès du thermalisme [ne] nécessitait rien moins que des cours spécialisés et des chaires ». Le financement de la chaire aurait été assuré par l'État à partir de 1903. Par ailleurs, d'autres initiatives voient le jour dans des villes de taille plus modeste. L'Institut d'hydrologie à Clermont-Ferrand en est un exemple. La multiplication de ces institutions enrichit ainsi la filière thermale d'organes de publicisation scientifique, renforçant sa légitimité dans le monde médical.

favoriser la découverte des paysages environnants) ne souffrent d'aucune contestation. Au contraire, jeux d'argent et sports anglais sont sévèrement critiqués voire combattus. Aux yeux des médecins thermaux, les pratiques sportives modernes ne correspondent pas à la conception classique de la santé en France. Elles représentent une « mode fugace et mondaine », faite « d'excès, de passion et d'émotion déraisonnable », ne pouvant se prévaloir d'une quelconque valeur thérapeutique (Dutheil, 2003 : 44).

L'attitude des médecins évolue toutefois rapidement. Comprenant qu'ils ne peuvent durablement discréditer une pratique qui séduit les foules, ils cherchent, dans un second temps, à la concurrencer. Persuadés qu'une activité physique intense risque d'entraîner des formes de « débilitation », ils développent des alternatives modérées. La « cure de terrain », qui rationalise médicalement la promenade dans le parc, et la mécanothérapie – définie comme « l'art d'appliquer à la thérapie et à l'hygiène certaines machines imaginées pour proposer des mouvements corporels méthodiques, dont on a réglé d'avance la forme, l'étendue et l'énergie » (Dutheil, 2003 : 46)[53] – constituent les deux principaux substituts élaborés pour contrer la montée en puissance des sports anglais.

Mais il semble que ces activités aient été inscrites dans le quotidien des stations un peu tard pour y parvenir. Le sport n'est en effet plus seulement une pratique distrayante. Il est progressivement devenu un produit d'appel pour les stations, leur permettant de se démarquer de leurs concurrentes sur la scène nationale mais aussi européenne. À Vichy, la presse qui « prend conscience de l'intérêt médiatique du sport » se saisit de chaque événement pour « démontrer la vitalité de la station » (Idem : 48). Les élus locaux jouent d'ailleurs un rôle moteur dans l'affirmation des sports modernes. Outre le concours de la municipalité à la création d'infrastructures dédiées au sport, les élus vichyssois envisagent, en 1912, de candidater à l'organisation des Jeux Olympiques. « Le corps médical ne peut, dans ces conditions, se montrer plus longtemps hostile à l'intrusion de ces nouvelles pratiques. La profession a bien conscience que le succès de la station dépend de son rayonnement médical mais aussi culturel, mondain et sportif » (Idem).

---

53 Frédéric Dutheil cite ici le docteur Fernand Lagrange (1899).

Déjà importante, la concurrence entre stations thermales se renforce au début du XXe siècle au moment où les bains de mer rencontrent un succès grandissant (Corbin, 1995 ; Urbain, 2002). Dans ce contexte, les médecins thermaux de Vichy, pourtant partagés entre leurs convictions strictement médicales et leur intérêt à l'essor de la station (dont ils se font parfois les hérauts) (Lagrange, 2019 : 135), changent complètement de position vis-à-vis des loisirs sportifs. Ils commencent à se montrer aux événements sportifs, à s'afficher auprès des notables et organisent même un tournoi d'escrime dans « le temple » médical de la station que représente l'établissement thermal. Les déclarations aussi évoluent. Succèdent ainsi au discrédit, voire au mépris affiché pendant de nombreuses années, des louanges, « même si les propos conservent une certaine prudence de circonstance » (Dutheil, 2003 : 49).

L'exemple vichyssois souligne ainsi combien, dans les stations qui proposent une palette diversifiée de distractions, la coexistence entre médecine et loisirs ne s'est pas faite sans heurts, mais au prix d'ajustements progressifs entre des groupes d'acteurs aux intérêts parfois radicalement opposés. Fortement encouragés par les édiles locaux et les acteurs économiques (assurant la gestion de la *Compagnie Fermière de Vichy*) à ne pas entraver le développement des loisirs sportifs, les médecins vichyssois finissent par accompagner ce mouvement. Ce faisant, ils ne perdent pas la face vis-à-vis des baigneurs de plus en plus favorables au phénomène. Mais ils apparaissent aussi dans l'incapacité d'imposer localement leur propre définition de l'identité médicale sur laquelle, selon eux, la ville devrait fonder son image. L'orientation donnée au développement de la collectivité ne procède donc pas d'une co-construction d'un « bien commun territorial » (Lascoumes, Le Bourhis, 1998 : 39), où les loisirs auraient trouvé leur place, mais plutôt d'une vision partagée par les élus et les acteurs économiques (entrepreneurs thermaux, promoteurs d'activités de loisir), à laquelle le corps médical se rallie faute de mieux.

La « balance des pouvoirs » entre acteurs politiques, économiques et médicaux évolue donc sensiblement tout au long du XIXe siècle. À mesure que les villes thermales s'autonomisent de l'État central, et que les élus locaux et les investisseurs privés s'affirment comme des acteurs essentiels, les médecins thermaux voient s'amenuiser leur capacité à orienter le développement des stations. Cette recomposition des rapports de force ouvre la voie à des divergences, voire à des conflits, quant à l'identité qu'il convient de donner aux stations et, plus largement, au thermalisme. Les controverses suscitées par la pratique et le spectacle des loisirs sportifs à Vichy en donnent un bon aperçu. Si les affrontements se règlent encore, le plus souvent, dans la sphère locale, ils tendent à déborder le strict périmètre de la station à partir du début du XXe siècle. L'État est alors appelé à jouer un rôle nouveau : celui d'arbitre.

III. L'échelle nationale comme espace de résolution des problèmes

La période de la Belle-Époque est considérée comme l'âge d'or du thermalisme français. Les stations accueillent alors une clientèle fortunée et l'expérience thermale s'associe à un imaginaire à la fois festif et luxueux. Pour attirer cette prestigieuse clientèle, les groupes d'acteurs impliqués localement dans la promotion du thermalisme s'engagent dans une compétition soutenue avec leurs homologues d'autres territoires. Près d'un siècle avant que les lois de décentralisation ne produisent leurs effets (Le Bart, 2009 : 305), les municipalités thermales sont déjà placées dans une situation de concurrence. Si le terme n'est pas employé, l'attractivité guide l'action des élus, mais aussi celle des acteurs économiques et médicaux, tous concernés – à des titres divers – par la gestion et le développement des stations. Pour assurer leur rayonnement à l'échelle nationale, ces derniers misent sur plusieurs leviers : une communication soignée, une offre de distractions diversifiée, des soins de qualité et des capacités d'hébergement renforcées.

Pour les élus, cela pose toutefois la question de la capacité financière des villes thermales. Assumer la charge des améliorations qu'exige une telle concurrence n'a rien d'évident. La plupart des stations sont de taille modeste, ou moyenne ; toutes n'ont pas profité des effets liés aux visites royales ou impériales ou ne peuvent bénéficier des dons de riches mécènes. Aussi, « deux possibilités s'offrent aux communes thermales à la recherche de subsides : bénéficier des retombées des jeux pratiqués dans les casinos ou instaurer une taxe spéciale sur le modèle de la "kurtax" germanique » (Carribon, 2001 : 189)[54].

Les choix opérés face à une telle situation ne sont pas neutres et peuvent générer des tensions, voire des conflits ouverts. Bien souvent, la scène locale ne suffit plus à trancher ces différends. C'est le cas à Néris-les-Bains, dans

54 La « kurtax » ou « cure-taxe » correspond à une taxe de séjour dont s'acquittent les visiteurs des stations allemandes.

l'Allier, lorsque la municipalité – dirigée alors par un médecin thermal, ce qui n'est pas anodin – publie en 1902 un arrêté interdisant l'ouverture du casino pendant la saison. Comme ailleurs, cette décision divise profondément. Deux « camps » s'opposent : l'un composé principalement de médecins thermaux, l'autre d'exploitants et d'élus locaux (quand ils ne sont pas eux-mêmes médecins), partisans du maintien des jeux. Saisi du litige, le Conseil d'État est amené à trancher. Par la loi du 15 juin 1907, l'État arbitre en faveur du maintien des jeux d'argent pendant la saison thermale. Mais dès lors que les débats dépassent le cadre local pour investir l'arène parlementaire, ils produisent plusieurs effets. D'abord, ils redéfinissent les relations entre acteurs du thermalisme, tant à l'échelle des villes qu'au niveau national, entre les groupes représentatifs. Ils modifient également le rapport de ces derniers à l'État. Divisés, voire morcelés en différents groupes d'intérêt, du fait de « l'émiettement de l'administration » (Dupuy, Thoenig, 1985) qui encadre le thermalisme, ces acteurs parviennent néanmoins à dépasser leurs divergences pour afficher un « visage uni » vis-à-vis de l'État. Par deux fois au moins, ces groupes représentatifs s'allient pour défendre collectivement les « intérêts généraux des villes d'eaux » ou exiger de la part de l'État la création d'une organisation unique et l'élaboration d'une véritable politique thermale (1).

Une deuxième conséquence est directement liée à cette séquence parlementaire. La reproduction à l'échelle nationale du clivage déjà observé dans les villes, quant à l'identité « touristique » ou « médicale » qu'il s'agit d'apporter au thermalisme, confère à l'État un nouveau rôle. Ce dernier se pose en arbitre et fait évoluer le cadre législatif structurant le secteur. Une politique « touristique et sanitaire duale », votée en 1910 et complétée le 24 septembre 1919, concrétise les évolutions relevées tout au long du XIXe siècle. Le thermalisme n'est plus uniquement envisagé par l'État au prisme de la médecine (2).

Face à ces changements, les médecins thermaux réagissent. Considérant que la loi de 1919 substitue les intérêts du thermalisme à ceux, plus généraux, du tourisme, ils s'emploient à remettre la médecine thermale au centre de l'expérience proposée par les stations. Cette « croisade morale » (Becker, 1985) semble alors porter ses fruits : les lois du 5 avril 1928 et du 30 avril 1930 qui créent les Assurances sociales et prévoient le remboursement des soins thermaux, posent les jalons du thermalisme social de l'après Seconde Guerre mondiale (3). Souvent simplement considérée comme une « transition » entre un thermalisme fastueux et un thermalisme social, la période de l'entre-deux-guerres constitue donc, au contraire, une période capitale pour comprendre les rapports de force qui structurent le thermalisme contemporain[55].

1) De l'atomisation des organes représentatifs à la création d'un « lobby thermal »

La mise à l'agenda du problème des jeux d'argent par le Parlement illustre la nouvelle relation qu'entretiennent les villes thermales avec l'État. Ce dernier est amené à trancher et, partant, à prendre position vis-à-vis de l'orientation qu'il s'agit d'apporter au thermalisme. Si ce processus donne aux divergences entre intérêts médicaux et touristiques une nouvelle dimension, il révèle également l'organisation des acteurs locaux pour se « faire entendre » et faire triompher leur vision du bien commun.

a. Quand le problème des jeux d'argent investit l'arène parlementaire

À l'instar des loisirs sportifs, la tenue de jeux d'argent et de hasard dans les casinos est un sujet sensible qui cristallise localement de vives tensions. S'ils participent indéniablement à l'attractivité des villes depuis la moitié du XIXe siècle, les casinos suscitent dans le même temps la défiance des médecins thermaux (Carribon, 2001 : 190). Toutefois, contrairement au problème des loisirs sportifs, les autorités municipales ne sont plus perçues comme légitimes pour résoudre ce « problème public »[56]. C'est le Conseil d'État qui est sollicité dans un premier temps pour se prononcer sur la validité de l'arrêté municipal interdisant l'ouverture du casino de Néris-les-Bains, avant que les oppositions idéologiques investissent l'arène parlementaire[57].

---

55 Hormis le travail historique d'envergure que représente la thèse de Carole Carribon et le premier chapitre du volumineux ouvrage du géographe Christian Jamot, le thermalisme de l'entre-deux-guerres a en effet été assez peu étudié. Pour appréhender le plus finement possible les évolutions à l'œuvre durant ces quelques décennies, nous nous appuyons donc essentiellement sur le travail fondateur proposé par Carole Carribon.

56 Nous entendons ici le concept de problème public comme « l'ensemble des problèmes perçus comme appelant un débat public, voire l'intervention des autorités politiques légitimes » (Padioleau, 1982 : 25).

57 Nous n'avons pas de données sur l'origine du groupe d'acteurs qui sollicite le Conseil d'État.

La complexité, voire la contradiction, de la législation relative aux jeux d'argent explique en partie le glissement du problème de l'échelle locale à l'échelle nationale. Au début du XXe siècle, « les villes d'eaux bénéficient d'une tolérance à la limite de l'illégalité : en effet, si l'exploitation publique des jeux a été interdite par l'ordonnance de 1781, un décret impérial du 24 juin 1806 a instauré une exception au bénéfice des "lieux où il existe des eaux minérales" ainsi que pour la ville de Paris. Cependant quatre ans plus tard, le Code pénal a sanctionné toute exploitation publique du jeu. Paris a fait l'objet d'une nouvelle dérogation par une ordonnance du 4 août 1818. Toutefois, en 1836 puis en 1885, le caractère délictueux de la tenue de jeux de hasard dans un lieu public – c'est-à-dire une salle où les joueurs sont librement admis – a été confirmée » (Carribon, 2001 : 192). C'est cette instabilité normative qui ouvre un espace de revendication. Les parties organisées sur invitation et dans des cercles privés n'étant pas concernées par la loi, l'ambiguïté tient à la qualification des casinos : s'agit-il de lieux ouverts ou fermés ? Cette subtilité juridique permet aux opposants de contester la légitimité des jeux d'argent dans les stations thermales et propulse le débat sur la scène nationale.

Quand le Conseil d'État remet en cause cette tolérance, il provoque une scission au sein de la Chambre et du Sénat entre deux perceptions radicalement opposées. Parmi les parlementaires, deux groupes se distinguent. D'un côté, les « moralistes » sont partisans de l'interdiction des jeux dans les casinos. À leurs yeux, les villes d'eaux doivent se recentrer sur leur vocation médicale première. Pour pallier le déficit financier qu'engendrerait la disparition des jeux d'argent, ils proposent d'imiter le modèle des stations allemandes pour lesquelles une taxe de séjour a été instaurée l'année suivant l'interdiction des jeux en 1872. De l'autre, les « pragmatiques » considèrent, à l'instar du député Marcel Régnier, que le jeu n'est pas « *immoral, antisocial, au sens absolu où le sont, par exemple, le faux, le vol, l'adultère. Il est simplement antiéconomique* » (Carribon, 2001 : 192)[58]. Convaincus que les jeux d'argent réapparaitront quoiqu'il arrive, ces derniers entendent tirer profit de leur maintien pour augmenter les ressources économiques de l'État et des municipalités (Idem). Cette manne financière pourrait permettre aux villes thermales d'engager (ou de rembourser) les travaux d'assainissement et d'embellissement devenus

---

58 Rapportés par Carole Carribon, ces propos sont extraits de « Documents parlementaires, Chambre des Députés, Annexe n°707 au JO du 29 janvier 1907 ».

obligatoires et nécessaires pour offrir aux visiteurs les meilleures conditions d'accueil en termes d'hygiène, de confort et d'agrément (Pollet, 1995 : 121 ; Murard, Zylberman : 1993 ; Le Goff, 2010 : 163)[59].

Les édiles dacquois et bagnolais (Raphaël Milliès-Lacroix, maire de Dax de 1887 à 1899 est alors sénateur[60], Albert Christophle, maire de Tessé-la-Madeleine est lui député) n'hésitent pas à représenter les intérêts des « pragmatiques » dans l'hémicycle, en favorisant le maintien des jeux dans les stations. Ce faisant, ils participent à la « victoire » des intérêts touristiques que concrétise la loi du 15 juin 1907, en « contrepartie [d'] un prélèvement de 15 % […] opéré sur le produit brut des jeux au profit d'œuvres d'assistance et de bienfaisance, indépendamment des conditions imposées par les cahiers des charges au profit des communes » (Carribon, 2001 : 193).

L'issue de cet affrontement parlementaire renseigne ainsi sur la façon dont le législateur envisage le thermalisme au début du XXe siècle. Mais cette séquence révèle aussi l'évolution des rapports qu'entretiennent les villes thermales avec l'État. Si ce dernier joue un rôle d'arbitre, il agit sous l'effet de sollicitations multiples.

b. D'une pluralité d'organismes représentatifs à la création d'un « lobby thermal »

Afin de représenter leurs intérêts auprès de l'État et de peser sur l'orientation de la législation, les différents groupes d'acteurs identifiés localement (médecins, élus et entrepreneurs économiques) se structurent à l'échelle nationale. Le monde médical est pour sa part déjà bien organisé dès la seconde moitié du XIXe siècle, que ce soit au travers des différentes sociétés d'hydrologie ou *via* le syndicat national des médecins des stations thermales, marines et climatiques. Mais d'autres organisations à vocation professionnelle sont également créées à la fin du XIXe siècle et jusque dans l'entre-deux-guerres.

---

59 La loi du 15 février 1902 officialise la municipalisation de l'hygiène publique, rendant obligatoires les bureaux d'hygiène pour les villes de plus de 20 000 habitants et de plus de 2 000 habitants pour les communes hydrominérales (ville thermales et balnéaires).

60 Hubert Delpont (2011 : 118) souligne combien le maire de Dax est particulièrement présent et actif dès qu'il s'agit de défendre le développement économique des territoires thermaux.

Fondée en 1886, la Chambre syndicale du commerce et de l'industrie des eaux minérales entend par exemple étudier et défendre « les intérêts économiques, industriels et commerciaux se rattachant aux eaux minérales dans le sens le plus large »[61]. En 1909, l'Union des établissements thermaux et des stations climatiques en France voit le jour avec un double objectif, économique et politique. Les acteurs investis dans cette organisation œuvrent en même temps à la prospérité des établissements thermaux et des stations en organisant collectivement la publicisation du thermalisme. Ils entreprennent aussi un important travail de lobbying auprès du gouvernement en signalant notamment « toutes réformes ou améliorations qu'il pourrait être utile d'apporter aux lois et règlements en cette matière et de fournir toute aide et tout concours pour la réalisation de ces réformes et améliorations »[62]. Enfin, la création de l'Amicale des casinos, du Syndicat national des casinos autorisés, de la Fédération des unions des commerçants détaillants industriels des stations balnéaires, thermales et climatiques (fondée en mars 1925), illustre l'organisation progressive des groupes sociaux impliqués dans la gestion et le développement des stations thermales (Carribon, 2001 : 173)[63].

La défense d'intérêts parfois antagonistes n'explique toutefois pas à elle seule l'« atomisation » des organisations représentatives du monde thermal à l'échelle nationale. Cette situation est aussi liée à l'émiettement des services de l'État. À la veille de la Seconde Guerre mondiale, neuf ministères interviennent dans la gestion du thermalisme français. Le ministère en charge de l'Hygiène est « responsable des thermes d'État, assure également la surveillance et le contrôle des sources, des établissements et des dépôts d'eau minérale et pharmacies. Il est consulté pour la procédure de classement des stations et pour le contrôle de l'emploi des ressources fournies par la taxe de séjour » (Idem : 169). Le ministère du Travail prend en charge, quant à lui, la gestion des cures thermales dans le cadre des Assurances sociales, hormis

---

61 Statuts de la Chambre syndicale du commerce et de l'industrie des eaux minérales, article 5, cité dans le Rapport annuel de l'ONT sur la saison 1926, Documents administratifs, Annexe au JO du 17 décembre 1927, p. 1103-1104. Citation rapportée par Carole Carribon.

62 Statuts de l'Union des établissements thermaux, article 2, cité dans le Rapport annuel de l'ONT sur la saison 1926, *op. cit.*, p. 1103-1104.

63 Nous ne disposons pas des données nécessaires pour indiquer la date précise de création de toutes ces organisations.

celles dépendant des militaires et des fonctionnaires coloniaux dont la gestion est assurée par le ministère des Armées ainsi que par l'Inspection Générale du Service de Santé des Colonies. Interviennent également le service des Mines pour le compte du ministère des Travaux publics qui a par ailleurs autorité sur l'Office national du tourisme. Le ministère de l'Intérieur délivre, lui, l'autorisation d'exploitation des jeux et assure à la fois la surveillance administrative des casinos et la perception des taxes. Le ministère de l'Agriculture effectue des recherches en matière de fraude, tandis que les activités commerciales concernant l'hôtellerie, les articles de luxe et les exportations d'eau embouteillée relèvent de la compétence du ministère du Commerce. Le ministère de l'Instruction Publique (puis de l'Éducation Nationale, à partir de 1932) est également concerné. D'abord à propos de l'enseignement et de la recherche en hydrologie, mais aussi parce qu'il est l'organe de tutelle de l'Académie nationale de médecine et de l'Institut d'hydrologie de Paris rattaché au collège de France. Enfin, le ministère des Finances, qui est consulté dans toutes les discussions parlementaires, prend en charge les questions d'ordre fiscal (Idem : 169-170).

François Dupuy et Jean-Claude Thoenig soulignent les effets potentiellement pervers d'une « action administrative multiple et diffuse », notamment en termes de coordination et de communication (Dupuy, Thoenig, 1985 : 210). « Si ces divers services représentent tous l'État, ils agissent chacun selon leur propre logique globale qui peut être parfaitement contradictoire avec la logique du service central chargé spécifiquement du problème » (Idem : 208). Dans le domaine des transports terrestres, où « seulement » quatre ministères interviennent, « le cloisonnement entre ces organisations est marqué, renforcé par des rivalités, par exemple entre les policiers et les gendarmes, ou même entre les échelons régionaux et les échelons départementaux d'un même service » (Idem).

Sans présumer d'effets similaires dans le cas du thermalisme, les représentants du monde thermal affichent leur mécontentement face à ce « véritable casse-tête administratif » qui aboutirait à une « totale inertie » (Carribon, 2001 : 182). Pour parer aux problèmes de coordination et de communication, des « assemblées consultatives », tels l'Académie nationale de médecine, le conseil général des Mines, le conseil supérieur d'hygiène publique de France ou bien encore la commission permanente de stations hydrominérales et climatiques, réunissent des représentants des mondes économiques, politiques et médicaux.

Mais, hormis la dernière organisation qui « apparaît comme le principal lien entre les acteurs thermaux locaux et nationaux » (Idem : 171), il s'agit là plus d'organes de « consultation » pour les représentants thermaux et de « contrôle » pour les pouvoirs publics que de véritables « arènes » au sein desquelles les différents groupes de participants peuvent défendre leurs intérêts[64].

Face à cette double dispersion, les représentants du thermalisme se réorganisent collectivement. Leur première priorité est de défendre les intérêts généraux du secteur. Les viticulteurs et les fabricants d'eaux minérales artificielles qualifient l'eau minérale embouteillée de produit de luxe et réclament, de ce fait, une taxation plus élevée. C'est donc d'abord pour lutter contre ces adversaires que les organisations représentatives du monde thermal parviennent à surmonter leurs divergences internes pour parler d'une seule voix. Prolongeant plusieurs initiatives régionales engagées en Auvergne (1912), dans le Centre (1914), puis dans les Pyrénées et les Vosges (1924), la création de la Fédération thermale et climatique française en 1923 favorise ce regroupement. Rassemblant une pluralité d'acteurs du monde thermal, elle porte en elle l'esquisse d'une filière naissante[65]. Mais l'existence d'un « lobby thermal » permet surtout de faire pression sur l'État pour obtenir la création d'une direction unique encadrant le thermalisme, gage d'une politique thermale structurante. Pétitions, vœux et récriminations publiés dans la presse spécialisée, organisations d'États généraux ou de congrès annuels par la Fédération thermale et climatique française, le répertoire d'actions pour faire entendre les revendications est riche[66].

---

64 Le concept « d'arène publique » est mobilisé au sens que lui donnent Daniel Céfaï (2016) et Alain Faure (2013). Selon le premier, une arène publique peut être envisagée comme une « arène sociale dont les acteurs visent des biens publics, se réfèrent à l'intérêt public, définissent leurs problèmes comme publics et sentent, agissent et parlent en conséquence ». Alain Faure ajoute que, poursuivant des intérêts politiques, les arènes arbitrent des « jeux de pouvoir », des débats, autrement dit constituent des lieux « d'affrontement et de violence », au moins symbolique.

65 Carole Carribon souligne que la fédération thermale et climatique française « regroupe l'ensemble des fédérations régionales et comprend les délégués des comités de cure des stations ainsi que des membres de l'Union des groupements techniques et scientifiques ». L'auteure précise, par ailleurs, que ces comités rassemblent des représentants du corps médical, des établissements thermaux, des hôtels et des casinos.

66 En ce sens, les acteurs du thermalisme agissent comme un groupe d'intérêt dont les répertoires d'action ont, entre autres, été analysés et synthétisés par Michel Offerlé (1994).

Malgré cet effort fédératif, les réflexions quant à la forme et aux finalités associées à un tel organisme traduisent la persistance d'une opposition interne à la filière. Si un consensus se dégage pour dire que le Conseil supérieur d'hygiène publique de France est « dépassé par la tâche qui lui a été attribuée » (Carribon, 2001 : 183) et que la Commission permanente des stations hydrominérales et climatiques est « davantage utilisée comme un simple rouage bureaucratique que comme un organe de réflexion », la création d'un nouvel organe est envisagée différemment. D'un côté, Philippe Marcombes (médecin militaire puis de médecine de ville de carrière, maire de Clermont-Ferrand entre 1919 et 1929 puis en 1935, député du Puy de Dôme de 1928 à 1935 et sous-secrétaire puis ministre de l'Éducation Nationale entre 1932 et 1935), plaide en 1931 pour la création d'une « direction du Thermalisme » qui soit rattachée au ministère de la Santé Publique. De l'autre, le Conseil National Économique préconise « la mise place d'un Bureau national du tourisme, du thermalisme et du climatisme, chargé de centraliser la documentation relative » à ces trois secteurs d'activité (Idem, 184).

En investissant l'échelle nationale, les débats sur l'avenir du thermalisme révèlent la double atomisation des organes représentatifs des intérêts locaux (économiques, politiques, médicaux) et des services administratifs et politiques impliqués dans ce secteur d'action publique. Ils soulignent aussi combien les oppositions internes priment sur la défense d'intérêts collectivement pensés. Si le clivage entre intérêts médicaux et touristiques, réactivé à la fin des années 1920 et au début des années 1930, trouve en partie son origine dans le maintien des jeux d'argent en 1907, il se cristallise surtout lors des arbitrages rendus par l'État en 1910 et 1919 autour de « l'identification » du thermalisme.

2) L'opposition entre « touristes » et « thermaliens », un clivage structurant

Au tournant du XXe siècle, et jusqu'à la Seconde Guerre mondiale, la plupart des villes qui pratiquent le thermalisme sont de petite taille et organisées autour du soin. Mais « ce que l'on nomme [à cette époque] station thermale, est avant tout une station touristique » où l'activité thermale « se fond dans un tourisme estival de séjour » (Jamot, 1988 : 34).

Réussir cet amalgame, qui stimule la fréquentation et permet à une douzaine de stations d'attirer plus de monde que l'ensemble des autres villes réunies, pose toutefois la question des ressources économiques. Et l'autorisation du maintien des jeux d'argent et de hasard n'a pas éteint les débats sur leur capacité financière. Face à la concurrence imposée par d'autres stations européennes, l'attractivité des françaises, notamment leurs conditions d'accueil et d'hygiène, apparaît toujours insuffisante. Les comparaisons avec l'Allemagne, en particulier, sont incessantes de la part des médecins thermaux qui nourrissent un complexe d'infériorité. « Selon eux, en dépit d'une amélioration sensible au début du siècle, les villes d'eaux françaises sont encore trop nombreuses à n'offrir que des logements incommodes et des établissements balnéaires aux installations démodées ou défectueuses. Les stations germaniques ont au contraire bâti leur réputation sur leur salubrité, leur confort et leur modernité. L'Allemagne a su faire prospérer son capital thermal : la France doit s'inspirer du modèle germanique pour rattraper son retard » (Carribon, 2001 : 88-89).

Dans un climat germanophobe pourtant à son paroxysme, les médecins thermaux français n'hésitent pas à louer, avant la Première Guerre mondiale, le modèle du thermalisme allemand. Tout en assurant que la qualité du patrimoine thermal français est unique et bien supérieure à celle proposée outre-Rhin, ils distinguent trois facteurs expliquant à leurs yeux la prévalence de leurs principaux concurrents. Outre l'organisation et l'hygiène des stations, un élément est présenté comme essentiel : en Allemagne, le thermalisme « est pris au sérieux » (Idem, 93). Selon les médecins, le manque de reconnaissance officielle du thermalisme de la part de l'État pénaliserait le développement des stations françaises.

Si le vote de la loi du 15 juin 1907 – statuant sur le caractère ludique des villes d'eaux *via* l'autorisation des jeux d'argent et de hasard dans les stations thermales le temps de la saison – assure aux municipalités une rentrée d'argent, ces recettes sont présentées comme trop irrégulières pour rivaliser dans un marché économique hyper concurrentiel. La « cure-taxe » mise en œuvre en Allemagne favoriserait les stations allemandes, notamment sur le terrain de la « propagande » (Idem)[67].

---

[67] Carole Carribon souligne à ce titre qu'à la veille de la Première Guerre mondiale, le budget publicitaire d'une station thermale allemande comme Wiesbaden s'élevait à 60 000 francs, ou dans des proportions moindres, à 12 500 francs à Aix-la-Chapelle, contre seulement 500 à Dax.

Comment donner aux stations françaises les moyens de lutter efficacement contre la concurrence imposée par leurs homologues allemandes ? Telle est la question sur laquelle l'État est invité à se positionner. Le parti pris de ce dernier consiste à en faire des « territoires sanitaires et touristiques ».

a. Les effets mitigés de la loi du 13 avril 1910

De juin 1907 à avril 1910, le Parlement modifie par trois fois le cadre législatif du thermalisme afin de favoriser le développement des villes thermales. Outre la loi du 15 juin 1907, deux autres textes sont promulgués en avril 1910. Ils dressent les contours d'une « politique touristique et sanitaire duale » (Carribon, 2001 : 186). Les effets de la loi de finances du 8 avril 1910, qui « dote le ministère des Travaux publics d'un Office national du tourisme chargé d'étudier les moyens de développer le tourisme, de centraliser et de diffuser les renseignements disponibles », ne sont perceptibles qu'après-guerre (Idem). Ce n'est pas le cas de la loi du 13 avril 1910 qui prévoit « le classement et la perception éventuelle d'une taxe de séjour dans deux types de communes : les "stations hydrominérales" et les "stations climatiques", définies comme des "*communes qui offrent aux malades et aux visiteurs leurs avantages climatiques*" » (Idem). Directement inspirée du modèle de la « cure-taxe » allemande, dont chaque visiteur doit s'acquitter et qui offre aux villes d'importantes et utiles finances pour entreprendre des travaux d'embellissement ou d'aménagement, elle suscite de fortes réactions. Cinq années sont en effet nécessaires pour voter ce texte, alors que la toute première version a été déposée en janvier 1905.

Celle-ci entend entériner « le classement des stations thermales et la perception de différentes contributions dont une "taxe de saison" réclamée à partir du cinquième jour du séjour par l'intermédiaire des logeurs » (Idem : 200-201)[68]. Mais les discussions au Sénat entraînent plusieurs modifications. La première correspond à l'élargissement du périmètre de la loi aux stations climatiques. Afin d'adapter la législation au caractère bref des séjours dans ces espaces, la date de perception est décalée au premier jour de visite. Surtout, la création d'une taxe unique est adoptée pour effacer l'aspect « vexatoire » de multiples taxes qui s'appliqueraient aux clients les plus aisés, susceptibles de profiter pleinement des distractions proposées par les stations. Enfin, la

---

[68] Les différentes taxes sont : une taxe de séjour, une taxe sur les spectacles, droits d'entrée aux courses et au casino.

version finale de la loi précise les critères selon lesquels une commune peut devenir « station hydrominérale »[69].

En créant les Chambres d'industrie thermale ou climatique, cette loi institue par ailleurs les conditions d'un dialogue et d'une action collective à l'échelle locale. Destinées à « *donner son avis sur les projets de travaux* [...] *entrepris par la commune sur les demandes tendant à l'établissement de la taxe et sur les emprunts qui doivent être gagés sur cette taxe* »[70], ces organisations rassemblent en effet une pluralité d'acteurs, qu'ils soient issus des milieux économiques, politiques et médicaux des villes thermales ou qu'ils soient des représentants de l'État. « *Cette chambre sera composée de membres élus par les personnes appartenant aux catégories de professions intéressées au développement de la station et désignée par le décret constitutif,* précise l'article 7 de la loi du 13 avril 1910. *Les autres membres seront : le Préfet, ou son représentant, président ; l'ingénieur des mines de la circonscription ou l'ingénieur des ponts et chaussées,* [...], *le directeur du bureau d'hygiène, l'agent voyer du canton, trois membres désignés par le Préfet, dont deux médecins exerçant la profession dans la station, le maire de la commune et deux délégués du conseil municipal* [...] ». Néanmoins, ces Chambres d'industrie thermale demeurent, dans les faits, des instances sans véritable pouvoir, les élus locaux ayant veillé à conserver la maîtrise de leurs territoires. La « volonté de préserver les pouvoirs municipaux, définis par la loi organique du 5 avril 1884, inspire au Sénat la réduction des prérogatives des Chambres d'industrie thermale ou climatique », souligne en effet Carole Carribon (2001 : 202). « Contrairement à la première mouture de la loi, le texte définitif ne leur accorde pas le droit de percevoir la taxe de séjour, de souscrire des emprunts ou de gérer directement la réalisation des travaux d'embellissement de la station ».

Au final, entre 1910 et 1919, seulement « quarante-six communes obtiennent leur classement en station hydrominérale, soit un tiers environ des localités communément reconnues comme étant des villes d'eaux » (Idem, 203) et

---

[69] « Toute commune, fraction de commune ou groupe de communes qui possède sur son territoire soit une ou plusieurs sources d'eaux minérales, soit un établissement exploitant une ou plusieurs sources d'eaux minérales, peut être érigée en station hydrominérale », Loi du 13 avril 1910, article 1, JO du 15 avril 1910, p. 3429. Extrait rapporté par Carole Carribon (2001 : 202).

[70] Loi du 13 avril 1910, article 7, JO du 15 avril 1910, p. 3430.

moins d'un quart d'entre elles seulement applique la taxe de séjour. Cette faible appropriation s'explique surtout par le caractère facultatif du dispositif, maintenu dans la version finale de la loi, contrairement aux premières moutures. Or cet aspect s'avère décisif pour les élus et la chambre d'industrie thermale, chargés localement de sa mise en œuvre : en organisant une mise en concurrence entre stations, il pousse de nombreux maires à renoncer à cet outil, de peur de voir leur clientèle se tourner vers des villes voisines. Ils se privent ainsi d'une ressource financière pourtant précieuse.

Résultat d'oppositions entre intérêts divergents au sein de l'arène parlementaire, la loi du 13 avril 1910 change finalement assez peu la réalité des villes thermales. Elle pose néanmoins les bases de ce que le corps médical perçoit après-guerre comme une « *annexion financière du thermalisme par la puissante organisation du tourisme* »[71].

b. Une politique « touristique et sanitaire duale » : la cristallisation d'un clivage structurant

Après le conflit, la volonté politique d'encourager la croissance du thermalisme français est plus sensible encore. Sortis vainqueurs de l'épreuve militaire, les Français entendent parachever cette victoire sur la scène économique. Le climat de nationalisme économique favorise le développement des deux identités du thermalisme français.

Ce contexte offre d'abord aux médecins thermaux et professeurs d'hydrologie l'opportunité d'instituer et de légitimer un « contre modèle » français à celui du thermalisme allemand. À la panacée des eaux allemandes et à l'utilisation de techniques « adjuvantes » (repos, nutrition, massages, etc.), le corps médical français s'évertue, pendant l'entre-deux-guerres, à généraliser un thermalisme rigoureux et « scientifique ». Mais cette concurrence vis-à-vis de l'Allemagne accroît surtout la volonté de l'État d'encourager le développement des stations thermales. L'essentiel des débats entamés après-guerre interrogent ainsi la possibilité de rendre la perception de la taxe de séjour obligatoire. Contrairement aux discussions qui animent la construction de la loi du 13 avril 1910, cette proposition est unanimement accueillie.

---

71 Rapportée par Carole Carribon (2001 : 187), cette citation est à mettre au crédit d'Étienne Chabrol, un médecin français, professeur à la faculté de médecine de Paris.

Dans le prolongement de cette dernière, l'adoption de la loi du 24 septembre 1919 concrétise ces tractations et prévoit d'autres ajustements. Elle instaure en premier lieu une « taxe additionnelle » destinée à assurer le fonctionnement de deux structures représentatives de l'identité duale du thermalisme : l'Office National du Tourisme (ONT) créé en 1910 et l'Institut d'Hydrologie et de Climatologie de Paris (1913). La loi acte par ailleurs la création d'une nouvelle catégorie de communes, les « stations classées tourisme », et impose à l'ensemble des stations classées l'existence des chambres d'industrie (Idem : 203). Enfin, les prérogatives de l'Office National du Tourisme sont modifiées et réorganisées autour de trois missions ayant pour but de « *centraliser et de mettre à la disposition du public les renseignements de toute nature concernant le tourisme sous toutes ses formes* [...] ; *d'organiser la propagande en France* [sous toutes ses formes, et pour tout type de station] ; *d'encourager et de favoriser, par tous les moyens, l'amélioration et les conditions d'habitation et de séjour dans les stations hydrominérales, climatiques et de tourisme, et d'en faciliter l'accès* »[72].

S'il offre aux villes thermales les moyens d'augmenter leur capacité financière, le vote de cette loi radicalise les débats jusqu'à la Seconde Guerre mondiale. Deux groupes parlementaires – qualifiés de « touristes » pour les uns et de « thermaliens » ou « d'ultra thermaux » pour les autres – s'opposent en effet à propos de la reconnaissance de la « valeur thérapeutique » des eaux minérales, centre de la controverse. *A priori* porte-voix des intérêts des élus locaux (quand ces derniers ne sont pas des médecins), des commerçants et des professionnels du thermalisme et des loisirs, les « touristes » ne reconnaissent plus le motif exclusivement médical du séjour thermal. Ils ne s'opposent donc pas au fait de « fondre » les intérêts des stations hydrominérales dans ceux plus généraux du tourisme. Pour les « thermaliens » (représentant essentiellement les intérêts du corps médical), au contraire, la caractéristique médicale de l'activité thermale est une originalité qu'il s'agit de préserver et de cultiver. Aussi revendiquent-ils fermement une identité médicale qu'ils « pensent menacée par l'absence de politique thermale

[72] Loi du 24 septembre 1919, article 6, JO 26 septembre 1919, p. 10 531 – 10 532.

spécifique » (Carribon, 2001 : 184)[73] : nier cette identité causerait selon eux la perte de l'économie thermale.

Si les lois promulguées avant la Première Guerre mondiale dessinent les contours d'une politique touristique et sanitaire duale, les thermaliens perçoivent celle du 24 septembre 1919 comme une loi consacrant la vision des « touristes ».

Ce sentiment n'est pas irrationnel. En 1919, les stations de tourisme sont déjà plus nombreuses que les stations sanitaires et hydrominérales et « l'orientation choisie par le législateur privilégie, à terme, l'intégration du thermalisme dans le tourisme, ce que montre l'association systématique des stations hydrominérales, climatiques et touristiques dans les organismes représentatifs. Le trio "tourisme, thermalisme, climatisme", et ce dans cet ordre, devient indissociable. Cette évolution est entérinée en 1935 par l'institution, en lieu et place de l'Office Nationale du Tourisme, d'un Commissariat Général au Tourisme, au thermalisme et au climatisme » (Idem : 188).

En faisant adopter successivement les lois du 15 juin 1907, du 8 et 13 avril 1910 et du 24 septembre 1919, l'État « identifie » ainsi les stations thermales comme des « territoires sanitaires et touristiques ». En 1947, il réaffirme pourtant la primauté de leur identité médicale. Ce changement rapide d'appréhension n'est pas uniquement lié aux effets de la Seconde Guerre mondiale, ni à l'arrivée au pouvoir d'un nouveau gouvernement particulièrement sensible aux questions sociales. Il résulte aussi d'un travail de légitimation entrepris par les médecins thermaux et les hydrologues que ce soit au sein du monde médical ou du monde politique aux échelles locale (en s'impliquant dans la vie politique des villes thermales) et nationale (*via* leurs relais, les « thermaliens »).

---

73 Les informations sur les fondements sociologiques de ces deux « camps » parlementaires sont insuffisantes. Nous ne pouvons dire avec précision quels profils ces derniers affichent. Carole Carribon indique néanmoins qu'au sein des stations, c'est le corps médical (médecins thermaux et professeurs d'hydrologie) qui rejette avec fermeté la loi du 24 septembre 1919. Au contraire, les autres groupes sociaux concernés (élus locaux, commerçants, professionnels du thermalisme) semblent ne pas identifier de problème à l'accueil de différentes clientèles ainsi qu'à leur cohabitation. La radicalité du discours médical vis-à-vis de la subordination du thermalisme aux intérêts touristiques ne fait donc pas l'unanimité au sein du monde thermal.

3) (Re)légitimer la vocation médicale du thermalisme

Au sortir du premier conflit mondial, les « thermaliens » portent un jugement négatif sur l'évolution de la législation en direction du thermalisme. Aucune « direction du thermalisme » n'a vu le jour contrairement à leurs attentes et, surtout, l'État semble avoir pris le parti d'associer les « formes anciennes de tourisme sanitaire » aux « perspectives nouvelles de l'essor des loisirs » (Idem, 189).

Pourtant, le constat dressé par les « thermaliens » manque de nuance. D'une part, une partie des ressources récoltées *via* la taxe additionnelle à la taxe de séjour est redistribuée à l'Institut d'hydrologie et de climatologie de Paris, ce qui illustre une reconnaissance certaine ainsi qu'un soutien de la part de l'État au développement de la médecine thermale. D'autre part, la législation de la fin des années 1920 – lois du 5 avril 1928 et du 30 avril 1930 – concernant la création des Assurances sociales, appréhende la question du remboursement des cures thermales. Si la « question thermale constitue un aspect mineur des débats sur les assurances sociales », son incorporation « dans le dispositif naissant d'assurance-maladie [...] consacrerait la crénothérapie comme un élément à part entière de l'arsenal thérapeutique, en lui conférant un rôle préventif » (Idem, 221).

En une dizaine d'années, le rapport de force engagé entre les « thermaliens » et les « touristes » se rééquilibre donc au profit des premiers. L'analyse de l'entreprise de légitimation engagée par les acteurs médicaux à partir du début du XXe siècle permet de comprendre cette évolution. La Première Guerre mondiale leur offre une opportunité de réaffirmer auprès de l'État et du monde médical l'intérêt de la médecine thermale. Réquisitionnées dans un premier temps pour leur capacité d'accueil, les villes thermales sont en effet sollicitées à partir de 1915 pour soulager blessures et maladies des soldats revenus du front. Tout en démontrant l'utilité de leur thérapeutique, les hydrologues espèrent ainsi « réaliser, à la faveur de la guerre, une vaste étude de cas permettant de prouver l'efficacité des eaux pour le traitement des blessures de guerre et d'obtenir, la paix revenue, la reconnaissance de la crénothérapie par l'ensemble du corps médical » (Carribon, 2001 : 99). Encore faut-il prouver que l'efficacité du thermalisme ne soit pas associée aux techniques « adjuvantes » (physiothérapie, loisirs, promenades...), mais à la qualité de l'eau. C'est à cette tâche que s'emploient les hydrologues avec le relais de l'Académie de médecine. Affinant leur connaissance des eaux et de leurs effets, ils fondent scientifiquement la spécialisation des stations. L'image d'une médecine « rationnelle » facilite alors la reconnaissance de la crénothérapie au sein du monde universitaire, faisant même du thermalisme une « spécialité » médicale. Ces entreprises de légitimation s'accompagnent dans le même temps d'initiatives à l'échelle locale. Désirant absolument faire évoluer le rapport de force en leur faveur, les médecins thermaux font évoluer leur répertoire d'action. S'ils ne parviennent pas à peser auprès des décideurs et acteurs clés, ils briguent un mandat voire embrassent une carrière politique et défendent directement leurs intérêts.

a. La spécialisation des stations pour (ré)affirmer l'expertise de la thérapeutique thermale

Pour les médecins thermaux et autres professeurs d'hydrologie, faire valoir les intérêts du thermalisme médical sur la scène politique ne peut être entrepris sans bénéficier, au préalable, de la reconnaissance du monde médical. Or, cette quête de reconnaissance auprès de leurs pairs, récurrente dans l'histoire du thermalisme, croise le projet politique porté par les « réformateurs thérapeutiques » au début du XXe siècle. Pour ces derniers, dont l'ambition est d'unir les médecins par la science et de lutter contre l'hétérogénéité des pratiques, il s'agit de limiter le jugement subjectif des médecins mais également l'influence de l'industrie pharmaceutique. Encourageant dans cette perspective le développement des essais randomisés contrôlés (ERC) et des méthodes statistiques, ils instaurent progressivement une « frontière entre les médecins qui adhéraient à leur approche, qualifiés de rationnels, et les autres, taxés d'irrationalité » (Bergeron *et al.*, 2015 : 142-143). Tout l'enjeu consiste donc, pour la médecine thermale, à renvoyer l'image d'une pratique rationnelle.

Pour ce faire, les médecins entendent jouer sur deux tableaux : restreindre le recours aux techniques adjuvantes et approfondir le principe de spécialisation des eaux thermales françaises initié au XIXe siècle. Susceptibles d'éloigner des stations une partie de la clientèle, ces propositions suscitent toutefois des débats, dont l'issue débouche sur un double compromis. Il est d'abord décidé que la question des distractions proposées aux visiteurs doit être arbitrée localement, en fonction des caractéristiques de la ville et du type de clientèle accueillie. Il est ensuite convenu, à défaut de les associer au traitement d'une seule maladie, de définir pour chaque station des indications thérapeutiques principales et secondaires (Carribon, 2001 : 109).

Cette seconde décision stimule de nouveau la recherche. Il s'agit d'asseoir cette spécialisation sur des fondements scientifiques, en produisant un inventaire plus précis des différents « types d'eaux » et en les classifiant en fonction de leur action et/ou de leur composition chimique. Les médecins thermaux profitent alors des relais institués au sein du monde universitaire (sociétés d'hydrologie, laboratoires des Facultés de médecine, Institut d'hydrologie et de climatologie médicales de Paris, l'Académie nationale de médecine) pour centraliser les données recueillies dans les stations, les analyser, et en assurer la diffusion. Ces structures jouent un rôle central dans la circulation des savoirs, à destination du corps médical, des pouvoirs publics et des curistes, actuels ou potentiels (Idem).

Pour s'adapter à l'évolution des normes qui structurent la recherche médicale et distinguent les « bonnes » des « mauvaises » pratiques (Castel, Crespin, 2015), plusieurs classifications sont en effet produites tout au long de l'entre-deux-guerres. S'appuyant sur les travaux du XIXe siècle, les hydrologues élaborent d'abord des typologies fondées sur les propriétés physiques (température à l'émergence, limpidité, odeur, couleur) et la composition chimique des eaux. Le classement proposé en 1925 par Paul Mathieu et Maurice Perrin – distinguant quatre classes : eaux froides, tempérées, thermales et hyperthermales – fait alors figure d'autorité. Mais ces classifications présentent des angles morts. Sont ainsi exclues « les eaux faiblement minéralisées, dont la composition chimique a apparemment une valeur insignifiante, mais dont les qualités physiques et thérapeutiques sont pourtant de toute première importance » (Carribon, 2001 : 120). La découverte de la radioactivité permet de combler partiellement ces lacunes. « La notion de radioactivité élevée de certaines eaux minérales éclaire la connaissance depuis longtemps acquise de leurs effets thérapeutiques. Elle permet une détermination exacte et surtout plus scientifique des indications de certaines cures hydrominérales » (Milhaud, Piery, 1928 : 566)[74]. Mais si la radioactivité permet aux hydrologues de parer la crénothérapie d'une caution scientifique, l'emprunt de méthodes et techniques d'autres disciplines (chimie, physique, physiologie, clinique) décrédibilise plus qu'il ne sert leurs intérêts. Les nouvelles découvertes multiplient, en effet, les explications quant à l'action des eaux. Celles-ci se succèdent, voire se superposent et soulignent qu'un classement des eaux est forcément partiel, éphémère.

---

[74] Extrait rapporté par Carole Carribon (2001 : 120).

Le monde thermal fonde finalement la spécialisation des stations sur la classification clinique (Carribon, 2001 : 121). Cette méthode ne cherche pas tant à connaître la composition des eaux qu'à comprendre quelles réactions celles-ci entraînent sur l'organisme et, *a fortiori*, quelles pathologies elles sont susceptibles de soigner. Ces recherches cliniques ne sont certes pas nouvelles et n'évoluent pas tout au long de l'entre-deux-guerres. Mais les expérimentations menées pendant la Première Guerre mondiale ont permis aux hydrologues de parfaire leurs classements. Ils s'en saisissent donc pour affiner leurs indications et orienter les curistes en fonction de leurs pathologies. Des « cures hydrominérales sont ainsi recommandées pour les maladies métaboliques telles que le diabète, l'obésité ou l'anémie, les affections digestives, intestinales ou rénales, ou encore les pathologies du sexe féminin » (Idem : 124). Cet usage de la classification clinique pour « spécialiser » les eaux d'une station sur le traitement d'une ou deux affections est donc révélateur de la volonté de parer le thermalisme français d'un gage de qualité et de sérieux. Les médecins thermaux n'hésitent pas à souligner que l'usage des eaux thermales peut s'avérer inefficace dans certains cas (cancers, cardiopathies, maladies contagieuses), voire préjudiciable, tout en souhaitant élargir le champ d'intervention vers la prévention (Idem).

Si les recherches menées durant cette période ne se traduisent pas par de véritables avancées, la spécialisation améliore, sur le plan médical, la réputation des stations françaises. Pour parachever cette entreprise de légitimation, médecins thermaux et hydrologues poursuivent un autre combat, lui aussi entamé à la fin du XIXe siècle, consistant à imposer le plus largement possible l'enseignement de la crénothérapie voire à faire de cette discipline médicale une « spécialité ».

b. La médecine thermale comme « spécialité » universitaire

Pour les hydrologues français, la réputation du thermalisme et sa reconnaissance comme pratique médicale rationnelle (et par extension la fréquentation des villes d'eaux) dépend de son enseignement à l'université[75]. La crénothérapie n'est certes pas absente des facultés de médecine au sortir de la Grande Guerre. À Paris, l'Institut d'Hydrologie et de Climatologie fonctionne et délivre ses

[75] Nous verrons dans les prochains chapitres que la socialisation des étudiants en médecine à la crénothérapie est un problème qui préoccupe encore les acteurs du monde thermal (élus locaux, exploitants et médecins thermaux) à l'époque contemporaine.

premiers « certificats d'études hydrologiques » en 1920, tandis qu'en province, les facultés de Toulouse, Nancy ou Bordeaux proposent aux médecins des cours de perfectionnement. Seulement, ces enseignements sont dépourvus de reconnaissance et de prestige.

Transformer une telle situation est un défi d'autant plus important pour les médecins thermaux et les professeurs d'hydrologie, qu'aucun consensus ne se dégage quant à la manière d'y parvenir. Pour certains, il s'agit d'instaurer quelques cours obligatoires dans le cursus des futurs médecins prescripteurs afin de les socialiser aux bienfaits de l'hydrologie médicale. Pour d'autres, le problème est plus profond. Les médecins thermaux seraient « méprisés » au sein du corps médical. Pour changer cette représentation, il faudrait donc assurer un enseignement au sein d'une structure valorisante, telle qu'une chaire magistrale. Le principal enjeu soulevé à cette époque est donc de savoir si la crénothérapie peut ou non obtenir le titre de « spécialité ».

Deux acceptions de la notion cohabitent cependant au sein même du monde médical. D'un côté, le spécialiste est un médecin qui, « *renonçant à l'exercice de la médecine générale, se consacre exclusivement, soit au diagnostic et au traitement des maladies de certains organes ou appareils, soit au diagnostic et au traitement par certaines techniques, soit à l'hygiène* »[76]. De l'autre, le terme de « spécialité » renvoie aux « "branches" dotées de chaires universitaires et de services hospitaliers reconnus dans lesquels les étudiants effectueraient un ou plusieurs stages » et obtiennent un « certificat d'études spéciales » à l'issue du doctorat de médecine (Idem : 134).

Pour « *convaincre* le milieu médical qu'il[s] y possède[nt] une place spécifique » et assurer l'avenir médical du thermalisme, les hydrologues entament un travail de légitimation similaire à celui entrepris par les « médecins de la douleur » (Baszanger, 1990 : 268). Se sentant méprisés par leurs homologues du milieu universitaire et hospitalier, ils réclament de nouveau la création de chaires d'hydrologie et la mise en place de formations doctorales. Ils entendent ainsi assurer un triple niveau de formation, à l'endroit des futurs médecins (prescripteurs) pour les socialiser au thermalisme, des praticiens thermaux, pour permettre leur « spécialisation », et des « baigneurs », pour assurer la

---

76 « Définition de la spécialité et du spécialiste », *Presse thermale et climatique*, 1er octobre 1932, p. 626-627. La définition est rapportée par Carole Carribon.

bonne réalisation des soins et, ce faisant, la réputation des stations, très liée à la qualité de la prise en charge des curistes.

Mais ils mobilisent également d'autres répertoires d'action, que ce soit l'appel à l'expertise ou la scandalisation, pour publiciser et défendre leurs intérêts (Offerlé, 1998 : 102). Apparus au début du XXe siècle, les congrès des villes d'eaux et les États généraux du thermalisme constituent autant de tribunes pour développer leur réquisitoire. Le congrès de 1925 permet par exemple aux hydrologues de la Société d'hydrologie médicale de Paris de défendre, aux côtés de la Fédération thermale et climatique française, de l'Union des établissements thermaux et des stations climatiques, le Syndicat général des médecins des stations, et même l'Office National du Tourisme, la généralisation de l'enseignement hydrologique aux autres universités (Carribon, 2001 : 137)[77].

Cette double entreprise de légitimation semble produire des résultats dès l'après-guerre. Si les médecins thermaux et les hydrologues perçoivent la loi du 24 septembre 1919 comme une victoire des intérêts touristiques, elle n'en consacre pas moins un soutien public à la médecine thermale. L'État affecte en effet un quart du produit de la taxe additionnelle à la taxe de séjour au financement de l'Institut d'hydrologie et de climatologie de Paris. La loi de Finances du 31 juillet 1920 instaure quant à elle un prélèvement de 200 000 francs sur le produit des jeux pour assurer le fonctionnement des chaires d'hydrologie. Malgré les réticences d'une partie du monde universitaire, des dysfonctionnements budgétaires et des débats sur les modalités d'enseignement, deux chaires d'hydrologie sont créées à Toulouse et Bordeaux en 1922. D'autres suivent à partir de 1928 dans les facultés de Paris, Lyon, Lille, Nancy et Montpellier, puis à Strasbourg et Alger au début des années 1930. À la veille de la Seconde Guerre mondiale, la France compte ainsi neuf chaires d'hydrologie. Surtout, et même si elle est supprimée en 1934, une section « hydrologie et climatologie thérapeutique » est ajoutée à l'agrégation de médecine. « L'entre-deux-guerres marque donc, non la naissance, mais

77 Apparus en 1905, les congrès des villes d'eaux rassemblent l'ensemble des groupes d'acteurs qui assurent le développement du thermalisme dans les stations : maires, médecins thermaux, propriétaires/exploitants thermaux, hôteliers, commerçants et industriels. « Chacun peut y exprimer son point de vue ; à l'issue de chaque congrès, les revendications communes exprimées sous forme de "vœux" sont autant d'appels aux pouvoirs publics sur des questions tels que le jeu, la taxe de séjour, l'enseignement de l'hydrologie, l'aménagement des villes d'eaux etc. » (Idem : 174-175).

l'uniformisation de l'enseignement de ce qui est enfin considéré comme une spécialité » (Carribon, 2001 : 136-137).

Le fait que les médecins thermaux puissent se revendiquer « spécialistes » au début des années 1930 marque incontestablement une étape dans la reconnaissance de l'hydrologie médicale au sein du monde universitaire et médical ; une forme de « victoire » pour les hydrologues français dans leur quête de légitimation. Mais cette reconnaissance ne suffit pas à restaurer l'autorité qu'ils exerçaient autrefois dans les stations, avant que le tourisme ne redéfinisse les équilibres locaux. Pour peser à nouveau sur les orientations du développement thermal, nombre d'entre eux choisissent alors de s'impliquer directement dans la vie politique locale, réaffirmant ainsi leur présence dans l'espace décisionnel.

c. L'influence accrue des médecins thermaux dans les stations

Parisiens ou provinciaux, « spécialistes » ou « consultants », saisonniers ou non, formés différemment selon la génération à laquelle ils appartiennent, les médecins thermaux de l'entre-deux-guerres forment un groupe social très hétérogène. Ils partagent néanmoins, pour beaucoup, une même volonté : peser sur la vie locale, que ce soit en s'imposant face aux exploitants thermaux, en négociant avec les hôteliers ou en influençant les responsables politiques (Carribon, 2001 : 147)[78].

Certes, depuis le décret impérial de 1860, l'accès aux eaux n'est plus conditionné à la présentation d'une ordonnance médicale. Il n'en demeure pas moins que les médecins conservent un pouvoir d'influence notable sur les établissements thermaux. Rares sont ceux qui possèdent ou exploitent directement une source, mais beaucoup orientent les décisions des sociétés d'exploitation, que ce soit par leur présence dans les conseils d'administration ou par les recommandations émises au sein de la société médicale locale (Idem : 152-153). Leurs conseils sont surtout destinés à faire respecter des mesures d'hygiène évolutives. Ils jouent parfois auprès des établissements thermaux le rôle de consultant concernant ces questions. « Certaines sociétés locales envisagent ainsi la création d'un "comité médical" doté statutairement d'un

[78] Distingués ainsi, les médecins consultants sont des médecins généralistes exerçant la médecine thermale et rétribués au forfait, tandis que les médecins spécialistes ont un domaine de compétence précis (dermatologie, ORL, etc.). Ils exercent dans une station correspondant à leur spécialité.

droit de contrôle sur les établissements thermaux, voire d'un "comité de patronage" composé de "*grands médecins et de professeurs s'intéressant à la station, donnant son avis sur la station*" » (Idem : 155). Dans certaines municipalités, ils distillent aux élus locaux des conseils vis-à-vis des normes d'hygiène auxquelles les stations doivent souscrire pour obtenir leur classement. Leur emprise s'étend jusqu'aux hôtels et restaurants, voire même auprès des exploitants de casino pour lesquels il est important « d'obtenir la neutralité sinon l'approbation du corps médical local » (Idem : 159)[79].

L'influence croissante des médecins sur les sphères économiques et politiques des villes thermales ne s'accompagne toutefois pas d'une reconnaissance institutionnelle. Depuis la mise en œuvre de la loi du 13 avril 1910 (confirmée par celle du 24 septembre 1919), c'est à la Chambre d'industrie thermale que revient ce rôle consultatif, notamment concernant l'utilisation de la taxe de séjour. Nommés par le Préfet, les médecins font certes partie de ces organisations, aux côtés de membres élus appartenant aux divers groupes sociaux investis dans le développement des stations. Mais ils sont nombreux à « rêver » d'un rôle de conseiller officiel qui leur permettrait de peser davantage dans les orientations locales.

Quand ils estiment n'avoir pas obtenu gain de cause, les médecins s'engagent dans le jeu politique. Les élections municipales de 1929 sont particulièrement représentatives de cette mobilisation. À l'issue du suffrage, « une quinzaine de stations thermales, et pas des moindres, ont un médecin comme premier magistrat, et des praticiens figurent parmi les conseillers municipaux. Les médecins des villes d'eaux jouent donc un rôle politique non négligeable en briguant des mandats locaux, voire nationaux. Bien qu'à ce titre, ils soient amenés à traiter des dossiers étrangers au thermalisme, ils ne cessent jamais d'être les propagandistes des stations hydrominérales » (Carribon, 2001 : 160)[80].

---

79 Le paragraphe suivant est inspiré de la même source, notamment le passage p. 156-159.

80 La participation des médecins à la vie politique locale n'est toutefois pas une pratique foncièrement nouvelle. En s'appuyant sur les travaux de Patrice Bourdelais et Yankel Fijalkow (2004 : 360-373), Erwan Le Goff (2012 : 162) souligne que leur arrivée dans les conseils municipaux remonte au début de la IIIe République. Majoritairement républicains, ils participent activement à la mise en œuvre de politiques hygiénistes, œuvrant notamment pour une offre de soins professionnalisée et non plus uniquement fondée sur le bénévolat comme le proposent à l'époque les catholiques.

Plébiscités par le scrutin, les médecins thermaux bénéficient dans le même temps du krach boursier de 1929 pour réaffirmer localement la vocation médicale du thermalisme. Encore très majoritairement issue de la haute bourgeoisie, la clientèle des Années folles subit fortement les effets de la crise. Elle délaisse les stations ou, quand elle fait encore le déplacement, dépense avec moins d'insouciance. Les « malades » sont alors de nouveau courtisés. « Le discours tenu au plus fort de la crise n'est plus uniquement circonstanciel : la conjonction de différents éléments – rejet du modèle allemand, recherches hydrologiques, spécialisation accrue des stations françaises, quête de légitimité, concurrence avec les stations balnéaires et montagnardes – concourt en effet à renouer avec une approche hygiéniste du tourisme thermal » (Carribon, 2001 : 128).

L'entre-deux-guerres constitue donc pour le thermalisme français une période de montée en puissance et de légitimation de « l'identité médicale » des stations. L'enseignement est organisé dans les principales universités du pays. Les médecins thermaux acquièrent un statut de spécialistes au sein du monde médical et réaffirment leur importance à l'intérieur même des stations. Ce contexte ouvre la voie à une reconnaissance plus nette du thermalisme médical par l'État, que les lois sur les Assurances sociales de 1928 et 1930 viennent entériner.

4) Vers une requalification médicale du thermalisme ?

Si, pendant la première moitié du XXe siècle, l'action de l'État facilite le développement des stations thermales et leur permet de rivaliser avec leurs homologues européennes, les établissements de soins se distinguent, pendant l'entre-deux-guerres, par leur vétusté. Le temps des paris capitalistiques est révolu et les acteurs publics et privés identifiés à la fin du XIXe siècle peinent à investir dans de nouvelles constructions ou rénovations. Réunis au 5ème Congrès des villes d'eaux de 1925 et à celui de la Fédération thermale et climatique du Centre de 1927, les acteurs thermaux sollicitent l'instauration d'un « crédit thermal » sur le modèle du crédit hôtelier. Qu'il s'agisse de moderniser les établissements, d'exploiter de nouvelles sources ou de renforcer l'attractivité des stations, la concurrence reste le principal argument mobilisé. À peine accordé, ce crédit thermal est toutefois supprimé. Si la perspective d'allouer des subventions publiques à des exploitants privés explique en partie ce désengagement relatif de l'État, celui-ci choisit à la fin des années 1920 de soutenir les stations par un autre biais. Sous la pression des acteurs économiques, politiques et médicaux, mobilisés pour « obtenir des subsides sur des lignes budgétaires générales »

(Idem : 213), il favorise l'élargissement de leur clientèle *via* la prise en charge des cures par les Assurances sociales (Carribon, 2001 : 214).

a. L'intérêt des acteurs thermaux pour les Assurances sociales

Les lois sur les Assurances sociales de 1928 et 1930 sont le résultat d'une dizaine d'années de débats parlementaires, à l'issue desquels la France rattrape son retard sur l'Allemagne (système d'Assurance Maladie et Invalidité mis en place dès les années 1880) et l'Angleterre (*National Assurance Act* voté en 1911). « La réincorporation de l'Alsace-Lorraine dans l'ensemble national pose très vite la question de l'intégration d'un système d'assurances sociales obligatoires de type allemand dans le système français » (Pollet, 1995 : 125), en lieu et place du système qui prévaut jusqu'alors et dans lequel les collectivités locales jouent un rôle de premier plan.

Contrairement aux choix faits par l'Allemagne de Bismarck de développer des Assurances sociales entre 1881 et 1889, la France préfère institutionnaliser à cette époque l'assistance publique, laissant à l'Église et aux villes un rôle important dans la prise en charge des plus démunis. Le processus de sécularisation engagé au début du XXe siècle remet toutefois en cause cet équilibre. Pour apporter un mieux-être aux « travailleurs de la terre et de l'usine » (Laroque, 2015 : 41) et « asseoir socialement la République libérale » (Pollet, 1995 : 120), l'État se saisit de l'assistance et de l'hygiène publique autrefois dévolues à l'Église. Dans le domaine sanitaire, les actions ponctuelles laissent place à une « politique de prévention généralisée au plan local », bien que la mise en œuvre reste assumée par les villes et les Départements. La législation en direction du thermalisme en donne une illustration, « le pouvoir central ne fais[an]t souvent qu'édicter des règlements dont l'application reste confiée aux autorités locales ». Les lois votées en direction de l'action sociale laissent également toute la place aux collectivités territoriales et, notamment, aux communes. Celle du 15 juillet 1893, par exemple, « institutionnalise et rend obligatoire l'Assistance médicale gratuite (AMG) dans tout le pays », système dans lequel « tout Français privé de ressources bénéficie de soins gratuits à domicile ou à l'hôpital et dont les dépenses sont obligatoirement à la charge des diverses collectivités publiques » (Idem : 122)[81].

---

81 Michel Laroque (2015 : 35) précise que l'État peut le cas échéant concourir financièrement au soutien des collectivités envers les plus démunis.

Les premières formes du thermalisme social ne datent donc ni de la création de la Sécurité sociale à la Libération, ni des lois sur les Assurances sociales de 1928-1930. Toutefois il repose jusqu'alors sur l'assistanat. Militaires et « indigents » bénéficient de cette prise en charge dès la fin du XVIIIe siècle, bien que la législation évolue à plusieurs reprises. Concernant les seconds, la dernière évolution du texte de loi avant la Première Guerre mondiale (1908) leur permet de bénéficier de soins thermaux gratuits sur présentation d'un certificat médical. Une partie des frais de route leur est remboursée et une solution d'hébergement doit leur être proposée par la station. Le traitement des indigents, « imputé sur le produit de la taxe de séjour, est [donc] à la charge de la station thermale » (Carribon, 2001 : 218)[82].

Malgré les contreparties financières prévues par les lois du 13 avril 1910 et du 24 septembre 1919, de nombreuses villes rechignent à prendre en charge ce public. Certaines d'entre elles y consentent, mais s'arrangent pour que la présence des indigents n'indispose pas leurs clients, en reléguant par exemple leurs soins hors saison ou à des horaires choisis. Mais d'autres s'y soustraient, utilisant prioritairement les bénéfices réalisés sur la taxe de séjour pour procéder à des travaux d'embellissement et d'assainissement des stations.

Les conclusions de l'enquête menée par la Cour des Comptes sur le nombre effectif de nécessiteux accueillis par les stations tout au long des années 1920 sont sans équivoque. Publié en 1928, le rapport souligne que les responsables des stations n'ont jamais cherché à remplir leurs obligations et qu'ils ont même agi avec duplicité. En conséquence, l'auteur « recommande d'opérer un prélèvement obligatoire sur le produit de la taxe de séjour, d'en doter un fonds national spécial, exclusivement consacré à l'assistance [...]. Les grandes lignes de ce document sont reprises par le projet de loi que dépose ensuite le ministre des Travaux Publics, Louis Loucheur. Celui-ci estime nécessaire de prélever 20 à 30 % du montant de la taxe de séjour afin de mettre en place un véritable programme "d'assistance thermale" » (Carribon, 2001 : 693-694).

Sous la pression des acteurs locaux, ce projet n'est pas mis en œuvre. Mais face à la « menace d'une ingérence plus poussée des pouvoirs publics dans [leurs] affaires et [leurs] finances », les villes thermales accordent « au début des années trente, davantage d'attention aux indigents » (2001 : 696).

---

82 Les citations suivantes renvoient à la même source.

L'État ne se contente donc pas de subir les pressions des groupes d'acteurs économiques, médicaux et politiques organisés à l'échelle nationale. Il semble aussi, et déjà, « gouverner à distance » leurs conduites, le cas échéant en brandissant le spectre d'une perte de liberté, mais aussi en montrant l'exemple par l'intermédiaire de « ses » stations. Ainsi, les établissements thermaux dont l'État ou les collectivités locales demeurent propriétaires (et/ou gestionnaires) prévoient la prise en charge gratuite d'autres bénéficiaires (habitants de la station, médecins, pharmaciens et leurs familles profitent de la gratuité des soins, ainsi que les fonctionnaires sous certaines conditions) (Carribon, 2001 : 216-219).

Fondé sur l'assistanat, le thermalisme social n'apparaît donc pas localement comme une priorité jusqu'à la fin des années 1920. Mais « l'incorporation des cures dans le dispositif naissant d'assurance-maladie est perçue par les acteurs thermaux comme un tournant dans l'évolution des villes d'eaux » (Idem : 221). Plusieurs intérêts sont identifiés derrière la prise en charge des soins thermaux par ces assurances sociales. Pour les hydrologues, « une telle intégration, venant s'ajouter à la reconnaissance universitaire, consacrerait en effet la crénothérapie comme un élément à part entière de l'arsenal thérapeutique, en lui conférant un rôle préventif » (Idem). Ces intérêts médicaux croisent des enjeux économiques. En s'inscrivant dans les préoccupations hygiénistes du moment (régénération de la « race » en prévision d'une autre guerre, lutte contre la dénatalité et contre les grandes maladies sociales telles que la tuberculose, l'alcoolisme ou la syphilis), les acteurs locaux comprennent l'intérêt qu'il y aurait à « démocratiser » l'accès aux soins auprès d'une population certes moins favorisée, mais dont les faibles dépenses seraient compensées par l'effet du nombre.

Néanmoins, la question thermale « constitue un aspect mineur des débats ». Sans jamais être clairement abordée, la prise en charge des soins thermaux est suggérée dans deux articles des lois sur les Assurances sociales. Le thermalisme est envisagé au prisme des « établissements de cures », englobant dès lors thalassothérapie et climatisme. L'article 4 de la loi du 5 avril 1928, modifié par la loi du 30 avril 1930, stipule que « *l'assurance maladie couvre les frais de médecine générale et spéciale, les frais pharmaceutiques et d'appareils, les frais d'hospitalisation et de traitement dans un établissement de cure et les frais de transport, d'interventions chirurgicales nécessaires pour l'assuré, son conjoint et leurs enfants* »[83]. L'article 6 souligne, par ailleurs, que « *l'assuré a droit aux consultations et aux traitements dans les dispensaires, cliniques, établissements de cure et de prévention dépendant de la caisse d'assurances dont il reçoit les secours de maladie ou ayant passé des contrats avec elle* »[84].

Les lois envisagent donc le remboursement des soins thermaux mais elles le subordonnent à la volonté des caisses (Carribon, 2001 : 231). Or, celles-ci s'avèrent réticentes. Elles refusent de s'engager dans un tel dispositif tant que la loi n'aura pas éclairci certaines questions restées en suspens comme le choix de la station, celui du médecin thermal, les honoraires de ce dernier ou bien encore le remboursement des frais connexes du séjour. La législation évolue à nouveau au milieu des années 1930. Le décret-loi du 28 octobre 1935 et le Règlement d'administration publique du 19 mars 1936 élargissent les conditions de prise en charge aux soins préventifs[85]. « Le principe de la prise en charge des cures thermales gagne du terrain : à partir de 1936, la Caisse interdépartementale d'Assurance maladie envisage même l'achat et la gestion d'établissements thermaux ; à la fin des années trente, les premières conventions avec des stations pratiquant des forfaits-cure sont signées ».

Associées à la crise économique de 1929, ces évolutions législatives posent les bases d'une transformation du thermalisme français. Néanmoins, l'analyse de la fréquentation des stations tout au long des années 1930 souligne que la démocratisation de l'accès aux soins reste relative.

b. Une démocratisation relative

Le thermalisme de l'entre-deux-guerres demeure, dans la pratique comme dans l'imaginaire, associé au luxe et aux fastes de la Belle-Époque. La distribution sociale de la clientèle et l'expérience proposée par les stations expliquent la persistance de ces représentations.

D'après la typologie proposée par les auteurs du Guide Michelin en 1934, trois types de stations coexistent : six « stations mondaines » (Aix-les-Bains, Évian, Thonon, Vichy, Vittel et Biarritz qui n'est pourtant pas une station thermale), cinquante-trois « stations fréquentées », parmi lesquelles Bagnoles

[83] Loi du 5 avril 1928 modifiée par la loi du 30 avril 1928, article 4, Risque maladie, paragraphe 1, p. 5.

[84] *Ibidem*, article 6, paragraphe 1, p. 8.

[85] *Ibidem*, p. 232. La citation suivante renvoie à la même source.

de l'Orne et Dax, et quarante-huit « stations simples ». Les deux premières catégories rassemblent les stations classées. Mais ce qui les distingue est la place plus ou moins importante allouée à la dimension curative. Pour les « mondaines », les distractions et le faste prennent le pas sur la vocation médicale. Au contraire, « l'épithète "fréquentée" signale à l'attention du lecteur les stations où la dimension curative du séjour et le repos priment sur les distractions, sans que ces dernières en soient, bien entendu, absentes ». Enfin, les petites communes qui ont peu ou pas d'attraits touristiques à valoriser cherchent à capter la clientèle en exposant les bienfaits médicaux de leurs eaux (Carribon, 2001 : 516). Or, le thermalisme existant « avant tout en tant que mouvement touristique » (Jamot, 1988 : 35), ces dernières ne réunissent qu'un nombre limité de curistes. La fréquentation est extrêmement concentrée dans les vingt-cinq premières stations thermales qui rassemblent à elles-seules 90% des visiteurs en 1938 (Idem : 20). Ainsi, si la période de l'entre-deux-guerres est marquée par une forte augmentation du nombre de curistes après l'inflexion engendrée par la Première Guerre mondiale, ce sont principalement les stations « mondaines » et « fréquentées », dans lesquelles l'offre touristique est prégnante, qui en bénéficient.

Les caractéristiques de la clientèle expliquent cette tendance à la concentration. Jusqu'au début des années 1930, les curistes sont encore majoritairement recrutés dans la bourgeoisie et disposent de revenus importants. Sensibles à l'offre touristique proposée (loisirs, villas ou hôtels luxueux, etc.), ils fréquentent, à l'instar de la clientèle aristocratique, les stations dans un souci de distinction. Les visiteurs étrangers sont également très nombreux. Recrutés dans les franges supérieures des pays occidentaux (Grande-Bretagne, Belgique, Italie, États-Unis, notamment) ou de nations colonisées (Carribon, 2001 : 47 ; Jennings, 2011), ils investissent massivement les stations « mondaines » et « fréquentées ». Afin d'attirer et de fidéliser cette clientèle étrangère fortunée, élus et acteurs économiques revendiquent ce cosmopolitisme, en en faisant un argument marketing.

La clientèle étrangère stimule largement l'économie des stations et participe parfois à leur urbanisation. C'est pourquoi son retrait au lendemain de la crise financière est unanimement perçu comme l'annonce d'une période plus compliquée (Carribon, 2001 : 544). Les stations les plus en vue se trouvent contraintes de « redécouvrir l'existence des foules françaises constituant l'essentiel de leur fréquentation » (Idem : 555) et de s'ouvrir progressivement à des clientèles moins aisées, dont l'accès aux villes thermales est favorisé par la mise en œuvre des Assurances sociales et le développement des transports en commun tels que l'autocar. Des « bains de troisième classe » sont créés dans certaines stations renommées pour attirer cette clientèle plus modeste. Mais les efforts publicitaires consentis consistent encore à capter en priorité une clientèle élitiste, susceptible d'augmenter la renommée de la station. Si l'arrivée d'une clientèle plus modeste suscite l'intérêt des dirigeants économiques et politiques, ces derniers espèrent surtout le maintien (voire le retour) de leurs clients fortunés.

Malgré ces initiatives, la fréquentation des stations reste donc sociologiquement marquée : ce sont les « stations de moindre envergure, dont l'influence est avant tout régionale, comme le montre l'origine géographiques de leurs visiteurs [qui] sont davantage fréquentées par une clientèle "moyenne" » (Carribon, 2001 : 669).

Si la démocratisation de l'accès aux stations thermales (notamment des plus réputées) reste tout à fait relative, les années précédant la Seconde Guerre mondiale témoignent d'une évolution dans la distribution sociale des curistes. Les effets conjugués du krach boursier et de l'appréhension du thermalisme par les Assurances sociales semblent favoriser l'arrivée d'une clientèle moyenne, de plus en plus courtisée par les acteurs locaux. Marquée par une intensification de la lutte engagée à l'échelle nationale par les représentants de la cause médicale et les tenants d'intérêts touristico-économiques, la période de l'entre-deux-guerres opère la jonction entre deux formes de thermalisme radicalement opposées. Le thermalisme fastueux de « l'âge d'or » n'est pas révolu. Mais il cohabite avec une expérience nouvelle que les effets de la Seconde Guerre mondiale légitiment à la Libération.

Conclusion du premier chapitre

La construction des villes thermales comme « territoires de santé » résulte ainsi d'un processus discontinu qui se peut se comprendre au prisme de l'évolution des modes de régulation du thermalisme.

À la fin du XVIIIe siècle et au début du XIXe siècle, dans un contexte de centralisation forte, l'État contrôle étroitement l'activité thermale. Il prive les acteurs locaux d'autonomie et conforte la domination des acteurs médicaux, qui imposent leur cadre de légitimité sur les usages et le développement des stations. Ce n'est qu'à partir du milieu du XIXe siècle, à mesure que s'affirme la dimension touristique et que l'influence directe de l'État s'amenuise, que la domination médicale s'atténue. La réussite d'autres stations européennes, dont les représentants ont su allier plaisirs touristiques et soins thermaux, attire des investisseurs privés qui se saisissent du phénomène (Boyer, 2005 : 159). Les intérêts touristico-économiques de ces derniers rejoignent alors ceux des élus locaux, dont la capacité politique augmente aux débuts de la IIIe République. Conformément aux analyses d'Olivier Borraz, le gouvernement municipal du thermalisme s'organise alors à cette époque autour de cette relation privilégiée entre élus locaux et « société urbaine » (2000 : 16), avec comme objectif de réussir « l'alchimie thermale » et d'attirer la « bonne société ».

La double orientation – touristique et médicale – donnée aux villes thermales suscite néanmoins des tensions qui ne peuvent bientôt plus être réglées localement. Les groupes d'acteurs médicaux, économiques et politiques investis dans le développement des stations s'organisent à l'échelle nationale et font pression sur le législateur pour faire valoir leurs intérêts divergents. L'État n'est donc pas absent de cette configuration. Il occupe, à partir du début du XXe siècle, une position d'arbitre dont les décisions modifient les rapports de force à l'échelle locale. Mais ces interventions ne suppriment pas pour autant le caractère territorial de l'activité, dont la gestion reste ancrée dans des configurations locales (Muller, 1985).

Le tournant amorcé après la Seconde Guerre mondiale bouleverse toutefois ces équilibres. L'affirmation d'un État-providence, associée à une montée en puissance des logiques sectorielles dans l'action publique, modifie les formes de régulation du thermalisme. À l'émiettement des services administratifs en charge de la gestion de l'activité pendant la IIIe République répond un cadrage sectoriel clair : le thermalisme est désormais intégré au secteur de la santé. Cette évolution produit des effets concrets sur le gouvernement des villes thermales. À l'instar de la politique agricole analysée par Pierre Muller, ce processus de sectorisation construit un thermalisme « administré par l'État » (1990 : 23), dépendant des ressources publiques. Ne relevant plus d'une logique de marché, les exploitants thermaux renforcent leur autonomie à l'égard des élus municipaux, qui perdent progressivement prise sur l'activité.

En privant les villes thermales d'une « épaisseur institutionnelle » (Pinson, 2010 : 213), c'est-à-dire de la capacité des acteurs locaux à se coordonner et à coopérer, ce nouveau modèle restreint leur aptitude à impulser d'autres formes de développement, touristique par exemple. Tout en soutenant une certaine croissance, il contribue ainsi à renforcer l'identification médicale des villes thermales, désormais dépendantes du système de remboursement des cures. La montée en puissance du néolibéralisme dans l'administration et les transformations de l'État à partir des années 1980 viennent toutefois fragiliser ce modèle, ouvrant une nouvelle séquence de recompositions.

Le gouvernement « à distance » du thermalisme

Les modes d'intervention autour desquels s'affirme l'État-providence au sortir de la Seconde Guerre mondiale sont profondément remis en cause à partir des années 1980. La crise économique de la décennie précédente accélère la remise en cause du « compromis fordiste » auquel sont adossées les politiques keynésiennes, redistributives et interventionnistes (Dormois, 2008). Les critiques néolibérales dénoncent les formes de régulation jusqu'alors mises en œuvre, jugées « illégitimes et productrices d'effets anti-économiques », et promeuvent les fonctions régulatrices du marché, présenté comme « le moyen le plus efficace, le plus rationnel et le plus juste d'harmonisation des comportements » (Chevalier, 2004 : 477). Ce « tournant néolibéral » (Jobert, 1994), qui se traduit en France par une montée en puissance du *New public management* dans l'administration (Pinson, 2020), transforme les modalités d'intervention de l'État dans l'économie. Jusqu'alors acteur, ce dernier devient « arbitre » du jeu économique, posant « des règles aux opérateurs » et s'efforçant « d'harmoniser leurs actions » (Chevalier, 2004 : 478). Mobilisant de nouveaux instruments (audit, évaluation, *benchmarking*, contrôle de qualité, appels à projet, labels et autres normes), il délaisse en partie les formes de régulation sectorielle protectrice (Muller, 1990), au profit d'un mode de gouvernement à distance, qui responsabilise les acteurs et conditionne l'accès aux ressources publiques à des exigences de performance et de qualité.

L'évolution des objectifs assignés aux politiques de santé au cours des années 1980 illustre bien ce processus. « Si la préoccupation de l'extension de la couverture et de l'équité dans l'accès aux soins n'est pas abandonnée, la préoccupation dominante passe à la maîtrise des coûts et à une meilleure efficience du système (soigner mieux à un coût moindre) » (Merrien, 2009 : 109). La création de nouvelles organisations – telles que l'Agence nationale pour le développement de l'évaluation médicale (1989) – et la multiplication des évaluations « médico-économiques » (Benamouzig, 2009), participent à ce mouvement, de même que la diffusion d'une doctrine de « sécurité sanitaire », qui redéfinit les standards attendus en matière de qualité et de maîtrise des risques (Benamouzig, Besançon, 2007 ; Tabuteau, 2003).

Ces évolutions, qui affectent particulièrement le thermalisme, révèlent la fragilité de son positionnement et illustrent les tensions que suscitent ces transformations dans des « secteurs hybrides ». En effet, si le cadrage sanitaire opéré par l'État au sortir de la Seconde Guerre mondiale a stimulé son développement, il n'a pas donné lieu à la structuration d'un secteur autonome[86]. Traversé par des logiques intersectorielles et territoriales (santé, tourisme, développement local) – comme en témoigne la composition du Haut Comité du Thermalisme créé en 1983[87] –, le thermalisme demeure tributaire du secteur de la santé, sans pleinement se conformer aux normes qui le structurent.

Or, c'est précisément cette absence de conformité que plusieurs rapports administratifs rédigés entre 1986 et 2000 (par l'Inspection générale des affaires sociales et la Cour des comptes, en particulier) mettent en lumière. Dessinant les contours d'un « *problème du thermalisme social* », ces derniers sont utilisés par l'État et l'Assurance maladie pour conditionner le remboursement des soins thermaux à de nouvelles exigences (I). Face à la « menace » d'un déremboursement partiel ou total, les représentants du monde thermal s'organisent en retour. Pour mieux défendre leur position et pérenniser leur accès aux ressources publiques, ils mettent en place un ensemble de stratégies allant de la création d'un syndicat professionnel unique (le Conseil national des établissements thermaux) à l'alignement progressif sur les principes de *l'evidence based medicine*, en passant par le développement de dispositifs de légitimation

---

86 L'activité ne repose sur aucun processus de concertation stabilisé entre un pan de l'administration – qui revendiquerait sa gestion exclusive (Jobert, Muller, 1987 : 60) – et des acteurs professionnels organisés, propre à fonder un référentiel sectoriel légitime.

87 Les ministères de la santé, de la Sécurité sociale, du tourisme, de l'agriculture, de l'économie et des finances, de l'industrie, du plan et de l'aménagement du territoire participent au fonctionnement de cette organisation. Nous revenons sur ses fonctions dans la première section de ce chapitre.

scientifique et de contrôle qualité (II). L'analyse de ce double mouvement – redéfinition du cadrage institutionnel d'un côté, stratégies d'adaptation des acteurs de l'autre – structure ainsi les deux parties de ce chapitre.

I. Gouverner les conduites par la menace ou les conditions posées par l'État aux exploitants thermaux

Face à la mobilisation des acteurs locaux, l'État renonce à trois reprises (1957, 1968 et 1977) à réformer le système de remboursement du thermalisme. Il change alors de stratégie au tournant des années 1990, en se donnant les moyens de « gouverner à distance » les conduites du monde thermal. Proposée par Renaud Epstein, cette expression désigne le processus par lequel l'État « organise son retrait des territoires » (2005 : 108), en mobilisant notamment diverses technologies de gouvernement issues du *New public management*. Son objectif est clair : se prémunir de la capacité des élus locaux à faire entendre leurs revendications. En effet, « dans un système politique qui demeure marqué par le cumul des mandats, les élus locaux sont aussi des élus nationaux, disposant à ce titre d'un accès privilégié aux ministres et à leurs cabinets. [Or], les demandes qu'ils adressent au pouvoir central sont d'autant plus pesantes pour ce dernier qu'elles sont largement relayées au sein de l'appareil administratif d'État, des services déconcentrés vers les administrations centrales » (Idem)[88]. Pour gouverner à distance, l'État s'appuie notamment sur des « agences » plus ou moins autonomes de son administration, inspirées des modèles anglo-saxons et scandinaves, et qui se développent dans de nombreux secteurs au cours des années 1990 (Benamouzig, Besançon, 2007 : 13). Ce faisant, l'État se conforme aux principes de la « nouvelle doctrine », selon laquelle « les fonctions d'exécution et de gestion doivent leur être déléguées, tandis que les administrations centrales doivent conserver le pilotage

[88] Entre autres références traitant de ces questions, les travaux de Jean-Pierre Worms (1966) ou encore de François Dupuy et Jean-Claude Thoenig (1985) permettent de saisir la densité des relations qui lient les élus locaux et les fonctionnaires des services déconcentrés ainsi que leurs interdépendances. Ils soulignent également combien le Préfet peut se faire, à Paris, le défenseur des intérêts locaux.

stratégique. L'État fixe les objectifs, choisit les dirigeants, évalue et contrôle les résultats des établissements. En contrepartie, les agences bénéficient d'une autonomie de gestion » (Idem : 14).

C'est à travers l'Assurance maladie – d'abord *via* la Caisse nationale d'Assurance maladie des travailleurs salariés (CNAMTS), puis à partir de 2004 par l'Union Nationale des Caisses d'Assurance maladie (UNCAM) – que l'État régulateur entend « gouverner à distance » les acteurs du thermalisme. Plusieurs évolutions institutionnelles favorisent ce repositionnement en modifiant les équilibres entre l'État, les partenaires sociaux et les médecins dans le gouvernement des caisses. « Les difficultés rencontrées dans la mise en place d'une maîtrise des dépenses d'Assurance maladie négociée » entre ces différents acteurs aboutissent à un renforcement de son contrôle (Hassenteufel, 2011 : 13). Si l'État intervient déjà depuis les années 1970 par décret ou par voie législative, la mise en œuvre du « plan Juppé » en 1996 augmente sensiblement sa capacité d'action. Première réforme d'une série de mesures poursuivies en 2004 (loi sur l'Assurance maladie) et 2009 (loi « Hôpital, patient, santé, territoires »), le « plan Juppé » confère en premier lieu au Parlement la responsabilité d'élaborer une loi de financement de la Sécurité sociale (LFSS). Autrement dit, députés et sénateurs ont pour mission de fixer tous les ans un objectif national des dépenses d'Assurance maladie (ONDAM) pour l'hôpital et la médecine de ville. Or, « dans les faits, les LFSS ne ménagent qu'une marge d'action très limitée aux parlementaires : elles apparaissent bien davantage comme un renforcement des capacités d'action et de réforme du gouvernement, en renforçant sa légitimité à agir sur le système d'Assurance maladie » (Idem : 14)[89]. Surtout, le « plan Juppé » réduit l'autonomie des partenaires sociaux gérant les caisses au profit d'un directeur national nommé par le gouvernement et contrôlant lui-même la nomination des directeurs de caisses locales (Idem). Ces premières évolutions, confirmées par la création de l'UNCAM et de la Haute Autorité de Santé (HAS) en 2004, permettent à l'État, s'agissant du thermalisme, de rompre « avec une organisation administrative qui assurait l'apprivoisement du pouvoir central par les pouvoirs locaux » (Epstein, 2005 : 108).

---

[89] L'auteur précise que « tout comme la loi de finances, la LFSS doit, en effet, être comprise davantage comme une loi permettant au Parlement d'autoriser le gouvernement à exécuter le budget social que comme une "détermination" du budget lui-même par le Parlement ».

Tandis que les rapports de l'IGAS (1986) et de la Cour des comptes (1995) cadrent le « problème thermal » en insistant sur les dérives du système de remboursement, l'État durcit progressivement les conditions de prise en charge des soins thermaux. En 1997, il délègue au directeur général de la CNAMTS la responsabilité de négocier un nouveau cadre conventionnel avec les représentants du secteur (1). Mais l'arrivée d'un nouveau directeur en 1998 remet en cause les compromis consentis par les syndicats d'exploitants. Le thermalisme est explicitement ciblé dans le « plan stratégique » que ce dernier remet à la ministre de l'Emploi et de la Solidarité en 1999, censé générer plusieurs milliards de francs d'économies. Si cette proposition ne débouche sur aucune mesure immédiate, elle permet à l'État de maintenir une forte pression sur les acteurs thermaux, en conditionnant le maintien du remboursement à une série de garanties. Qu'elle soit directe (action coercitive) ou indirecte (*via* la CNAMTS puis l'UNCAM), cette régulation vise à normaliser leurs conduites sur des objectifs préalablement définis (2).

1) La construction d'un « problème thermal » comme justification du déremboursement

Dans un contexte où les doctrines néo-managériales redéfinissent les modes d'intervention de l'État, l'exigence d'objectivation des résultats devient centrale. Comme le note Patrice Duran, « quand l'efficacité et la performance sont devenues, dans la plus large part des États modernes, les mots d'ordre d'une doctrine d'action publique, la mise en évidence des résultats de l'action publique s'impose » (2010 : 9). En France, c'est à partir des années 1980 que la pratique de l'évaluation se développe. Le secteur de la santé en général, et celui du thermalisme en particulier, sont fortement concernés, l'objectif principal assigné par l'État à l'Assurance maladie étant de maîtriser les dépenses publiques (Benamouzig, 2009 : 230)[90]. Qu'il s'agisse de l'IGAS (1986 et 2000), du Sénat (1994), de la Cour des comptes (1995), de l'Assemblée nationale (1996), ou de l'Observatoire national du tourisme (1999), diverses institutions s'intéressent au fonctionnement de la thérapeutique thermale à

---

90 Daniel Benamouzig souligne néanmoins qu'au-delà « de son caractère économique, l'évaluation apparaît comme une modalité d'amélioration de la qualité des pratiques médicales ».

partir de la fin des années 1980[91]. En portant plus spécifiquement la focale sur des questions financières (Cour des comptes) ou médicales et sanitaires (IGAS), selon leurs domaines de compétence, elles produisent des connaissances croisées du secteur. Celles-ci mettent surtout en exergue de nombreuses imperfections et, notamment, la vétusté d'un cadre conventionnel à la « valeur juridique incertaine » (Cour des comptes, 1995 : 16). De cette convention thermale signée le 22 février 1972 résulteraient les principaux griefs (médicaux et économiques) formulés à l'égard du thermalisme et de sa prise en charge par l'État. Or, dès 1986, les conclusions de l'IGAS s'avèrent « très critiques », le rapport relevant « des carences dans la définition des normes sanitaires ou dans leur application et dénonç[ant] une "procédure tarifaire anarchique et inflationniste" » (Idem : 9). La multiplication et le recyclage des analyses et des conclusions d'un rapport à l'autre, associés aux éléments discursifs utilisés (ton, vocabulaire), font progressivement émerger un « problème du thermalisme social ». Si, sur le fond, le cadrage qui en est fait évolue peu entre 1986 et 2000, la répétition amplifie quant à elle la « gravité » du problème (Benford, Snow, 2012 : 240). Dans le sillage des croyances néolibérales dominantes du côté des gouvernants en charge du secteur de la santé, les rapports de la Cour des comptes (1995) et de l'IGAS (2000) « justifient » une intervention de l'État dans la modification du système de remboursement.

a. Les fondements économiques et médicaux du problème du thermalisme social

Selon Daniel Céfaï (1996 : 57), « l'émergence de discours qui fixent des indignations ou des préjudices dans le registre de l'éthique, du droit, de la justice, de la politique » constitue l'étape initiale de la construction d'un problème public. En mobilisant deux des trois opérations essentielles de cadrage identifiées

91 N'ayant pas pu nous procurer la plupart de ces rapports, l'analyse proposée dans cette première partie repose essentiellement sur les volumineux rapports de la Cour des comptes (1995) et de l'IGAS (2000). Toutefois, ces derniers proposent une synthèse et/ou s'appuient fréquemment sur ces divers rapports, permettant d'identifier une évolution dans le traitement de la thérapeutique par ces divers auteurs.

par Robert Benford et David Snow – le diagnostic et le pronostic[92] – l'IGAS dessine dès 1986 les premiers traits d'un « problème du thermalisme social »[93]. Insécurité sanitaire de certaines installations thermales, faiblesse de la démonstration du service médical rendu par la crénothérapie, opacité et complexité du système de remboursement, cadre conventionnel dépassé, l'IGAS identifie d'importants dysfonctionnements d'ordre éthique, juridique ou politique. Or, cette première phase prend racine au sein de scènes relativement « confidentielles » ou « discrètes » de l'action publique (Gilbert, Henry, 2012 : 47). Elle propose des pistes d'amélioration à l'endroit de l'administration de l'État et des acteurs du monde thermal, à partir desquelles la Cour des comptes produit son analyse en 1995. « Sept ans après, il a paru utile de vérifier si les évolutions intervenues avaient permis d'améliorer l'efficacité des interventions publiques », soulignent les auteurs de ce rapport dès l'introduction (Cour des comptes, 1995 : 9), en s'intéressant en premier lieu à la problématique du service médical rendu.

Une thérapeutique qui n'a pas démontré son efficacité

En proposant une synthèse des derniers rapports consacrés au sujet, les auteurs relèvent une faiblesse de la « démonstration » scientifique de la crénothérapie apportée par les acteurs thermaux. Tout en s'appuyant sur les conclusions positives d'une enquête épidémiologique publiée par la CNAMTS en 1988 et portant sur 3 000 curistes, ils en minimisent la portée. Ils soulignent combien ces résultats ont été « contestés » car souffrant « de l'aveu même des services de la CNAMTS, de nombreuses faiblesses méthodologiques : absence de groupe témoin, critères d'évaluation peu précis » (Idem : 14). Les auteurs s'appuient ensuite sur le rapport réalisé en 1990 par Guy Ébrard (médecin, député radical socialiste des Basses-Pyrénées de 1958 à 1968 et fondateur du groupe Eurothermes) et Jean Peyrafitte (alors Sénateur de Haute-Garonne), à la demande du gouvernement, dont l'une des conclusions souligne que

---

92 Selon Robert Benford et David Snow (2012 : 227), le cadrage de diagnostic « concerne l'identification d'une faute ou d'une responsabilité », tandis que le cadrage de pronostic « implique que soit proposée une solution au problème, du moins un plan d'attaque, ainsi que des stratégies permettant de mener à bien ce plan ».

93 N'ayant pas pu nous procurer le rapport de l'IGAS, nous n'avons pas directement accès à ces critiques. Nous nous appuyons ici sur l'utilisation qui en est faite par les auteurs du rapport de la Cour de comptes.

« le thermalisme "n'a encore réussi que difficilement à démontrer son efficacité thérapeutique (surtout lorsqu'on entend lui appliquer les méthodes d'évaluation du médicament, peu aisément transposables)" » (Idem).

De nouveau, les acteurs du monde thermal se heurtent à une difficulté rencontrée pendant l'entre-deux-guerres, consistant à se conformer aux normes garantissant la rationalité d'une thérapeutique dans le monde médical. Les principaux reproches adressés à l'étude de la CNAMTS tiennent ainsi à son inadéquation avec les principes de *l'evidence based medicine* (EBM). Comme le rappellent Henri Bergeron, Patrick Castel et Boris Hauray, l'EBM est « généralement présentée comme un paradigme fondant le caractère scientifique et objectif de la médecine, en rupture avec l'idiosyncrasie et la casuistique propres à l'art médical. [...] Les décisions fondées sur les principes de l'EBM sont censées découler d'une analyse méthodique et raisonnée de données de nature quantitative et statistique, validées par la communauté scientifique » (Bergeron, Hauray, 2015 : 140-141)[94]. Apparue dans les années 1960 dans le cadre du contrôle du médicament, l'EBM ne constitue toutefois pas, selon ces auteurs, le « triomphe de la raison, qui s'imposerait dans toute son évidence ». Elle s'inscrit avant tout dans un projet politique, « au sens où elle implique des visions spécifiques (contestées) des rapports entre la science, la médecine et la société, c'est-à-dire, *in fine*, des conceptions particulières du fonctionnement du système de santé » (Idem : 142). Ce caractère politique se manifeste notamment dans les usages qu'en font l'État et l'Assurance maladie. Organisations de gestion des soins, agences de régulation ou encore programmes de sécurité sociale y voient en effet « un instrument d'aide à la décision concernant l'autorisation des traitements et d'encadrement des pratiques médicales dans le sens d'une plus grande maîtrise des dépenses de santé ou d'une amélioration de la qualité et de la sécurité des soins » (Idem : 143). Tandis que l'IGAS préconise dans son rapport la réintroduction dans les facultés de médecine de l'enseignement de la crénothérapie, « l'absence habituelle

---

[94] L'EBM s'appuie sur trois dispositifs. L'essai randomisé contrôlé (ERC) est le premier. Il compare de « manière statistique un ou plusieurs traitements avec un placebo ou un traitement jusque-là en vigueur, administré à des patients regroupés dans un "bras témoin" ». L'ERC est ainsi « considéré comme le dispositif permettant d'apporter le plus haut "niveau de preuves" ». La « méta-analyse », autrement dit la « méthodologie pour appréhender la littérature » et les « guides de bonne pratique [...] élaborés suite à cette analyse de données de la science », sont les deux autres dispositifs de l'EBM.

de consensus scientifique sur les effets de cette thérapeutique, [...] conduit le Haut comité médical de la Sécurité sociale à émettre en 1988 des réserves » (Cour des comptes, 1995 : 15). Du point de vue de l'administration, le thermalisme demeure une médecine empirique dont l'utilité est discutable.

Une thérapeutique potentiellement dangereuse

La « sécurité sanitaire » des installations thermales est également l'objet d'une attention critique. La problématique fait écho à celle des crises sanitaires qui traverse les années 1990 et qui révèle « à différentes reprises les défaillances d'une administration pauvre en compétences scientifiques et techniques » (Benamouzig, Besançon, 2008 : 288). Dans le prolongement de ces critiques, le rapport de la Cour des comptes identifie, s'agissant du thermalisme, des dysfonctionnements qu'il impute directement à la réglementation et son application par l'administration. Les auteurs déplorent aux « trois niveaux qui font l'objet d'un contrôle administratif, la station, la source et l'établissement thermal, un même manque de rigueur » (Cour des comptes, 1995 : 18).

Les premières « carences » évoquées concernent l'inscription des stations à la nomenclature générale des actes professionnels (NGAP). Pour « ouvrir droit à remboursement, la cure doit avoir lieu dans une station thermale figurant sur [cette] liste » (Idem : 12). Si la Direction générale de la santé décide en dernier ressort de l'inscription, l'avis du Haut Comité du Thermalisme (HCT) joue un rôle important dans la décision[95]. Créé auprès du ministre en charge de la santé en 1983, la composition de ce comité est diversifiée. Les dix premiers membres sont issus de l'administration et représentent les différents ministères en charge du thermalisme[96]. Caisses d'Assurance maladie, organisations

---

[95] Cette structure a été créée en 1983 avec comme mission principale de traiter des questions des « conditions techniques de cure, de l'évaluation médicale, de la recherche, de l'enseignement et du classement des stations hydrominérales et climatiques. Il devait, en outre, fournir un avis utile sur les indications thérapeutiques des stations hydrominérales et leur inscription sur la liste des stations permettant l'intervention de l'Assurance maladie ». Il a été supprimé en 2003 et « ses travaux ont été répartis [...] entre les nouvelles instances d'expertise sanitaire nationale ». Réponse de Mme Roselyne Bachelot, Ministre de la santé et des sports, à la question de M. Bouvard Michel à l'Assemblée Nationale, le 03 mars 2009.

[96] Sont notamment représentés le laboratoire national de la santé et les ministères de la santé, de la Sécurité sociale, du tourisme, de l'agriculture, de l'économie et des finances, de l'industrie, du plan et de l'aménagement du territoire.

professionnelles d'exploitants thermaux et praticiens médicaux composent le deuxième groupe à hauteur de vingt personnes. Enfin, huit personnalités médicales nommées en raison de leur compétence en matière de thermalisme et climatologie, dont au moins deux professeurs chargés de l'enseignement d'hydrologie médicale, complètent la composition de cette institution dont le rôle est essentiellement consultatif. En effet, le HCT se voit confier comme principales missions de rendre un avis d'expert sur une diversité de problématiques en lien avec « l'organisation et le développement du thermalisme et du climatisme »[97]. Contrairement aux agences créées à cette époque dont le fonctionnement est relativement autonome, le HCT est contrôlé par plusieurs administrations centrales. Pourtant, c'est la partialité de ses décisions qui est d'abord questionnée. « En dépit des critiques formulées en 1986 par l'IGAS concernant la sous-représentation des services de l'État et des organismes de Sécurité sociale, le décret n° 88-150 du 15 février 1988 a encore accru la prépondérance des représentants des professions thermales en supprimant la représentation des administrations centrales de l'État », évoque le rapport de la Cour des comptes (1995 : 17). Il est aussi reproché au HCT son manque de rigueur. Ce dernier se prononcerait sur des dossiers « sommaires » et/ou en fonction de « critères imprécis » favorisant l'arbitraire dans la procédure de reconnaissance ou de refus de nouvelles orientations thérapeutiques dans les stations. De nouveau, l'écart du thermalisme vis-à-vis de la norme que constitue l'EBM est sanctionné. En effet, tandis que cette dernière est utilisée par « des gestionnaires des systèmes de soins pour encadrer les pratiques médicales », le HCT continuerait de statuer parfois à partir d'observations cliniques très limitées, d'autres fois malgré l'absence de travaux scientifiques et cliniques. Le HCT pourrait ainsi parfois donner des avis contradictoires pour un même dossier à quelques années d'intervalle (Idem).

---

[97] Entre autres, le HCT rend des avis sur « les indications thérapeutiques des stations hydrominérales et leur inscription sur la liste permettant l'intervention de l'Assurance maladie », sur « les conditions techniques de cures dans les établissements thermaux », sur la « nature des traitements de base et complémentaires susceptibles d'être dispensés par chaque établissement » et enfin sur « les pratiques médicales thermales complémentaires à la surveillance médicale de la cure ». Les informations sur le HCT sont issues d'un diaporama en ligne hébergé par le site de la société française de médecine thermale.

Ce manque de rigueur imputé au HCT est généralisé à la procédure de contrôle dans son ensemble. Rappelant que la reconnaissance de l'orientation thérapeutique n'est pas donnée à une source mais à une station, les auteurs critiquent le suivi des conditions d'accréditation. Certaines stations possèdent parfois plusieurs sources d'eaux, dont la composition est susceptible de varier de l'une à l'autre. Or, pour des raisons de pollution ou d'insuffisance de débit, il arrive qu'elles modifient leur source d'approvisionnement. L'administration se voit ainsi taxée par la Cour des comptes d'une forme de désinvolture à laquelle il s'agirait de parer. Sans proposer de solution à ce problème, les auteurs du rapport ajoutent qu'il n'y a « pas de procédure permettant de réexaminer, voire éventuellement de retirer la reconnaissance d'une orientation, ce qui aggrave encore le manque de rigueur observé dans l'octroi de cette reconnaissance » (Idem : 23). Ce faisant, ils légitiment indirectement une modification du cadre conventionnel unissant l'État aux acteurs du monde thermal.

L'ampleur du « problème sanitaire » progressivement construit par la Cour des comptes est renforcée par d'autres griefs similaires. Ainsi en est-il du régime d'autorisation des sources d'eaux et de la qualité de leur contrôle. Aux rangs des critiques, des irrégularités relevées d'abord du côté des acteurs locaux du monde thermal. De nombreuses sources seraient ainsi utilisées depuis le XIXe siècle sans jamais avoir été autorisées. Certains forages auraient de surcroit été expérimentés sans autorisation préalable et parfois même réalisés dans des sources d'eau superficielles alors même que l'exposition à la pollution y est plus importante. Ce sont toutefois les contrôles exercés par les services de l'État qui sont essentiellement mis en cause, quand ce n'est pas la longueur de la procédure administrative qui est dénoncée (Idem : 26). La mise en perspective historique de cette négligence de l'administration amplifie la problématique. La Cour des comptes rappelle que le secrétaire d'État à la santé soulignait déjà en 1957 l'existence d'importantes lacunes dans le contrôle et le renouvellement des autorisations (Idem : 23-24), ou que le directeur général de la santé exigeait *via* une circulaire en 1983 une régularisation et un contrôle de l'ensemble des sources du territoire, sans que la situation n'évolue sensiblement.

Ces nombreuses déficiences dans le contrôle sanitaire des installations thermales sont finalement cadrées au prisme du danger. Risques sanitaires et éthiques sont présentés comme les conséquences attendues de telles dérives. Concernant le second point, une synthèse de cas dans lesquels, faute de contrôles réguliers, l'eau thermale s'est trouvée mélangée à de l'eau ordinaire est dressée[98]. Mais les auteurs font basculer le problème dans le registre de la « morale » dès lors qu'ils établissent un lien de causalité entre négligence administrative et mort de curistes. Ils attribuent clairement à la négligence de l'État la survenue des crises sanitaires de Gréoux-les-Bains en 1987 et 1988[99]. « En dépit de la sévérité du constat dressé par l'IGAS et de travaux scientifiques faisant état dès 1984 de risques réels pour la santé des curistes, c'est seulement après les graves cas de contamination observés à Gréoux-les-Bains en 1987 et 1988 que le ministère des Affaires sociales se décida à renforcer le dispositif de surveillance sanitaire des eaux thermales par un arrêté du 16 mai 1989 portant modification de l'arrêté du 14 octobre 1937, puis par un nouvel arrêté du 20 juillet 1992 » indiquent-ils (Idem : 32-33).

En insistant sur l'absence de réaction des services de l'État et en mobilisant le vocabulaire de l'urgence et de la gravité, les auteurs du rapport de la Cour des comptes opèrent ainsi un « cadrage motivationnel » (Benford, Snow, 2012 : 230) appelant une réaction de la part de l'État[100]. Ils précisent à cet effet que, dès lors que le traitement des eaux thermales n'est pas envisagé (afin de ne pas les dénaturer et d'en préserver leur spécificité), la surveillance bactériologique doit être « particulièrement vigilante ». Or, s'ils observent une amélioration des contrôles, ils soulignent leur caractère insuffisant. Ils regrettent enfin que les autres produits thermaux (boues thermales ou gaz thermaux) ne soient soumis à aucun contrôle et ce, malgré les recommandations formulées par l'IGAS en 1986 (Idem : 48).

---

98 Plus que les « acteurs locaux » du thermalisme, c'est la procédure de contrôle qui est dénoncée, surtout vis-à-vis d'eaux minérales qui ne peuvent être désinfectées. En effet, « comme l'observe une circulaire ministérielle du 20 juillet 1992, “un traitement de désinfection d'une eau minérale modifie sa qualité physico-chimique et biologique” ».

99 « En 1987 et 1988, des cas de pneumonies furent détectés parmi les curistes de Gréoux-les-Bains : 27 cas de pneumonies recensés à l'hôpital de Manosque dont un décès, 70 cas signalés sans hospitalisation sur place en 1987, six nouveaux cas dont un décès au printemps 1988 » (p. 32-33).

100 Se saisissant de l'accident survenu à Barbotan en 1991, les auteurs mobilisent une rhétorique similaire (de la peur et de l'urgence) : « les événements intervenus à Barbotan en 1991 (vingt morts par asphyxie dans l'enceinte de l'établissement thermal) témoignent pourtant de la nécessité d'une vigilance particulière contre le risque d'incendie » (Cour des comptes, 1995 : 44).

Pourtant prioritairement chargée de contrôler « l'emploi des fonds publics et de sanctionner les manquements à leur bon usage »[101], la Cour des comptes accorde une large partie (52 pages sur 112) de son rapport sur le thermalisme aux questions sécuritaires et médicales. En synthétisant les conclusions (souvent critiques) d'autres institutions, en identifiant des responsables (qu'il s'agisse de l'administration ou des acteurs du monde thermal) et en mettant en exergue l'absence de réaction de leur part face à des situations identifiées comme problématiques depuis de nombreuses années, les auteurs du rapport dressent un portrait particulièrement sévère de la thérapeutique. « Articulé » aux analyses produites sur le système tarifaire, un tel cadrage permet aux auteurs « d'amplifier » (Benford, Snow, 2012 : 238-239) la gravité du « problème thermal ».

Une thérapeutique qui coûte (trop) cher

Évalués à 550 millions en 1980, les frais d'hydrothérapie atteignent 1,8 milliard de francs (courants) en 1990[102]. Dans un contexte où l'État ambitionne de réduire les dépenses publiques de santé, une telle augmentation suscite l'intérêt de la Cour des comptes qui cherche à en trouver les causes.

La complexité du processus de fixation des tarifs et de contrôle des coûts expliquerait en premier lieu l'inflation du prix de cures. CNAMTS, Direction Générale de la Concurrence, de la Consommation et de la Répression des Fraudes (DGCCRF), Direction de la Sécurité sociale (DSS), Préfets de départements… Le nombre de services administratifs intervenant dans la procédure est propice à l'émergence de problèmes de communication et de coordination (Dupuy, Thoenig, 1985 : 207). Mais ces derniers sont surtout renforcés par la multiplication des étapes aboutissant à la création des tarifs.

La procédure débute au sein de la Commission technique du thermalisme (CTT) où les représentants des exploitants thermaux et des caisses d'Assurance

---

101 Voir site de la Cour des comptes, page « fonctionnement », consulté le 04/04/2019, [En ligne].

102 Évolution de la fréquentation prise en compte, le prix moyen de la cure subit une augmentation d'environ 40,3 % (francs constants) sur la période indiquée. Le remboursement comprend le forfait de surveillance thermale, en direction des médecins ; le forfait thermal, soit l'ensemble des soins dispensés dans l'établissement thermal, auxquels peuvent être ajoutés des suppléments éventuels ; enfin, sous condition de ressources, les prestations supplémentaires (les frais de transport, d'hébergement et les indemnités journalières évoquées ci-avant). (Cour des comptes, 1995 : 54)

maladie définissent des « traitements types » en fonction des indications thérapeutiques des stations (ORL, rhumatologie, phlébologie, etc.). Ces traitements sont composés de « pratiques unitaires » (massage sous l'eau, bain + aérobain, douche locale, etc.) incluses dans un forfait de soins. Chaque année, et pour chaque établissement, les tarifs de ces soins sont ensuite établis par arrêté préfectoral, « en fonction des directives nationales conjointes de la DGCCRF, de la DSS et de la DGS [définissant] le taux de hausse applicable aux pratiques unitaires en fonction du taux directeur »[103]. En fonction de ces prix, la CNAMTS applique enfin les tarifs applicables aux curistes.

Deux procédures complémentaires peuvent toutefois faire varier les prix. La première concerne « les dérogations pour investissements exceptionnels ». Instruites par les services extérieurs de la DGCCRF, « elles font l'objet de décisions au cas par cas de la direction de la concurrence et de la consommation, intégrées dans les arrêtés préfectoraux ». Ces dérogations permettent aux établissements d'augmenter les tarifs préalablement définis et d'amortir plus rapidement les investissements réalisés pour augmenter le confort des curistes ou la qualité des prestations.

La seconde a trait aux « coûts des nouveaux traitements ». Ces derniers sont examinés par la CTT et chiffrés par la DGCCRF. Mais il revient à la DSS d'accorder « tout ou partie des hausses tarifaires demandées, ou de refuser les modifications de traitements (elle dispose d'un droit de veto) », avant que le CNAMTS les intègre dans les avenants passés avec chaque établissement.

Ainsi, au moment même où, « face aux contraintes d'émiettement perçues [...], la direction générale de la santé souhaite passer d'une culture de gestion à une culture d'orientation et d'animation des agences » (Benamouzig, Besançon, 2007 : 13), le rapport de la Cour des comptes dénonce dans le secteur thermal une « dispersion des responsabilités » ainsi qu'un manque global de coordination (déjà relevé par l'IGAS en 1986) entre la CNAMTS, la DSS et la DGCCRF favorisant les dérives.

---

103 Cosignant une circulaire fixant un « taux directeur d'évolution » et indiquant, pour certains soins, des « montants dits "moyens" et "plafonds" », la DGCCRF, la DSS et la DGS doivent ainsi se mettre d'accord sur « la revalorisation annuelle des tarifs ». C'est seulement à partir de cette base, et pour chaque établissement qu'un arrêté préfectoral peut définir « le tarif maximal applicable aux soins délivrés aux curistes sans prise en charge ». (Cour des comptes, 1995 : 56). Les citations suivantes concernant la procédure de fixation des tarifs renvoient à la même source.

Avec la complicité des médecins, les exploitants thermaux profiteraient du manque de contrôle des services de la DSS pour augmenter les tarifs de facturation. « L'imprécision de la nature des soins [permettrait en effet] aux établissements d'échapper aux contraintes du système de prix administrés par une multiplication artificielle des types de soins » (Cour des comptes, 1995 : 60)[104]. Des soins similaires aux originaux, mais facturés deux fois plus chers, seraient créés dans de nombreuses stations et plus fortement prescrits. Selon les stratégies déployées par les exploitants, les écarts tarifaires pourraient varier du simple au double entre des stations géographiquement proches et traitant les mêmes affections. En effet, en l'absence d'investissements lourds, « ouvrant droit à une revalorisation dérogatoire, le coût des soins évolue de manière forfaitaire, en général moins vite que l'inflation ». Aussi les acteurs du monde thermal profiteraient d'une dispersion administrative, d'une « absence de contrôle des conséquences tarifaires de la modification des soins », ainsi que d'un cadre juridique « mal fondé » et « dépourvu de sanction » (Idem : 61)[105], pour créer de nouveaux traitements échappant à cette rigueur et obtenir une tarification plus avantageuse.

La prescription abusive des suppléments est la seconde dérive constatée par la Cour des comptes. Bien qu'ayant *a priori* vocation à être utilisés à la marge, afin de « permettre au médecin thermal d'adapter le traitement à des cas particuliers, les suppléments sont en réalité de plus en plus prescrits, [augmentant] considérablement le coût de la cure dans de nombreux établissements » (Idem : 62). L'imprécision de la notion de « forfait thermal »[106] favoriserait ces abus. D'une station à l'autre et pour la même orientation thérapeutique, le contenu du forfait peut s'avérer très variable. Surtout, certains forfaits pourtant facturés à

---

[104] Les auteurs soulignent en effet qu'il existe « 32 soins distincts pour les douches, 17 pour les bains d'eau, 16 pour les bains de boue… Au sein de ces catégories, on relève d'ailleurs des incohérences tarifaires, qui semblent confirmer que le motif véritable de la distinction opérée est la volonté d'obtenir un tarif supérieur ».

[105] En effet, la convention thermale du 26 juin 1972 ne prévoyait pas de contrôle de ce genre. Ils n'ont été mentionnés qu'à partir de 1993, dans le nouveau règlement intérieur de la CTT. Dès lors, aucune sanction n'était prévue.

[106] Selon l'article 6 de la convention de 1972, « le forfait thermal correspond au nombre de pratiques thermales, inscrites dans le traitement-type, habituellement suivies en fonction des indications thérapeutiques propres à chaque station. Il peut également comporter un choix parmi une gamme de pratiques thermales retenues par la commission technique du thermalisme et effectuées pendant la durée d'une cure ».

100 % aux assurés sociaux ne seraient parfois dispensés qu'à hauteur de 50 %. L'absence de coordination et de contrôle des administrations en charge du système de remboursement est de nouveau mise en cause par les auteurs. « Du fait de l'absence de vérification de la fréquence des soins réellement prescrits, les intérêts financiers de l'Assurance maladie, mais aussi du curiste peuvent être lésés », insistent-ils, en ajoutant combien « la pratique observée dans de nombreuses stations conduit à vider de son sens la notion de forfait thermal par la multiplication des prescriptions de suppléments » (Idem : 63).

Enfin, s'agissant de mettre en exergue la fuite en avant des frais d'hydrothérapie, les auteurs abordent le sujet des dérogations pour investissements. *A priori* octroyées aux établissements ayant réalisé des travaux destinés à améliorer le confort des curistes et la qualité des prestations, certaines de ces dérogations le seraient pour des motifs extérieurs au thermalisme (Idem : 69). Selon un ancien dirigeant du groupe Eurothermes, par ailleurs investi dans le fonctionnement du syndicat des établissements thermaux, ce système reposait essentiellement sur la capacité des exploitants à négocier les tarifs auprès de la préfecture. Aussi augmentait-il les inégalités entre établissements thermaux et les tensions au sein du monde thermal[107]. « *Ces pratiques divisaient la profession…* souligne-t-il. *Il y avait des établissements qui négociaient très bien leurs tarifs avec leur préfecture, avec leurs directions des prix et d'autres qui négociaient moins. Je dois dire à la vérité qu'un des principaux arguments pour obtenir de la préfecture des tarifs élevés, c'était de pouvoir faire état d'investissements coûteux. Donc si un établissement pouvait dire "j'ai investi beaucoup d'argent dans l'intersaison pour moderniser mon établissement thermal", la préfecture le prenait en compte pour rembourser les tarifs. Si un établissement n'avait pas un argument de ce type-là, il restait calé sur des bases tarifaires qui étaient plus faibles. Avec le temps, donc entre 1972 et 1996, ces écarts ont augmenté et on est arrivé à une situation où la dépense moyenne par curiste dans les établissements thermaux français (dépense*

[107] Sur ce point, Guy Ébrard (alors président de la FTCF) soulignait d'ailleurs en 1994, dans un rapport commandé par Simone Veil et Philippe Douste-Blazy (respectivement ministre des Affaires sociales, de la Santé et de la Ville, et ministre délégué à la Santé), que le système de tarification des soins entraînait des inégalités entre les établissements thermaux.

prise en charge par l'Assurance maladie) la facture payée par les curistes, a pu, au paroxysme de cette situation, présenter des écarts de un à cinq voire de un à six »[108].

Ces négociations informelles, et plus précisément l'attitude complaisante des Préfets consistant à privilégier le développement local au détriment des comptes publics, sont fortement critiquées par la Cour des comptes. Les auteurs précisent que « compte tenu de la disproportion entre les enjeux financiers locaux des dérogations et les conséquences limitées de ces dernières sur les organismes de Sécurité sociale, les représentants locaux de l'État peuvent être tentés d'utiliser, avec l'aval de la DGCCRF, les possibilités de dérogation tarifaire de manière discrétionnaire, afin de favoriser le développement de projets locaux ou de répondre à une situation financière difficile » (Cour des comptes, 1995 : 69). Or, ce comportement des Préfets n'est pas propre au secteur thermal. « L'administration ne fonctionne pas à l'image d'une pyramide guidée par son sommet, elle avance sous l'impulsion de tiers campés sur le terrain [...]. Se développe plus de solidarité entre un segment local de l'administration d'État et ses correspondants extérieurs qu'entre ce segment et le reste des ministères et des fonctionnaires. Si le fonctionnaire doit choisir entre son administration et l'environnement local, c'est ce dernier qu'il privilégie » (Dupuy, Thoenig, 1985 : 149). Aussi cette critique est-elle centrale dans l'argumentaire de la Cour des comptes en ce qu'elle inscrit le « problème thermal » dans la « trame de pertinence » néolibérale qui touche le secteur de la santé dans les années 1990.

Selon Daniel Céfaï, en effet, un « problème public est construit et stabilisé, thématisé et interprété dans les *cadres* ou les *trames de pertinence*, qui ont cours dans un *horizon d'interactions et d'interlocutions* » (Céfaï, 1996 : 47). Celle-ci est rappelée dès l'introduction par les auteurs : « au niveau national, l'État doit définir une politique de santé qui garantisse un degré élevé d'exigence dans la qualité des soins, tout en assurant un usage économe des moyens ». Or, les auteurs mettent en cause la responsabilité de l'État et des politiques publiques élaborées vis-à-vis du thermalisme. En associant aux critères de la qualité médicale et de

---

[108] La Cour des comptes corrobore ces propos à partir d'une enquête menée par la CNAMTS en 1990 : les conclusions mettent en évidence des écarts de 1 à 7,6 pour l'orientation rhumatologie et de 1 à 3,7 pour les voies respiratoires (1995 : 74). Un ancien médecin conseil de la CNAMTS (en fonction au début des années 1990) rencontré pendant notre enquête évoque également ces arrangements à l'œuvre dans les coulisses des administrations préfectorale et centrale.

l'efficience économique celui de « l'aménagement du territoire », ces politiques publiques refléteraient « l'ambivalence du thermalisme, thérapeutique qui participe d'un tourisme de santé ». Les auteurs dénoncent les « hésitations » de l'État à « faire prévaloir la qualité des soins, le respect des réglementations sanitaires ou la préservation des intérêts financiers de l'Assurance maladie sur toute autre considération ». Pas assez rigoureux dans la définition et l'application des règlements sanitaires et tarifaires, il entrainerait de surcroît certaines collectivités, « comme trop souvent dans le domaine économique, à prendre des engagements mal maîtrisés » (Cour des comptes, 1995 : 10).

Est-il normal de maintenir un tel système dans ces conditions ? C'est la question qui émerge de ce rapport. En recyclant les conclusions (souvent critiques) de différents rapports rédigés à partir de 1986, en articulant et en amplifiant différents cadrages (sanitaire et économique) à celui des dérives financières, en identifiant des causes (cadre juridique vétuste, désinvolture, profit) et des responsables (administration, acteurs du monde thermal), la Cour des comptes donne au « problème thermal » une dimension nouvelle : en plus d'être une pratique héritée du passé, potentiellement dangereuse pour l'intégrité physique des malades et n'ayant pas su démontrer son efficacité médicale, le remboursement du thermalisme aggraverait le déficit de la Sécurité sociale. En prenant « appui sur une notion de bien commun, sur un principe supérieur qui fonde la gravité du problème, l'obligation d'y apporter attention » (Neveu, 2015 : 96), les auteurs justifient une première intervention de l'État dans la modification d'équilibres institués depuis 1972.

b. La refonte du cadre conventionnel, ou l'expression d'exploitants thermaux dépourvus de « capacité négociatrice »

Cadré par la Cour des comptes, le « problème thermal » émerge au moment même où l'État redéfinit sa place dans le gouvernement de l'Assurance maladie. En confiant au Parlement la responsabilité d'élaborer chaque année une loi de financement de la Sécurité sociale (LFSS), le « plan Juppé » (1996) modifie en effet les rapports entre l'État et les partenaires sociaux, au profit des instances gouvernementales (Hassenteufel, 2011 : 14). Les LFSS favorisent un « encadrement plus étroit de la négociation conventionnelle entre les caisses et les syndicats de médecins par l'État puisque celle-ci s'inscrit dorénavant dans le cadre d'objectifs financiers définis en dehors d'elle » (Idem). Mais en soulignant qu'en cas d'absence d'accord entre acteurs paritaires et syndicats médicaux, l'État peut se substituer par arrêté ministériel aux partenaires conventionnels, l'ordonnance d'avril 1996 augmente elle aussi le pouvoir de l'État vis-à-vis de ces derniers (Idem)[109].

Dans ces circonstances, il n'est pas étonnant de voir l'État intervenir *via* la DSS pour gérer le « problème thermal ». Dès 1996, cette dernière intime aux caisses nationales d'Assurance maladie de renégocier avec les exploitants thermaux le cadre conventionnel qui les unissait jusqu'alors. « *Le résultat* [des dérives financières], *ça a été un catalogue très hétérogène en termes de prix*, explique un ancien dirigeant du groupe Eurothermes. *C'est ça qui a entraîné la grande remise en question qui s'est produite en 1996-97 où la Sécurité sociale et le ministère de la Santé ont dit : "là il y a trop d'écart, c'est excessif et c'est inexplicable, il n'y a pas de justification à ces écarts donc, la caisse d'Assurance maladie et les organisations professionnelles, vous allez vous débrouiller et renégocier un cadre conventionnel qui fera que, pour une cure en rhumatologie par exemple, il y ait un tarif et un contenu de traitement qui soit le même dans tous les établissements"* ».

En laissant les caisses d'Assurance maladie et les exploitants thermaux renégocier entre eux la convention thermale, l'État adopte une stratégie de retrait visant à aligner les pratiques sur ses objectifs sans intervenir directement. La menace d'une intervention unilatérale du gouvernement en cas de blocage pèse sur les négociations, tout en le protégeant des pressions exercées par les acteurs politiques ou économiques du secteur thermal, contraints de faire d'importantes concessions.

Approuvée par les instances gouvernementales concernées *via* l'arrêté du 30 avril 1997 et conclue pour une durée de cinq ans[110], la nouvelle convention poursuit notamment l'objectif de remédier aux critiques de la Cour des

---

[109] Il s'agit de l'ordonnance n° 96-344 du 24 avril 1996 portant mesures relatives à l'organisation de la sécurité sociale.

[110] Du côté des exploitants thermaux, trois syndicats participent aux négociations : l'Union nationale des exploitants thermaux (UNET), le Syndicat national des exploitants thermaux (SNET) et le Syndicat autonome du thermalisme français (SATF). Du côté des caisses nationales, outre la CNAMTS, la CCMSA (Caisse centrale de la mutualité sociale agricole) et la CANAM (Caisse nationale d'Assurance maladie et maternité des professions indépendantes) co-signent la convention. Enfin, plusieurs ministères co-signent l'arrêté portant approbation de la convention nationale thermale. Il s'agit des ministres du Travail et des Affaires Sociales, de l'Économie et des Finances, de l'Agriculture, de la Pêche et de l'Alimentation, des ministres délégués au Budget, aux Finances et au Commerce Extérieur et du secrétaire d'État à la Santé et à la Sécurité sociale. Voir « Arrêté du 30 avril 1997 portant approbation de la convention nationale thermale », JORF n°114 du 17 mai 1997, p. 7466.

comptes. Elle définit en premier lieu les obligations des parties signataires et, contrairement à la convention de 1972, prévoit des sanctions en cas de non-respect et/ou de litiges. Elle repense, ensuite, l'ensemble du contenu médical des traitements en limitant notamment le nombre de soins et en précisant de nouvelles normes pour chaque orientation thérapeutique. De cette façon, elle évite la multiplication des soins, mais aussi l'utilisation abusive des soins complémentaires, plus onéreux. Enfin, la nouvelle convention entreprend d'harmoniser les tarifs des différents établissements afin de limiter les inégalités constatées par la Cour des comptes.

En empêchant les exploitants thermaux de défendre leurs intérêts lors de la négociation, le « problème thermal » créé par la Cour des comptes permet à l'État de réguler le remboursement des soins thermaux. Les nombreux arguments formulés par la Cour des comptes limitent en effet leur « capacité négociatrice » (Friedberg, 2009 : 18), tel que l'explique un ancien administrateur de l'Union nationale des exploitants thermaux (UNET), l'un des trois syndicats de la profession pendant ces négociations : « *Il y avait une volonté de la Sécurité sociale de réduire le poids économique du thermalisme, en s'appuyant sur deux pieds. Elle a d'abord attaqué l'efficacité thérapeutique des cures thermales en mettant en valeur l'absence de démonstration scientifique de l'efficacité, tout en disant : "non seulement l'efficacité médicale n'est pas démontrée mais en plus on n'est pas du tout sûr de l'innocuité au plan de la sécurité sanitaire"* ». Or, comme le rappelle Erhard Friedberg, dans des négociations « explicites ou tacites, deux éléments peuvent faire la différence et créer un avantage pour un des participants. Le premier, c'est la plus ou moins grande pertinence des ressources que chaque participant peut commander au départ ou découvrir et mobiliser au cours du processus, pertinence qui est naturellement relative et indexée au problème que confrontent les autres. Et on comprend bien dans cette perspective pourquoi la définition des problèmes, c'est-à-dire plus généralement le cadrage de la situation ou du contexte de négociation, constituera naturellement un des enjeux cruciaux qui conditionnera le résultat du processus ainsi que la capacité des uns et des autres à obtenir des termes de l'échange favorables » (Idem : 19).

Les exploitants thermaux réalisent de nombreuses concessions censées limiter le coût du remboursement des soins. « *Les négociations ont abouti à un nouveau cadre qui homogénéisait à la fois le contenu des forfaits de soins, de la prestation médicale délivrée par chaque établissement, et donc de tous les tableaux cliniques comparables et des tarifs*, souligne l'ancien administrateur de l'UNET. *Alors ça a mis trois ans à s'appliquer parce que les résultats de cette négociation, c'est qu'on avait des prix qui étaient à 100 et des prix qui étaient à 600... On a donc dit "bah le bon prix c'est 250 ou 280 et on donne trois ans à ceux qui sont à 100 et à ceux qui sont à 600 pour se rapprocher de 280".* [...] *Ça a été mis en place progressivement. Ça s'est fait. Mais inutile de vous dire qu'il y a eu des gens qui s'en sont trouvés satisfaits, ceux qui étaient à 100 et puis il y a des gens qui ont dû évidemment s'adapter au fait que l'on réduisait leur chiffre d'affaires* ».

Selon le système en vigueur jusqu'en 1997, les prix les plus élevés sont pratiqués par les établissements thermaux pouvant justifier auprès de la préfecture d'investissements réalisés pendant l'intersaison. Or, d'après le rapport de la Cour des comptes ou les propos rapportés par l'ancien administrateur de l'UNET et le médecin conseil de la CNAMTS rencontrés, ces derniers sont plus généralement revendiqués par d'importants établissements, accueillant de nombreux curistes, que par des exploitations plus modestes. Ainsi, si la nouvelle convention entend supprimer les inégalités entre exploitants constatées par la Cour des comptes, elle réaligne les prix vers le bas.

« La coopération des acteurs autour des "problèmes" posés par l'action collective et de leurs "solutions" étant toujours sous-tendue par des rapports de dépendance et de pouvoir » (Friedberg, 2009 : 18), les exploitants thermaux finissent ainsi par accepter, sous la pression de l'État, les conditions posées par l'Assurance maladie[111]. En s'efforçant de neutraliser l'un des traits saillants du « problème thermal » – l'augmentation jugée « anarchique » des dépenses liées au remboursement (Cour des comptes, 1995 : 74) –, ils espèrent préserver un modèle économique dont ils demeurent structurellement dépendants. La nomination d'un nouveau directeur général de la CNAMTS en 1998 vient toutefois fragiliser ces équilibres précaires.

---

[111] Cette évolution dans l'attitude des exploitants thermaux est d'autant plus significative comparée à celle affichée en 1986. Ainsi, les auteurs du rapport de la Cour des comptes (1995 : 16) rappellent que « bien que la CNAMTS et sa tutelle soient apparemment conscientes de certaines de ces lacunes, un projet de rénovation du cadre contractuel, qui aurait pu fournir ensuite l'occasion tant d'une reconnaissance législative du cadre conventionnel que d'une validation au sein de la CNAMTS des délégations nécessaires pour signer les avenants annuels, n'a pu être mené à bien en juin 1986, du fait des oppositions des organisations professionnelles ».

2) Un durcissement des conditions de maintien du remboursement : entre modifications du cadre réglementaire et prescription de « normes unilatérales »

Concomitante de son repositionnement dans la gestion de l'Assurance maladie, la « trame de pertinence » construite par les différents rapports portant sur le thermalisme permet à l'État de « gouverner à distance » les acteurs économiques (exploitants thermaux), médicaux (médecins thermaux) et politiques (élus locaux) de la filière thermale. Déléguer aux caisses d'Assurances maladie la responsabilité de renégocier avec les exploitants thermaux le cadre conventionnel définissant les conditions du remboursement thermal, tout en maintenant la pression d'une intervention gouvernementale, constitue la première étape de ce processus. La seconde trouve son origine dans la nomination d'un nouveau directeur général de la CNAMTS, Gilles Johanet, dont le pouvoir ne cesse d'augmenter jusqu'en 2004. Le « plan Juppé » lui confère en effet la capacité de nommer les directeurs des caisses locales, au détriment de l'autonomie des partenaires sociaux (patronat et syndicats), tout en lui permettant d'exercer des prérogatives auparavant assumées par ces derniers (Hassenteufel, 2011 : 14).

La configuration d'acteurs organisés autour du système de remboursement des cures thermales évolue en conséquence. À l'émiettement administratif et ses effets indésirables pointés par la Cour des comptes, répond une centralisation des responsabilités par le DG de la CNAMTS. Malgré les efforts consentis pour préserver le *statu quo*, les exploitants thermaux subissent cette nouvelle gouvernance, la crénothérapie figurant parmi les cibles du « plan stratégique » remis par Gilles Johanet à Martine Aubry, alors ministre de l'Emploi et de la Solidarité[112]. Jusqu'alors confiné dans les coulisses de l'action publique, le « problème thermal » investit l'arène parlementaire. Sous la pression, la proposition de déremboursement ne se voit pas concrétisée. Mais l'État profite de cette séquence pour durcir de nouveau les conditions de remboursement.

---

[112] PÉCRESSE Jean-Francis, « Assurance-maladie : la CNAM avance un plan de 62 milliards d'économies », *Les Échos*, 16 mars 1999. [En ligne], (consulté le 20/10/2017).

a. La perspective d'un déremboursement du thermalisme

Dans son principe originel, la Sécurité sociale repose sur un triptyque associant le travailleur, les organisations syndicales et l'élection sociale comme source des pouvoirs (Tabuteau, 2004). Or, en faisant évoluer cette conception « au gré des déficits et des plans de redressement », l'État est devenu « le pilote officieux puis officiel de la Sécurité sociale », particulièrement concernant l'Assurance maladie (Idem). En nommant en juillet 1998 un directeur général alors présenté comme un « fonctionnaire, spécialiste des secteurs de la santé, de tendance libérale »[113], le gouvernement socialiste réaffirme la « sensibilité politique [de l'État aux] enjeux de la maîtrise des dépenses de santé » (Tabuteau, 2004 : 112). Auparavant directeur de la CNAMTS (1989-1993), et secrétaire général de la Cour des comptes (1997), Gilles Johanet revendique l'efficacité d'outils de gestion issus du *New public management*, et notamment de l'évaluation « médico-économique ». Jugeant le système de Sécurité sociale « fou » et « irrationnel », il approuve dès 1997 l'ambition du « plan Juppé »[114].

Gilles Johanet prend ses fonctions avec l'objectif affiché de « remettre de l'ordre dans l'Assurance maladie »[115]. L'année 1998 ayant vu en effet les dépenses de santé « déraper » d'environ 10 milliards de francs, il remet à Martine Aubry en juillet 1999 un « plan stratégique » dont l'application permettrait théoriquement de réaliser 62 milliards de francs (9,45 milliards d'euros) d'économies annuelles après quatre à cinq années d'exercice. Probablement socialisé aux problématiques du thermalisme lors de son premier mandat de directeur de la CNAMTS au tournant des années 1990, Gilles Johanet vise particulièrement la thérapeutique thermale. Aussi propose-t-il de limiter la prise en charge des cures thermales aux seules indications « dermatologie », « traitement des voies respiratoires pour les enfants » et « affections des muqueuses bucco-linguales ». Autrement dit, un déremboursement quasi total des soins thermaux est envisagé, limiter la prise en charge à ces orientations

---

[113] La liberté de l'esprit, [En ligne], consulté le 11/05/2020.

[114] Voir cet article du *Télégramme* mis en ligne par l'association La liberté de l'esprit : « Gilles Johanet : la "Sécu" dans tous ses états », Le Télégramme.com, publié le 12 juin 1997, consulté le 11/05/2020, [En ligne].

[115] PÉCRESSE Jean-Francis, *art. cit.*

revenant à priver plus de 80 % des curistes d'une prise en charge de leurs frais thermaux (Delomenie, 2000 : 19)[116].

Cette proposition n'est toutefois pas suivie d'effets politiques concrets, pour au moins deux raisons. La première s'inscrit dans la volonté de Gilles Johanet, pourtant nommé par le gouvernement, d'augmenter les prérogatives de la CNAMTS en « empiétant » sur celles de l'État. Le « plan stratégique » voté en mars 1999 vise à « faire de l'Assurance maladie un payeur "avisé" plutôt qu'"aveugle" : au lieu de rembourser après coup des dépenses engagées par les acteurs du système de santé, l'Assurance maladie revendique le droit de choisir les services, les biens et les professionnels qu'elle rembourse. Cette initiative, qui s'inspire des méthodes assurantielles, est fraîchement accueillie par le ministère » (Benamouzig, 2009 : 232). Cela n'améliore pas les relations entre deux institutions historiquement teintées de rivalités (Pierru, 2011 : 3). Le journal *Les Échos* rapporte que Martine Aubry aurait reçu avec « irritation » cette attitude de la CNAMTS, quand *Libération* évoque des relations conflictuelles, voire « exécrables » entre ces deux personnalités[117].

La seconde semble être liée à l'importante pression exercée par les élus locaux concernés par le thermalisme sur le cabinet ministériel et sur la ministre de l'Emploi et de la Solidarité. « *Nous avons d'excellentes relations avec l'Association des maires des communes thermales*, explique ainsi l'un des dirigeants du conseil national des établissements thermaux. *Or, vous comprenez bien que quand on branche les maires en disant "attention, votre établissement thermal est menacé", c'est un gros employeur de la commune qui risque de disparaître. Donc vous comprenez que les élus… Ils montent au créneau hein !* ». Le « problème thermal » investit rapidement l'arène parlementaire (Neveu, 2015 : 16). Dès juin 1999, André Vézinhet (sénateur socialiste et ancien député de l'Hérault) interpelle Martine Aubry quant aux conséquences d'un éventuel déremboursement pour l'économie des stations du Languedoc-Roussillon et à l'importance d'une telle activité pour des territoires souvent modestes. Quelques mois plus tard (mars 2000), le même sujet fait l'objet d'une question au Gouvernement à l'Assemblée Nationale. Député socialiste de la deuxième circonscription des Landes (premier département thermal de France),

---

116 L'orientation rhumatologie rassemble par exemple, en 1999, 65 % des curistes.

117 WENZ-DUMAS François, « La CNAM ne regrette pas Martine Aubry », *Libération*, 24 octobre 2000. [En ligne].

Jean-Pierre Dufau[118] alerte la ministre sur l'importance pour le Gouvernement de lancer une concertation sur l'avenir du thermalisme et de confirmer sa place dans le système de santé.

Par deux fois, Martine Aubry réaffirme sa volonté de préserver le remboursement des soins thermaux par l'Assurance maladie. En novembre 1999, la réponse écrite du ministère au sénateur André Vézinhet stipule que « *la ministre de l'Emploi et de la Solidarité a décidé de ne pas donner suite à ces propositions. Le Gouvernement n'a pas en effet l'intention de remettre en cause cette activité. Le thermalisme fait partie intégrante de notre système de santé et les cures thermales doivent faire l'objet d'une approche globale tant en termes de santé publique que d'admission au remboursement* ». À Jean-Pierre Dufau, Martine Aubry tient des propos similaires. « *Le Gouvernement n'a nullement l'intention de remettre en cause cette composante traditionnelle* [du] *système de santé, dont la fonction sanitaire est reconnue et dont il mesure toute l'importance pour l'aménagement du territoire comme pour l'emploi* [...] *Il n'est pas question non plus de remettre en cause la prise en charge des cures thermales* », souligne-t-elle.

Sensible toutefois aux conclusions formulées par de la Cour des comptes, le ministère pose des conditions au maintien du remboursement. « *Il convient cependant de s'assurer de la pertinence des prises en charge des cures thermales*, est-il indiqué dans la réponse formulée au sénateur André Vézinhet. *Les caisses d'Assurance maladie et leurs services médicaux ont un rôle déterminant à jouer dans cette action. Par ailleurs, il importe de pouvoir garantir les bonnes conditions de fonctionnement des établissements de cure thermale au regard des exigences de sécurité sanitaire. Afin de disposer d'une analyse d'ensemble de la situation du thermalisme, la ministre de l'Emploi et de la Solidarité a décidé de confier une mission sur son avenir à une personnalité qualifiée. Cette mission procèdera à un bilan du thermalisme dans notre pays, analysera la réglementation en vigueur, proposera, si nécessaire, des adaptations et précisera les conditions de mise en œuvre*

---

[118] Maire de Capbreton et député socialiste de la deuxième circonscription des Landes, Jean-Pierre Dufau est sensible à la question du thermalisme. Cela s'est traduit par son investissement dans le groupe parlementaire thermalisme et climatisme, notamment en tant que co-président à partir de 2007 et ce jusqu'en 2017.

d'une procédure d'accréditation des établissements thermaux, dans un souci de qualité des prestations offertes et de bon usage des soins »[119].

À l'instar du médicament, le thermalisme semble être lui aussi appréhendé par la gestion de « l'intérêt de santé publique ». Daniel Benamouzig explique en effet qu'à partir de 1999, « cette notion est supposée permettre au décideur de se référer à des arguments de nature sociale, économique ou même politique, échappant aux critères formels de l'évaluation médicale » (2009 : 234). Si « le rôle de la notion d'intérêt de santé publique dans les décisions de remboursement reste [...] modeste » (Idem : 235), elle permet toutefois, s'agissant du thermalisme, d'élargir les conditions de maintien du remboursement. Cette évolution est perceptible dans les précisions apportées par Martine Aubry à Jean-Pierre Dufau, à l'Assemblée Nationale : « *Il faut moderniser l'activité thermale pour la rendre plus efficace, plus sûre, plus pérenne. J'ai donc confié à M. Delomenie, inspecteur général des affaires sociales, le soin, en concertation avec les professionnels et les élus, d'apporter des réponses sur les conditions d'intervention et de formation des professionnels, sur les conditions d'autorisation et le fonctionnement des établissements, sur le service médical rendu pour faciliter le contrôle de la CNAMTS ; enfin, sur l'évolution de l'offre de soins thermaux sur le territoire* »[120].

Malgré un discours « rassurant » à l'endroit des parlementaires, Martine Aubry maintient les acteurs (économiques, médicaux et politiques) du monde thermal dans un climat d'incertitude quant à la pérennité de l'activité. *A priori* opposée au déremboursement proposé par Gilles Johanet, la ministre de l'Emploi et de la Solidarité se saisit toutefois de ce « plan stratégique » pour faire pression sur le monde thermal. Ses propos soulignent en effet que si le thermalisme doit demeurer dans le système de santé, il ne doit souffrir d'aucune équivoque et se révéler d'utilité publique. En évoquant une « modernisation » de l'activité, Martine Aubry ambitionne de conformer les pratiques du thermalisme aux normes de la médecine conventionnelle.

---

119 Question écrite n° 17174 de M. André Vézinhet, publiée dans le *JO* Sénat du 17/06/1999 - page 2016. Réponse publiée dans le *JO*, le 25 novembre 1999 à la page 3871.

120 Archives de la XIe Législature, 22 mars 2000, sous la Présidence de M. Laurent Fabius.

b. Un maintien du remboursement sous conditions

Rejoignant l'idée selon laquelle les acteurs politiques peuvent s'appuyer sur des ressources publiques et privées pour conduire leur action (Borraz, 2005 : 127), l'État mobilise différents instruments pour orienter les pratiques des acteurs du monde thermal. Parmi eux figurent des instruments visant à infléchir les comportements en jouant sur des incitations ou des sanctions, économiques ou symboliques (Dubuisson-Quellier, 2016). L'action engagée par Martine Aubry entre juin et octobre 2000 en offre une illustration concrète. En quelques mois, le gouvernement combine durcissement du cadre réglementaire et « économicisation des conduites » pour inciter les acteurs thermaux à modifier leurs pratiques. Après être intervenu directement et avoir soumis le maintien du remboursement à de nouvelles normes, l'État réintervient trois ans plus tard, à distance cette fois, *via* l'Assurance maladie.

Un durcissement réglementaire

La signature de l'arrêté ministériel du 19 juin 2000 « relatif au contrôle des sources d'eaux minérales »[121], aussi nommé « arrêté zéro bactérie » par les acteurs du monde thermal, constitue la première étape de ce processus. À peine quelques mois après avoir confirmé aux parlementaires son ambition de maintenir le remboursement des soins thermaux par l'Assurance maladie à condition de rendre la thérapeutique « *plus efficace, plus sûre, plus pérenne* », Martine Aubry réaffirme sa volonté de réduire les risques sanitaires régulièrement identifiés depuis 1986. Le texte institue « une tolérance zéro sur la présence d'un certain nombre de micro-organismes pathogènes [...] dont l'absence totale doit désormais constituer la norme, aussi bien à l'émergence qu'aux points d'usage » (Dord, Dubié, 2016 : 19)[122]. Unique intervention directe

---

121 Signé par le directeur général de la santé Luc Abenhaim sur délégation de la Secrétaire d'État à la Santé et aux Handicapés Dominique Gillot, cet arrêté modifie l'arrêté du 14 octobre 1937. Voir : *Journal officiel*, n°166, 20 juillet 2000, p. 11 125.

122 Les auteurs du rapport précisent par ailleurs que « les critères de qualité microbiologique à retenir pour l'eau des piscines thermales doivent être au moins aussi exigeants que pour les piscines publiques ». Jeannine Dubié est députée de la deuxième circonscription des Hautes-Pyrénées (un territoire concerné par l'activité thermale) de 2012 à 2022, sous l'étiquette du Parti radical de gauche. Dominique Dord a pour sa part été député de la première circonscription de Savoie entre 1997 et 2017 (UDF puis UMP, à partir de 2002) et maire de la ville thermale d'Aix-les-Bains de 2001 à 2018.

de l'État, cette action réglementaire n'est pas anodine dans un contexte où ce dernier aspire à « gouverner à distance » les acteurs du monde thermal. Sophie Dubuisson-Quellier rappelle, en effet, que « les textes réglementaires (lois, ordonnances, décrets) sont limités mais font porter la contrainte sur des aspects très précis et stratégiques, permettant de tracer les grandes lignes des responsabilités en jeu et de donner au marché un rôle particulier. Ces interventions limitées ne relèvent pas seulement de stratégies d'évitement du blâme, même si elles y contribuent. Il s'agit [...] aussi pour l'État de montrer qu'il prend sa part dans la prise en charge des désordres collectifs. Mais, plus directement, ces interventions coercitives vont forcer les acteurs économiques à réagir, à se mettre en mouvement, à mettre en œuvre des démarches. Elles les obligent à bouger les lignes » (2016 : 39-40). L'État se saisit ainsi du problème public de la sécurité sanitaire, très sensible à la fin des années 1990 (Benamouzig, Besançon, 2007 : 14), pour imposer aux acteurs du monde thermal de nouvelles conditions au maintien du remboursement.

Cette nouvelle réglementation est reçue douloureusement par les acteurs du monde thermal. L'un des dirigeants du Conseil national des exploitants thermaux y voit une stratégie de l'État destinée à supprimer la thérapeutique thermale[123] : « *Il y a eu un deuxième évènement très important* [...], *c'est un décret qui a été passé en catimini par la secrétaire d'État à la Santé qui travaillait sous les ordres de madame Aubry, qui a été d'exiger zéro bactérie non seulement à la ressource mais également à tous les postes de soin de l'établissement thermal. Madame Aubry était convaincue qu'en signant un tel décret les établissements thermaux ne pourraient pas répondre aux exigences et fermeraient les uns après les autres tout simplement !* ». Cette perception est partagée par l'ensemble des acteurs investis dans les syndicats professionnels à cette époque, selon lesquels Martine Aubry aurait profité d'un contexte sanitaire marqué par une doctrine sécuritaire (Benamouzig, Besançon, 2007), pour soumettre les exploitants thermaux à des contraintes réglementaires difficilement tenables tout en se protégeant, dans le même temps, de l'emprise des pouvoirs locaux. « *On a tenté de nous éradiquer de différentes façons*, souligne un ancien dirigeant de l'UNET. *En juin 2000... Les politiques* [les élus locaux] *n'ont pas vu venir le coup. On est deux ou trois à l'avoir vu venir. On a donc alerté les politiques qui*

---

[123] Le CNETh est le syndicat unique des exploitants thermaux, créé en 2002 par la fusion des trois syndicats préexistants. Nous revenons sur ce point dans la section suivante.

ont dit "non mais c'est normal". C'est sûr que quand vous expliquez aux gens en disant "voilà, on va faire une réglementation qui va permettre aux curistes d'être en sécurité dans un établissement"... Eh bien vous ne pouvez pas être contre, surtout quand vous êtes un politique... Franchement vous ne pouvez pas. Surtout après l'histoire du sang contaminé... ».

Le sentiment de menace perçu par la filière est renforcé par l'évaluation réalisée la même année par l'IGAS. Commandé par Martine Aubry et publié en octobre 2000, ce « rapport sur le thermalisme français » constitue la seconde intervention du gouvernement.

De nouvelles normes à respecter

Organisé en deux temps, le rapport de l'IGAS dresse, en premier lieu, un constat très critique de la thérapeutique. Réglementation « dépassée », contrôle des exploitations inadapté, dysfonctionnements concernant l'agrément des établissements et l'encadrement de leur fonctionnement mais aussi dans la prise en charge par l'Assurance maladie du remboursement des soins, insuffisante démonstration du service médical rendu (Delomenie, 2000 : 46), les griefs formulés font écho aux analyses des rapports précédents et notamment celui de la Cour des comptes. Quelques critiques positives sont identifiables, mais elles sont immédiatement euphémisées par une sentence négative. Quand l'auteur souligne « le progrès indéniable » que présente la convention thermale « par rapport à la situation préexistante », il ajoute qu'il « est regrettable qu'on n'ait pas procédé à cette occasion à la confirmation de l'utilité médicale des pratiques thermales et qu'un contrôle, par les services médicaux des caisses, de l'application de la convention n'ait pas eu lieu » (Idem : 14).

En portant de nouveau la focale sur les reproches formulés par la Cour des comptes, tout en usant d'une rhétorique de la gravité face à une « situation bloquée », Pierre Delomenie fait la démonstration que le « problème thermal » n'est pas réglé. Il justifie ainsi tout au long de sa première partie une nouvelle intervention de la part de l'État.

C'est toutefois dans sa seconde partie que le rapport de l'IGAS se différencie des précédentes évaluations. Reprenant à son compte l'objectif fixé par le gouvernement, l'auteur réalise un « cadrage pronostic » (Benford, Snow, 2012 : 228) du « problème thermal ». Il souligne en préambule d'une partie intitulée « propositions » : « dès lors que le gouvernement a décidé de conforter l'activité thermale et sa prise en charge par l'Assurance maladie, il convient d'en tirer les conséquences [...] et d'assurer l'avenir d'un thermalisme modernisé » (Delomenie, 2000 : 31). Contrairement aux quelques pistes suggérées par la Cour des comptes en 1995, il s'agit de prescriptions très précises susceptibles de devenir des « standards » (Borraz, 2005 : 124)[124] auxquels devront se conformer les acteurs du monde thermal pour continuer à bénéficier du remboursement des soins thermaux.

La rénovation du cadre juridique, notamment concernant la « qualité des pratiques », est le premier chantier ouvert par l'auteur. Améliorer la connaissance ; favoriser la surveillance de l'eau thermale ; soumettre les produits annexes (boues et gaz) à des normes de qualité ; dépasser « la seule police sanitaire » pour définir des instruments d'évaluation sur le plan médical mais aussi sur celui de l'utilisation des fonds publics ; repenser la formation des agents thermaux ; définir des « référentiels médicaux » pour améliorer la qualité des prescriptions, sont autant de recommandations que l'auteur propose pour « assurer une meilleure sécurité sanitaire aux curistes » (Delomenie, 2000 : 30-38).

« L'intérêt thérapeutique des cures thermales » fait l'objet d'un deuxième développement. Pierre Delomenie propose de repenser l'évaluation du service médical rendu en créant une commission scientifique et indépendante autonome qui se substituerait, de fait, aux prérogatives du Haut comité du thermalisme et de l'Académie nationale de médecine. Inspiré des agences sanitaires, incarnant au début des années 2000 un « renouveau politique de la santé publique » (Benamouzig, Besançon, 2007 : 15 ; Tabuteau, 2003), Pierre Delomenie préconise la création d'un « fonds pour l'évaluation de la crénothérapie » (Delomenie, 2000 : 48). Ce fonds serait alimenté par les exploitants thermaux, l'État, l'Assurance maladie et les collectivités territoriales et géré par un groupement d'intérêt public (GIP) articulé autour d'un conseil d'administration et d'un conseil scientifique.

---

[124] En nous reposant sur les propos d'Olivier Borraz, nous envisageons le concept de « standard » dans sa définition française. En effet, l'auteur souligne que le terme anglais « regroupe trois notions distinctes en français : la norme, le standard et l'étalon ». Contrairement à une norme, résultat d'un consensus, un standard « résulte d'un acte unilatéral ».

Le conseil d'administration, constitué de représentants de l'État, des caisses nationales d'Assurance maladie, des syndicats d'établissement thermaux, des élus et des curistes, définirait « les champs d'utilisation des crédits » en fonction « d'objectif prioritaires ». Quant au conseil scientifique – composé de « méthodologistes des essais cliniques, d'épidémiologistes, d'économistes, de médecins spécialistes dans les principales orientations thérapeutiques du thermalisme, et de médecins thermaux » –, il aurait pour mission de définir des protocoles méthodologiques conformément aux principes dégagés par l'ANAES en 1996 (Idem : 39). À l'émiettement administratif identifié par les différents rapports sur le thermalisme, cette configuration centralisée favoriserait un contrôle plus étroit des acteurs du monde thermal par l'État[125].

Enfin, après avoir insisté dans la première partie du rapport sur la trop forte dépendance des exploitants thermaux au remboursement des soins par l'Assurance maladie, l'auteur les invite (ainsi que les élus locaux) à réfléchir à une « diversification maîtrisée » qui viendrait en « complément de l'activité médicale ». Ce faisant, il alerte le gouvernement quant à l'importance de définir une « politique thermale lisible, cohérente et durable, qui permette aux professionnels d'avoir une perspective à long terme » et qui aurait pour « objectif de diversifier les activités du thermalisme et des stations thermales dans le cadre de l'aménagement du territoire » (Idem : 44).

Si « les normes, peuvent [...] venir en complément de l'action réglementaire, sans que cela ait été initialement prévu », elles semblent ici s'inscrire au centre de la stratégie mise en œuvre par le gouvernement. La « frugalité de l'État » – *e.g.* la faible utilisation d'outils coercitifs – souligne son ambition de responsabiliser les acteurs du monde thermal « tout en leur laissant la possibilité de définir plus précisément le contenu de leurs actions » (Dubuisson-Quellier, 2016 : 40). En faisant « le tri entre les bonnes et les mauvaises conduites » (Idem : 37), l'État s'emploie à aligner la thérapeutique thermale

[125] C'est l'objectif poursuivi par l'auteur quand il souligne qu'un « tel dispositif devrait permettre un pilotage national de la recherche sur un sujet controversé en associant l'ensemble des parties intéressées, condition indispensable pour réussir, tout en préservant une recherche décentralisée (Delomenie, 2000 : 40).

sur les normes de la médecine conventionnelle, à défaut de la dérembourser. Mais il réduit aussi la possibilité, pour les acteurs thermaux, d'infléchir ses décisions (Borraz, 2005 : 126).

Les exploitants thermaux face à un « ultimatum »

La perspective consistant à faire du thermalisme un acteur légitime du système de soins rend impératif la démonstration de son service médical rendu. Aussi l'État profite-t-il de la renégociation du cadre conventionnel en 2003 pour intervenir en ce sens. Mais c'est « à distance » qu'il modifie cette fois les conditions de maintien du remboursement. Unique interlocuteur des exploitants thermaux s'agissant des négociations de la convention depuis la mise en œuvre du « plan Juppé », le DG de la CNAMTS les soumet à un ultimatum. « *En 2003, le président* [du CNETh] *va négocier la convention thermale*, expose l'un des responsables actuels de la structure[126]. *Et là le directeur général de la CNAMTS de l'époque lui dit : "monsieur le président, c'est la dernière fois qu'on rembourse les cures thermales si vous n'apportez pas la preuve du service médical rendu" !* [...] *On comprend donc que là, la guillotine est sur le billot* ».

Comme en 1997, l'« inégale distribution des pouvoirs » (Elias, 2000 : 19) dans les négociations permet au DG de la CNAMTS d'adopter cette attitude autoritaire. Sa menace apparaît d'autant plus prégnante qu'il augmente encore son influence en devenant parallèlement directeur général de l'UNCAM (Hassenteufel, 2011 : 15). La loi sur l'Assurance maladie de 2004 stipule en effet que le directeur général de la CNAMTS et de l'UNCAM « décide de l'admission au remboursement des actes et prestations [...] ainsi que de la nomenclature » (Idem).

L'UNCAM s'apparente ainsi dans le secteur de la santé à ce que l'Agence régionale de la rénovation urbaine (ANRU), analysée par Renaud Epstein (2013), représente dans celui de l'urbanisme. Elle devient une « agence dépolitisée » qui met à distance « les élus et leurs alliés parmi les bureaucrates et les *lobbys* » (Jobert, 2003 : 273). Effectivement, l'État se saisit de cette institution pour faire pression sur les acteurs du monde thermal tout en contrôlant

---

[126] Nous revenons sur la création du CNETh comme syndicat unique de la profession thermale dans la section suivante.

à distance leur comportement *via* la Haute autorité de santé (HAS). Créée en 2004, cette « autorité publique indépendante à caractère scientifique » a pour rôle de « procéder à l'évaluation des produits des actes et des prestations de santé pour déterminer quels sont les actes et les produits médicaux et pharmaceutiques qui peuvent être remboursés par l'Assurance maladie. Elle absorbe aussi l'ANAES, dont elle reprend les compétences pour l'établissement de normes de bonnes pratiques médicales et de leur évaluation, l'accréditation des équipes médicales et la certification des établissements de santé » (Hassenteufel, 2011 : 21). Ses avis sont consultatifs, mais son importance n'en est pas moins significative. Si « l'admission au remboursement ainsi que le contrôle de l'effectivité des bonnes pratiques dépendent [du] directeur général de l'UNCAM (et de la CNAMTS) » (Idem), l'élargissement des principes de l'évaluation (notamment vis-à-vis des aspects économiques et sociaux) et l'introduction de la notion « d'intérêt de santé publique » la positionne en « juge arbitre en matière de prise en charge des dépenses de santé par la collectivité » (Benamouzig, 2009 : 230).

En créant l'UNCAM et la HAS tout en augmentant les pouvoirs du directeur général de la CNAMTS, l'État se donne les moyens de « gouverner à distance » les acteurs du monde thermal, sans subir la pression des élus locaux. À partir de 2004, le maintien du remboursement des cures n'est en effet plus seulement lié à une volonté politique, mais à une décision du DG de l'UNCAM basée sur une expertise technique produite par la HAS.

Afin de régler le « problème thermal » construit par la Cour des comptes (1995) et l'IGAS (1986, 2000), l'État renforce à partir de 1996 le pouvoir du directeur général de la CNAMTS vis-à-vis des exploitants thermaux. Or, comme le souligne Erhard Friedberg, « pouvoir et négociation sont les deux faces d'une même réalité ». La négociation, rappelle-t-il, « n'est pas que la recherche d'un accord ou d'un compromis, d'un *modus vivendi*. Elle est aussi et toujours la recherche d'un avantage, c'est-à-dire d'une capacité d'influence. C'est pourquoi accord et règles restent précaires puisqu'ils sont en permanence menacés par les tendances opportunistes des humains, c'est-à-dire des tendances à explorer les possibilités qu'ils voient émerger, et ce faisant à innover et à nourrir le changement » (2009 : 22). Dans un cadre institutionnel instable, les exploitants thermaux ne peuvent donc se contenter d'appliquer les règles. Ils doivent composer, s'ajuster et négocier en continu avec un État qui fait planer, à partir de l'année 2000, la menace persistante d'un déremboursement. « *À chaque fois que la Sécurité sociale éternuait, le thermalisme se disait : "ça y est, on va être visé par une mesure d'économie de déremboursement" !* », confie un ancien dirigeant du Conseil national des exploitants thermaux. « *Ça a maintenu une pression et un stress sur cette profession, pas facile à vivre du tout. Je vous en parle en connaissance de cause…* ». Cette pression constante pousse ainsi les exploitants thermaux à se réorganiser pour regagner la confiance de l'État et sécuriser l'accès aux financements, tout en cherchant à réduire leur dépendance vis-à-vis de ce modèle économique.

II. Du lobbying à « l'auto-régulation » : la double réaction de la filière thermale face à la « crise »

La perte de légitimité du thermalisme médicalisé, conjuguée à la menace persistante d'un déremboursement, place les acteurs thermaux dans une situation de vulnérabilité importante au tournant des années 2000. Pour préserver leur place dans le système de soins, tout en s'adaptant aux injonctions de diversification portées par l'État, ils engagent une double stratégie. D'un côté, ils se réorganisent collectivement à l'échelle nationale, dans une logique de lobbying visant à rééquilibrer les rapports de force avec l'Assurance maladie (1). De l'autre, ils s'efforcent d'ajuster leurs pratiques aux normes de qualité et d'efficacité portées par les autorités de tutelle, en produisant des guides de bonnes pratiques et en redéfinissant leur offre autour des enjeux contemporains de santé publique (2). Cette stratégie adaptative ne relève toutefois pas d'un simple mouvement spontané ou autonome. Elle est aussi discrètement orientée par les pouvoirs publics. Le Conseil national du tourisme (CNT), en particulier, joue un rôle central en identifiant et diffusant des recommandations qui incitent à adopter des modèles de développement hybrides, articulant attractivité touristique et inscription dans les politiques de santé (3).

1) La création d'une filière unifiée

Face à la crise qui menace la filière, acteurs politiques, économiques et médicaux du monde thermal s'organisent à l'échelle nationale pour faire à la fois pression sur le gouvernement et convaincre le DG de la CNAMTS de l'efficacité de la médecine thermale. La création de l'Association nationale des maires des communes thermales en 1995 est la première réponse au cadrage extrêmement négatif réalisé par la Cour des comptes la même année. En 2002, c'est au tour des exploitants thermaux de réagir. En fusionnant les trois syndicats préexistants, ces derniers entendent limiter les rivalités internes afin d'augmenter leur pouvoir dans les négociations avec le DG de la CNAMTS. Réunis au sein de la Fédération thermale et climatique française (FTCF) aux côtés du Syndicat national des médecins thermaux, ces différentes organisations créent en 2004 l'Association française pour la recherche thermale.

a. L'ANCMT pour faire pression sur le gouvernement

Dès 1930, et la création de l'Association des maires et délégués des chambres d'industrie des stations thermales, climatiques et touristiques, les élus locaux concernés par l'activité thermale s'organisent pour défendre les intérêts de leur territoire. Tout en continuant d'adhérer à cette organisation devenue, entre-temps (1966), l'Association nationale des maires des stations classées et des communes touristiques (ANMSCCT)[127], ils s'en autonomisent en 1995 afin de défendre plus spécifiquement le « thermalisme sous ses aspects politiques, économiques et sociaux » et favoriser le développement de « ses activités annexes ou périphériques, telle que la valorisation du patrimoine thermal et l'activité touristique en général »[128]. Le discours d'un responsable de la FTCF, également investi dans le bureau de l'ANMCT, indique la volonté des élus de villes thermales d'augmenter leur capacité politique collective face à un contexte menaçant : « *L'association des maires, elle remonte à beaucoup plus que 1995, mais en fait, elle s'est organisée vraiment à partir de cette époque-là où elle s'est dotée d'une structure et de moyens, où elle a augmenté ses cotisations* ». Aussi, à l'instar de l'Association des maires de France (AMF), l'ANMCT ambitionne-t-elle, à partir de 1995, de jouer « un rôle permanent d'expertise et de conseil : au gré des projets de loi et des conséquences des politiques publiques sur la vie et les finances des communes » (D'Harcourt, 2014 : 73), comme le souligne un ancien dirigeant de l'ANMCT, invité à en décrire l'organisation : « *Le principe même de cette association, c'est de prendre en compte*

[127] Cette association devient l'Association nationale des élus des territoires touristiques (ANETT) en 2015.

[128] Site de la Fédération Thermale et Climatique Française, [En ligne], consulté le 26/08/2016.

les préoccupations communes de l'ensemble des maires des villes thermales ou des stations thermales [...] *concernant la législation, la réglementation, les menaces de déremboursement, la nécessité de participer à des aménagements urbains... de faire de l'animation dans les stations...* ».

Si les nombreuses associations nationales de maires sont « d'incomparables forums », elles se révèlent être également « des groupes de pression efficaces » (Le Bart, 2003 : 64). L'ANCMT en offre une illustration au tournant des années 2000, tandis que le DG de la CNAMTS ambitionne de dérembourser le thermalisme. Divisés à l'échelle nationale, les exploitants thermaux sollicitent les élus pour défendre les intérêts de la médecine thermale dans l'arène parlementaire. Endossant le rôle de « courtier, par le biais du cumul des mandats et des réseaux politiques », ces derniers parviennent à « faire remonter les attentes concrètes des [exploitants thermaux] auprès des institutions politiques et administratives situées à d'autres niveaux de gouvernement » (Nay, Smith, 2002 : 19). Un dirigeant du conseil national des exploitants thermaux souligne l'importance de leur intervention : « *Donc qu'est-ce qu'on a fait ? On a tout de suite branché notre réseau d'élus. Et madame Aubry a été submergée d'interventions pour lui demander de ne pas dérembourser les cures thermales. Donc elle s'est rendue compte qu'elle allait avoir une très, très forte opposition. Car comme je dis toujours, le thermalisme ça n'est ni de droite, ni de gauche.* [...] *Donc qu'est-ce qu'elle a fait ? Elle a demandé une mission d'enquête à monsieur Delomenie qui a été chargé de dire tout le mal du thermalisme dans un rapport que je considère assassin* ».

Tout comme l'apolitisme suggéré par ce dernier acteur, l'alliance stratégique tissée entre les exploitants et les maires de communes thermales à l'échelle nationale n'est pas anodine. D'une part, l'activité des premiers est bien souvent appréhendée par les seconds comme une source de développement économique à l'échelle locale. D'autre part, s'insérer « dans des réseaux de sociabilité ou de défense des intérêts locaux au "centre" » (Cadiou, 2014 : 44) demeure pour les maires de villes thermales une source de légitimité substantielle, malgré la montée en puissance de la légitimation par « les résultats et l'efficacité de leurs politiques publiques ». Ainsi, pour un ancien représentant de l'ANMCT, il apparaît évident pour les élus locaux concernés par le thermalisme de défendre l'activité aux différentes échelles gouvernementales. « *Chaque maire a conscience que l'établissement thermal, c'est une activité économique, c'est de l'emploi, c'est de l'aménagement du territoire et toutes les périodes de menaces ont réactivé l'intérêt des élus pour leurs stations thermales*, expose-t-il. [...] *Et ça, moi je l'ai vécu à chaque époque, alors ça ne se fait pas comme ça* [il claque des doigts]. *Mais immédiatement il y a des réunions, il y a des rencontres, il y a des textes, il y a des courriers, il y a des motions... Les communes, les départements, les régions, les parlementaires, tous se sont mobilisés à chaque fois qu'il y a eu des menaces... notamment de déremboursement* ».

La mobilisation des maires à l'échelle nationale semble ainsi déterminante dans la décision de Martine Aubry de maintenir le remboursement. Toutefois, leurs interventions ne suffisent plus dès lors que l'État entreprend de « gouverner à distance » le thermalisme.

b. De la « confédération » au « conseil » national des exploitants thermaux (CNETh) : la création d'une organisation unifiée au service des intérêts de la filière

Tandis qu'ils renégocient la convention thermale en 1997, les exploitants thermaux apparaissent fortement divisés à l'échelle nationale. « *Il n'y avait pas de communauté d'intérêts chez les exploitants... parce que les principes de gestion, la philosophie des stations, le caractère patrimonial faisait que les gens n'étaient pas toujours d'accord sur tout et ils arrivaient divisés devant la Sécurité sociale* », explique un ancien dirigeant de l'UNET. « *Il y avait les trois syndicats qui étaient dirigés par trois personnalités très fortes*, poursuit l'un des responsables de la FTCF. *Adrien Barthélémy, qui était président de la Chaîne thermale du soleil, Guy Ébrard, qui était le président d'Eurothermes et qui était donc président de l'UNET, et monsieur Moulin-Roussel au SNET. Donc ces personnalités ont été en situation de concurrence et en fait se sont tirés la bourre pour pas grand-chose* »[129].

[129] Ces trois personnages bénéficiaient d'une forte aura dans le monde du thermalisme. Ayant créé un groupe particulièrement important avec la Chaîne Thermale du Soleil, Adrien Barthélémy était surnommé « l'empereur » du thermalisme. D'après un ancien dirigeant du CNETh, Guy Ébrard était volontiers qualifié de « pape ». Quant à Philippe Moulin-Roussel, il était plus distant du monde thermal, déléguant à son directeur général d'importants pouvoirs. Mais, selon ce même interlocuteur, « *il était aussi président de la société des vins de France, devenue une filiale de Pernaud Ricard, qui était le principal négociant en vin de la place de Paris. Donc, il était un grand président, pas du CAC 40, m'enfin juste en-dessous* ». Bien que moins en vue dans le monde du thermalisme, Philippe Moulin-Roussel restait une personnalité écoutée et respectée dans le secteur, selon plusieurs acteurs.

Les compromis consentis dans la nouvelle convention accentuent ces divisions historiques. « *L'Assurance maladie, je pense, avait d'ailleurs bien repéré ce manège et elle était toujours très contente de voir qu'elle pouvait diviser pour régner* », ajoute ce même interlocuteur.

À partir de 1997, en effet, le tarif des forfaits de soins (dont le contenu a été co-construit par les acteurs thermaux et les caisses nationales) est renégocié dans une « annexe annuelle » par les trois syndicats thermaux et les trois caisses nationales d'Assurance maladie[130]. Or, il est précisé à l'article 18 qu'en « cas d'accord, cette annexe entre en vigueur après signature de deux des caisses nationales signataires, dont la CNAMTS, et d'au moins un syndicat signataire, et après approbation par arrêté interministériel ». Aussi la CNAMTS se trouve-t-elle en position de force face à des exploitants incapables d'aligner leurs intérêts en amont de la négociation. « *Il y avait trois interlocuteurs et* [la caisse nationale d'Assurance maladie] *jouait un peu de cette division puisqu'elle trouvait toujours un syndicat qui était d'accord et qui finissait par signer la convention* », souligne encore un ancien administrateur de l'UNET.

Malgré les conclusions sévères des rapports produits sur le thermalisme depuis 1986, ces dissensions annihilent toute réaction collective jusqu'au tournant des années 2000. La « rupture des compromis » que représentent, la même année, l'arrêté sur le « zéro bactérie » et le rapport de l'IGAS entraîne toutefois la mobilisation des exploitants thermaux. En effet, ce durcissement de la réglementation installe ces acteurs dans une période d'incertitude, allant pour certains jusqu'à faire envisager la fermeture de leur établissement. « *On ne disait pas aux établissements "faites ce que vous pouvez pour que ça soit bon", on disait "vous ne resterez ouverts que s'il y a zéro bactérie"* », rappelle un ancien responsable du CNETh. « *On s'est rassemblés par nécessité, parce qu'on avait conscience que si l'on continuait comme ça, on allait droit dans le mur*, ajoute un autre dirigeant du CNETh. *Et aujourd'hui, je pense que 90 ou 95 % des établissements thermaux ne seraient plus ouverts s'il y avait eu un déremboursement des cures…* ».

Conformément aux analyses d'Erik Neveu (2015b : 9), « l'action collective » que les exploitants thermaux initient et stabilisent à l'échelle nationale à partir de 2002 se développe « dans une logique de revendication, de défense d'un

---

130 Voir l'article 18 de la convention de 1997 : « Arrêté du 30 avril 1997 portant approbation de la convention nationale thermale », JORF n°114 du 17 mai 1997, p. 7466.

intérêt matériel ou d'une "cause" ». Nommée Confédération nationale des établissements thermaux (CNETh), elle représente les intérêts des différents syndicats face aux caisses nationales d'Assurance maladie. « *Les trois syndicats ont dit à la Sécurité sociale : "désormais c'est la confédération qui nous représentera auprès de vous"*, explique l'un de ses anciens représentants. *La Sécurité sociale* [...] *s'est retrouvée avec des gens qui se concertaient avant d'y aller et qui avaient donc un positionnement unique, il y en avait qu'un qui parlait mais dans le cadre de la confédération* ». Dans un premier temps, les trois syndicats conservent leur personnalité morale. Mais l'ultimatum posé par le DG de la CNAMTS à la filière en 2003, associé à l'arrivée d'une nouvelle génération de gestionnaires la tête des différents syndicats, entraîne leur réunification au sein d'une unique organisation renommée Conseil national des établissements thermaux (CNETh) en 2004.

Le processus de constitution du CNETh en tant que « groupe d'intérêt » recouvre ainsi la séquence classique « groupe latent – intérêts – groupe d'intérêt » présentée par Michel Offerlé (1994 : 49)[131]. La principale fonction du CNETh consiste effectivement à défendre les intérêts de la « profession » auprès des pouvoirs publics comme le mentionne le site internet : « participer à l'évaluation scientifique du service médical rendu (SMR) des cures thermales » ; « diffuser une information pédagogique au grand public et à la communauté médicale » ; « défendre les intérêts des établissements thermaux auprès des différentes instances de l'État et de l'Assurance maladie »[132].

Pour ce faire, les dirigeants du CNETh déploient une importante activité de « lobbying interne », entendue selon l'acception que lui donnent Émiliano Grossman et Sabine Saurugger (2012 : 93-100). Ces derniers distinguent lobbying interne et externe. Le « répertoire d'action » de la première forme de lobbying privilégie les rencontres (avec par exemple des membres du gouvernement, des parlementaires, des hauts fonctionnaires), la transmission d'analyses, d'expertises, de rapports, la participation à des auditions, des concertations, des comités d'experts, la négociation avec d'autres groupes d'intérêts, etc. Autrement dit, *via* les stratégies de lobbying interne, les groupes

131 Selon Erik Neveu (2015b : 42) un « groupe latent » est un groupe au sein duquel des individus ont des intérêts matériels communs et qui serait doté d'une « entité douée d'une volonté collective ».

132 Site internet du CNETh, intitulé « La médecine thermale, efficace pour longtemps », [En ligne], consulté le 22/03/2019.

d'intérêts cherchent à « coopérer » voire à « capturer » les pouvoirs publics. À l'inverse, le répertoire du lobbying externe favorise la présence dans les médias, la construction de coalitions larges, l'organisation de pétitions, de sondages, etc. Dans cette seconde forme de lobbying, il s'agit de « mobiliser des citoyens en dehors de la communauté politique afin qu'ils fassent pression sur des acteurs à l'intérieur de cette communauté politique » (Idem : 100).

L'entreprise de lobbying menée par les dirigeants du CNETh vise à la fois les politiques et hauts fonctionnaires, mais aussi les élus de syndicats patronaux. Sans utiliser le terme de lobbying[133], l'un des responsables du CNETh souligne l'importance de tisser des liens avec une multitude d'acteurs politiques susceptibles de peser sur les arbitrages : « *On est investi, je crois qu'on peut même dire que nous sommes très investis dans l'information, moi je préfère dire l'information, auprès des parlementaires et auprès des ministères. On se rend compte que, même aujourd'hui, la plupart d'entre eux méconnaissent ce qu'est la médecine thermale.* [...] *Ils sont également mal informés des efforts de recherche et de leurs aboutissements. Donc notre vocation première, c'est, plutôt que de faire du lobbying, voilà on ne sait pas exactement ce que c'est, mais en tout cas déjà d'informer, d'être le plus transparent possible sur ce que nous faisons, pourquoi nous le faisons, quels sont les résultats. Ça, ça nous amène à avoir pas mal de contacts avec les parlementaires* ». Comme le rappelle Erik Neveu, « le travail de légitimation et de plaidoyer des groupes de pression est plus souvent ciblé vers des groupes restreints de décideurs » (Neveu, 2015a : 69). Aussi les actions « d'information » menées par les dirigeants du CNETh visent-elles prioritairement les parlementaires. « *Ce lobbying, ça occupe à peu près, maintenant, 50 % de mon temps* », explique un autre de ses dirigeants, insistant sur le caractère central de cette activité dans le fonctionnement du CNETh. « *J'y attache beaucoup d'importance et j'essaye d'avoir un soutien des élus qui soit aussi bien de la droite, de la gauche et je vais dire aujourd'hui d'En Marche,* explique-t-il avant d'ajouter qu'il connaît « *une centaine de députés et autant de sénateurs* ».

---

133 « Un des clichés les plus vivaces réduit le lobbying à l'exercice d'activités lucratives dans le sillage des fonctions politiques. D'où l'image accolée au lobbying quant à ses pratiques illégitimes et à sa vocation corruptrice. Le lobbying ne serait qu'un habillage du trafic d'influence » (Lamarque, 1994 : 12). L'image négative du lobbying dépeinte par Gilles Lamarque explique certainement la frilosité des dirigeants du CNETh à utiliser ce vocabulaire alors que les exploitants thermaux aspirent à regagner la confiance de l'État.

Les dirigeants du CNETh maîtrisent « l'art du lobbyiste » consistant notamment à « transformer en relation personnelle, chaleureuse, des contacts initiés à des fins instrumentales » (Neveu, 2015a : 72). Ils en profitent pour tisser de fines relations avec plusieurs députés mobilisés sur les questions thermales à l'Assemblée nationale mais également avec des ministres, hauts fonctionnaires et syndicats (patronaux et salariés).

Ces « alliances stratégiques » permettent aux dirigeants du CNETh de convaincre une majorité de représentants du conseil d'administration de la CNAMTS du bienfondé du thermalisme et, ce faisant, de limiter le pouvoir du directeur général. L'un d'eux en donne un exemple, en exposant la façon dont il se saisit du président de la Confédération des petites et moyennes entreprises (CPME) – avec lequel ils entretiennent de bonnes relations – comme d'un « relais » (Crozier, Friedberg, 1977 : 67)[134] des intérêts du thermalisme : « *Parce que si vous voulez, comme le Conseil d'administration de la CNAMTS est paritaire, l'objectif c'est d'avoir au moins le soutien du patronat,* explique-t-il. *Et comme l'UPA* [Union patronale des Artisans] *est très proche de la CPME, la CPME les briefe ! Donc, depuis qu'on travaille comme ça, on a le soutien unanime des trois employeurs. Et comme par le biais de la commission sociale, on s'entend très bien avec la CGC, la CFTC, la FO et la CFDT, généralement on a ces quatre syndicats de salariés qui nous soutiennent.* [...] *Et ça, l'ancien directeur général qui était Frédéric Van Roekeghem* [2004-2014], *avec lequel j'avais d'excellentes relations, m'a dit "je ne sais pas ce que vous avez fait, mais jamais je ne pensais que maintenant dans nos réunions de conseil de l'UNCAM vous auriez un tel soutien" !* ».

En s'unifiant à l'échelle nationale, les exploitants thermaux s'affirment progressivement comme interlocuteurs et représentants légitimes de la filière thermale. Ils augmentent ce faisant leur pouvoir dans la configuration les unissant à la CNAMTS et *a fortiori* à l'État. Un tel repositionnement bouscule néanmoins les rapports de force historiquement institués au sein du monde thermal. Aussi, pour maintenir leur pouvoir de négociation vis-à-vis des pouvoirs publics, ils doivent assurer dans le même temps l'unité de la filière.

---

[134] Les auteurs expliquent que les « acteur relais » jouent entre autres le rôle d'agent d'une organisation dans « l'environnement ». Ils représentent ainsi d'indispensables « réducteurs d'incertitude » pour une organisation bien qu'ils tirent souvent « de cette situation un pouvoir de chantage non négligeable » (p. 168).

c. Le CNETh au centre de l'action collective

À l'instar des mouvements sociaux étudiés par Érik Neveu, pour lesquels l'existence d'une organisation centralisée et unie, « qui coordonne les actions, rassemble des ressources, mène un travail de propagande pour la cause défendue », ressort comme une nécessité pour augmenter leur efficacité (2015b : 22), les dirigeants du CNETh s'emploient à unifier la filière à l'échelle nationale.

Se positionnant comme un syndicat « *professionnel* » – défendant à la fois les « *intérêts moraux et financiers des établissements thermaux* » mais également « *les salariés de la branche puisque c'est au sein même de cette enceinte que se déroule le dialogue social et la négociation de la convention collective* »[135] – il rassemble d'abord la totalité des établissements thermaux français. Or, la contribution de ses adhérents, établie à 4,50€ par curiste et par an[136], augmente considérablement la capacité financière des exploitants thermaux à l'échelle nationale et, de fait, leur pouvoir sur les autres organisations, notamment sur la fédération thermale et climatique française (FTCF). Fort d'un budget annuel de fonctionnement de l'ordre de 2,5 millions d'euros, le CNETh se substitue rapidement à la FTCF s'agissant de plusieurs de ses fonctions historiques[137].

Cette prise de pouvoir du CNETh en interne suscite l'apparition de quelques tensions, réactivées en 2015 lors de l'élection du nouveau président

---

[135] Selon les propos de l'un des dirigeants du CNETh.

[136] Cette somme correspond à un triple prélèvement d'1,50 €. Le CNETh entend ainsi abonder ses trois sections : fonctionnement, communication et recherche. Nous revenons plus loin sur le détail du financement du CNETh.

[137] Depuis sa création, la FTCF rassemble l'ensemble des organisations représentatives des groupes sociaux impliqués dans le thermalisme français. Elle regroupe des représentants de l'ANMCT, du CNETh, du syndicat national des médecins thermaux (SNMTh), de la Société française d'hydrologie médicale, et récemment des fédérations et clusters régionaux. Ses missions principales consistent à assurer la représentation de ces divers groupes auprès des pouvoirs publics et d'entretenir des liens permanents avec le groupe de parlementaires travaillant sur le thermalisme. L'importance prise par la CNETh au sein de la filière thermale est perceptible dans les propos d'un dirigeant du syndicat national des médecins thermaux (SNMTh) : « *On a peu de relations formelles avec la fédération mais la fédération c'est le CNETh… Pour moi il y a très peu de différences entre la fédération et le CNETh hein… Le CNETh est le bras armé quelque part de la fédération pour moi* ». Le SNMTh regroupe un peu moins de 100 médecins thermaux sur les 493 professionnels en activité d'après un recensement réalisé par le syndicat en 2018. Pour de plus amples informations, voir le site internet du SNMTh : http://www.snmth.org/enquetes.html.

de la FTCF[138]. « *Autrefois, lorsqu'il y avait trois syndicats d'exploitants thermaux, la Fédération avait une certaine importance, et puis avec la création du CNETh, elle a perdu son importance*, explique l'un des dirigeants du CNETh. *Il y a eu un passage de relais et le nouveau président, que je connais bien, a décidé de relancer un peu le pouvoir et les actions de la fédé par des fédérations régionales. Donc aujourd'hui vous avez trois fédérations régionales... Et quand il a décidé de faire cela, nous CNETh on a été un peu inquiets, parce qu'on s'est dit "il ne faudrait pas que ce soit le CNETh bis". Parce que si on fait un CNETh bis, tout le travail d'union qu'on a fait, ça va se déchirer. Donc là on a eu deux réunions assez importantes pour bien délimiter les actions et le travail de chacun. Alors en gros, les fédérations régionales s'occupent de la communication régionale des établissements thermaux et des aides que les établissements thermaux peuvent obtenir des régions. Le national s'occupe de tout l'institutionnel pour l'ensemble des établissements thermaux. Et si ça marche comme ça, il n'y a pas de problème* ».

Malgré l'apparition de points de tension entre les organisations composant la filière thermale, les propos de ce dirigeant du CNETh font état d'une « discipline sociale » destinée à maintenir (et/ou accroître) la « capacité d'action collective » de la filière thermale (Lazéga, 2006). « Par discipline sociale, nous entendons la capacité de l'acteur à s'auto-restreindre, au cours de ses négociations avec autrui, dans la définition de ses propres intérêts individuels et dans la définition de l'étendue du champ de ses revendications, ainsi que dans l'exercice de son pouvoir individuel » (Idem : 216). Or, souligne Emmanuel Lazéga, « il faut comprendre la relation sociale à la fois comme le lieu de circulation de ressources hétérogènes et le lieu d'un engagement, c'est-à-dire d'une promesse, d'une obligation ou d'une convention morale introduisant la durée dans cet échange de ressources et présupposant un dispositif de contrôle social rendant cette promesse crédible » (Idem : 217). Face à la menace perpétuelle du déremboursement par le DG de la CNAMTS, dirigeants du CNETh et de la FTCF négocient la distribution de prérogatives permettant à la filière thermale d'apparaître unifiée aux échelles nationale et locale.

---

138 Un dirigeant du CNETh décrit en ces termes les relations entre les principaux groupes composant la filière thermale dans les années 2000 : « *Effectivement, il y a des chevauchements qui, dans le passé, ont été à l'origine de certaines irritations, de certaines frictions, entre le CNETh, l'Association nationale des maires et la Fédération* ».

Les dirigeants de l'ANCMT, du CNETh et de la FTCF ont conscience « des interdépendances existantes », de leur importance vis-à-vis du maintien du remboursement – résultat attendu d'une telle coopération – et donc « de la nécessité de les réguler » (Friedberg, 1992 : 542). Aussi favorisent-ils l'interpénétration de leurs organisations, tel que l'explique l'un des responsables du CNETh : « [Le président de la FTCF] *préférait que je sois dans le bureau avec lui plutôt que je puisse être une force d'opposition et comme ça, ça me permet de lui dire "ah non, je ne peux pas accepter ça". Donc régulièrement on se voit et puis on parle quoi* ». Ainsi, le président du CNETh est l'un des vice-présidents de la fédération, celui de la fédération est le secrétaire général de l'ANMCT et le président de cette dernière organisation est trésorier de la FTCF. Cette proximité sociale est renforcée par la proximité physique des sièges sociaux de ces différentes organisations. Toutes sont situées dans le XIVe arrondissement de Paris, à seulement deux cents mètres de distance[139].

Ces dispositions favorisent donc une interconnaissance « élevée » entre dirigeants de la filière thermale[140]. Mais le profil consensuel et fédérateur de l'un des dirigeants du CNETh explique également la stabilité de ces relations[141]. D'ailleurs, si les dirigeants de la FTCF le qualifient spontanément et respectivement de « *sympathique* » ou de « *conciliant* », celui-ci place cette caractéristique personnelle comme fondamentale pour occuper le poste qui est le sien. Il évoque à plusieurs reprises le caractère amical des relations nouées avec des acteurs clefs de la filière : « *Je m'entends très bien avec* [le président de

---

139 Les locaux de la FTCF abritent également le siège de l'ANMCT, tandis que ceux du CNETh regroupent celui de l'Association française pour la recherche thermale (AFRETh). Nous revenons sur cette dernière organisation dans la prochaine section.

140 D'après Erhard Friedberg (1992 : 542), en effet, la prise de conscience des résultats d'une action collective – ici le maintien du remboursement – « exprime le degré d'interconnaissance et d'information mutuelle des acteurs qui conditionne leur capacité d'anticipation des stratégies réciproques ».

141 S'intéresser à la personnalité de cet acteur pour comprendre la stabilité des rapports entre dirigeants de la filière thermale nous paraît important au regard de l'analyse proposée par Daniel Céfaï (2016 : 42). Ce dernier rappelle en effet combien « la vie des organisations de mouvements sociaux est incompréhensible si ne sont pas prises en compte les manières de voir, de dire et de faire, partagées ou disputées par leurs membres [...]. Les réseaux de relations entre individus et organisations qui sont impliqués dans les dynamiques de sensibilisation, de mobilisation et de recrutement sont aussi des réseaux de significations, qui créent des affinités interpersonnelles, des perspectives congruentes, des intérêts partagés, des coordinations stratégiques ».

la FTCF], *qui m'apprécie et qui me respecte* », « *On se voit quasiment tous les mois avec le président de la fédé. C'est un ami en plus, donc on prend un repas ensemble quand je suis à Paris, on discute de nos trucs* » ; « *Je m'entends particulièrement bien avec* [le président de l'ANMCT]. *Donc si vous voulez, c'est une force, parce que quand les présidents s'entendent bien, on est très efficaces !* ».

Favorisant la confiance entre acteurs et l'échange de ressources (connaissances, compétences, etc.), ces interrelations augmentent le « capital social du collectif » (Lazéga, 2006 : 213). « *La coopération très étroite que l'on a aujourd'hui avec l'association des maires des communes thermales renforce nos actions collectives*, souligne encore ce dirigeant du CNETh. *Et moi quand j'ai une réflexion, un souci, que je veux que les élus soient bien informés pour qu'ils puissent nous accompagner, je l'appelle* [le président de l'association]. *Je lui dis "écoute, voilà ce que j'ai pensé, qu'est-ce que tu en penses ? J'aimerais bien que tu en parles avec tes membres. Quand tu l'as fait, tu viens vers moi parce que je pense que ça serait bien qu'on ait une action commune sur tel ou tel point". Vous voyez ? Et ça marche très bien* ».

Ainsi, malgré la forte montée en puissance du CNETh dans les années 2000, les relations entre les dirigeants des organisations composant la filière thermale demeurent stables et durables[142]. Cette « capacité d'action collective » leur permet de souscrire à la principale revendication du DG de la CNAMTS.

d. La création de l'AFRETh, résultat d'une capacité d'action collective

En 2003, la renégociation de la convention thermale entre Daniel Lenoir (directeur général de la CNAMTS de 2002 à 2004) et Jean-Claude Ébrard (président du CNETh de 2002 à 2009) place les acteurs de la filière thermale face à un « ultimatum ». La pérennité du remboursement des soins thermaux se trouve explicitement liée à la démonstration du service médical rendu (SMR) par la crénothérapie. « *On savait très bien que l'on avait une obligation vis-à-vis de l'Assurance maladie qui nous avait dit "si vous voulez que l'Assurance maladie continue de rembourser les cures* [...] *eh bien faudrait-il encore que vous fassiez enfin la preuve du service médical rendu par les cures. On le fait pour les médicaments, on le fait pour plein de choses si vous ne le faites pas, vous serez déremboursés"* », explique un représentant de la FTCF.

---

[142] Aujourd'hui encore, d'après les propos des acteurs rencontrés, la menace d'un éventuel déremboursement continue de « souder » les acteurs tout en leur fournissant un objectif commun.

Alors qu'au début des années 1990, Guy Ébrard (médecin et PDG du groupe Eurothermes) et Jean Peyrafitte insistaient sur l'impossibilité de soumettre le thermalisme aux mêmes évaluations que le médicament (Cour des comptes, 1995 : 14), les dirigeants du CNETh, de l'ANMCT et de la FTCF s'inspirent des propositions formulées par l'IGAS pour créer en 2004 l'Association française pour la recherche thermale (AFRETh). Association loi 1901 financée par la filière thermale[143], l'AFRETh s'organise autour d'un conseil d'administration et d'un conseil scientifique. La composition du conseil d'administration, constitué uniquement de représentants du monde thermal, met en évidence la volonté de l'État de confier à la filière la responsabilité de démontrer le SMR de la crénothérapie[144]. L'AFRETh s'inscrit ainsi dans la perspective des agences sanitaires « autonomes » et « politiquement responsables » créées dans les années 1990 (Benamouzig, Besançon, 2007 : 13). Mais, dans le même temps, l'État maintient son contrôle *via* le conseil scientifique. Outre une pluralité d'acteurs issus du monde médical (médecins et professeurs en médecine) et indépendants du monde thermal, y siègent en effet un médecin de la CNAMTS et un représentant de la Haute autorité de santé, conformément à ses nouvelles prérogatives[145].

Si « en droit, la HAS n'a pas vocation à produire, ni *a fortiori* à assumer la responsabilité des arbitrages économiques qu'elle se contente d'éclairer par ses avis [...] en pratique, les avis de la HAS sont souvent activement sollicités par les acteurs ministériels qui s'en réclament » (Benamouzig, 2009 : 237). La composition du conseil scientifique de l'AFRETh permet aux acteurs du monde thermal de montrer qu'ils ont « la science avec eux » et qu'ils peuvent « mobiliser des hommes et des idées reconnues comme scientifiques pour les besoins de la

---

143 Dès la première année, le CNETh et l'ANMCT investissent respectivement 950 000 et 200 000 euros dans la création et le fonctionnement de la structure. Sur les 4,50 €, par curiste et pour chaque établissement, prélevés annuellement par le CNETh dès 2002, environ 1,50 € alimentent le fonctionnement de l'AFRETh. Un responsable du CNETh indique à ce propos : « *Le principe d'un financement de la recherche thermale et de versements de fonds à cet effet est inscrit dans la convention. Et tout établissement qui ne respecterait cette obligation de financement de la recherche se met en défaut par rapport à la convention et est susceptible d'encourir des mesures qui peuvent aller jusqu'au déconventionnement* ».

144 Le conseil d'administration est composé de neuf sièges, trois pour chaque organisation.

145 Daniel Benamouzig rappelle en effet qu'en se substituant à l'Agence nationale pour l'accréditation et l'évaluation en santé (ANAES), la HAS « absorbe [...] les fonctions d'évaluation d'autres agences sanitaires » (2009 : 230).

cause » (Offerlé, 1994 : 118)[146]. Mais c'est au jugement du représentant de la HAS qu'est conditionné le maintien du remboursement par le DG de la CNAMTS. Élaborés sur la base de méthodologies respectant les normes imposées par l'*evidence based medicine* (EBM), les appels à projets créés par l'AFRETh poursuivent ainsi un double objectif : s'assurer de la qualité des recherches élaborées à l'échelle locale, tout en gagnant la confiance de la HAS[147].

Jugeant finalement de l'alignement de leurs conduites sur les standards de la médecine conventionnelle, la HAS se retire quelques années après la création de l'AFRETh. « *Très vite, au bout de deux-trois ans, la HAS a jeté l'éponge en disant "écoutez, les appels d'offre et les études qui sont acceptés par le conseil scientifique de l'AFRETh répondent aux plus hauts standards de la recherche scientifique médicale internationale donc nous ça nous suffit. Donc les résultats, s'ils sont bons, ou s'ils sont mauvais, nous les attesterons"* », explique un dirigeant du CNETh. Toutefois, l'entreprise menée par l'AFRETh ne s'arrête pas avec le départ du représentant de la HAS. Chaque année, un nouvel appel à projets (avec financement associé) est diffusé dans les universités et autres organismes de recherche[148]. La production de nombreuses études fondées sur les critères méthodologiques de l'EBM et publiées dans des revues indexées en langue anglaise[149], font évoluer l'image renvoyée par la thérapeutique thermale au-delà du monde politique.

---

[146] L'un des dirigeants du CNETh souligne en effet qu'il « *y a eu immédiatement quelques fées qui se sont penchées sur le berceau du conseil scientifique de l'AFRETh puisqu'on a réuni autour de la table quelques pointures tant au niveau de la méthodologie qu'au niveau de la clinique* ».

[147] En effet, si l'EMB peut être « utilisée par des gestionnaires des systèmes de soins pour encadrer les pratiques médicales », elle « peut être aussi, réciproquement, utilisée par certains segments médicaux pour rehausser leur prestige et leur autorité vis-à-vis des autres acteurs des systèmes de santé, dont les patients, ou vis-à-vis d'autres acteurs médicaux » (Bergeron, Castel, Hauray, 2015 : 146)

[148] Le site internet de l'AFRETh souligne qu'entre 2005 et 2025 « 20 appels à projets ont permis de financer plus de 60 projets de recherche validés sur le plan scientifique ». Voir le site de l'AFRETh, [En ligne], consulté le 23/10/2025. Depuis 2010, l'AFRETh a également entrepris des études de recherche et développement dont le budget d'environ 4,5 millions d'euros est intégralement assuré par le CNETh.

[149] Pour une synthèse complète des études réalisées (ou en cours) par l'AFRETh, voir la « liste des études publiées », sur le site de l'AFRETh, [En ligne], consulté le 23/10/2025.

Les médecins prescripteurs et plus largement la communauté scientifique et médicale font partie de ces destinataires. La recherche thermale permet à la fois de lever le scepticisme des premiers et de conforter dans leur pratique les médecins généralistes déjà convaincus. « *Les médecins généralistes qui envoyaient jusqu'à présent les curistes dans les stations par bonne foi, peuvent être rassurés, confirmés dans leur soutien. Enfin soutien, dans leur utilisation des cures thermales, dans leur prescription des cures thermales par le fait qu'ils voient publiées de façon itérative des études qui démontrent que les cures thermales ont effectivement un effet dans un certain nombre de pathologies chroniques* », exprime en ce sens un ancien dirigeant du CNETh. « L'expression d'une connaissance scientifique ne revêt valeur d'expertise que dans la mesure où elle s'articule à un processus décisionnel et c'est précisément cette articulation qui lui confère sa valeur d'expertise » (Bergeron, Castel, Hauray, 2015 : 13). Aussi n'est-il pas étonnant de voir les médecins prescripteurs se sentir légitimés à prescrire une thérapeutique ayant répondu favorablement aux critères de l'EBM. « *L'AFRETh* [...] *a eu un double effet auprès des médecins*, ajoute un responsable du CNETh. *N'oublions pas que tous les ans, nous diffusons un appel à projets qui part d'ici et, tous les ans, on sollicite à peu près onze cents structures qui sont des structures de recherche, l'INSERM et d'autres. Donc même si ces organismes, qui sont destinataires de cet appel à projets, ne participent pas in fine, ce sont tout de même des gens qui tous les ans se disent "il se passe quelque chose" au niveau de la recherche thermale, c'est très actif. Tous les ans, ils y consacrent minimum un million d'euros. Donc je pense que c'est fondamental quand on veut analyser les raisons pour lesquelles cette médecine thermale a progressé quantitativement, je pense que les appels à projets de l'AFRETh y sont pour beaucoup, en même temps que les résultats* ». Un responsable du SNMTh confirme aussi l'importance d'études qui permettent de nouveau aux acteurs du monde thermal d'effacer l'image d'une pratique empirique[150]. « *On apparaissait comme les héritiers quasiment de la médecine mythique, au sens de la tradition plus étroite, la routine.* [...] *Heureusement en France, que des gens, particulièrement autour de l'AFRETh, ont relevé ce combat, qu'aujourd'hui on a des évaluations qui sont indiscutables et qui montrent que la médecine thermale ça marche. Sinon, nous serions les deux pieds sous terre* ».

« Par rapport à la catégorie d'opinion qui suggère une subjectivité, des croyances et des préférences, la référence à la science porte une puissance

[150] Se rejoue en effet tout au long des années 1990 et 2000 un processus déjà identifié au XIXe siècle et pendant l'entre-deux-guerres. Sur ce point, voir le chapitre premier.

objectivante et distanciatrice. Elle fait entrer dans le domaine de faits indiscutables, établis par des méthodes rationnelles » (Neveu, 2015a : 127). Ainsi, en plus d'offrir aux curistes les « conditions du jugement » (Karpik, 2000 : 370) quant à la qualité de la thérapeutique, les études publiées depuis 2004 permettent aux dirigeants du CNETh d'augmenter sensiblement leur « capacité de négociation » vis-à-vis du DG de la CNAMTS (Friedberg, 2009 : 20). La scène décrite par l'un des dirigeants du CNETh permet d'en prendre la mesure. « *Il y a quatre ans et demi à peu près, monsieur Van Roekeghem* [DG de la CNAMTS de 2004 à 2014], *premier rendez-vous de renouvellement de négociation de la convention thermale quinquennale, il me dit : "monsieur le président, on va dérembourser les cures à 35 %". Alors je le regarde droit dans les yeux, je me lève en feignant de partir et je lui dis : "écoutez, monsieur le directeur général, vous auriez pu m'éviter un long et pénible voyage pour me faire part de votre décision. Je considère que la négociation est close, je vais être obligé de demander à mes amis politiques d'intervenir !" Il me répond : "monsieur* [...], *si vous sortez le bazooka, je pense qu'on va être condamnés à s'entendre". Je lui réponds : "monsieur le directeur général, moi quand je reçois un scud, j'en envoie deux ou trois minimum après. Alors que ce soit clair, ça sera comme ça pendant toute la négo". Et il me dit : "alors, calmez-vous, je crois que vous avez des propositions à me faire... Il faut que je vous dise, avec vos études vous nous emmerdez hein ! Parce que c'est grâce à ça qu'on ne va pas vous dérembourser"* »[151].

Unifiés à l'échelle nationale, les acteurs politiques, économiques et médicaux du monde thermal parviennent à limiter l'asymétrie de pouvoir vis-à-vis du DG de la CNAMTS. Mais cette entreprise de normalisation ne se limite pas aux attentes de ce dernier. Dès 2003, exploitants et médecins thermaux travaillent parallèlement à regagner la confiance du gouvernement, en se conformant notamment aux prescriptions formulées par l'IGAS en 2000.

2) Se montrer dignes de confiance

Parallèlement aux tractations engagées par les dirigeants du CNETh avec le DG de la CNAMTS, les acteurs économiques et médicaux de la filière thermale

[151] Amusé, un autre responsable de l'organisation syndicale confirme cette scène : « *Ça a pesé dans la balance quand on a renégocié avec monsieur Van Roekeghem, il a bien admis que ces études le contraignaient en quelque sorte à maintenir le soutien apporté par l'Assurance maladie aux stations thermales. Il avait fait une espèce de psychodrame, menaçant de quitter la table des négociations quand monsieur Van Roekeghem lui avait annoncé le déremboursement des cures thermales* ».

s'emploient à convaincre l'État de leur légitimité à demeurer dans le système de soins. Pour ce faire, ils entreprennent de « s'auto-réglementer » (Borraz, 2005 : 127) en construisant deux « guides des bonnes pratiques » en 2003 et 2008. Censés assurer respectivement la qualité des prescriptions et la sécurité sanitaire des établissements thermaux, ces derniers dessinent les nouvelles normes qui tendent à s'imposer localement à partir du milieu des années 2000.

a. Un « guide des bonnes pratiques » comme « promesse » d'une amélioration de la qualité

Si, par rapport à la période de l'entre-deux-guerres, les médecins thermaux occupent une position moins centrale face aux exploitants à l'échelle nationale, la menace qui pèse sur la filière tout au long des années 2000 leur offre l'opportunité de se repositionner. « La standardisation [étant] étroitement liée à l'expertise » (Jacobsson, 2000)[152], les dirigeants du CNETh dépendent du savoir médical des médecins thermaux pour normer la grille des soins.

Réunis collectivement au sein du CNETh, les exploitants délèguent au Syndicat national des médecins thermaux (SNMTh) la conception d'un *guide des bonnes pratiques thermales* supposé assurer, dans chaque station, une prescription médicale conforme aux traitements-types reconnus par la convention thermale. Dans son rapport pour l'IGAS, Pierre Delomenie souligne en effet que « la convention signée en 1997 par les caisses nationales d'Assurance maladie et les syndicats thermaux a présenté un très gros effort pour définir, clarifier, rationaliser et forfaitiser des pratiques thermales particulièrement hétérogènes et foisonnantes » (2000 : 42). Mais il insiste également sur le fait que « l'objectif principal, pour la prochaine convention, devrait être d'assurer la qualité des soins. En effet, tous les soins n'ont ni le même coût pour l'établissement thermal ni sans doute le même effet sur le curiste ; l'un des effets pervers du dispositif forfaitaire est d'entraîner des évolutions non souhaitables dans la composition des forfaits, par exemple en substituant des soins collectifs à des soins individuels. Il convient alors de mieux définir le contenu médical des forfaits (chaînage et hiérarchie des soins), en particulier par l'élaboration d'un référentiel des pratiques complétant la grille des appellations normalisées des soins thermaux : ce référentiel pourrait reprendre les pratiques médicales complémentaires figurant à la NGAP [Nomenclature générale des actes professionnels] » (Idem).

152 La citation est rapportée par Olivier Borraz (2005 : 128-129).

Pour se conformer à ces attentes, les médecins du SNMTh effectuent un important état de l'art des pratiques en vigueur à l'échelle locale. Pour chaque orientation thérapeutique sont recensés les principales indications, contres indications spécifiques, le mode d'action et les effets thérapeutiques, les modalités de la cure et les différents soins thermaux. Pour ces derniers, chaque « famille de soins » – « bains », « douches », « piscines », etc. – est étudiée (température de l'eau, durée du soin, effets du soin, remarques éventuelles) avant que ne soient déclinés les soins dans leur spécificité. L'exemple des « bains » pour l'orientation rhumatologie est éloquent. Dix codes à trois chiffres sont répertoriés dans le guide, du « code 202 : balnéation simple » au « code 206 : bain avec douche en immersion ou hydrojets » (Guide des bonnes pratiques, 2004 : 107). Médecins et exploitants thermaux peuvent ainsi, à l'échelle locale, se saisir de cette grille pour l'adapter aux caractéristiques de l'établissement et/ou de ses eaux. À Vittel, par exemple (voir tableau n°2 ci-dessous), seuls les soins « 205 : Bain + Aérobain », « 206 : Bain avec Douche en immersion » et « 210 : Bain + Insufflation de Gaz » font partie de la grille et peuvent être prescrits par le médecin thermal (Grojean, 2006 : 5).

Tableau n°2 : Grille d'appellation des soins thermaux agréés pour les Thermes de Vittel

N° soins	Appellations normalisées	Remarques	Orientations thérapeutiques
101	Cure de Boisson		RH + AU + AD
102	Cure de boisson à Domicile		AU + AD
201	Piscine		RH + AU + AD
205	Bain + Aérobain		RH + AU + AD
206	Bain + Douche en immersion		RH + AU + AD
210	Bain + Insufflation de Gaz	Carbo-gazeuse	RH + AU + AD
301	Douche Générale	Pénétrante / Térébenthinée	RH + AU + AD
302	Douche Générale au jet	Tonique / Relaxante / En Piscine	RH + AU + AD
303	Douche Locale	Rénale baveuse / En Piscine	RH + AU + AD
304	Douche Locale au jet	Hépatique / Anticéphalalgique	RH + AU + AD
306	Douche Sous Immersion en Piscine		RH + AU + AD
307	Douche d'Eau Thermale Térébenthinée		RH
310	Douche Pénétrante Générale		RH + AU + AD
331	Douche Rénale en Ceinture		AU + AD
332	Douche Inversée	Avec / Sans Compression	AU + AD
403	Illutation Locale		AU + AD
405	Illutation Locale Multiple		RH
407	Cataplasme en application locale unique		RH + AU + AD
601	Piscine de Mobilisation		RH
602	Massage Sous l'Eau		RH + AU + AD

Source : GROJEAN Anne-Laure, Prévention des risques en milieu thermal. Application aux soins d'eau de l'espace « cure », op. cit., p. 5.

Ce travail de normalisation des soins thermaux traduit la volonté des médecins du SNMTh de répondre à la sollicitation du gouvernement. « Les signataires de la nouvelle convention entre la CNAMTS et la Confédération des établissements thermaux sont convenus de renvoyer au *Guide des bonnes pratiques thermales* la description précise des soins thermaux utilisés dans le traitement des diverses affections traitées par la crénothérapie de façon à laisser un caractère général et simplifié à la Grille des appellations normalisées » (Guide des bonnes pratiques, 2004 : 101), est-il indiqué dès l'avant-propos du document. Ce « guide des bonnes pratiques thermales » s'apparente à un « dispositif de promesse », censé démontrer à l'État la « bonne foi » de la filière dans la recherche de la qualité des soins. Selon Lucien Karpik, de tels dispositifs ont en effet « pour fonction commune de garantir les engagements des partenaires et par là, d'assurer l'exécution du contrat incomplet » (1996 : 540). Autrement dit, en agissant de la sorte, la filière thermale renvoie à l'État un signal selon lequel elle met tout en œuvre pour respecter les conditions de son maintien dans le système de soins.

L'objectif porté par l'État d'aligner les conduites des acteurs du monde thermal sur les standards de la médecine conventionnelle semble fonctionner. Créées par les médecins du SNMTh, ces normes visent effectivement l'harmonisation des pratiques des exploitants thermaux à l'échelle locale. Certes, « les acteurs économiques ne sont pas obligés de respecter une norme, ils ne subiront donc aucune sanction » (Borraz, 2005 : 130). Dès l'avant-propos, les auteurs soulignent que le guide « ne remet pas en cause les usages locaux existant à la date de la signature de la convention et en vigueur depuis plusieurs années, notamment en ce qui concerne la description, le mode de délivrance ou la durée des soins, fruits d'une très ancienne expérience médicale tenant compte de la nature des eaux et du profil des patients ». Mais, rappelle Olivier Borraz, les acteurs économiques « doivent faire la preuve que leur produit, service ou activité respecte les exigences réglementaires ou répond aux critères de qualité et de sécurité » (Idem). Ainsi, sous la pression conjuguée de l'État et de la CNAMTS à l'échelle nationale, et des médecins thermaux à l'échelle locale, les exploitants thermaux récalcitrants entreprennent finalement de se conformer aux prescriptions des médecins thermaux. Forts de ce guide, ces derniers augmentent leur pouvoir vis-à-vis des exploitants s'agissant de faire respecter la qualité des soins, comme le suggère cette anecdote d'un médecin thermal dacquois : « *Eh bien, ça* [l'application du guide des bonnes pratiques] *a soulevé des difficultés parce que certains* [directeurs d'établissements thermaux] *ont dit "mais attendez ! Moi je n'ai pas la possibilité de faire des boues de température différente". Je leur ai dit "mais attendez, vous me cassez les pieds ! Moi j'ai des patients qui ont de l'arthrite et de l'arthrose, je ne souhaite pas qu'ils aient des températures uniformes. J'ai des gens qui ne supportent pas la température de la boue de la même manière"* ».

Selon Olivier Borraz, la normalisation constitue « l'un des vecteurs autour duquel se recomposent progressivement les capacités d'intervention de l'État et les relations qu'il entretient avec différents groupes d'intérêt et groupes sociaux » (Idem : 159). En ce sens, la création de ce premier *guide des bonnes pratiques thermales* illustre finalement la tendance de l'État à déléguer aux acteurs économiques « une capacité accrue de régulation de leurs activités » (Idem). Incités économiquement à modifier leur comportement, les acteurs du monde thermal se conforment aux standards proposés par l'IGAS concernant la qualité des soins, en diffusant eux-mêmes à l'échelle locale des « normes » créées à l'échelle nationale.

b. La création d'un référentiel certifié comme « dispositif de jugement »

Le processus de normalisation des acteurs de la filière aux attentes de l'État apparaît encore plus nettement en matière de sécurité sanitaire des établissements thermaux. En complément de l'arrêté du 19 juin 2000 « relatif au contrôle des sources d'eaux minérales », le décret n° 2007-49 du 11 janvier 2007 durcit encore le cadre réglementaire. Il impose aux exploitants thermaux la mise en œuvre d'une démarche de maîtrise des risques sanitaires[153], comme l'expliquent les députés Dominique Dord et Jeannine Dubié dans leur rapport sur « le soutien public au thermalisme » (2016). Le « contrôle repose d'abord sur l'exploitant au titre de la surveillance de son établissement dont il est le mieux placé pour évaluer les risques et les points de vulnérabilité. L'exploitant a une

---

[153] Le décret introduit en effet « la notion d'analyse des dangers et de maîtrise des points critiques par l'exploitant thermal, dans le respect des exigences de qualité fixées par l'eau minérale naturelle utilisée à des fins thérapeutiques dans un établissement thermal dans l'arrêté du 19 juin 2000 ». Voir : AQUACERT-HACCP Thermalisme, Système de management de la sécurité sanitaire. AES Certification. Produits, dérivés et soins thermaux, Version n° 1, 2011. p. 1.

obligation de résultat sur la qualité de l'eau mise à la disposition du public. L'établissement détermine ainsi son programme d'analyses qu'il fait faire par des laboratoires accrédités par le Comité français d'accréditation (COFRAC) – les opérateurs les plus importants disposant de laboratoires internes – et dont il rend compte à l'ARS. S'ajoute à ce dispositif le programme de contrôle sanitaire proprement dit qui est déterminé par les pouvoirs publics et dont les analyses relèvent de laboratoires spécifiques bénéficiant d'un agrément. [...] En cas de contamination, le directeur général de l'ARS doit déclarer la fermeture administrative de l'établissement, totale ou partielle, et ne pourra autoriser sa réouverture qu'au vu de deux analyses satisfaisantes consécutives » (Idem : 28-29).

La délégation de l'État aux exploitants thermaux pour la mise en œuvre des mesures réglementaires s'inscrit dans une tendance plus large entamée dans les années 1990. Avec les crises sanitaires de cette décennie, « les autorités publiques ont été confortées dans leur volonté de déléguer encore plus au secteur privé le soin d'assurer le respect de la réglementation à travers l'usage de normes. La méthode HACCP [*Hazard Analysis Critical Control Point*] est la plus connue : les industriels assument la sécurité de leurs procédures, tandis que les services extérieurs de l'État en contrôlent l'application à un deuxième niveau » (Borraz, 2005 : 150).

Dès 2008, les exploitants thermaux s'inspirent ainsi de cette méthode pour publier un nouveau *guide des bonnes pratiques thermales,* qu'ils entreprennent de faire certifier dès 2010. Entouré par divers acteurs (issus de la filière thermale ou du monde du consulting)[154], le CNETh transforme ce premier document en un « référentiel des systèmes de management sécuritaire » avant de le soumettre à un organisme de certification agréé dans les domaines de l'agroalimentaire, de l'eau et de la santé, reconnu en 2011 par la COFRAC (comité français d'accréditation).

[154] Outre le CNETh, participent à la construction de ce document l'Institut du thermalisme français (créé en 2001 et implanté à Dax), plusieurs établissements thermaux aux types de gestion variés, la Société française d'hygiène hospitalière (SF2H) et des sociétés de conseil en management. L'agence William Terry Conseil (WTC) joue d'ailleurs le rôle d'animateur dans la confection du document après avoir organisé, pendant plusieurs années, en collaboration avec le CNETh et une autre société de conseil (ICS'EAU), des « form'actions de diagnostics HACCP » sur le terrain. Voir : Site internet de William Terry Conseil, [En ligne], consulté le 27/03/2019.

En agissant de la sorte, les acteurs de la filière thermale espèrent s'affranchir de l'image liée à l'insécurité sanitaire. La conception par les exploitants thermaux d'un référentiel certifié fait en effet écho à celui créé par les « professionnels de l'épandage » analysés par François Nicolas et Egizio Valceschini (1995 : 15-37). « Les éléments de définition proposés par [ces derniers] sont éclairants pour décrire les traits caractéristiques de ce référentiel : à la manière d'une norme, il surpasse le dispositif règlementaire en vigueur ; sa mise en forme relève d'un processus de codification et de sélection des informations à retenir ; il a une fonction de partage d'information dans la mesure où il rend public un ensemble de caractéristiques précises à respecter ; il a un rôle d'assurance dans la mesure où il garantit que le service, dès lors qu'il se conforme au référentiel, est apte à remplir la fonction pour lequel il a été conçu ; il ne procède pas par obligation légale, relève d'une démarche collective et constitue, enfin, une forme d'auto-organisation » (Borraz, 2005 : 151).

La création d'un tel « dispositif de jugement fondé sur la confiance impersonnelle » (Karpik, 1996 : 533-538), permet finalement à la filière thermale de regagner la confiance de l'État. Les dispositifs de jugement tirent en effet « leur efficacité de deux composantes associées : la cognition et la confiance. Ils produisent du savoir : ce sont des *opérateurs de connaissance* que l'on peut ranger parmi les "dispositifs cognitifs collectifs" » (Idem : 538). La création du référentiel démontre à l'État les efforts fournis par la filière pour se conformer à ses attentes, tandis que la certification lui offre l'opportunité de contrôler sa qualité. Ces efforts permettent aux acteurs de la filière thermale de déplacer l'exigence de résultats vers une exigence de moyens, comme le soulignent les députés Dominique Dord et Jeannine Dubié : « la mise en place d'une démarche qualité certifiée par un organisme reconnu, comme l'organisme AES qui délivre la certification Aquacert dans le secteur du thermalisme, sera par exemple prise en compte pour l'allègement du contrôle sanitaire » (2016 : 32)[155].

En faisant pression sur la filière thermale, l'entreprise de gouvernement des conduites instaurée par l'État produit les résultats escomptés. « La normalisation arrive, tant bien que mal, à faire faire aux acteurs du marché ce qu'elle

---

155 Ces deux députés invitent l'État à intervenir dans la réduction des coûts de contrôles sanitaires que doivent supporter les établissements thermaux en augmentant le nombre de laboratoires agréés afin de faire jouer la concurrence et *in fine* de baisser leurs tarifs.

est censée leur faire faire : des normes de sécurité socialement acceptables », souligne Emmanuel Kessous (2000 : 114). Bien que leur application demeure volontaire (Borraz, 2005 : 130), les acteurs du monde thermal se sentent contraints de s'en saisir pour continuer de bénéficier du remboursement des cures par l'Assurance maladie. Pour autant, si ces efforts apparaissent nécessaires, ils ne sont pas suffisants. Ainsi, l'entreprise de légitimation menée par les acteurs de la filière thermale auprès de l'État se voit parachevée par une dernière phase, consistant à démontrer l'utilité de la thérapeutique pour le système de soins.

3) Penser la diversification du thermalisme

« Le développement de la sécurité et le renforcement de la crédibilité médicale apparaissent comme des conditions nécessaires mais non suffisantes pour assurer la pérennité du dispositif thermal français », souligne Pierre Delomenie (2000 : 44) à l'issue de son rapport pour l'IGAS. En insistant, chiffres à l'appui, sur la dépendance « prononcée » des établissements thermaux au « système de protection sociale », l'auteur en appelle *in fine* à une « diversification maîtrisée » de leur activité (Idem : 46).

« L'usage des enquêtes et des données chiffrées constitue [en effet] un ressort particulier du gouvernement des conduites, en faisant de la responsabilité et de la réflexivité des individus les premiers leviers du changement de pratique » (Dubuisson-Quellier, 2016 : 33). Rassemblés autour du CNETh, les acteurs de la filière s'emploient alors à projeter l'image d'un thermalisme « moderne », en phase avec les attentes formulées par Martine Aubry. Dès 2008, un « livre blanc » recense ainsi plusieurs « modèles » adaptables localement. Si l'État oriente d'abord indirectement leurs comportements, il intervient plus explicitement à partir de 2011. Par l'intermédiaire du Conseil national du tourisme (CNT), il parachève son entreprise de gouvernement des conduites en diffusant des modèles de diversification touristique et des « bonnes pratiques » en matière de gouvernance, appelés à être mis en œuvre localement.

a. « Se rendre indispensable » ou l'inscription du thermalisme au cœur d'enjeux de santé publique

Face à la crise de légitimité du thermalisme, les acteurs de la filière conçoivent le « livre blanc du thermalisme » comme un outil stratégique, à la fois pour répondre aux attentes du ministère de la Santé et pour identifier de nouveaux leviers de développement. Le colloque « Le thermalisme, enjeux et perspectives », organisé le 7 décembre 2006, constitue un moment clé dans ce processus. « Organiser un colloque, faire une tribune, remplir une salle, c'est montrer comme organisation sa capacité à intéresser un public techniquement compétent sur la question, c'est aussi tenter d'imposer un thème, une thématique, comme digne d'intérêt, parvenir peut-être, auprès de participants, et au-delà auprès des publics potentiellement visés (par l'annonce avant et le compte-rendu après) à en tirer les bénéficies qui peuvent s'y attacher » (Offerlé, 1994 : 121). Aussi, en invitant le ministre de la Santé et des Solidarités Xavier Bertrand à inaugurer le colloque, les dirigeants du CNETh espèrent-ils transformer l'image de la thérapeutique auprès de l'exécutif.

À de nombreux égards, le discours que prononce ce dernier atteste d'une évolution sensible de la perception du thermalisme par l'État. « *Le thermalisme se modernise* », souligne-t-il en préambule, renvoyant directement aux reproches formulés par Martine Aubry huit ans plus tôt[156]. « *Les travaux scientifiques conduits par la profession dans le cadre de la dernière convention thermale de 2003 ont largement préparé cette évolution, cette intégration dans le système médical moderne. Je me félicite ainsi de l'effort considérable qui a été fourni par la profession depuis bientôt trois ans pour ces expertises scientifiques* », ajoute-t-il ensuite, rétribuant symboliquement le travail d'alignement réalisé par les acteurs de la filière thermale.

S'il réaffirme ainsi la place du thermalisme social dans le système de soins français, Xavier Bertrand la soumet toutefois à de nouvelles conditions. « *Nous partageons la même conviction : le thermalisme a un avenir dans notre pays. Il a toute sa place dans notre système de soins, surtout s'il fait le choix du véritable service médical rendu aux curistes, s'il touche de nouveaux publics, et s'il s'intègre dans une démarche de prévention. Il a également un grand avenir dans le secteur du bien-être, en dehors de la prise en charge de l'Assurance maladie* ». Pour maintenir la confiance retrouvée du gouvernement, les acteurs de la filière thermale sont conviés à s'inscrire dans le champ de la prévention en santé. « *Je souhaite enfin partager avec vous une autre de mes priorités : la réorientation de notre système de soins vers la prévention. La cure thermale peut être un temps*

---

156 Déclaration de Xavier Bertrand, [En ligne], 2006, consulté le 30/03/2016. URL : https://www.vie-publique.fr/cdp/texte/063004393.html ; Les autres verbatims issus de son allocution renvoient à la même source.

important de la prévention et de l'éducation à la santé. [...] *Ce thermalisme* [sous-entendu moderne] *est à la croisée de nombreuses problématiques que j'ai mises au centre de ma politique : qualité de vie des patients atteints de maladies chroniques, importance de la prévention. Je souhaite que votre colloque de ce jour soit l'occasion d'avancer sur l'ensemble de ces problématiques* ».

L'adaptation du thermalisme aux enjeux modernes de santé publique, son inscription au cœur des impératifs de prévention ou encore la transformation des stations en relais du « bien vieillir », sont les principaux axes de réflexion qui structurent le colloque conformément au cap dressé par le ministre de la Santé et des Solidarités. Six tables rondes d'environ une journée sont organisées et les débats alimentés par une centaine de participants et d'instituts aux profils éclectiques. Entreprendre d'ouvrir les débats à des acteurs du monde médical conventionnel est en effet un signal supplémentaire envoyé par la filière au gouvernement. Participent une centaine de professeurs et docteurs en médecine[157], des directeurs d'établissements thermaux, des médecins de la CNAMTS, de l'Institut de santé publique, d'épidémiologie et de développement de Bordeaux ou de la société française d'hématologie, mais aussi des infirmières, une entreprise de consulting et un groupe d'assurances.

Au terme de ce premier cycle, le Livre Blanc du thermalisme est publié (2008). Tant sur le fond que sur la forme, ce dernier sert l'entreprise de légitimation de la filière thermale. Sur la forme, il publicise d'abord les alliances nouées à la fois avec des acteurs du monde scientifique et politique. L'animation de chaque journée d'études « par une personnalité reconnue du monde de la santé » fait ressortir les premières, tandis que la préface met en évidence les secondes (CNETh, 2008 : 5). Commissaire européen et ancien ministre de la Santé et des Affaires sociales, Jacques Barrot propose un plaidoyer en faveur du thermalisme (Idem : 3). « La médecine thermale a le mérite de soigner sans effets secondaires, souligne-t-il. Elle le fait à des conditions très avantageuses pour l'Assurance Maladie. Elle conduit depuis toujours le curiste à accepter ses journées de cure thermale comme des journées de rénovation, de réhabilitation de sa santé loin des soucis professionnels, dans une ambiance de détente. Elle est à la fois bénéfique pour le corps et l'esprit. Les curistes, loin

[157] Chaque orientation thermale (rhumatologie, phlébologie, voies respiratoires, maladies cardio-artérielles, neurologie, etc.) est représentée par un ou plusieurs spécialistes pas toujours issus du monde thermal.

d'être des assistés qui subiraient un traitement, acceptent de payer de leurs deniers les frais de déplacement, d'hébergement et de restauration qui restent à la charge des patients » (Idem : 3). Jacques Barrot ne se contente toutefois pas d'apporter au thermalisme sa légitimité d'ancien ministre de la Santé. Il invite l'exécutif à pérenniser son remboursement afin de permettre son développement. « Le thermalisme a un bel avenir devant lui » souligne-t-il, mais « encore faut-il que la Nation accepte de lui faire toute sa place en facilitant la formation de médecins au thermalisme, en permettant une modernisation de nos stations, qui ont besoin d'investir pour rester à la mesure de tous ces enjeux… » (Idem)[158].

Sur le fond, les dirigeants de la filière thermale se servent du Livre Blanc pour inverser le cadrage réalisé par les rapports administratifs publiés durant la décennie 1990. Il s'agit d'effacer l'image d'une médecine désuète, empirique et potentiellement dangereuse, au profit d'une autre, moderne et sensible aux enjeux de santé publique contemporains. Autrement dit, les acteurs de la filière thermale cherchent à associer les « enjeux particularistes » du thermalisme au « bien commun » que représente la santé publique (Neveu, 2015a : 127). Tout en délivrant aux acteurs locaux des modèles déployables et/ou adaptables pour attirer de nouveaux clients, les pistes de diversification proposées tout au long du document servent à faire du thermalisme une médecine compétente dans le champ de la prévention en santé.

Il en va par exemple de l'incitation à élargir l'acception biomédicale de la santé, prédominante dans les stations, au profit d'« une prise en charge globale du patient », *via* la création de programmes d'éducation thérapeutique (sevrage thérapeutique, comportements alimentaires) ou de stages de prévention (sevrage médicamenteux en psychotrope, sevrage tabagique, prévention des risques cardiovasculaires, etc.)[159]. D'autres pistes visent à étendre les compétences des stations thermales en matière de soins de suite afin de proposer des programmes de rééducation post-traumatique et chirurgicale, de rééducation cardiaque, d'accueil des grands brûlés ou de personnes en rémission de cancers.

---

[158] Les enjeux évoqués par Jacques Barrot sont ceux de la prévention en santé.

[159] Les analyses proposées dans les paragraphes suivants reposent sur les données issues du Livre blanc du thermalisme.

L'âge moyen des curistes accueillis (environ 63 ans) place la thématique du « bien vieillir » au centre du Livre blanc. S'inscrivant au cœur d'une problématique appréhendée par les pouvoirs publics depuis le début des années 2000, les acteurs de la filière thermale soulignent le potentiel des stations s'agissant du traitement des maladies chroniques liées à l'avancée en âge[160]. Aussi des pistes sont-elles proposées (prise en charge des malades d'Alzheimer et de leurs aidants, stages de préparation à la retraite, dépistage de l'ostéoporose, école du dos) pour faire des stations thermales de crédibles « territoires du bien vieillir » (Sonnet *et al.*, 2017)[161].

Aux incitations de Pierre Delomenie (2000) et Xavier Bertrand (2006), les acteurs de la filière thermale répondent par la diversification médicale. Souhaitant « reconnecter » la médecine thermale en amont (prescription) et en aval (hospitalisation, soins de suites) aux filières de soins (CNT, 2011 : 32), ils saisissent l'opportunité que représente l'affirmation des « politiques préventives de santé » (Bergeron, 2010).

Bien qu'elles soient *a priori* pourvoyeuses de « relais de croissance » censés assurer « le développement économique et social des stations » (CNT, 2011 : 5), les diversifications touristiques sont pour leur part exclues des réflexions. Pour les dirigeants du CNETh, associer le thermalisme au monde touristique annihilerait les efforts entrepris tout au long de la décennie pour relégitimer la thérapeutique thermale auprès de l'État. Tel est le sens des propos de l'un de ses responsables : « *Alors moi, je n'aime pas parler de tourisme quand je parle de thermalisme. Si on dit que le thermalisme c'est du tourisme, on va être déremboursé. Donc c'est pour ça que je refuse de dire que les curistes viennent faire du tourisme dans les stations thermales. Premier point. Par contre ce que je dis qui est plus nuancé, c'est qu'un curiste qui va passer trois semaines dans une station thermale dont certaines stations éloignées de tout* [...] *il est indispensable et c'est un complément de la cure, qu'il y ait des activités qui soient proposées au curiste pour son temps libre. Voilà, alors je ne dis pas que c'est du tourisme, je dis que c'est de l'activité occupationnelle*

160 Jean-Pierre Aquino (2007) liste ainsi les plans successifs développés à partir de 2003 en direction de cette catégorie de la population : Programme national « Bien vieillir » mis en œuvre en 2003, suivi du plan national « bien vieillir » en 2007 (2007-2009), le plan Alzheimer (2008-2012) ou encore le plan solidarité grand âge (2006).

161 En compléments de ces mesures, les acteurs de la filière thermale soumettent la possibilité de faire des stations des « observatoires de santé » (CNETh, 2008 : 18-20).

parce que je pars du principe que le moral est quelque chose d'indispensable pour la réussite de la cure. Je mets les points sur les i ». Sans être fondamentalement opposé au développement de pratiques touristiques à l'échelle locale, ce dirigeant du CNETh écarte toute forme de communication à l'échelle nationale, susceptible d'associer le thermalisme à la thalassothérapie et autres « médecines alternatives »[162]. « *Les choses ont été mises au clair il y a trois quatre ans*, ajoute-t-il. *On* [d'autres exploitants thermaux] *nous avait demandé d'avoir une commission remise en forme et bien-être. J'ai refusé. J'ai eu le soutien très majoritaire des administrateurs.* [Le CNETh s'occupe] *de thermalisme médical. Par contre, si vous voulez créer une association ou un syndicat qui regroupe les établissements thermaux qui font du bien-être, vous faites. Mais indépendamment du CNETh. Parce que je ne veux pas que notre administration de tutelle puisse nous dire "vous faites du bien-être, vous faites du confort, vous faites du truc, on va vous dérembourser". Je ne suis pas opposé* [au thermalisme de bien-être] *mais je dis, l'image que nous avons au niveau du CNETh c'est de défendre le thermalisme médical* ».

En se repositionnant au centre de la filière, le CNETh parvient ainsi à imposer une définition légitime du thermalisme alignée sur les normes du monde médical et les enjeux contemporains de santé publique. Mais cette stratégie défensive, pensée pour pérenniser la place du thermalisme dans le système de soins et le maintenir le remboursement des cures, n'épuise pas les dynamiques d'adaptation. Discrètement encouragées par l'État *via* le Conseil national du tourisme, d'autres formes de recomposition – tournées vers l'attractivité touristique et l'économie du bien-être – émergent à l'échelle locale pour « réduire la dépendance des stations et des établissements thermaux vis-à-vis du thermalisme médical » (CNT, 2011 : 5).

b. Identifier, sélectionner et diffuser les bonnes pratiques touristiques

Comme l'ont montré Vincent Béal, Renaud Epstein et Gilles Pinson, les réformes institutionnelles des années 2000 ont transformé en profondeur les modalités d'intervention de l'État. Tout en renforçant l'autonomie des

[162] Par définition, les « médecines alternatives et complémentaires » (acupuncture, homéopathie, hypnose, sophrologie) s'opposent à la médecine allopathique, « scientifiquement vérifiable ». Voir « Médecines alternatives et complémentaires », Hopital.fr, au service de votre santé, [En ligne], consulté le 29/05/2020.

collectivités, elles ont permis à l'État « de retrouver des capacités de contrôle et d'orientation à distance des politiques développées par les pouvoirs urbains en introduisant dans les administrations des logiques d'action, des instruments d'intervention et des formats organisationnels inspirés par les préceptes du *New Public Management* » (2015 : 112-113).

Le monde thermal n'échappe pas à ces recompositions. Après avoir laissé les acteurs de la filière élaborer à l'échelle nationale des pistes de diversification médicale, l'État intervient plus directement au tournant des années 2010. Mandaté par le ministre du Tourisme, le Conseil national du tourisme (CNT) est chargé d'accompagner la diversification des stations, notamment en matière de bien-être. En identifiant, sélectionnant et diffusant des expériences jugées exemplaires, il contribue à cadrer les recompositions territoriales à travers un registre de « bonnes pratiques » valorisées par l'État (CNT, 2011 ; Béal *et al.*, 2015 : 105-106).

Ce travail de sélection est particulièrement prégnant dans la deuxième partie du document qui consiste à passer en revue « les différents axes sur lesquels les stations se sont engagées, que ce soit au niveau de l'établissement thermal ou de la collectivité : diversification médicale, remise en forme, thermoludisme, produits dérivés du thermalisme, etc. En s'attachant à mettre en évidence les facteurs clés de succès de ces démarches » (CNT, 2011 : 5).

Les auteurs évaluent d'abord la pertinence des diversifications médicales lancées depuis la publication du Livre blanc. L'éducation à la santé ne fournirait pas aux établissements de véritables relais de croissance. L'absence de financement des « ateliers d'éducation thérapeutique du patient (ETP) » par la Sécurité sociale n'aurait pas permis « la mise en œuvre de démarches structurées s'appuyant sur un personnel permanent compétent » (Idem : 33). Bien que certaines stations aient commencé à développer (en collaboration avec le CNETh) des programmes d'éducation thérapeutique du patient (ETP) encadrés et labellisés par l'ARS, nombreuses sont celles à choisir des formats plus « légers », telles des conférences ou tables rondes dont l'organisation peut parfois même être assumée par l'Office de tourisme. Les établissements thermaux ont surtout déployé des « cures médicales libres » ou des « courts séjours santé ». Les premières, dont le développement reste confidentiel en 2011, reprennent le format des cures traditionnelles. Elles ont donc une visée curative, comportent un suivi médical mais ne durent qu'une dizaine de jours et ne sont pas prises en charge par la Sécurité sociale. Les « courts séjours santé » sont plus brefs encore (en moyenne 2,5 jours). Présentés sous la « forme de forfaits à but préventif, entretien santé ou remise en forme », ils ciblent une clientèle plus jeune, plus aisée économiquement que les curistes traditionnels et qui souhaite bénéficier des effets d'une cure thermale en un temps resserré (CNT, 2011 : 37)[163]. Mini-cure minceur, mini-cure anti-stress, mini-cure mal de dos, etc. se sont largement développées depuis la fin des années 2000 à destination de ce nouveau public essentiellement actif, urbain et subissant le stress du quotidien (Sonnet, 2015).

L'univers du « bien-être » suscite toutefois davantage d'attention que ces premières formes de diversification à visée médicale. « Si les cures thermales conventionnées sont parfaitement encadrées sur un plan sanitaire et médical, il n'en va pas de même de la nébuleuse du spa, du bien-être de la remise en forme et du thermalisme », soulignent les auteurs qui s'attachent à identifier la diversité de pratiques développées localement. Dès les années 1990, de nombreux exploitants entreprennent d'associer à la cure traditionnelle des offres de « remise en forme » (Lohez, 2000). S'il ne s'agit pas encore de penser l'intégration du thermalisme social au prisme d'une acception « holistique » de la santé (Le Goff, 2012 : 25 et suivantes), plusieurs initiatives permettent aux exploitants de limiter la chute de fréquentation amorcée en 1993. La création de spas thermaux et centres thermoludiques, développant pour les premiers des soins bien-être individualisés et pour les seconds des bassins et des jeux d'eau alimentés en eau minérale naturelle (CNT, 2011 : 42), augmente fortement à partir du milieu des années 2000.

Relevant essentiellement d'initiatives privées, qu'il s'agisse d'exploitants indépendants ou d'entreprises gérant plusieurs établissements, ces pistes de diversification ne se révéleraient toutefois pas efficientes. Pour le CNT, les « facteurs clés de succès » associeraient en effet les diversifications médicales et touristiques de l'offre thermale, mais aussi celles ayant trait à l'hébergement (voir le schéma 2 ci-dessous).

---

163 Alors qu'en 2011, 507 885 curistes bénéficient d'une prise en charge par l'Assurance maladie, seules 2 700 cures médicales libres ont été dispensées. Concernant les « courts séjours santé », environ 80 000 forfaits ont été dispensés cette année-là.

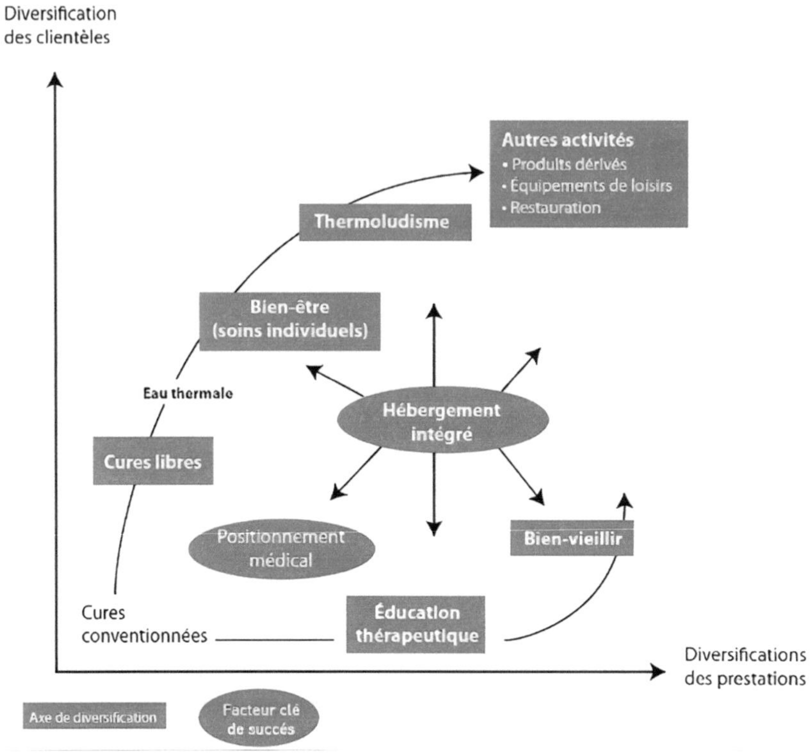

Schéma n°2 : Les pistes de diversification au prisme de leur efficience.
Source : Rapport du CNT, p. 30.

Tout en soulignant le préalable que représente l'attitude entrepreneuriale et « offensive » des exploitants, invités à favoriser l'entrée de nouveaux capitaux, les auteurs insistent également sur le rôle que les pouvoirs publics doivent jouer pour soutenir et valoriser ces entreprises. La « rentabilité demandée » par les investisseurs étant importante, les auteurs incitent les autorités locales à séduire ces acteurs privés par la mise en œuvre de « conditions fiscales satisfaisantes » ou, le cas échéant, par la « mobilisation d'aides publiques indispensables pour assurer l'équilibre financier de l'opération » (CNT, 2011 : 58-59). Des conseils similaires sont également formulés concernant « l'hôtellerie indépendante de niveau deux ou trois étoiles » et les autres formes d'hébergement complémentaires (campings, villages de vacances, etc.) dont le développement « relève souvent du soutien des investissements ».

Identifiant la « bonne pratique » comme ce qui « permet de faire émerger un modèle économique urbain viable et générateur de valeur au niveau de l'ensemble de la station et pas seulement de l'entreprise thermale », le CNT encourage ensuite les acteurs locaux à œuvrer collectivement (2011 : 30). Cette incitation économique au regroupement, confirmée à d'autres moments dans le rapport[164], doit permettre à l'État d'élargir sa capacité à orienter l'action de groupes d'acteurs (élus locaux, médecins thermaux) jusqu'alors moins touchés par l'entreprise normalisatrice entamée au début des années 2000.

Dans cette optique, le CNT s'adresse aussi bien aux acteurs locaux qu'aux organisations représentatives regroupées à l'échelle nationale. Conviés à intégrer la station thermale dans un « cadre territorial pertinent » et à faire preuve de « pragmatisme » en sortant « de la logique d'antagonisme entre thermalisme et tourisme », les élus locaux sont par exemple incités à « jouer le jeu intercommunal ». Publié en 2011, le rapport s'inscrit en effet au début d'une séquence de réformes institutionnelles poursuivant, entre autres objectif, l'affirmation du niveau intercommunal comme « *optimum* dimensionnel » (Offner, 2006 : 34)[165]. Tandis que la loi portant nouvelle organisation territoriale de la République votée en 2015 prévoit le transfert de la promotion touristique des communes aux intercommunalités (Verpeaux, 2017 : 94), le CNT associe dès 2011 l'efficience de la gouvernance des stations à la non-dissociation des problématiques touristique et thermale. « Si la compétence touristique reste au niveau de la station, il est logique qu'il en aille de même pour le thermalisme ; si la compétence tourisme a été transférée au niveau intercommunal au titre du développement économique, il serait logique qu'il en aille de même pour l'activité thermale » (CNT, 2011 : 58-59).

Rappelant ensuite combien « le bon fonctionnement du tandem constitué par la collectivité locale et l'exploitant thermal est un facteur clé de succès de la station thermale, à plus forte raison lorsqu'une politique de diversification est mise en œuvre », le CNT laisse à la filière thermale l'initiative de penser

---

164 Les auteurs soulignent par exemple que « les stratégies de diversification gagnantes sont celles qui associeront étroitement les collectivités, les prestataires touristiques et les exploitants thermaux » (CNT, 2011 : 59).

165 Nous revenons plus précisément sur ce point dans le quatrième chapitre.

l'architecture de ces formes d'action collective. L'ANMCT et le CNETh sont enjoints à développer « une réflexion commune sur les différents aspects de la gouvernance : définition et pilotage de stratégie, cadres contractuels ou conventionnels, maîtrise des ressources, communication, etc. » (Idem).

Partant, les prescriptions du CNT peuvent être appréhendées comme relevant d'une « politique constitutive » informelle qui « ne dit pas quelle est la définition du problème et quelles sont les modalités de son traitement opérationnel [mais] se contente de définir des procédures qui servent de contexte d'action sans que soit présupposé pour autant le degré d'accord et d'implication des acteurs retenus » (Duran, Thoenig, 1996 : 601).

Diversifier avec succès un établissement et/ou une station thermale implique enfin, selon les auteurs, de repenser la communication à l'échelle nationale autour d'une vision élargie de la santé. « Il ne s'agit ni plus ni moins de renouer avec la vocation historique des stations thermales, en réconciliant durablement le tourisme et la santé par les eaux » (CNT, 2011 : 60). Dans la continuité des recommandations portant sur une gouvernance collective des problématiques touristiques et thermales, les auteurs encouragent les acteurs locaux à penser conjointement leur politique de communication. Ils soulignent que « la communication et la mise en marché des cures thermales doivent relever d'une démarche spécifique, du ressort de l'établissement (ou du groupe). À l'inverse, la communication et la commercialisation de la remise en forme et du tourisme relèvent d'une autre démarche, mettant en avant deux entrées complémentaires : les prestations elles-mêmes et le territoire ». Dès lors, les auteurs exhortent les acteurs locaux à « maîtriser ensemble ces deux discours s'adressant à des cibles différentes avec des outils marketing différenciés », ajoutant combien les stations « auraient intérêt à engager une réflexion approfondie sur leur “marque” » (Idem : 61).

Au final, les recommandations du CNT mettent en évidence l'important investissement de l'État dans l'orientation du comportement des acteurs économiques, politiques et médicaux du monde thermal. Qu'il intervienne indirectement (*via* le CNETh et la création d'un Livre blanc conforme à ses prescriptions) ou directement (*via* le CNT), il gouverne à distance les acteurs locaux selon un double processus de « circulation verticale » des « bonnes pratiques » censé repositionner le thermalisme dans le champ de la prévention (Béal *et al.*, 2015). Qu'il s'agisse des pistes de diversification médicale ou liées au bien-être, toutes s'inscrivent dans un processus plus large de

« gouvernement des corps viellissants » engagé par l'État. À l'instar d'autres services marchands dont la fonction n'est « plus seulement d'agrémenter les années de retraite mais de contribuer à repousser le vieillissement ou, quand il se présente à [le] gérer » (Hummel, 2006 : 517), le thermalisme est invité à participer à l'objectif de maîtrise des coûts de la santé face aux évolutions démographiques. Ainsi, les relais de croissance espérés localement, associés au renouvellement de la confiance de l'État à la filière à l'échelle nationale, persuadent finalement les acteurs du monde thermal de se saisir de ces prescriptions au tournant des années 2010.

Simultanément menacés de déremboursement et touchés par une baisse importante du nombre de curistes, les acteurs politiques, économiques et médicaux du monde thermal s'organisent donc à l'échelle nationale à partir du milieu des années 1990. Tandis que la mobilisation des élus locaux auprès du gouvernement offre un sursis aux exploitants thermaux, ces derniers entreprennent de convaincre et de contrer le pouvoir du DG de la CNAMTS lors des négociations collectives de la convention. En se réorganisant collectivement au sein d'un syndicat unique (CNETh), les exploitants thermaux favorisent l'émergence d'une filière thermale unifiée. La capacité financière du CNETh leur permet de créer, aux côtés de l'ANMCT et de la FTCF, l'association française de recherche pour le thermalisme, symbole de cette évolution. En démontrant le service médical rendu par la crénothérapie, la filière maintient le remboursement des soins par l'Assurance maladie. Mais pour se prémunir d'éventuelles futures menaces, exploitants et médecins thermaux entreprennent de conformer la thérapeutique aux attentes de l'exécutif. Afin de (re)gagner la confiance de l'État, ils définissent eux-mêmes des « normes secondaires d'application » (Lascoumes, 1990 ; Borraz, 2005) censées garantir la qualité des soins et sécurité sanitaire des installations. Pour parachever cette entreprise de légitimation, les acteurs du monde thermal s'emploient parallèlement à démontrer leur utilité. Ils élaborent à l'échelle nationale des « modèles », des « bonnes pratiques » qui, associés à ceux diffusés par le CNT, créent les conditions d'un repositionnement de l'offre thermale. En agissant de la sorte, ils parviennent à renverser le cadrage réalisé par la Cour des comptes (1995) et l'IGAS (1986 et 2000). Le thermalisme n'apparaît alors plus à l'État comme une thérapeutique héritée du passé qui coûte de l'argent à la collectivité. Elle devient, au contraire, un outil de prévention dans la lutte contre certains problèmes de santé publique, à commencer par celui du vieillissement de la population.

Conclusion du deuxième chapitre

La montée en puissance des logiques néolibérales dans l'administration affecte donc particulièrement le monde thermal. Comme d'autres secteurs, ce dernier profite pendant plusieurs décennies des politiques redistributives de l'État Providence. Intégré au régime de remboursement de la Sécurité sociale, il bénéficie d'un mode de financement stabilisé et d'une reconnaissance institutionnelle comme composante du système de santé. Mais ce cadrage sanitaire dominant est davantage imposé par l'État, qu'il ne résulte d'une construction négociée entre une administration de tutelle clairement identifiée et une profession thermale structurée – une corporation – « disposant d'un monopole de représentation » (Muller, 1990 : 23)[166]. L'absence de telles négociations sectorielles, conjuguée à la dispersion des responsabilités administratives entre santé, tourisme et aménagement, empêche l'émergence d'un véritable référentiel partagé. Faiblement institutionnalisé et dominé au sein du secteur médical, le thermalisme apparaît ainsi particulièrement vulnérable aux recompositions contemporaines de l'action publique.

Les transformations amorcées à partir des années 1980 modifient en effet les modalités d'intervention de l'État. Mobilisant de nouveaux instruments empruntés à la gestion privée (audits, évaluation, contrôle de qualité, normes, indicateurs de performance, etc.), celui-ci réduit ses interventions directes pour mieux orienter, à distance, le comportement des acteurs publics comme privés (Epstein, 2011). Dans le monde de la santé, l'accès aux ressources publiques se voit ainsi progressivement conditionné au respect de nouvelles normes de sécurité, de qualité et de performance définies par l'État. Or, la mise en évidence, par des évaluations médico-économiques, du décalage de la médecine thermale avec ces nouvelles normes alimente les doutes sur son efficacité ainsi que sur sa place dans le système de soin. Les acteurs thermaux se retrouvent alors à la fois confrontés à la menace d'un déremboursement

[166] Le « modèle français d'administration publique » dépeint par Pierre Muller repose sur l'idée d'un développement orchestré par filières étanches, sous la direction de l'État, en coopération avec des « élites sectorielles que l'on gratifie d'un monopole de représentation » (1990 : 24). Or, à la différence de secteurs plus structurés comme l'agriculture, le thermalisme ne voit pas émerger, pendant plusieurs décennies, un groupe d'acteurs capable de « prendre la direction du secteur » ou de « le modeler à l'image de ses intérêts » (Jobert, Muller, 1987 : 60).

des cures et incités à réinscrire leur activité dans un marché de la prévention et du bien-être, moins dépendant des ressources publiques.

Face à ces critiques, qui se concrétisent au tournant des années 2000 par un projet de déremboursement formulé par le directeur général de la CNAMTS, les acteurs du monde thermal réagissent pour maintenir leur position dans le secteur de la santé. La profession se réorganise autour d'un syndicat unique (le CNETh), se dote d'outils de légitimation scientifique (création de l'AFRETh), aligne progressivement ses pratiques sur les principes de *l'evidence-based medicine*, et met en place des dispositifs de normalisation pour assurer qualité des soins et sécurité des installations. Afin de souscrire aux recommandations du rapport Deloménie (2000) et aux prises de position de responsables politiques tels que Xavier Bertrand (2006), ils réfléchissent également à des pistes de diversification. Mais pour ne pas altérer l'image médicale qu'ils entendent conserver auprès de l'État et de l'Assurance maladie, ces évolutions prennent principalement la forme d'une diversification thérapeutique, articulée aux enjeux contemporains de santé publique (prévention, vieillissement, maladies chroniques).

Cette maîtrise de l'image du thermalisme à l'échelle nationale n'empêche toutefois pas le développement, à l'échelle locale, d'initiatives plus ouvertement commerciales. Confrontés à l'érosion de la fréquentation et à l'incertitude du maintien du remboursement, certains exploitants thermaux diversifient leur offre en s'orientant vers le bien-être, le thermoludisme ou les courts séjours. Encouragées par l'État *via* le Conseil national du tourisme (2011), identifiant et diffusant des bonnes pratiques, ces initiatives favorisent un rapprochement entre acteurs locaux. À l'instar de « l'agriculture de services » analysée par Pierre Muller (1990 : 25) qui, en « prise directe sur le développement local », ne peut fonctionner qu'en « tissant une multitude de liens avec son environnement économique et social de proximité », ces recompositions supposent la mise en œuvre de projets collectifs portés par une diversité d'acteurs économiques, politiques et institutionnels. Elles réinscrivent ainsi l'activité thermale dans un « espace de localité » (Idem), au croisement des logiques de marché et de développement territorial.

Tout en s'efforçant de maintenir leur reconnaissance dans le secteur de la santé, les acteurs du monde thermal cherchent ainsi à compenser la fragilité de leur position. Cette dynamique d'ajustement souligne alors combien, dans des secteurs où la régulation étatique passe moins par l'injonction que par l'orientation des conduites, l'alignement sur des normes nationales peut cohabiter avec des logiques d'ancrage territorial. Mais cette reconfiguration territoriale de l'activité ne va pas de soi. Elle suppose que les acteurs locaux soient en mesure de se réorganiser collectivement, de construire une vision partagée du développement et de stabiliser des arrangements coopératifs. Autrement dit, elle suppose que les villes thermales soient en mesure de recréer une capacité politique territoriale. C'est à l'analyse de cette exigence – et aux formes concrètes qu'elle prend dans deux territoires contrastés, Dax et Bagnoles de l'Orne – que se consacrent les chapitres suivants.

Gérer collectivement la crise du thermalisme à l'échelle locale : les institutions municipales en première ligne

L'élaboration de stratégies de sortie de crise à l'échelle locale n'a rien d'évident. Le retrait progressif de l'État de la gestion des territoires, amorcé au tournant des années 1980, modifie profondément la capacité d'action des collectivités. Comme l'a montré Olivier Borraz (2000), ces dernières doivent désormais assumer la responsabilité de problèmes, dont la nature plus transversale appelle une réponse concertée entre acteurs locaux (Duran, Thoenig, 1996). Or, ce transfert de responsabilité s'est souvent opéré sans que ne soient réunies les conditions institutionnelles nécessaires pour structurer une action collective à cette échelle. Formulé autrement, les villes se retrouvent chargées d'agir, sans toujours disposer des ressources (financières, d'expertise) ni d'une capacité d'intégration suffisante pour gouverner localement.

Cette difficulté est d'autant plus marquée dans les villes thermales, qui cumulent deux formes de dépendance à l'État-providence. Comme les autres villes, ces dernières bénéficient pendant plusieurs décennies des politiques keynésiennes d'aménagement du territoire portées par l'État central. Mais elles sont aussi structurées autour d'une économie – le thermalisme – elle-même sous « perfusion » publique, *via* le remboursement des cures. Cette double inscription dans des logiques redistributives nationales limite l'émergence de coopérations locales. Comme dans les villes industrielles analysées par Gilles Pinson (2009), les acteurs politiques et économiques locaux ne sont pas incités à organiser collectivement leur territoire, ni à cultiver des relations de confiance pourtant nécessaires lorsqu'il ne s'agit plus seulement de gérer la croissance, mais d'en assurer le développement.

Ce déficit de coordination rend ainsi les villes thermales difficilement gouvernables, au moment même où les premiers signes de désaffection des curistes se font sentir. À Dax comme à Bagnoles de l'Orne, les élus locaux peinent à nouer des liens de confiance et coopération avec les acteurs économiques – en particulier les exploitants thermaux – mais aussi avec les autres échelons de gouvernement. Privés de relais, de ressources et de leviers pour enclencher une action collective, ils subissent dans un premier temps les effets de la crise sans pouvoir y répondre (I). Malgré des caractéristiques différentes, les deux villes réagissent néanmoins de la même manière. Pour sortir de l'impasse relationnelle dans laquelle ils se trouvent et composer avec ces configurations pluralistes qui caractérisent désormais le gouvernement municipal, élus dacquois et bagnolais mobilisent partenaires économiques et institutionnels autour de « projets », dont la mise en œuvre doit s'accompagner de retombées matérielles sur leur territoire (Stone, 1989). Qu'ils soient centrés sur la relance de l'économie thermale (Dax), ou élargis à des enjeux d'attractivité touristique (Bagnoles de l'Orne), ces « dispositifs d'action négociés et interactionnistes » favorisent l'émergence d'un langage commun, de règles et représentations partagées, ainsi que de dispositions à coopérer (Pinson, 2006 : 642). Cette dynamique s'incarne dans la création d'arènes de délibération collective (cluster, EPIC) qui rendent possible la négociation et l'ajustement des positions. Le projet agit ainsi comme un instrument de mobilisation, mais aussi de légitimation politique, en redonnant aux élus un rôle moteur dans la définition de l'avenir territorial (II).

I. Des gouvernements municipaux privés de capacité politique

Les incertitudes qui pèsent sur la régulation du thermalisme depuis la fin des années 1990 se répercutent directement sur l'économie des villes thermales. L'arrêté du 19 juin 2000, les « menaces » de déremboursement annoncées par le directeur de la CNAMTS ou encore le rapport rédigé par l'IGAS au tournant des années 2000 placent les exploitants thermaux dans une position paradoxale. Sommés de rénover leurs installations pour garantir la sécurité sanitaire des curistes, ils doivent en même temps composer avec un climat d'instabilité qui rend tout investissement risqué.

Les caractéristiques du thermalisme dacquois rendent la sous-préfecture des Landes particulièrement sensible au contexte national. Si la ville revendique fièrement son statut de première station thermale française pendant plusieurs décennies, les quelques 45 000 curistes qu'elle accueille au milieu des années 2010 sont répartis au sein d'une multitude d'établissements : il y en a une quinzaine en moyenne entre 1990 et 2018. Qu'ils aient été construits au début du XXe siècle, pendant l'entre-deux-guerres ou, plus récemment dans les décennies 1960 et 1970, tous doivent être rénovés au tournant des années 2000. Or, la plupart sont gérés par des petites ou moyennes entreprises qui n'ont pas toujours la capacité financière pour entreprendre simultanément travaux structurels et travaux d'embellissement. Face à l'incertitude instaurée par l'État, nombreux sont les dirigeants à privilégier les premiers au détriment de l'attractivité de l'offre et de la fidélisation des curistes.

À Bagnoles de l'Orne, la situation est différente. L'unique établissement thermal est présidé par Philippe Moulin-Roussel, qui n'hésite pas à investir fortement dès que le nombre de curistes chute de manière trop importante[167]. En 1996 et 1997, les dirigeants mobilisent ainsi 25 millions de francs dans la rénovation et la valorisation des installations. La problématique de l'exploitant thermal bagnolais tranche singulièrement avec celle de ses homologues dacquois.

Pourtant, au cours des années 2000, les deux villes subissent l'accentuation du phénomène de désaffection du public pour le thermalisme, déjà notable depuis le milieu des années 1990. À Dax, alors qu'un record de fréquentation de 57 314 curistes est enregistré en 1999, ces derniers ne sont plus que de 47 007 en 2009 et même 45 379 en 2015 (Delpont, 2014). À Bagnoles de l'Orne, 17 376 curistes sont accueillis en 1992 puis la fréquentation chute de

---

[167] Philippe Moulin-Roussel est PDG depuis 1981 de la Société des Vins des France, un groupe dont la fortune est estimée par *Les Échos* à « quelques 2 milliards [de francs] de chiffre d'affaires ». « Pernod-Ricard cède la Société des Vins de France à Castel », *Les Échos*, consultable en ligne. Selon un ancien directeur des Thermes de Bagnoles de l'Orne en fonction dans les années 1980, le patrimoine thermal de Philippe Moulin-Roussel ne représentait qu'une petite partie de sa « *considérable* » fortune. Il revêtait toutefois une grande valeur symbolique.

façon continue. En 1997, il n'y a déjà plus que 13 466 visiteurs annuels. Le plus fort de la crise est atteint en 2009 avec 9 000 curistes[168].

Le désintérêt des curistes pour le thermalisme et l'incertitude générée par les évolutions nationales expliquent en partie cette chute de fréquentation. Mais l'ampleur de la crise trouve également son explication dans l'évolution des relations qu'entretiennent les acteurs locaux et dans la perte d'influence des autorités municipales. Depuis la fin du XIXe siècle ces dernières jouent en effet un rôle central dans la structuration et le développement de l'activité thermale, quels que soient la taille de la station et/ou le mode de gestion des eaux (privé, public ou semi-public). Or, à Dax comme à Bagnoles, la stabilité politique en période de croissance n'a ni favorisé l'interreconnaissance, ni permis l'émergence d'une capacité d'anticipation ou d'adaptation (1). Confrontées à la crise, les municipalités apparaissent ainsi démunies, faute de liens suffisamment consolidés avec les autres acteurs (2).

1) « Municipalisation » ou « laisser-faire » : une gestion différenciée de la croissance par les autorités municipales dacquoises et bagnolaises

Analysant les spécificités et problèmes du partenariat public-privé dans la gouvernance des stations de montagne, Françoise Gerbaux et Emmanuelle Marcelpoil posent l'hypothèse selon laquelle « un des éléments de la performance économique est la coordination des acteurs » (2006 : 10). Suivant ce principe, l'analyse de la déstabilisation des rapports entretenus par les municipalités dacquoise et bagnolaise avec les acteurs économiques des deux territoires favorise la compréhension des formes territorialisées du problème thermal. À Dax, la municipalité occupe jusqu'au milieu des années 1990 une position prédominante dans le jeu local. À Bagnoles de l'Orne, elle accompagne l'action d'une entreprise thermale omnipotente pendant plusieurs décennies. La remise en cause de ces positions accentue les effets de la crise.

[168] Chiffres issus des archives de la ville : société d'exploitation « Les Thermes de Bagnoles de l'Orne ».

a. Impulser, réguler, contrôler : la municipalisation du « thermalisme social » dacquois

L'implication des autorités municipales dacquoises dans le développement du thermalisme est ancienne. Dès la fin du XIXe siècle, c'est l'impulsion du maire Raphaël Milliès-Lacroix (1887-1899) qui permet le développement de l'activité en favorisant la création de la première grande société de thermalisme (Dax Salin Thermal), la construction d'un bâtiment de soins éponyme et d'un casino. Mais c'est plus largement à son fils, Eugène Milliès-Lacroix, qu'est attribué l'essor de la station. En quête de la municipalité au début du XXe siècle (il est élu maire de 1929 à 1959), cet homme d'affaires participe fortement à la transformation du paysage thermal de la ville. Il crée d'abord une Société Industrielle et Fermières des Eaux thermales et minérales de Dax (SIFED) dont la municipalité devient fermière en 1927. Puis, élu en 1929, à un moment où « les communes obtiennent les coudées franches pour innover en matière de politiques publiques » (Pinson, 2010 : 76), il réalise une partie d'un projet de « quartier de luxe » dédié au thermalisme. Des quatre hôtels de luxe prévus à la construction, seul le Splendid voit le jour. L'Atrium-Casino (nouvel espace réunissant loisirs culturels et jeux d'argent), censé attirer une clientèle nouvelle dans une station jusqu'alors essentiellement tournée vers le soin, vient compléter cette réalisation. Avant-guerre, la municipalité dacquoise facilite donc le développement économique du thermalisme.

Comme ailleurs toutefois, l'activité subit les conséquences de la Seconde-Guerre mondiale. D'abord occupés par les Allemands, les établissements de la SIFED deviennent à la Libération des hôpitaux militaires pour l'Armée française ou des centres de libération des prisonniers de guerre français. Il faut attendre plusieurs années et la montée en puissance du thermalisme social pour voir le nombre de curistes augmenter à nouveau fortement. Seulement 5 800 en 1932 et environ 7 000 en 1950, leur nombre atteint 14 000 à la fin de cette décennie (Delpont, 2011 : 229).

Une hégémonie municipale contestée

L'élection de Max Moras, en 1959, se fait dans une forme de continuité. Avocat de formation, déjà membre du conseil municipal sous Vichy entre 1941 et 1944, il intègre le Rassemblement du Peuple Français (RPF) créé par Charles de Gaulle en 1947. Bien qu'il défende à l'Assemblée Nationale les intérêts de la filière face au Plan Pinay en 1958[169], il ne se distingue pas, durant son premier mandat, par son action vis-à-vis de l'expansion du thermalisme dacquois. Au cours de ses deuxième et troisième mandats, la municipalité prend toutefois progressivement une place plus importante, si ce n'est centrale, dans le gouvernement municipal du thermalisme dacquois.

L'investissement de la municipalité dans les affaires thermales évolue largement à la fin des années 1960. Associés à une situation financière compliquée, les mauvais rapports entretenus par le maire et le directeur de la SIFED poussent ce dernier à vendre en 1966 la société à la Compagnie Thermale du Soleil (CTS, devenue Chaîne Thermale du Soleil). Dirigée par Adrien Barthélémy, celle-ci ne respecte toutefois pas une partie de ses obligations envers la ville, l'une d'elle consistant à rénover les établissements (Idem : 26). Profitant de cet incident, la municipalité poursuit la CTS au tribunal pour non-respect de ses engagements et devient, en 1968 et pour la première fois de son histoire, propriétaire du patrimoine thermal. Une société d'économie mixte (SEM) nommée Compagnie Thermale Dacquoise (CTD), dont la ville possède 60 % des parts, est créée afin de gérer l'ensemble des infrastructures thermales et hôtelières.

S'ouvre alors, de 1968 à 1997, une période de « municipalisation du thermalisme ». Dans un article traitant de l'évolution des politiques sportives municipales en France, Nadine Haschar-Noé explique combien l'action des élus envers le sport est caractérisée, dans les années 1970 et 1980, par un « souci gestionnaire » doublé « d'une volonté politique de régulation, de contrôle et d'orientation des actions associatives » (2004 : 501). Selon ses propos, « ces évolutions révèlent un infléchissement général des politiques sportives dans le sens d'une plus grande "municipalisation" se traduisant par des interventions et des régulations plus importantes du sport local par les élus politiques ». À Dax, les édiles locaux endossent le même rôle vis-à-vis du thermalisme. Directement investie dans le développement des activités thermales et touristiques à partir des années 1970 – d'abord *via* la CTD, ensuite en plaçant un adjoint à la tête de l'Office de Tourisme et du Thermalisme (OTT) et du Syndicat d'Initiative (SI) – la municipalité cherche à contrôler, réguler et orienter l'action des acteurs privés qui s'installent sur le territoire.

---

169 Voir le chapitre I et notamment la section « Quand l'État entend changer les "règles du jeu" ».

L'omnipotence de l'institution municipale ne dure que quelques années. Dès le tournant des années 1970, un entrepreneur privé, Roger Junca, bouleverse le jeu local en impulsant une dynamique nouvelle à l'activité thermale. Encore boucher-charcutier, rugbyman à l'US Dax et 4ème sur la liste d'opposition au maire Max Moras lors des élections de 1965, Roger Junca acquiert à la même époque des terrains sur lesquels il réalise plusieurs forages et découvre des gisements d'eau thermale. En 1967, il obtient un permis de construire et crée Thermes-Adour (Delpont, 2014 : 14). Fort du succès de cette première structure, qualifiée par les acteurs de l'époque d'ultra-moderne, « marquée du sceau de la taylorisation », Roger Junca poursuit son entreprise. En 1969 et 1971, le Régina (un hôtel trois étoiles de six étages) et le Grand Hôtel des bains (structure quatre étoiles de 112 chambres et 7 appartements) sont bâtis. Enfin, Roger Junca rachète les locaux d'une ancienne clinique qu'il transforme en logements, puis un hôtel. Il devient en 1974 le premier exploitant thermal du territoire.

Figure représentative de la « société locale » thermale de l'époque – son entreprise concurrençant rapidement celle de la CTD –, les relations qu'il entretient avec la ville, et notamment avec un jeune conseiller qui s'affirme comme référent vis-à-vis des questions thermales, rythment les décennies 1970 et 1980.

Pharmacien, né à Bordeaux mais élevé à Dax par son oncle, Yves Goussebaire-Dupin est élu en 1965 sur la liste de Max Moras à l'âge de 35 ans. Nommé au rang d'adjoint en 1966, sans toutefois bénéficier de délégation, il se fait remarquer en 1969 en prenant ses distances avec le maire, attaquant personnellement ses compétences, notamment en matière de thermalisme. Cette position de retrait au sein du conseil municipal ne l'empêche pas de parfaire son implantation locale en étant élu à la présidence du Syndicat d'Initiative (SI) en 1970. Par ailleurs, la connivence qu'il entretient avec un journaliste de la presse locale lui permet d'avoir « pignon sur rue » (Tétu, 1995 : 294). Afin de le « neutraliser », Max Moras le charge ainsi des affaires économiques de la cité tout en le nommant à la tête de l'Office de Tourisme et du Thermalisme (OTT) nouvellement créé en 1971.

S'il ne se présente pas aux élections de 1971, Yves Goussebaire-Dupin s'affirme au sein du jeu politico-économique local. Profitant de sa position de double-président, il s'inscrit au cœur du « jeu thermal ». En 1972, il délaisse sa délégation à l'économie et s'investit plus largement dans l'OTT. Créée avec l'objectif de devenir « un organe de réflexion, de coordination et d'action » (Delpont, 2014 : 29), cette structure lui permet de définir la « politique touristique de la station ».

Parallèlement, l'entrée dans le jeu de Roger Junca, à la fin des années 1960, a favorisé celle d'autres acteurs privés. En 1974, un ancien international de rugby (kinésithérapeute de formation) crée les Thermes Bérot, tandis qu'en 1975 apparaissent les Thermes Foch. Qualifié de « chantre de l'action collective et du travail d'équipe » par Hubert Delpont (2014 : 32), Yves Goussebaire-Dupin profite de l'OTT et du SI (où il est secondé par le directeur de Thermes Adour) pour initier une action collective qu'il dirige en tant que président. Son attitude rappelle ainsi celle des adjoints « désireux de s'autonomiser », qui ont « développé leur influence dans le domaine de leur délégation », « se sont comportés en "chefs de service", et se sont imposés [...] comme de véritables acteurs politiques » (Béal, 2006 : 98).

La création d'un guide général de la station, la mise en œuvre de campagnes de communication dans le métro parisien ou d'actions de qualité destinées à améliorer l'accueil des curistes, l'organisation de « multiples réunions, colloques, groupes de travail, associant professionnels et jusqu'au sous-Préfet sur d'innombrables sujets » (Delpont, 2014 : 33), sont autant d'actions engagées par l'OTT et le SI au début des années 1970. En prouvant son « habileté à mener des politiques ou à se les voir imputer » (Béal, 2006 : 98), en associant à son action la forte croissance du nombre de curistes[170], Yves Goussebaire-Dupin se construit tout au long des années 1970 une « légitimité » d'homme politique auprès des acteurs thermaux.

Pour autant et malgré cette montée en puissance du thermalisme local, la municipalité ne parvient pas à totalement conserver sa capacité d'intégration des différents acteurs thermaux et touristiques du territoire. D'un côté, Yves Goussebaire-Dupin tire une forte légitimité des coalitions qu'il a su construire *via* l'OTT et le SI. Mais d'un autre, les relations qu'entretiennent Max Moras et Roger Junca se détériorent tout au long des années 1970. Le maire de Dax cherche à limiter l'expansion d'un « concurrent » de plus en plus important de la CTD de plusieurs façons. Il s'oppose d'abord aux requêtes de Roger Junca concernant l'exploitation à distance de sa source pour alimenter une

---

[170] Encore 22 586 en en 1970, la croissance atteint les 7,5 % en 1971 (24 297) pour dépasser le seuil des 30 000 curistes en 1975.

usine d'embouteillage (Delpont, 2014 : 39-40). Ensuite, et surtout, il refuse de lui vendre de nouveaux terrains constructibles dont la ville s'est rendue propriétaire après avoir entrepris de gros travaux d'endiguement de l'Adour.

En conséquence, Roger Junca s'installe dans la commune voisine de Saint-Paul-lès-Dax et y construit un premier établissement en 1976. Il profite d'une écoute particulièrement attentive du député-maire saint-paulois Henri Lavielle qui, quelques années auparavant (1973), a entrepris la restructuration d'un marécage de 35 hectares en plan d'eau de 12 hectares afin de développer l'activité touristique de sa ville. C'est autour de ce lac que le thermalisme saint-paulois prend son essor. En 1977 est créé le Centre Napoléon[171] puis, en 1978, un hôtel de 86 chambres. Tout au long de la décennie 1980, d'autres réalisations complètent ces premières structures : en 1982 un nouvel hôtel de 240 chambres, suivi d'un camping de 100 emplacements en 1985 et d'une résidence en 1988, complétés par un nouvel établissement thermal en 1991. Enfin, en 1997, est créé Calicéo (qui deviendra Sourcéo), un centre thermoludique inspiré des Thermes de Caracalla de Baden-Baden (Allemagne). Roger Junca offre donc à la ville de Saint-Paul-lès-Dax l'opportunité de devenir station thermale (elle obtient l'agrément en 1983) et de concurrencer directement son homologue dacquoise.

Yves Goussebaire-Dupin, « maire entrepreneur » du thermalisme dacquois

Implanté sur les deux communes avec son exploitation Thermes Adour, Roger Junca voit ses rapports avec les autorités municipales dacquoises s'améliorer brièvement à l'occasion de l'élection d'Yves Goussebaire-Dupin en 1977. Le profil du nouveau maire tranche avec celui affiché par Max Moras. Yves Goussebaire-Dupin comporte toutes les caractéristiques des « élus entrepreneurs », impliqués dans la définition de choix stratégiques et dans le suivi des dossiers, qui s'affirment dans les décennies 1970 et 1980 (Lorrain, 1993). Le décentrement opéré par l'État s'accompagne effectivement d'une transformation du métier d'élu local et d'une autre façon de tirer sa légitimité (Mabileau, 1997 : 361) : ce ne sont plus seulement les qualités d'intercesseur

[171] Il s'agit d'un centre thermal dans lequel est déplacé le centre de rééducation fonctionnelle auparavant situé dans le Grand Hôtel à Dax.

qui légitiment l'élu, mais l'action. « Les élus ne se contentent plus de rendre des services et d'administrer, ils agissent en propre » (Borraz, 2000 : 20).

L'arrivée au pouvoir de ce nouveau maire n'empêche toutefois pas la résurgence des conflits entre la municipalité et Roger Junca. Le plus important intervient en 1978 à propos de la distribution de boue. Au moment même où le nouveau maire de Dax initie la création d'un produit uniforme pour l'ensemble des établissements dont la distribution serait assurée par la municipalité, Roger Junca apporte une ampleur industrielle à ses installations, projetant leur mise sur le marché sous forme de cataplasmes. Devenu par ailleurs conseiller général et régional dès 1973 et réélu conseiller général en 1976, Yves Goussebaire-Dupin sollicite le Préfet pour faire démolir les bassins de production de boue, sans succès.

Cette attitude du maire envers Roger Junca s'explique par la volonté du premier de diriger le jeu local. Depuis 1972 et la série d'articles du quotidien *Sud-Ouest* sur sa vision du thermalisme, Yves Goussebaire-Dupin milite pour élargir l'offre sociale à un « "thermalisme de santé" dont la capitale pourrait être Dax, offre "qui ne serait pas un simulacre de thermalisme, mais une formule de séjour nouvelle alliant le bénéfice psychologique du changement, la découverte de la nature et d'activités de loisir à des pratiques d'entretien et de régénération corporelles" »[172]. Pour ce faire, une fois aux responsabilités, il amplifie son action vis-à-vis du thermalisme sur deux plans. Il profite d'abord de ses fonctions de conseiller régional pour obtenir de l'État, *via* un contrat de plan État-Région, des subventions promises depuis le début des années 1970. Il engage alors une nouvelle série de travaux de réhabilitation dans les hôtels de la CTD afin de diversifier l'offre et accueillir une « clientèle plus fortunée, voire étrangère » (Delpont, 2014 : 53). Il concrétise ensuite son projet d'industrialisation de la production du péloïde – à laquelle il souhaite donner une aura scientifique – pour faire face à l'augmentation importante du nombre de curistes et se distinguer des autres stations par la qualité de l'offre (Karpik, 2013)[173]. La production des boues, jusqu'alors assurée de manière empirique et supervisée par l'OTT, est confiée dès 1979 à la régie municipale créée à l'occasion et rattachée à la régie des eaux de Dax. Dans le même temps,

---

[172] *Sud-Ouest*, 17 novembre 1972, propos rapportés par Hubert Delpont (2014 : 32).

[173] Lucien Karpik explique que les prix ne suffisent pas toujours à distinguer des produits et/ou des services. Les clients indexent également leur choix par rapport à la qualité.

une première étude « des caractères physico-chimiques du support minéral » est commandée à l'institut pharmacologique de Bordeaux, puis une seconde en 1981 sur « les caractères bactériologiques des boues, leur culture et leur maturation qui fait apparaître la nécessité de créer un laboratoire municipal des boues » (Delpont, 2014 : 55). Un responsable du laboratoire municipal de Dax confirme cette volonté politique de la municipalité d'apporter à cette matière première une certification scientifique afin d'en faire un produit d'appel : « *Il* [Yves Goussebaire-Dupin] *a très vite compris qu'il fallait un peu mettre de l'ordre dans les produits qui étaient livrés et asseoir une certaine qualité donc… on a créé en 1983 le laboratoire municipal qui était destiné en priorité à contrôler les produits thermaux élaborés par la ville de Dax. Donc ça a permis de distribuer aux établissements thermaux de l'eau thermale et de la boue thermale contrôlée et donc ça a permis d'asseoir un peu la crédibilité de la cure médicale* ».

Ces propos témoignent par ailleurs de la montée en puissance de l'administration municipale au tournant des années 1980. Recruté à cette époque après avoir travaillé plusieurs années dans un laboratoire d'hydrologie bordelais, cet acteur s'inscrit dans le « mouvement de recrutement de personnels puis de cadres qualifiés » entamé dans les années 1960 et accéléré dans la décennie 1970 au moment où « les villes entendent revendiquer leur autonomie face à l'État » (Borraz, 2000 : 19)[174]. Équipée d'un laboratoire et de personnels qualifiés, la municipalité se donne donc les moyens de mener à bien ce processus qui s'achève en 1993 avec le dépôt d'un brevet et la création de la marque *Terdax*.

La réaffirmation de Roger Junca de se retirer du jeu collectif et d'agir individuellement déstabilise la capacité du maire Goussebaire-Dupin à imprimer au thermalisme dacquois la direction qui l'anime : celle d'un thermalisme de santé basé sur la qualité des produits. L'occasion d'augmenter l'interdépendance et donc son pouvoir sur cet acteur privé déjà autonome en eau thermale est manquée par l'institution municipale, qui n'a qu'une prise limitée sur les orientations stratégiques de Thermes Adour. Plus largement, cela montre combien le jeu reste toujours ouvert au tournant des années 1980. Alors qu'il avait initié une action collective *via* l'OTT au début des années

[174] Albert Mabileau rappelle par ailleurs combien « l'expertise est devenue un instrument essentiel de la gouvernabilité locale, une ressource forte à la suite de la décentralisation » (1997 : 361).

1970, Yves Goussebaire-Dupin n'est pas en capacité de la stabiliser une fois à la tête de la municipalité.

Pour faire face à cette situation, le maire cherche à diviser les acteurs thermaux en se servant du péloïde. Lors du conseil municipal du 30 septembre 1986, il entérine l'affichage des établissements utilisant ce produit. Il les place alors en situation d'avantage concurrentiel face à Roger Junca. Le prix n'étant pas un critère différenciant au sein de la station, la qualité s'impose comme un critère discriminant. À l'instar d'autres dispositifs de qualité tels que le guide Michelin présenté par Lucien Karpik, afficher la rigueur scientifique du péloïde municipal et les établissements qui y ont recours crée les « conditions du *jugement* et les garanties de la *promesse* » (Karpik, 2000 : 370).

Cette initiative du maire est saluée en 1984 par une conseillère municipale, propriétaire des Thermes des Écureuils créés deux ans plus tôt : « *Il y a longtemps que nous déplorions de ne pouvoir dire qu'il y avait deux types de soins à Dax. Vous nous donnez l'autorisation de mettre en avant cet argument, cela me satisfait !* » (Delpont, 2014 : 55). Or, cette stratégie n'a pas uniquement comme portée l'échelon local. Sur les conseils d'un cabinet mandaté pour repenser la stratégie de communication de la ville, il s'agit de distinguer Dax de ses concurrentes en mettant « l'accent sur l'originalité de la boue de Dax et sur la qualité de l'environnement » (Delpont, 2014 : 58). La campagne publicitaire d'envergure déployée en 1983 sur les chaines de télévision TF1 et Antenne 2 – dont le slogan n'est autre que « la boue qui vous veut du bien » – suit ces prescriptions.

Les actions menées à cette époque profitent d'un contexte national favorable dans lequel le nombre de curistes ne cesse d'augmenter. Ils sont plus de 40 000 à fréquenter la station de Dax au début des années 1980, avant qu'elle ne devienne première ville thermale de France en 1987. La croissance thermale ralentit toutefois durant cette décennie, favorisant l'émergence de tensions entre le maire et certains membres de la société locale, telle la présidente du SI, avec qui il entre en conflit. Réélu maire et sénateur en 1983, mais ne parvenant pas à stabiliser d'action collective avec l'ensemble des exploitants thermaux, Yves Goussebaire-Dupin identifie dans le jeu intercommunal une opportunité de réaffirmer sa capacité politique. Acculturé au Sénat au projet de loi relatif à l'administration territoriale de la République (ATR) dès le début des années 1990 (favorisant, entre autres, la création des communautés de communes), il initie la création de la communauté de communes du Grand Dax en 1993. Mais il ne parvient à y imposer son projet consistant à faire de la destination intercommunale un territoire du « tourisme de santé ».

Malgré cet « échec », qui limite son « leadership territorial » (Genieys *et al.*, 2000), Yves Goussebaire-Dupin poursuit son action sur la scène communale. Il orchestre entre 1989 et 1992 le projet de démolition-reconstruction des « Thermes » (premier établissement thermal créé à Dax). À côté du Splendid – établissement art-déco quatre étoiles, symbole du thermalisme de l'entre-deux-guerres dacquois – est donc érigé un bâtiment pensé par Jean Nouvel, dont l'architecture crée un fort dissensus localement à mesure de l'avancement de sa construction. Pour légitimer cette opération de 35 millions de francs dont le résultat divise le conseil municipal, les acteurs thermaux et plus largement la population dacquoise, le maire invoque la « modernité » dont les retombées doivent permettre au territoire d'enrayer les premiers effets de la crise. D'autres réalisations sont entreprises tout au long d'un dernier mandat émaillé de difficultés pour Yves Goussebaire-Dupin. En 1994, le projet de rénovation de l'Atrium-casino est à nouveau inscrit au budget municipal après avoir été avorté, quatre ans plus tôt, faute de financements. Mais là encore, les difficultés financières sont importantes et le maire doit faire face à deux imprévus. Le premier concerne la fermeture de l'hôtel des Baignots (une structure de la CTD) pour des questions de sécurité en 1992, entrainant le licenciement de soixante salariés. Le second correspond, en 1994, aux conclusions d'une enquête de la Direction Régionale des Affaires Culturelles (DRAC) soulignant l'importance de réaliser au Splendid des travaux d'étanchéité pour un montant chiffré à environ 7 millions de francs (Delpont, 2014 : 75-76).

Après trois mandats et trente années de vie publique, ce maire UDF, élu en 1977 avec la vague giscardienne, est battu aux élections municipales de 1995 par Jacques Forté, le candidat divers droite (majorité présidentielle). Lors de la dernière séance du conseil municipal, l'opposition socialiste menée par Gabriel Bellocq (maire de Dax entre 2008-2016) lui reproche d'avoir déployé une politique du « tout thermalisme qui a mené à une impasse » (Idem : 77). Affichant un profil d'entrepreneur dès le début des années 1970, particulièrement actif vis-à-vis du développement thermal dacquois, son action a profondément fait évoluer le thermalisme local qui affiche plus de 55 000 curistes en 1995. Mais le revers de ces nombreux investissements, outre la fermeture d'un des établissements de la CTD, est de laisser la compagnie thermale et la ville dans une situation de fort endettement. Alors, que la crise du thermalisme s'affirme sur la scène nationale avec la publication du rapport de la Cour des comptes, la situation financière et le renouvellement des acteurs déstabilisent la municipalité dacquoise dans le jeu local.

b. « Laisser faire » l'établissement thermal : volonté politique ou fatalisme municipal ?

La situation bagnolaise tranche avec le contexte dacquois. Dès son origine (1644), ou presque (1691), la source d'eau chaude permettant la commercialisation des soins thermaux est privatisée (Dangy, 2013 : 38). En 1896, la famille Moulin-Roussel devient propriétaire de l'établissement thermal. Les données recueillies aux archives municipales ne donnent pas de grandes indications sur l'évolution de la station entre la fin de la Seconde Guerre mondiale et la fin des années 1960. La ville est alors dirigée par Robert Cousin, maire qualifié de « propriétaire » dans la liste d'émargement des votants de 1945, et l'établissement thermal profite de l'opportunité que représente l'avènement du thermalisme social. Le nombre de curistes fréquentant la station hydrominérale de Bagnoles-Tessé, créée en 1921, atteint ainsi un maximum de 19 770 en 1966.

Une activité thermale localement « politisée »

Le tournant des années 1970 révèle un climat de tension entre les acteurs investis dans le développement de la station. Les crispations se concentrent autour du maire Maxime Merlin (pharmacien de métier, élu premier magistrat de la ville en 1966) et de son équipe. Les élections de 1971, 1977 et 1983 sont autant d'occasions pour certaines personnalités de la ville d'exprimer publiquement leurs désaccords vis-à-vis des équipes municipales sortantes, toujours candidates à leur succession. Historiquement située au centre-droit de l'échiquier politique, les conflits partisans sont absents des débats lors des différentes élections. Cette « prépondérance d'une tradition politique conservatrice n'exclut [toutefois] pas l'expression d'antagonismes locaux » (Nevers, 1992 : 401). Ces derniers portent en priorité sur le thermalisme, souvent placé au centre des affrontements. En 1971, la « liste de Gestion pour le Développement Thermal et Touristique de Bagnoles de l'Orne » dénonce ainsi : « Électrice, électeur, en 1966 : 19 770 curistes, en 1970 : moins de 16 500 curistes. La municipalité sortante est satisfaite… »[175]. Tout en revendiquant une forme « d'apolitisme municipal » (Bherer, Breux, 2012 : 170)[176], les têtes de liste, Charles Frappart (ancien délégué à l'Aménagement du territoire et à l'action régionale retraité, directeur général de banque, administrateur des charbonnages de France et de la Société Parisienne de Crédit) et René Turmel (président des syndicats des hôteliers des échelles locale et départementale, du syndicat d'initiative bagnolais et président départemental des syndicats d'initiative) politisent néanmoins la chute du nombre de curistes en faisant de ce constat un « problème public » touchant chaque citoyen. « Dès 1967 il aurait fallu agir, soulignent-ils. La chute de fréquentation thermale allait retentir sur l'intérêt particulier de chaque bagnolais : moins de clients : moins d'emplois. Moins de recettes : des salaires relativement moins élevés. Moins de prospérité : des maisons, des terrains, des fonds de commerce qui perdent de leur valeur. De 1966 à 1969, la régression a été considérablement plus grave pour Bagnoles que pour la moyenne des autres stations ». S'ils rappellent à la marge les conséquences de l'ordonnance Jeanneney de 1967 et des événements du printemps 1968 sur la fréquentation[177], ils associent la chute de fréquentation aux « luttes incessantes » menées par la municipalité « contre son propre Syndicat d'initiative »[178].

Preuve s'il en est de l'importance que représente le thermalisme dans cette commune oscillant entre 814 et 933 habitants de 1968 à 1982, la liste menée en 1971 par le maire sortant Maxime Merlin en fait également la mesure phare de son programme. L'ouverture au thermalisme « préventif » est mise en exergue. « Pour prendre un nouvel essor, la Station doit évoluer et se fixer de nouveaux objectifs. Au thermalisme social actuellement exploité, il faut ajouter un thermalisme préventif qui apparaît très rentable, et une meilleure exploitation du secteur libre (non assurés sociaux et clientèles étrangères) ».

---

175 Archives municipales de Bagnoles de l'Orne, série K, carton 1, K 2 (2), « Bagnoles de l'Orne. Élections municipales 1919-1995 ».

176 Selon les auteures, l'apolitisme municipal désigne « le fait que les acteurs municipaux pensent qu'en politique municipale, il est préférable d'afficher une neutralité idéologique car les enjeux municipaux seraient avant tout des défis techniques politiquement neutres ».

177 Voir sur ce point le chapitre I, section « Quand l'État entend changer les règles du jeu ».

178 Archives municipales de Bagnoles de l'Orne, série K, *op. cit.*, élections municipales de 1971.

Maxime Merlin et ses colistiers ajoutent que pour concrétiser un tel projet, il est nécessaire de « moderniser les équipements », « adjoindre de nouvelles installations » et, pour ce faire, « que l'Établissement thermal s'équipe pour être en mesure de fonctionner, hors saison, de façon partielle ». Ils soulignent enfin que le « tourisme doit être développé de façon complémentaire au thermalisme qu'il influence favorablement »[179].

Ce programme politique présenté par Maxime Merlin et son équipe revêt une double importance : d'abord parce qu'il souligne, entre les lignes, la divergence profonde vis-à-vis de ce que représente le « bien commun territorial » en matière de thermalisme ; ensuite parce qu'il met en lumière la dégradation des relations entre les autorités municipales et les « forces vives de la station » pour reprendre l'expression utilisée par les adversaires du maire sortant.

Ainsi, en 1977, Philippe Moulin-Roussel (alors âgé de 37 ans, il est PDG de l'entreprise familiale depuis 1969), s'inscrit en tête de liste de l'opposition. À ses côtés, figurent toujours René Turmel et Charles Frappart (entre autres), mais aussi Roland Cousin, ancien maire de Couterne, conseiller général du canton de Bagnoles de l'Orne de 1967 à 1973, président des courses hippiques et du golf de Bagnoles de l'Orne et fils de Robert Cousin, ancien maire de la cité thermale. « Au nom et pour le bien de la station », cette « liste d'Union pour Bagnoles de l'Orne » affiche comme objectif principal le « rassemblement de personnalités morales représentant toutes les forces vives de la station et dont les décisions concertées sont la condition nécessaire à l'efficacité ».

L'axe fort de leur programme consiste à allonger la saison qui ne s'étale, à cette époque, que de mi-avril à fin septembre. Car, si le hors-saison est l'occasion de redonner à la station de l'allant en procédant à des travaux de rénovation ou d'embellissement, il plonge surtout la cité bagnolaise dans un profond état de léthargie. À l'instar du Pornichet dépeint par Johan Vincent, « une nouvelle ville apparaît avec l'éloignement de la population estivale, une ville démesurée » (2010 : 115), comme le laissent deviner les propos d'un ancien directeur du casino : « *Moi quand je suis arrivé en 1992, tout était fermé l'hiver, tout ! Des papiers journaux sur les vitrines… Il y avait un hôtel qui était ouvert, c'était donc très difficile de développer la station* ».

[179] *Idem.*

Guidés par cet objectif d'allonger la durée de la saison, Philippe Moulin-Roussel et ses colistiers précisent toutefois que ce dernier « ne peut s'inscrire que dans le cadre d'une bonne entente de la municipalité, de l'hôtellerie, des loueurs de meublés, des commerces, du corps médical et de l'Établissement thermal »[180]. Mais c'est au contraire des relations particulièrement dégradées entre la municipalité, les dirigeants de l'établissement thermal et le président du Syndicat d'initiative, que les élections municipales de 1977 et 1983 mettent à jour.

Élus conseillers d'opposition en 1977, Philippe Moulin-Roussel, René Turmel et Roland Cousin, donnent à voir l'ambiance conflictuelle qui règne au sein de la station. « Les affaires importantes nous étaient dissimulées et nous nous trouvions dans l'impossibilité d'exercer notre mandat dans des conditions normales » dénoncent-ils dans un tract[181], avant de remettre en cause la probité du maire Maxime Merlin et de certains de ses conseillers dont les « agissements » n'auraient pas « pour seuls objectifs les intérêts de la commune ».

Les élections de 1983 réactivent les tensions entre dirigeants de l'établissement thermal et autorités municipales, sur fond de divergence concernant le développement de la station. Dans deux nouveaux tracts, Philippe Moulin-Roussel remet en cause la politique d'ouverture touristique menée par la majorité sortante, en leur reprochant plus précisément de ne pas concentrer tous leurs efforts pour soutenir l'économie thermale[182].

L'action menée par les équipes municipales au pouvoir depuis 1966 cherche, en effet, à associer à la fonction thermale de la ville une fonction touristique qui a fait sa gloire pendant l'entre-deux-guerres. Pour ce faire, Maxime Merlin et son premier adjoint George Flipo se saisissent de la mise en œuvre de « contrats de petite ville régionale » dans les années 1970 pour attirer subventions et crédits nécessaires au développement de projets touristiques. Sous leur impulsion, Bagnoles de l'Orne s'inscrit dans le mouvement de contractualisation et de partenariat entre collectivités territoriales destiné à enrayer les « dérives de la concurrence » qu'entrainent les prémices de la

---

180 Archives municipales de Bagnoles de l'Orne, série K, *op. cit.*, élections municipales de 1977.

181 *Ibidem*, élections municipales de 1983.

182 *Idem*.

décentralisation (Poussard, 1996 : 240 ; Le Bart, 2009). Engagé avec l'État à l'échelon régional au milieu des années 1970 alors que la Région n'est encore qu'un établissement public, ce contrat est poursuivi dans les années 1980 sous l'impulsion de son nouveau maire André Brière (maire de 1983 à 1992, conseiller général UDR puis RPR de 1973 à 1992), devenu conseiller régional. Selon ses propos, ce contrat favorise la construction « d'équipements de qualité comme le complexe tennistique ouvert en 84, le Centre d'Animation fin 86 ou le golf [...] en 1987 »[183].

Contre ce nouveau maire, élu dans une forme de continuité avec huit conseillers sortants, l'opposition s'organise. Que ce soit seul, ou accompagné de Roland Cousin et René Turmel, Philippe Moulin-Roussel, vivant lui-même la majeure partie du temps à Paris, dénonce une forme de « parachutage » de ce nouveau maire « parisien », afin de fragiliser l'adhésion des citoyens : « Je souhaite que le 6 mars vous rejetiez la liste de Monsieur Brière pour deux raisons. La première, essentielle, parce qu'elle porte en elle tous les germes de "nos maladies du passé" [...] ; La seconde, parce que Monsieur Brière habite Paris où il exerce une profession très prenante. Il est par ailleurs chargé déjà de multiples fonctions qui ne peuvent faire de lui, ici, qu'un maire de week-end. La commune serait dirigée, s'il était élu, par un adjoint. Qui ? ».

André Brière ne possède pas à Bagnoles de l'Orne ce « capital d'autochtonie », qui « agit comme un tremplin [et] favorise l'entrée dans des sphères de sociabilité, voire propulse à l'intérieur de ces dernières » (Retière, 2004 : 133 ; Bozon, Chamboredon, 1980). Il n'est pas « un gars du coin » (Renahy, 2005), ne possède pas un patronyme identifié localement. Comme Philippe Moulin-Roussel, un ancien conseiller municipal, premier adjoint et président de l'intercommunalité dans les années 1990, qualifie lui-aussi cette candidature de parachutage : « *Bagnoles de l'Orne pour lui, c'était un tremplin politique... Il considérait objectivement Bagnoles de l'Orne et l'Orne comme des ploucs... et donc il a été très déçu de ne pas être reconnu en tant que conseiller général... il n'avait pas un ancrage énorme en termes d'attachement territorial. Brière, c'était surtout quelqu'un de Paris, qui était tombé là parce qu'au niveau... il était de droite, chiraquien et il avait été nommé pour...* ».

---

[183] Archives municipales de Bagnoles de l'Orne, série C, 1C2, Bulletin municipal d'octobre 1986.

Ce défaut de capital d'autochtonie ne l'empêche toutefois pas d'accéder à la fonction de premier édile. S'il s'agit en effet d'une « ressource essentielle que doivent posséder les classes populaires voulant tisser des liens sociaux ailleurs que dans leur espace privé, [...] les autres catégories sociales peuvent s'appuyer sur quelques signes de réussite sociale et/ou de compétence culturelle pour s'en dispenser » (Retière, 2004 : 133). Ainsi, bien qu'historiquement la fonction de maire à Bagnoles de l'Orne soit occupée par des notables issus du monde de la santé[184], André Brière profite à la fois de ses statuts de conseiller général de l'Orne et de journaliste télévisuel et radiophonique pour emporter l'adhésion[185]. Il jouit, en effet, d'une forte notoriété qu'un autre conseiller municipal, élu depuis les années 2000, met en évidence : « *C'était historique à Bagnoles ! Pour être maire de Bagnoles ou de Tessé, fallait être médecin. Quand quelqu'un voulait se présenter et qu'il n'était pas médecin, ça ruait dans les brancards. Alors c'est vrai qu'André Brière n'était pas médecin, ouais, mais comme il s'annonçait grand journaliste, ça passait aussi* ».

S'il est régulièrement absent de la ville, André Brière s'inscrit dans le prolongement des actions menées par Maxime Merlin. Maîtrisant les rouages de la communication, il est à l'origine des premiers bulletins municipaux bagnolais édités tous les trimestres et dont la ligne éditoriale se situe à mi-chemin entre le « bulletin-monsieur-le-maire » identifié par Christian Le Bart et le journal local « célébrant le territoire » (2000 : 177). Chaque « édito du maire » est l'occasion d'afficher voire de mettre en scène ses aspirations politiques pour la station quand ils ne servent pas à régler des comptes.

Des velléités de développement touristique inabouties

En 1983, la communication politique orchestrée par le nouveau maire dresse les objectifs de l'action publique qu'il mène jusqu'à son départ en 1992 : une ambition d'élargir l'image de la station thermale de Bagnoles de l'Orne ; une volonté affirmée de créer les conditions d'une action collective sur le

---

184 Paul Le Muet (1919 à 1945) est médecin, Maxime Merlin (1966-1977) pharmacien et George Flipo médecin thermal.

185 « RFO André Brière », Les Échos, [En ligne], publié le 20/03/1995, consulté le 11/07/2019. Après avoir officié entre 1961 et 1972 à France Inter, France 3 et Réseau France Outremer (RFO), il devient « responsable de l'information télévisée pour les DOM-TOM, directeur de la communication, directeur des programmes, chargé de mission auprès du président ».

territoire communal afin d'enrayer la baisse de fréquentation subie dans les années 1980. Derrière ces deux grands axes, transparaît une volonté politique plus précise : celle de « mettre en place un "cadre argumentatif", de créer les conditions d'une construction incrémentale d'objectifs et d'accompagner ce processus d'émergence d'objectifs » (Pinson, 2009 : 338).

Dans le bulletin municipal d'octobre 1983, le maire proclame, par exemple, que « l'animation de la station n'est plus un mythe. Elle existe et permet aux curistes, aux accompagnants, aux touristes et aux régionaux de passer un séjour de saine et bonne humeur. L'animation doit être dense, dynamique et diversifiée afin d'être ouverte au maximum à tous les âges ». Néanmoins, pour la déployer et l'organiser, il appelle un an plus tard à « mobiliser les compétences et les énergies ». En instrumentalisant la baisse, certes sensible, du nombre de curistes[186], il déclare : « La municipalité a mis sur pied une stratégie nouvelle qui porte essentiellement sur les investissements, les loisirs et la promotion de la station. Toutes ces actions sont de la compétence et des pouvoirs de vos élus, le Maire et son conseil municipal, mais dans une station thermale et touristique comme Bagnoles de l'Orne, il y a bien d'autres secteurs où les compétences doivent s'exercer. Pour le thermalisme d'abord, et pour ceux qui sont chargés de le promouvoir. Il y a une baisse de la fréquentation thermale, une légère baisse. C'est un fait. Mais il est vain et de trop en parler et de trop rechercher des boucs émissaires. Il faut laisser aux spécialistes le soin de mettre en valeur l'intérêt thérapeutique du thermalisme et d'améliorer la documentation sur la station thermale. Il faut laisser les médecins et la Direction de l'Établissement thermal en discuter et nous faire part de leurs réflexions. C'est une question trop délicate pour que tout le monde s'en mêle. En ce qui concerne l'hôtellerie et le commerce, c'est également à la profession de tirer les conclusions de la saison 1984 [...]. Pour le Maire et son conseil municipal, les objectifs sont d'aider tous ceux et toutes celles qui ont des propositions concrètes à faire. Leur rôle est de mettre à disposition du public les infrastructures nécessaires pour le développement et l'animation de la station ».

Responsabilisant les groupes d'acteurs impliqués dans l'économie locale, ces éditos s'apparentent à une forme de « *policy discourse* » ayant « vocation

[186] Ils étaient 17 000 en 1980, ils ne sont plus que 15 360 en 1988, pour une perte moyenne de 2 % chaque année (Lucido, 1992 : 25).

à susciter une mobilisation territoriale, à susciter un débat et à dessiner les contours de la communauté à mobiliser » (Pinson, 2009 : 339). Après avoir accompagné le programme de développement d'infrastructures touristiques orchestré par son prédécesseur, commandé une étude sur « l'image de marque de la station » en 1985 et lancé, entre autres, la réalisation d'un festival culturel censé stimuler l'attraction touristique de la station, André Brière entend en effet faire adhérer l'ensemble des « *forces vives de la station* » à son projet de développement thermal et touristique[187].

S'il peut compter sur le soutien de certains acteurs (promoteurs d'activités de loisirs, dirigeants du casino), le maire de Bagnoles de l'Orne peine toutefois à convaincre médecins thermaux et dirigeants de l'établissement thermal.

Fortement investis dans la fabrique de l'action publique locale, que ce soit au sein des conseils municipaux bagnolais et tesséens, ou dans le comité directeur de l'Office de tourisme[188], ces derniers ne s'opposent pas frontalement à la perspective d'investir le marché touristique. Mais ils se montrent sceptiques quant à l'intérêt d'une telle stratégie. « *Il y a eu une époque où l'on faisait des chemins de randonnées* […] *des circuits touristiques… Ça n'a jamais franchement démarré…*, expose en ce sens un médecin thermal installé à Bagnoles de l'Orne à cette époque. *Ça n'a jamais débouché sur une activité massive si on peut dire. Donc il restait le thermalisme. Les hôteliers n'étaient pas naïfs parce qu'ils savaient bien que quand on fermait la cure, eux ils pouvaient fermer* […]. *Entre les deux, moi je dirais que j'étais plutôt côté thermal, non pas parce que j'étais médecin, mais parce que l'activité de la station, c'était le jour et la nuit une fois que* [l'établissement thermal] *était fermé* ».

---

[187] Bulletin municipal d'avril 1985. Dans son édito, le maire souligne : « cette saison 1985 sera l'occasion de mobiliser toutes les forces vives de la station pour que la réussite soit complète. "SI L'ARGENT EST LE NERF DE LA GUERRE", la bonne volonté et la participation sont également des conditions de succès ». C'est l'auteur qui écrit en majuscules.

[188] Outre l'implication du docteur George Flipo, conseiller municipal bagnolais de 1966 à 1992 (désigné maire « par intérim » de Bagnoles de l'Orne entre 1977 et 1983) et président du Syndicat d'initiative/Office de tourisme jusqu'en 1991, chaque liste présentée aux suffrages des élections municipales bagnolaises de 1971 à 1983 comporte au moins un médecin. Quatre des cinq maires de Tessé-la-Madeleine entre 1935 et 2000 sont par ailleurs des médecins.

En revanche, ces initiatives réactivent les tensions entre autorités municipales et président de l'établissement thermal. Jusqu'au milieu des années 1990, Philippe Moulin-Roussel demeure en effet un farouche opposant à toute forme de diversification. Considérant l'activité thermale comme essentielle pour le développement économique de la ville, il dénonce toute entreprise de communication insistant sur les autres attraits patrimoniaux, culturels ou naturels du territoire au détriment du thermalisme et multiplie les attaques contre l'exécutif bagnolais et les dirigeants de l'Office de tourisme. La publicisation du territoire revêt dès lors un caractère conflictuel, comme le souligne un ancien directeur du casino bagnolais : « *Lorsque je suis arrivé, le casino avait, au même titre que les thermes, une place au conseil d'administration de l'Office de tourisme. Et lorsque j'ai commencé à dire qu'il fallait évoluer, qu'il serait bon de se pencher sur un développement touristique, on a crié haro sur le baudet, comme on dit. J'étais le vilain petit canard. Je ne connaissais rien à la station, je venais d'arriver, je voulais tout révolutionner, ce n'est pas comme ça que ça se passait, etc.* ».

Si elles dégradent les relations qu'entretiennent le PDG de l'établissement thermal et les élus locaux, ces divergences fragilisent également les rapports entre acteurs économiques, entrainant même la rupture de partenariats commerciaux établis de longue date. « *Petit à petit je me suis forcé à faire les choses avec ou sans les personnes qui ne voulaient pas les faire,* expose l'ancien directeur du casino. *Et lorsque la municipalité a commencé à accepter de voir le côté touristique arriver sur Bagnoles, là monsieur Moulin-Roussel s'est fâché. À l'époque, on allait mettre nos affiches aux thermes parce que la principale clientèle c'était les curistes donc fallait communiquer. Donc il y avait un hall où l'on mettait des affiches pour annoncer quand il y avait des animations* [au casino] *etc. À partir de ce moment-là, on n'a plus eu le droit de mettre nos affiches dans les thermes, tout a été enlevé* [...] ».

Aux ambitions d'action collective et de développement touristique des élus bagnolais répond ainsi une fin de non recevoir de la part du président de l'établissement thermal. Or, sans le concours d'un tel acteur, les quelques initiatives mises en œuvre peinent à transformer l'image de la station. Au début des années 1990, la diversification touristique de Bagnoles de l'Orne demeure peu affirmée.

De la fin des années 1960 au début des années 1990, les interrelations entre groupes d'acteurs formant le gouvernement municipal du thermalisme bagnolais se distinguent donc fortement de la situation dacquoise. À une municipalisation du thermalisme dacquois répond une forme de « laisser faire » de la part des autorités municipales bagnolaises. Les configurations d'acteurs investis dans le développement et la gestion du thermalisme sur les deux territoires expliquent néanmoins ces deux postures. À Dax, l'institution municipale occupe une position centrale dans le jeu local, renforcée par un investissement important et ancien dans le développement de l'activité, mais aussi par le contrôle stratégique de la distribution des matières premières nécessaires au fonctionnement des établissements thermaux. Au contraire, les autorités municipales bagnolaises doivent composer avec l'indépendance souhaitée des responsables de l'unique établissement thermal. De plus, l'implication politique de Philippe Moulin-Roussel dans les élections municipales tout au long des décennies 1970 et 1980, associée à une vision divergente du développement territorial proposé par les maires successifs, a progressivement empêché toute amélioration significative de leurs relations. Cette position de retrait est davantage subie que véritablement choisie par les acteurs municipaux. Malgré les nombreuses sollicitations, et les tentatives successives du maire André Brière pour engager une action collective associant les représentants de l'établissement thermal, « l'éclatement » caractérise le gouvernement municipal du thermalisme bagnolais jusqu'au milieu des années 1990. Les premiers effets de la crise, conjugués au renouvellement politique qui intervient en 1995 participent à la remise en question de cette configuration.

2) Des gouvernements municipaux « fragilisés » ? Renouvellement de « coalitions » d'acteurs politiques et économiques et effets territorialisés de la crise

Les transformations institutionnelles et économiques amorcées dans les années 1980 (décentralisation, européanisation, globalisation) modifient profondément les formes de gouvernement des villes (Béal, 2006 ; Pasquier, 2017). Dans un contexte de retrait de l'État, les municipalités se retrouvent en première ligne pour traiter des problèmes localement définis, sans toujours disposer des leviers suffisants. Accroître leur capacité politique suppose alors de s'appuyer sur d'autres acteurs – services déconcentrés, autres collectivités, acteurs économiques – et de construire avec eux des formes de coopération durables (Dormois, 2008).

Or, dans la seconde moitié des années 1990, au moment où la crise du thermalisme s'intensifie à l'échelle nationale, les configurations municipales de Dax et Bagnoles de l'Orne sont profondément déstabilisées. À Dax, l'élection d'un nouveau maire en 1995, la faible capacité financière de la ville et l'arrivée du groupe Accor comme sous-locataire de la Compagnie thermale municipale (CTD) en 1997 affaiblissent la capacité de la municipalité à orienter le développement thermal. À Bagnoles de l'Orne, au contraire, l'arrivée en 1995 d'un maire médecin thermal, qui profite de son statut pour rallier l'exploitant et les acteurs économiques à un projet commun pour la station, ouvre une séquence plus coopérative. Mais cette stabilisation reste fragile : le départ de l'exploitant historique à la fin des années 1990 replonge rapidement la station dans l'incertitude.

a. À Dax, des autorités municipales « esseulées »

Gérer la « croissance » des effectifs de curistes par la multiplication de projets de développement de l'activité thermale a permis à Yves Goussebaire-Dupin de stabiliser et de contrôler pendant plusieurs années une coalition d'acteurs. Son successeur, Jacques Forté, doit pour sa part composer avec les premiers effets de la crise et des finances au plus bas. Cette situation entraine une dégradation rapide des rapports qu'entretient la municipalité avec certains acteurs thermaux, ainsi qu'avec les acteurs politiques de la communauté de communes et du Conseil général. Elle se voit alors privée d'une capacité de gérer la crise et ses effets pendant de nombreuses années.

La dégradation des rapports entre municipalité et société locale : 1995-2010

À peine élu en 1995, Jacques Forté doit gérer le délicat dossier de la mise aux normes et de la modernisation des établissements thermaux et hôteliers de la Compagnie Thermale. Évalués à environ 100 millions de francs, ces travaux ne peuvent toutefois ni être assumés par la CTD – endettée à hauteur de 45 millions de francs[189] – ni par la ville, dont la dette municipale constitue déjà un problème public que le nouveau maire s'est engagé à résoudre[190].

---

[189] « Le groupe Accor va reprendre l'exploitation des établissements thermaux de Dax », *Les Échos*, [En ligne], publié le 30/12/1996, consulté le 10/05/2019. Cette difficulté financière est par ailleurs évoquée par Hubert Delpont dans son ouvrage, mais aussi par Jacques Forté et par un ancien directeur de la Thermale de France (filiale du groupe Accor à la tête des hôtels et établissements thermaux de la CTD) rencontrés tous les deux pour deux entretiens semi-directifs de plus de deux heures.

[190] « Dax : La Compagnie Thermale ouvre son capital pour investir », *Les Échos*, [En ligne], publié le 21/08/1996, consulté le 10/05/2019.

Dépourvu de capacité financière, Jacques Forté ne dispose pas non plus, *a priori*, de ressources politiques. Biologiste de formation et dirigeant d'un laboratoire d'analyse, il est élu sans avoir jamais exercé de mandat, profitant de la dynamique favorable des élections nationales[191]. La solution qu'il identifie pour dénouer ce problème et le registre argumentatif qu'il mobilise pour la légitimer lui permet toutefois d'augmenter son pouvoir dans le jeu local. Faisant du thermalisme municipal un « bien commun », il fustige d'abord la stratégie initiée par son prédécesseur – qu'il s'emploie à désamorcer[192] – pour mieux présenter la sienne comme la plus adaptée aux intérêts de la ville et ainsi endosser une « posture décisionnelle » constitutive du rôle de maire (Le Bart, 2003 : 86-87)[193]. Jacques Forté mobilise en effet deux des quatre stratégies permettant à l'élu de se parer d'une telle posture : celle de la prise de contrôle de l'agenda local et celle du déploiement d'un discours massif d'auto-imputation. La première consiste à « objectiver une situation à travers des indicateurs par exemple quantitatifs, la problématiser en la qualifiant d'inacceptable, la territorialiser en lui donnant le statut de réalité *locale*, la politiser en suggérant qu'il existe des solutions municipales, autant d'étapes qui président à la construction sociale de l'agenda politique local, et sur lesquelles le maire peut efficacement peser » (Idem : 87). C'est précisément de la sorte que Jacques Forté justifie son action, en objectivant d'abord par le chiffre la difficulté financière dans laquelle se trouve la ville, puis en problématisant et territorialisant la situation. Inscrivant son action dans la lignée des maires dacquois attentifs au thermalisme en tant que ressource

[191] Jacques Forté se revendique de la « majorité présidentielle » sans y être encarté dans un premier temps.

[192] Les sources divergent sur le projet enclenché par Yves Goussebaire-Dupin pour faire face aux difficultés financières vécues par la ville et la CTD. D'après Hubert Delpont (2014 : 76-77), Yves Goussebaire-Dupin « sort de sa poche [lors du dernier conseil municipal], un projet de réhabilitation et de remise en activité des Baignots en partenariat avec la société lyonnaise SOFCO qui apportera les moyens nécessaires, solution qui permet à la ville de pouvoir envisager de son côté la remise en état du Splendid ». Un ancien élu dacquois, aux responsabilités à cette époque, affirme au contraire qu'il « *l'avait vendue* [la CTD] *à une société qui vendait des voitures d'occasion* [...] *pour 14 millions de francs, payables en trois ans* ».

[193] Selon Christian Le Bart, cette posture a « pour fonction de manifester le souci propre aux élus de prendre en charge les problèmes locaux, de les maîtriser cognitivement et discursivement, d'agir pour les régler ».

territoriale primordiale, il adopte localement les traits d'un *leader* qui prend des risques pour sa collectivité et qui la défend. « *C'est là que j'ai découvert pourquoi Goussebaire-Dupin ne faisait rien*, évoque-t-il. *Parce qu'en 92, trois ans avant, il avait été menacé par le Préfet d'être mis sous tutelle ! Eh oui, là j'ai découvert le budget. L'épargne nette, ce qui reste quand vous avez tout payé, c'était négatif de 300 000 francs. Ce qui voulait dire qu'ils empruntaient pour rembourser les emprunts* [...] *Alors on avait un gros problème* [rires] ». Faisant de la CTD un « totem » qu'il faut selon lui préserver, il ajoute : « *Alors la compagnie thermale à Dax ça appartenait à la ville* [...] *et il avait vendu la totalité.* [...] *Mais moi quand j'arrive, je dis "mais attends ce n'est pas possible, c'est le patrimoine de la ville, comment s'en sortir ?"* ». Il s'emploie enfin à démontrer qu'il existe des solutions « municipales » : louer la CTD au groupe Accor plutôt que de vendre à la SOFCO, par exemple. Il souligne alors combien, sur ce point, les relations qu'il a lui-même tissées avec Jean-Robert Reznik (PDG du groupe Accor de 1996 à 2005) se sont révélées précieuses pour finaliser la reprise de la CTD. « *Là j'ai eu de la chance parce que je vais aux vœux d'Emmanuelli* [député et président du Conseil général des Landes] *et un gars me présente Jean-Robert Reznik, qui était un des patrons d'Accor* [...]. *Alors, mon prédécesseur vendait, vendait ! 14 millions de francs ! D'accord ? Et moi je louais, je louais ! 17 millions de francs, location annuelle hein !* [...] *On signe donc avec Accor mais ça a été une signature difficile, parce que moi j'avais des conditions, dont une principale, c'était qu'ils gardaient tout le personnel* ».

Après dix mois de négociation, Jacques Forté légitime son action dans la presse. « *Je pense que ce choix du partenariat avec un grand groupe hôtelier est la meilleure solution pour Dax* » souligne-t-il, avant de détailler le montage financier. Complexe, celui-ci voit d'abord la CTD signer un bail emphytéotique à la ville pour l'ensemble des établissements thermaux et hôteliers. Une augmentation de capital de la SEM est enregistrée avant que l'exploitation de la CTD ne soit cédée au groupe Accor à hauteur de 80 %. En conclusion, l'article des *Échos* renseigne sur les projets futurs : « la société d'économie mixte va donc emprunter pour financer les investissements, les prêts étant couverts par les redevances de loyers versés par la société anonyme d'exploitation. Dès l'année prochaine [1997], 38,2 millions de francs de travaux seront engagés dans quatre établissements (Le Splendid, Les Thermes, Miradour, Dax-Thermal). À la fin de l'année prochaine ou au début de 1998, près de 70 millions seront investis dans le complexe des Baignots (fermés depuis des lustres) »[194].

A priori, la situation semble être stabilisée au début de l'année 1997. Certes, la location des structures à la CTD signe la fin de la municipalisation du thermalisme dacquois. Mais, parallèlement, la ville conserve une forte importance dans le jeu local en assurant la distribution du péloïde dacquois à l'ensemble des acteurs thermaux du Grand Dax, le groupe Thermadour ayant stoppé sa production cette même année. Ses relations avec les exploitants thermaux dacquois se sont améliorées et elle semble avoir trouvé le moyen de faire face au tassement de fréquentation vécu depuis les années 1980 en déléguant l'activité à un professionnel de l'hôtellerie et du tourisme.

Les rapports qu'entretiennent la municipalité et le groupe Accor se détériorent pourtant rapidement. La nature contractuelle de leur relation associée à l'asymétrie de leurs identités explique en partie l'apparition de tensions. Si le contrat « marque une mutation profonde dans les rapports entre les acteurs car il suppose un principe d'égalité » (Lorrain, 2000 : 32), Dominique Lorrain démontre en effet combien les relations qui unissent municipalités et entreprises reposent sur une « asymétrie » structurelle au partenariat public-privé. D'abord, « les entreprises auxquelles les municipalités vont confier des missions détiendront bien plus de compétences qu'elles dans ces domaines ». Ensuite, l'asymétrie se trouve « renforcée par une différence de nature entre municipalités et firmes. En disant les choses simplement, les premières ont pour mission de veiller aux intérêts d'un territoire et les secondes déploient un objet social dans la planète entière » (Idem : 37). À Dax, la municipalité profite du pouvoir qu'elle tire de cette situation pour repousser les travaux de réhabilitation et mise aux normes qu'elle s'était engagée à faire. Les propos d'un ancien dirigeant de la Thermale de France (filiale du groupe Accor à Dax), mettent en lumière la situation d'impuissance dans laquelle il se trouve dans un premier temps : « *Le nouveau président* [de la CTD] *vient me rencontrer avec le responsable de la société gestionnaire et il m'indique que les travaux n'auront pas lieu ou tout au moins pas tout de suite parce que "vous comprenez, il faut qu'on*

194 « Le groupe Accor va reprendre l'exploitation des établissements thermaux de Dax », *Les Échos*, [En ligne], publié le 30/12/1996, consulté le 10/05/2019.

se soumette au régime des appels d'offres municipal et qu'on ne peut pas faire ça comme ça…". Alors voilà une entreprise qui ne s'était jamais soumise aux appels d'offres municipaux et qui dès qu'elle a besoin de trésorerie, donc d'encaisser des loyers pour réalimenter sa pompe à fric, trouve une argutie pour ne pas faire les travaux en temps utiles et elle réclame le loyer. Donc on est à peine arrivé qu'on échange déjà du papier bleu [actes de huissiers de justice] *avec notre propriétaire en lui disant "si vous ne faites pas les travaux on ne paye pas le loyer"* ».

Surtout, la situation économique de la Thermale de France se dégrade rapidement. Entraînant le départ massif d'une clientèle historique de la CTD, la modification des conditions de remboursement des cures pour les anciens combattants titulaires d'une pension d'invalidité en 1995 restreint les recettes espérées par le nouvel exploitant[195]. Le loyer négocié avec la ville apparaît dès lors « *insupportable* » aux dirigeants du groupe Accor, qui sollicitent le maire pour le renégocier. Or, ce dernier les renvoie à leurs responsabilités ainsi qu'à leur méconnaisse du monde thermal et de ses spécificités. « *Accor, moi je ne les avais pas détrompés*, explique-t-il. *Ils avaient fait une erreur, ils pensaient que le thermalisme c'était comme la thalassothérapie. C'est pas du tout la même clientèle, c'est pas du tout pareil !* ». Le maire de Dax se montre d'autant moins ouvert aux négociations que son opinion est partagée à la fois par les autres exploitants thermaux et les conseillers d'opposition. « *Pourquoi Accor est arrivé ici ? Parce qu'effectivement, c'était une stratégie du groupe qui était de dire "on était leader de la thalasso, on va devenir leader du thermalisme"* explique un exploitant privé dacquois, installé dans les années 1990. *Ils sont arrivés billes en tête en disant "c'est comme ça que ça va fonctionner". Et ils sont restés dix ans alors qu'ils devaient y rester quinze… ils se sont aperçus très vite qu'ils ne deviendraient jamais leader du thermalisme* […] *que les codes du thermalisme, c'était pas du tout les mêmes que ceux de la thalasso* ». De son côté, Gabriel Bellocq, alors conseiller municipal d'opposition (il sera maire de la ville 2008 à 2016) partage également cette perception : « *Je suis tout aussi convaincu que très, très vite, le groupe Accor avec ses actionnaires nationaux et internationaux s'est rendu compte que l'activité thermale n'avait pas la rentabilité qu'ils espéraient ou qu'ils souhaitaient par rapport à leurs objectifs qui sont fixés, comme vous le savez, pour un groupe national et international, par un actionnaire bien éloigné des préoccupations d'une ville thermale* ».

---

[195] L'article L-115 du code des pensions militaires d'invalidité a vu sa portée limitée une première fois en 1995 et une seconde en 2001 avec le décret n°2001-669 du 25 juillet 2001.

Après avoir refusé dans un premier temps, le maire de Dax accepte de baisser le loyer de la Thermale de France au début des années 2000. Mais les déficits qu'elle réalise chaque année sont tels que son directeur général et les responsables du groupe Accor réfléchissent à un retrait anticipé. Ils sollicitent en ce sens le maire pour envisager un accord à l'amiable que celui-ci décline. À partir de ce moment et pour plusieurs années, l'évitement caractérise les relations qu'entretiennent acteurs municipaux et responsables du groupe Accor. Les propos d'un ancien dirigeant de la Thermale de France en rendent compte : « *En plus est arrivée cette problématique de gestion de l'hygiène de l'eau* [arrêté zéro bactérie] *et nos établissements thermaux étaient tout sauf aux normes. Donc on a demandé aux propriétaires de faire les investissements, on a eu droit à un bras d'honneur* ». Il expose en ces termes les relations nouées alors avec la municipalité : « *Ils ne répondaient pas. Il m'est arrivé d'envoyer trois lettres recommandées dans la même journée au président de la compagnie thermale pour essayer de faire bouger les choses. Pour information, ça a été retenu contre le groupe Accor. Lors du procès on nous a accusé d'avoir harcelé le propriétaire en lui envoyant jusqu'à trois lettres recommandées par jour. Bah oui, il y avait trois sujets qui le concernaient, auxquels il ne répondait pas. Il ne répondait pas !* ».

Face à cette situation, les responsables du groupe Accor tentent d'intimider la municipalité en la menaçant de poursuites judiciaires pour travaux non réalisés. Mais cette menace n'a que peu d'effets sur le maire de Dax qui campe sur ses positions. Convaincu d'être dans la position du « fort », c'est par stratégie qu'il refuse en effet de négocier (Morel, 2016 : 9), avant de retourner la situation à son avantage. « *Ils viennent me voir un an avant les élections, donc en 2007 et ils me disent "monsieur le maire on s'en va en juin"* explique-t-il. *Moi je dis "oui pas de problème", et ils me disent "vous me devez 3 millions"* [d'euros]. *J'ai dit* "à quel titre ?" *Eh bien ils me disent "on a fait des gros travaux". Ce qui était vrai. Je dis "oui mais vous aviez l'autorisation du maire ?" Ah ils me disent "non". Alors j'ai dit "je suis désolé mais c'est dans le contrat, s'il n'y pas d'autorisation du maire je ne vous doit rien du tout". Mais je dis "écoutez, bon je vais être grand prince, vous me devez plus que 11 millions". Ils me regardent, "11 millions ?" Ah je dis "oui, sur le contrat quand vous partez vous me devez les loyers jusqu'à la fin donc il va rester 14, 14 - 3, reste 11." Là ils ont été un peu abasourdis* ». Une telle stratégie entraîne toutefois la rupture des relations qu'entretenait le maire de Dax avec les responsables du groupe Accor, au moment même où se distendent celles qu'il a tissées avec d'autres exploitants thermaux.

Alors que se profilent les élections municipales de 2008, ces derniers, investis par ailleurs dans le monde sportif local et défavorables à un projet de construction de stade en périphérie de la ville, soutiennent la construction d'une liste dissidente (divers droit) entrainant la défaite de Jacques Forté.

Malgré l'opportunité qu'elle pouvait constituer, l'élection d'un nouveau maire n'améliore pas les rapports de la ville avec les exploitants thermaux. Au contraire, s'agissant des responsables de la Thermale de France et du groupe Accor, Gabriel Bellocq ne cherche pas à renouer le dialogue. Convaincu par son prédécesseur et par son directeur général des services de la position de force dans laquelle se trouve la ville, il décide de poursuivre la procédure de contentieux jusqu'à son terme sans rouvrir les négociations. C'est toutefois une victoire à la Pyrrhus qui semble se dessiner pour la municipalité, car si cette dernière sort victorieuse du procès qui s'ouvre en 2009 – Accor est condamné à verser 3,6 millions d'euros à la municipalité au « titre des dommages et intérêts liés à la rupture du contrat de sous-gérance »[196], avant de quitter la station en 2010 –, elle se retrouve de nouveau en situation de devoir gérer l'ensemble des infrastructures *via* la CTD. Fragilisée, la nouvelle équipe municipale ne parvient pas, dans le même temps, à gagner la confiance des autres exploitants thermaux et hôteliers dacquois. L'élection d'une majorité socialiste perturbe en effet le jeu local, Dax n'ayant plus connu la « gauche » au pouvoir depuis l'entre-deux-guerres. Le profil du nouveau maire limite ainsi sa popularité auprès des exploitants thermaux dacquois. D'abord enseignant puis psychologue de l'éducation, Gabriel Bellocq fait surtout la majeure partie de sa carrière dans le « monde politique »[197]. Pas de « droite » et « fonctionnaire », il n'aurait donc pas la « fibre entrepreneuriale ».

---

[196] « La ville de Dax et le groupe Accor enterrent la hache de guerre », *Sud-Ouest*, [En ligne], mis en ligne le 23/06/2016, consulté le 28/05/2019. La ville de Dax est, pour sa part, condamnée à payer 400 000 € (contre 1,7 millions initialement demandés par le groupe hôtelier) au groupe Accor au titre des investissements non amortis. C'est toutefois un deuxième procès qui s'ouvre au tribunal de Dax alors que la ville refuse de payer. Celui-ci se clôture en 2016 et donne gain de cause au groupe Accor.

[197] Après un premier échec en 1977, il est élu conseiller municipal d'opposition en 1983, fonction qu'il occupe jusqu'à son élection comme maire en 2008. Il est ensuite réélu en 2014, mais se retire en 2016 au profit de sa première adjointe. Il est par ailleurs conseiller régional entre 1998 et 2001, et conseiller général (puis départemental) depuis 2001, son mandat courant jusqu'en 2021.

Les propos d'un exploitant thermal dacquois illustrent autant la méfiance de ces acteurs vis-à-vis de l'équipe municipale socialiste que la différence de leurs « cadres d'interprétation des problèmes » (De Maillard, 2002b : 179). PDG d'une structure hôtelière et thermale depuis la fin des années 1990, il expose : « *Forté était un entrepreneur à la base. Bellocq et Bonjean* [première adjointe de Gabriel Bellocq de 2008 à 2016 et maire de Dax de 2016 à 2020, conseillère régionale de 2010 à 2021] *sont des politiques, purs et durs. Monsieur Bellocq il a fait que ça toute sa vie. Madame Bonjean elle fait ça depuis vingt ans… Donc… Ce ne sont pas des entrepreneurs. Ce ne sont pas des gestionnaires. Et donc ils ont une vision un peu dogmatique quand même de ce que doit être une collectivité. Et clairement, la partie développement, entreprenariat… ce n'est pas leur truc et puis je pense qu'ils ne le connaissent pas donc… c'est pas leur priorité* ».

Cette défiance portée par les exploitants thermaux vis-à-vis des élus se cristallise dans le changement de gestion de l'Office de tourisme. Alors que celui-ci fonctionnait jusqu'en 2008 sous forme associative avec notamment un fort investissement des exploitants thermaux, les élus dacquois le transforment en établissement public à caractère industriel et commercial (EPIC) afin d'en reprendre le contrôle. Pour la nouvelle équipe municipale, il s'agit de « multiplier les lieux d'engagement » et de s'insérer dans les arènes où se construit l'action publique en direction du thermalisme. C'est en effet « dans ces lieux de coopération que se joue une partie de l'aptitude des maires (et de leurs adjoints) à conduire des politiques publiques, à capter des ressources et, *in fine*, à pouvoir se légitimer par l'action » (Cadiou, 2014 : 50). Les propos de deux anciens adjoints entre 2008 et 2016 soulignent l'importance que revêt à leurs yeux cette intervention : « *On est passé en EPIC en 2008*, explique la première. *L'Office de tourisme était sous forme associative et cela pendant plus d'un an après notre élection. On n'était même pas membres de l'Office du tourisme ! Ça pose un petit problème puisque c'était les membres de l'ancienne équipe qui étaient membres de l'Office du tourisme. Donc il fallait quand même qu'on puisse reprendre la main sur des stratégies touristiques, thermales, économiques que l'on souhaitait impulser sur le territoire. C'est pour ça qu'on a choisi le mode EPIC qui nous permet finalement d'être majoritaires mais d'associer aussi la société civile et bien entendu les établissements thermaux mais pas que* ». Le second ajoute : « *Quand on est arrivé, c'est bien simple, la promotion thermale était faite essentiellement par l'Office du tourisme et du thermalisme qui était dacquois à l'époque, qui n'était pas intercommunal et qui était en association* […] *La collectivité n'était même pas représentée. Et on a insisté pour y être et je peux vous dire que les deux-trois premiers conseils d'administration, ou assemblées générales auxquelles j'ai assisté avec le maire, on sentait qu'on n'était pas accueilli les bras ouverts* ».

Cette immixtion des pouvoirs publics est particulièrement mal vécue par les exploitants thermaux qui se sentent dépossédés d'une délégation de service public qu'ils assuraient depuis plusieurs décennies. Ils ressentent surtout une remise en question de leur savoir-faire voire de leur intégrité. Les propos d'un exploitant thermal l'illustrent : « *Ah mais les relations avec la municipalité n'étaient pas bonnes du tout.* [...] *On nous a dit que l'on n'était "pas compétent", qu'en plus on était "des voleurs", parce qu'il y avait une délégation de service public et qu'on "ne remplissait pas totalement la délégation de service public". Et donc on nous a foutu dehors en gros et donc c'est reparti en EPIC* ».

L'alternance politique ne suffit donc pas à sortir la ville de l'isolement dans lequel elle se trouve. Alors même qu'elle reprend la direction de la CTD, et que les premiers effets de la crise se font sentir – sur un territoire jusque-là relativement épargné par la désaffection des curistes observée depuis le milieu des années 1990 dans d'autres stations – la municipalité ne parvient pas à mobiliser la société locale pour enrayer la dégradation de la fréquentation.

Des relations intergouvernementales conflictuelles

L'isolement que connaît la municipalité dacquoise à cette période se double d'un manque de relais et de poids politiques dans les arènes intercommunale et départementale, réduisant d'autant son aptitude à impulser une réponse coordonnée à la crise.

À l'échelle départementale, les relations conflictuelles qu'entretiennent Jacques Forté et Henri Emmanuelli privent la ville d'un relais essentiel dans le fonctionnement de l'action publique. Daniel Behar insiste sur « l'emboîtement fonctionnel entre les niveaux territoriaux » qu'a favorisé la décentralisation, rappelant notamment qu'au « travers de l'emboîtement des niveaux, les effets d'entraînement et de redistribution sont toujours attendus du niveau supérieur » (2000 : 4). Au-delà de la profonde hostilité que se vouent l'un pour l'autre les deux hommes, le clivage partisan affecte largement la capacité de l'institution municipale à construire à l'échelon départemental des « formes de coopération [...] autour d'un univers anticipé » (Pasquier, 2017 : 248). Certains acteurs, tel cet ancien élu local encarté au Parti Socialiste (adjoint entre 2008 et 2020 et vice-président du Grand Dax), perçoivent un soutien du Conseil départemental plus appuyé vis-à-vis de la « rivale » et voisine Saint-Pauloise qu'en direction de la station dacquoise : « *À l'époque il y a eu une double rivalité, il y avait aussi une rivalité politique avec une ville de Dax qui était de droite et une ville de Saint-Paul qui était de gauche. Là c'est pareil, il ne faut pas se cacher derrière son petit doigt et sans langue de bois je pense qu'il y a eu des aides du Département à Saint-Paul. Notamment parce que c'était le fer de lance, c'était le coin que la gauche avait mis un peu sur le territoire. Jamais ils n'auraient pensé que Dax basculerait à gauche donc ils aidaient Saint-Paul-lès-Dax et dans plein de domaines…* ».

Plusieurs projets portés par la municipalité dacquoise restent en suspens faute de subventions du Conseil départemental. Pour augmenter leur capacité financière et « réaliser des projets qu'elles ne pourraient mener seules », les collectivités territoriales peuvent bénéficier de « subventions croisées », la plupart du temps des régions et départements en direction des communes (Hastings-Marchadier, 2011 : 125). Si, d'une manière générale, « les collectivités attributaires » sont susceptibles de développer un mode d'influence sur les collectivités « maîtres d'ouvrage », cette situation semble plus exacerbée dans le cas dacquois. En effet, s'il consent finalement à subventionner la ville de Dax, Henri Emmanuelli exerce pendant plusieurs années son autorité sur Jacques Forté. Conséquence ou non de cet ascendant, ce dernier s'approprie une croyance détournée du code général des collectivités territoriales : « *Mais vous savez que les subventions en France, c'est les subventions croisées, c'est-à-dire que la ville met au budget, moyennant quoi le Conseil général met, moyennant quoi la Région met, moyennant quoi l'État met*[198]*. S'il manque un maillon, tout s'arrête donc je fais mon projet et… je n'avais pas de retour d'Emmanuelli* […]*. Ça a duré quand même tout le premier mandat. Alors quand je voyais Rousset, il me disait "alors qu'est-ce qu'il te met Emmanuelli ?" Je lui disais "pour l'instant*

198 En aucune façon le code général des collectivités territoriales ne stipule de telles obligations. En revanche, « l'article L1111-10 […] prévoit que toute collectivité ou tout groupement de collectivités, maître d'ouvrage d'une opération d'investissement, doit assurer une participation minimale au financement de ce projet fixée à 20 % du montant total hors taxe des financements apportées par des personnes publiques à ce projet. Il s'agit ici de limiter le cumul de subventions publiques à 80 % de la dépense subventionnable du projet ». Voir « Soutien à l'investissement local et quotité minimale de financement d'un projet par le maître d'ouvrage », *Association des maires de France et des présidents d'intercommunalité,* [En ligne], consulté le 11/05/2018.

rien" ! Il me disait "bon bah, je ne peux rien mettre". La colère me prend, je suis réélu en 2001, je me suis dit je vais faire comme lui. À l'époque, c'était le maire qui décidait qui allait en communauté des communes [...] *J'ai dit "il n'y aura personne de l'opposition, personne"* ! [...] *Bon ça n'a pas trainé, un mois après, Emmanuelli m'appelle et me dit Forté, est-ce qu'on pourrait se voir ?* [...] *J'ai dit "mais avec plaisir monsieur le président" et nous avons mangé ensemble, tous les deux en tête à tête. Nous avons devisé de choses et d'autres et à la fin, il m'a dit "bon vous l'évaluez à combien ?"* ».

La nature des relations intergouvernementales pèse ainsi fortement sur la capacité politique de la ville. Privé du soutien du président du Conseil général et devant faire toujours face à une situation financière tendue, le maire de Dax peine à développer des projets sur son territoire, projets pourtant susceptibles d'augmenter sa légitimité et *in fine* son *leadership.*

Sur la scène intercommunale, la capacité de Jacques Forté à peser sur les orientations du groupement et à faire bénéficier sa ville de ses retombées est tout aussi limitée. Créée en 1993 autour de quatre communes et présidée d'abord par la maire de Saint-Vincent-de-Paul entre 1993 et 1995 puis par le député-maire PS de Saint-Paul-lès-Dax de 1995 à 2004, la communauté de communes (CdC) du Grand Dax est élargie à vingt communes en 2002 suite à la fusion avec le Syndicat Intercommunal à Vocation Multiple (SIVOM) du Pays Dacquois. Cet élargissement du périmètre de la CdC place Jacques Forté dans une position délicate pour faire entendre et accepter sa vision du développement du territoire grand dacquois. Maire de droite (élu conseiller régional sous l'étiquette « Démocratie libérale » lors des élections régionales de 1998 puis réélu en 2004 sous la bannière UMP[199]) dans un conseil communautaire fortement coloré « parti socialiste », Jacques Forté dénonce un déficit de représentation de la ville-centre au sein du conseil communautaire. Outre le sien, seuls cinq autres sièges sont occupés par les élus dacquois sur un total de trente-six. Si nous ne pouvons, faute de données empiriques suffisantes, identifier les formes prises et les objectifs

---

199 Voir « Les conseillers régionaux d'Aquitaine élus en 1998 » et « Les conseillers régionaux d'Aquitaine élus en 2001 », *Politiquemania, la base de données de la vie politique française*, [En ligne], consulté le 02 mai 2018.

assignés à la CdC lors de sa construction (Guéranger, 2008)[200], il ressort nettement de l'enquête l'impuissance de la ville-centre à peser dans le jeu intercommunal. Cette situation est notamment mise en relief par le projet communautaire consistant à créer un quatrième pont sur l'Adour pour relier Dax et Saint-Paul-lès-Dax. Alors que les élus Saint-Paulois défendent l'option « d'une liaison de centre-ville, afin d'améliorer le trafic interne », Jacques Forté préfère celle « d'un deuxième contournement ». Il souligne que le premier projet « reviendrait à couper en deux la zone thermale, qui a besoin de tranquillité, et à mettre en péril la nappe, affleurante à cet endroit »[201]. La confrontation mène à une impasse politique que Jacques Forté explique par l'importance du clivage partisan. Selon lui, le pouvoir d'Henri Emmanuelli sur le jeu intercommunal est prégnant et les relations entretenues par ce dernier avec le président de la CdC et d'autres maires expliqueraient son exclusion du jeu. Il relate en ces termes le dossier relatif à la construction du pont : « *Je disais que ça mettrait en danger la nappe. Mais comme c'est moi qui le disais il fallait... Ça, ça me foutait dans des colères... Alors j'ai dit "bon c'est pour ça que ce n'est pas la peine que je siège à la communauté, ça ne sert à rien", ils ne comprenaient rien. Et alors le plus terrible, vous savez dans les petits villages comme ça, moi j'avais des copains qui étaient de droite aussi, et j'ai dit à l'un d'eux "mais enfin écoute, explique-moi pourquoi tu ne votes pas comme moi sur des trucs aussi évidents". Ah, il me dit "oui mais tu comprends, si je vote contre, après au Conseil général je n'aurais plus de subventions". C'était incroyable !* [...] *Donc il y avait le système de rétorsion, tu votes comme ça autrement clac on coupe le robinet* ».

Décidé à se « faire entendre » malgré tout, le maire de Dax mène entre 2003 et 2004 une politique de la « chaise vide » d'environ dix-huit mois bloquant le fonctionnement de la CdC. Si l'objectif affiché de la manœuvre est d'obtenir une représentation plus importante de la ville-centre au sein

---

200 Dans cet article, David Guéranger analyse finement la naissance et la structuration de l'intercommunalité chambérienne en démontrant notamment l'influence des services déconcentrés de l'État lors de sa création, secrétariat général de la Préfecture en tête. Les données récoltées sur cette période ne se recoupent pas suffisamment pour en tirer une analyse. Seuls quelques événements marquants, décrits précisément par plusieurs acteurs et relatés par la presse, peuvent donner lieu à une analyse.

201 « Le pont de la discorde », *L'Express*, [En ligne], publié le 11/10/2004, consulté le 20/05/2019.

du conseil communautaire, il obtient dans le même temps la démission du président Jean-Pierre Pénicaut (maire de Saint-Paul-lès-Dax de 1980 à 2001, député PS de 1980 à 1993) au profit de Jacques Anthian, maire (PS) d'une commune rurale (875 habitants).

À la fin des années 2000, le gouvernement municipal du thermalisme dacquois se caractérise donc par l'absence de capacité d'intégration et de régulation de l'institution municipale. Marginalisée sur les scènes institutionnelles et peu audible auprès des exploitants thermaux, la ville peine à mobiliser les ressources nécessaires pour enrayer la crise. Dans un contexte national marqué par une perte de légitimité du thermalisme médicalisé depuis le milieu des années 1990, et alors que certaines stations comme Bagnoles de l'Orne connaissent une nouvelle phase de croissance, cette situation conduit à Dax à un paroxysme de la crise thermale.

b. Entre évolutions institutionnelles et renouvellement d'acteurs : des relations à (re)construire à Bagnoles de l'Orne

Comme à Dax, le jeu politique bagnolais connaît une perturbation durant la décennie 1990. Battu aux élections cantonales de 1992, André Brière (maire de 1983 à 1992, conseiller général de 1973 à 1992) quitte Bagnoles de l'Orne, démissionnant de ses fonctions électives. Ce retrait inopiné favorise l'arrivée sur la scène politique de deux nouveaux acteurs qui gagnent rapidement en importance localement. René Jambon et Jean-Pierre Blouet affichent *a priori* deux profils d'élus divergents. Tandis que le premier ne brigue que le poste de maire (1995-2011), le second nourrit des ambitions à l'échelle départementale (conseiller général puis départemental de 1992 à 2021) avant de devenir maire (2011-2020). Confrontés à la chute de fréquentation touchant leur territoire tout au long des années 1990, ils s'affirment tous deux comme leaders en impulsant une dynamique mobilisatrice de « développement local » (Genieys, 1997). Ce renouvellement entraîne une amélioration des relations avec le PDG des « Thermes de Bagnoles de l'Orne », Philippe Moulin-Roussel, dans un contexte économique compliqué pour l'établissement thermal, tout en précipitant une transformation institutionnelle du lien unissant Bagnoles de l'Orne et Tessé-la-Madeleine. Mais alors que les conditions semblent réunies pour enrayer la chute du nombre de curistes, le départ de Philippe Moulin-Roussel en 2002 fait éclater le gouvernement municipal du thermalisme bagnolais, intensifiant les effets de la crise.

Une ambition notabiliaire (temporairement) contrariée

Concurrent victorieux d'André Brière en 1992, Jean-Pierre Blouet s'affirme le premier comme un acteur incontournable du territoire. Candidat « *sorti de nulle part* », pour reprendre les termes d'un ancien élu bagnolais, il parvient à « s'approprier l'espace » (Tissot, 2010) en faisant payer à André Brière son manque d'ancrage territorial. Pourtant, lui non plus n'est pas un « gars du coin ». Originaire de Rouen, il commence sa carrière professionnelle comme éducateur à la Direction départementale des affaires sanitaires et sociales (DDASS) du Calvados à la fin des années 1960 avant d'arriver dans l'Orne, en 1972. Diplômé entre temps de l'École des hautes études en santé publique (EHESP), il devient en 1985 directeur du centre de médecine physique et de réadaptation (CMPR) créé à Tessé-la-Madeleine en 1978 à l'initiative de Pierre Noal, député-maire de cette localité[202]. Cette rencontre propulse son entrée en politique. « *En 1985, je suis embauché ici comme directeur,* explique-t-il. *Ça se passe bien avec mon président et un an après il me convoque dans son bureau et il me dit "Blouet, je vais crever. J'ai un cancer du rein, je vais mourir". Et c'est là que j'ai fait la connaissance d'Alain Lambert*[203]. *Alain Lambert était notaire à Alençon et c'était le gendre du docteur Noal. Et il commençait en politique. Et quand son beau-père est décédé, il m'a convoqué à Alençon après, il m'a dit "Monsieur Blouet, il y a un conseiller général sur le secteur, Monsieur Brière, qui est maire de Bagnoles, il ne fout plus rien, il faut absolument aller se présenter contre lui"* ».

Arrivé depuis peu sur le territoire et encore relativement jeune en 1992, Jean-Pierre Blouet capitalise néanmoins la notoriété qu'il acquiert *via* son poste de directeur du CMPR, sa fonction d'arbitre de football en première

---

202 Jean-Pierre Blouet devient ensuite directeur de l'association Pierre Noal créée en 1992 avec la construction de l'Institut de médecine physique et de réadaptation à Hérouville-Saint-Clair dans le Calvados et rassemblant diverses structures médicales : l'Institut de formation régional en santé (qui regroupe à Alençon dans l'Orne un Institut de formation en masso-kinésithérapie fondé en 2003 et un Institut de formation en ergothérapie créé en 2009) est l'une de celle-ci, tout comme l'EHPAD de Putanges-Pont-Écrepin (Orne) construit en 2014.

203 Lors de sa rencontre avec Alain Lambert, celui-ci est conseiller municipal d'Alençon. Il sera par la suite (entre autres) maire d'Alençon, président du District de l'agglomération alençonnaise (1989-1996) puis de la Communauté urbaine d'Alençon (1996-2004 puis 2006-2008), vice-président du Conseil régional, président du Conseil général, sénateur de l'Orne et ministre délégué au Budget dans le gouvernement de Jean-Pierre Raffarin (du 7 mai 2002 au 30 mars 2004).

division française et les relations construites avec les élus locaux du canton, pour se « construire de l'ancienneté » localement (Tissot, 2010 : 105)[204]. Un ancien conseiller municipal bagnolais souligne à son propos : « *Blouet a gagné par son attache territoriale. "Moi, je suis au Parc* [nom du centre de soins de suite et de réadaptation de Bagnoles de l'Orne], *je connais les gens" disait-il. Et il avait travaillé tous les maires. Il a eu un travail local pour les élections cantonales, alors que Brière il était un peu imbu de sa personne entre guillemets. Il n'avait pas vraiment eu d'opposants et il considérait les autres comme des veaux donc…* ». Jean-Pierre Blouet gagne ces élections à la surprise générale avec des caractéristiques propres au « notable » dépeint par Jean-Pierre Worms. Pour ce dernier, en effet, l'image « du notable est concrète, presque physique. Le mot évoque un personnage, un comportement, un style. La prestance qu'on lui accorde est celle de l'embonpoint (double sens confondu de l'expression : "c'est un monsieur important"), de l'emphase du geste, de la parole et de l'habit. Il a toujours la boutonnière fleurie et on l'imagine volontiers ceint de son écharpe de maire, présidant quelque banquet ou cérémonie. Il s'impose et il en impose par le spectacle qu'il donne ; le discours est son mode d'expression privilégié. Il est toujours en représentation » (1966 : 253). Plus largement, il compile l'ensemble des « pratiques notabiliaires » relevées par Jean-Louis Briquet (2012 : 1-2), à savoir le clientélisme, la constitution et l'entretien d'un patrimoine politique personnalisé et territorialisé et la médiation entre l'espace et les autorités politico-administratives.

À chaque élection, Jean-Pierre Blouet incarne un peu plus ce rôle. Régulièrement réélu depuis 1992 conseiller général (devenu départemental en 2015) et nommé vice-président aux affaires sociales, à l'économie puis à nouveau aux affaires sociales, il enrichit son parcours politique sur d'autres scènes. Élu conseiller municipal de l'opposition entre 1995 et 2001, premier adjoint de 2001 à 2011, avant de devenir maire de Bagnoles de l'Orne de 2011 à 2016 (puis maire de la commune historique de Bagnoles de l'Orne sous le

[204] Si elle peut sembler assez anecdotique au premier abord, la carrière d'arbitre de football de Jean-Pierre Blouet avec ses 119 matchs de Division 1 entre 1983 et 1992 lui apporte une réelle notoriété. Le 7 décembre 1991, il devient notamment « l'homme qui a expulsé Cantona », signant la fin de la carrière française de l'international (il part ensuite exercer en Angleterre), selon le titre du *Publicateur Libre* (hebdomadaire local) : « Bagnoles – L'homme qui a expulsé Cantona », [En ligne], publié le 17/10/12, consulté le 16/07/2019.

régime juridique des communes nouvelles), sénateur suppléant de Jean-Claude Lenoir, il est marié à Christine Roimier, maire d'Alençon de 2002 à 2008 et conseillère départementale de 2015 à 2021. « *Blouet, c'est une bête politique* » glisse un interviewé, qui dresse le profil d'un élu « *intelligent, qui sent bien les personnages* », « *qui a toujours su utiliser les gens en connaissant leur psychologie* », et prêt à tout – notamment mobiliser son réseau – pour parvenir à ses fins : « *Sa stratégie quand même, c'était du chantage sur les gens.* [...] *C'était toujours ce système de réseau, je connais, je connais donc je peux influencer. "Oui, oui l'entreprise je la connais bien, je connais le patron". Donc bon si tu me fais chier, je te fais virer. "Je vais dans sa loge au foot à Laval" etc.* ».

Tout au long de ses carrières professionnelle et politique, Jean-Pierre Blouet ne cesse d'affiner son capital social. Progressivement, il parvient à nouer avec diverses personnalités politiques d'autres échelles de gouvernement ou des représentants de services déconcentrés de l'État (les présidents des Conseils départementaux et régionaux, le directeur de l'ARS, le président de la CPAM, etc.) des relations « amicales » qu'il n'hésite pas à activer au service de sa ville[205]. Un conseiller municipal, élu depuis 2001 aux côtés de Jean-Pierre Blouet et de René Jambon (maire de Bagnoles de l'Orne de 1995 à 2011), illustre la notabilité en action de ce dernier : « *Nous, on a monsieur Blouet, il a des réseaux qui nous rendent de super services. C'est lui qui m'a aussi appris ça. Il est partout, à l'ARS lui il rentre dans tous les bureaux sans frapper. Jusque dans le bureau de... Moi je suis allé à l'ARS avec lui une fois, je me suis dit "on va se faire virer". Pas du tout, on est rentré dans le bureau du directeur sans qu'il nous dise d'entrer. Et puis c'est le personnage qui fait ça. S'il va à la préfecture et qu'il veut voir la Préfète, vaut mieux qu'elle le reçoive tout de suite parce qu'il va faire un tohu-bohu jusqu'à temps d'être reçu* ».

Jean-Pierre Blouet possède cette « possibilité d'intervenir à des échelons différents de l'administration qui détermine pour une large part le pouvoir du "notable" » (Briquet, Sawicki, 1989 : 12). Localement, il tire d'ailleurs son pouvoir de cette capacité à attirer des ressources sur son territoire de représentation, à l'échelle cantonale d'abord pour assurer son implantation, à

---

205 Jean-Pierre Blouet insiste longuement, lors des deux entretiens réalisés avec lui, sur l'ampleur de son carnet d'adresse, la qualité de ces diverses relations et la façon dont il en a profité pour favoriser le financement et la mise en œuvre de projets sur Bagnoles de l'Orne.

l'échelle municipale ensuite une fois devenu maire. Le maire d'une commune limitrophe de Bagnoles de l'Orne, investi dans le fonctionnement de la CdC du pays d'Andaine depuis sa création en 1997 (structure que Bagnoles de l'Orne intégrera en 2013), le démontre : « *Jean-Pierre Blouet, quand on a créé la communauté de communes, lui il était simple élu de Bagnoles. Il nous a beaucoup aidé à finaliser nos investissements de développement. Il s'est beaucoup, beaucoup investi et pour moi c'est un grand monsieur pour le Canton parce que dans tous les projets de développement il était présent donc… pour moi il a beaucoup aidé* ».

Un hôtelier bagnolais installé sur le territoire depuis 1999, ayant par ailleurs exercé des fonctions au sein de l'Office de tourisme bagnolais tout au long des années 2000, exprime lui aussi l'action déterminante de Jean-Pierre Blouet en faveur du développement économique local. « *Moi je suis arrivé au moment où ça s'ouvrait, où au niveau du département, on avait des aides et des subventions… Avec Jean-Pierre Blouet qui était notre gourou, si je peux dire, et qui a procuré une manne importante pour le développement de nos hôtels* ». Il ajoute par ailleurs : « *On a fait un festival gastronomique pendant dix ans, en ayant comme président Jean-Pierre Blouet parce qu'il nous fallait des sous, des subventions. On a demandé à Jean-Pierre Blouet d'être le président de l'association, ce qui fait que quand on allait chercher des sous au FEDER, à la Région, au Crédit agricole, c'est lui qui avait la signature* [rires] ».

Conseiller général depuis trois années, Jean-Pierre Blouet s'active pour renforcer la coopération intercommunale entre les deux villes formant depuis les années 1920 la station hydrominérale Bagnoles-Tessé. Cela se concrétise en 1995 par la création de la CdC Bagnoles de l'Orne Tessé-la-Madeleine. D'emblée toutefois, la création de cette arène d'élaboration collective de politiques publiques euphémisant les clivages et favorisant les compromis (Desage, 2009) poursuit un objectif instrumental : permettre la fusion des deux villes. Pour les élus bagnolais, l'apprentissage du travail collectif avec leurs homologues tesséens doit en effet faire émerger des logiques d'action communes ainsi qu'une vision partagée du territoire (De Maillard, 2002b). Les propos d'un ancien vice-président de la communauté de communes entre 1995 et 1999 en donnent un aperçu : « *Le conseiller général avait créé cette communauté de communes qui n'avait pas d'intérêt en soi mais à mon avis ça a été une bonne chose parce que ça a permis aux Tesséens et aux Bagnolais de commencer à travailler ensemble, si je peux m'exprimer schématiquement comme ça. Parce que dans la communauté de communes, il y avait moitié de Tesséens et moitié de Bagnolais. Et bon nombre d'activités de chaque commune a été transféré à la communauté de communes. C'est-à-dire que tout ce qui était touristique, professionnel, développement économique, toutes ces choses-là ont été transférées à la communauté de communes, ce qui a obligé les Bagnolais et Tesséens à travailler ensemble. Parce qu'il n'y avait quand même pas une certaine violence, comprenez bien ce que je veux dire, mais il y avait un peu un antagonisme parfois. Il y avait des fortes têtes* ».

Replacée dans le contexte économique et politique du thermalisme des années 1990, la fusion est alors présentée par les responsables politiques de l'époque comme l'évolution institutionnelle idéale, parce que rassembleuse, pour lutter efficacement contre la chute du nombre de curistes. Les acteurs économiques en fonction dans la station, tel cet ancien directeur du casino, partagent d'ailleurs cette perspective : « *Le but, c'était d'avoir une station thermale plus importante qui permettait au niveau municipal, au niveau de la station, d'obtenir un budget conséquent et de pouvoir partir sur des décisions en matière de communication plus forte et d'être reconnue d'une manière aussi plus forte au niveau médiatique, au niveau des structures politiques et des instances gouvernementales* ».

Mais s'il projette de prendre la présidence de cette institution naissante afin de devenir *in fine* maire d'une commune plus imposante, Jean-Pierre Blouet voit ses plans contrariés par l'élection d'un médecin thermal en 1995, le docteur René Jambon.

Une station thermale et touristique : le projet fédérateur d'un maire « entrepreneur »

Le profil de ce nouveau maire tranche avec les caractéristiques de notable de Jean-Pierre Blouet. Né en 1939, originaire de Saint Malo, René Jambon pratique la médecine générale en Bretagne avant de s'installer à Bagnoles de l'Orne en 1980[206]. Comme Jean-Pierre Blouet, René Jambon n'est pas natif du territoire. Mais il profite à la fois de l'ancrage territorial de sa tante (elle-même médecin à Bagnoles de l'Orne) et de sa profession de médecin thermal pour rapidement se faire un nom. Ces deux caractéristiques lui valent, selon deux anciens colistiers, le soutien de Philippe Moulin-Roussel (PDG de

---

[206] « Décès de René Jambon, maire de Bagnoles de l'Orne », *Ouest-France*, [En ligne], consulté le 16/07/2019.

l'établissement thermal) contre Jean-Pierre Blouet lors des élections municipales de 1995. « *Les relations de Jambon avec l'établissement thermal ont toujours été très bonnes, puisque sa tante était une amie de Moulin-Roussel,* souligne le premier. *Étant, entre guillemets, Bagnolais par sa tante, j'exagère, je résume, étant médecin thermaliste, étant finalement maire, les problèmes avec l'établissement thermal ont été vus d'une autre manière que si ça avait été quelqu'un extérieur au milieu thermal* ». S'il souligne l'aversion portée par Philippe Moulin-Roussel pour le personnage que représente Jean-Pierre Blouet dans les années 1990 – « *jeune loup avec les dents acérées, qui rayent le parquet* » –, le second colistier de René Jambon confirme l'importance du statut de médecin thermal dans le monde politique bagnolais de cette décennie : « *J'étais donc sur la liste de Jambon et on était opposé à Blouet !* [...] *Donc lui* [le docteur Jambon] *il apportait sa connaissance et le soutien de l'établissement thermal à notre liste sur laquelle il y avait aussi le docteur Péanne. Donc c'est eux qui ont apporté... c'est grâce à eux que la liste est passée parce qu'on a été soutenu par Moulin-Roussel. Il y a eu juste la veille des élections ou 48h avant, un petit mot de Moulin-Roussel qui disait qu'il soutenait cette liste-là, contrairement à la liste dans laquelle il y avait le conseiller général Blouet* ».

À l'origine de l'amélioration sensible des rapports entre municipalité et établissement thermal et de l'apaisement des conflits politiques au sein de la station, l'arrivée de ce nouveau maire au pouvoir s'avère déterminante pour le développement du territoire bagnolais. René Jambon possède en effet les traits caractéristiques d'un « maire entrepreneur politique » – il se révèle à la fois « agent de déséquilibre » sur le territoire, « partenaire » mais aussi « manager de l'agenda politique » (Huron, 2001) – qui lui permettent de mobiliser autour de sa « personne » et de son projet. Il impose ainsi rapidement sa vision du bien commun territorial, dans laquelle l'ouverture touristique occupe une large place.

« Agent de déséquilibre », René Jambon l'est sur la scène institutionnelle. Extérieur au territoire et relativement dégagé des interdépendances du monde politique local, il est l'un des principaux artisans de la fusion entre Bagnoles de l'Orne et Tessé-la-Madeleine. Caractère fort, reconnu pour agir au service de l'intérêt général selon les acteurs interrogés, René Jambon en impose et impose ses choix localement. « *Il ouvrait sa grande goule, il braillait, c'était pas échafaudé, il n'avait pas un gros réseau mais il s'occupait de Bagnoles...* » évoque un conseiller municipal élu en 2001 à ses côtés. « *Ça a été vraiment une chance pour Bagnoles d'avoir un maire qui… Il n'a pas toujours pris les bonnes décisions mais dans la vie, on ne fait pas que des bonnes choses*, ajoute un ancien directeur du casino. *Mais il […] travaillait pour sa station, pour sa ville, pas pour lui. Il n'avait aucune ambition politique. Donc à partir de ce moment-là, tout ce qu'il faisait, il essayait de le faire pour le bien. Donc je vous dis, ça n'a pas toujours été le cas, il y a eu des erreurs de faites, bien sûr. Mais ce n'est pas grave* ». Sa forte personnalité, qui lui permet d'être aujourd'hui encore identifié comme « *le promoteur* » de la fusion[207], s'apparente toutefois, pour certains, à de l'autoritarisme. C'est le cas d'un hôtelier bagnolais, longtemps investi dans le fonctionnement de l'Office de tourisme, qui remet en cause la manière dont la fusion a été actée : « *La fusion c'est une bonne chose mais ne serait-ce que d'avoir supprimé le terme de Tessé-la-Madeleine est une hérésie. Une hérésie qui a été un coup de sang de René Jambon. […] Parce qu'il y avait une guerre entre Bagnoles et les gens de Tessé. Tessé 1 800 habitants, Bagnoles 700, pour devenir Bagnoles de l'Orne 2 500 habitants. Les gens de Tessé étaient jaloux de… et René Jambon qui était très autoritaire… "ils commencent à m'emmerder ceux-là. On ne va plus parler de Tessé, il y aura le Lac et le Château"* »[208].

Cet autoritarisme présumé trouve une autre illustration dans les propos d'un ancien président de la CdC Bagnoles-Tessé, en fonction à la fin des années 1990. À l'instar de quatre délégués communautaires démis de leurs fonctions par le maire de Tessé-la-Madeleine, cet acteur ainsi que six autres élus bagnolais sont écartés de l'institution intercommunale par René Jambon en juin 1999. Adjoint au maire de Bagnoles de l'Orne, il concurrence en effet le *leadership* de ce dernier *via* son rôle de président de communauté de communes. Dotée d'une régie intercommunale en charge de l'animation culturelle, des affaires scolaires et sociales, de l'aménagement de l'espace, de l'animation touristique et du fonctionnement du camping, la communauté de communes est, dans la seconde moitié des années 1990, le lieu où se fait l'action publique touristique. Bénéficiant de ressources financières, humaines, réglementaires et techniques, son président peut ainsi se prévaloir de cette

---

207 D'après les propos d'un ancien directeur du casino.

208 Fusionnées au sein de la commune de Bagnoles de l'Orne le 1er janvier 2000, les anciennes communes de Bagnoles de l'Orne et de Tessé-la-Madeleine sont en effet devenues deux quartiers nommés Bagnoles Lac pour la première et Bagnoles Château pour la seconde.

« capacité à traiter certains problèmes [qui] constitue l'un des registres par lesquels les [exécutifs locaux] peuvent accentuer leur légitimité en s'affichant au service de la population » (Cadiou, 2014 : 45). Profitant par ailleurs des bulletins municipaux pour rendre visible l'action intercommunale et ses résultats, il donne à cette légitimité « un contenu objectivable » (Duran, 2010 : 99), augmentant de fait son envergure politique.

Pour René Jambon, il s'agit par conséquent de neutraliser un acteur qui, s'il partage avec lui la volonté de fusionner les deux villes formant la communauté de communes, est devenu un rival[209]. René Jambon met alors en action ses propriétés « d'agent de déséquilibre » en évinçant de l'intercommunalité les acteurs opposés au projet de fusion tel qu'il le conçoit et en s'arrangeant pour placer à la présidence un autre adjoint[210], par ailleurs président de l'office de tourisme[211]. Par référendum, la fusion des deux communes est actée le 21 novembre 1999. Elle sera effective au 1er janvier 2000.

Tout au long de cette période, René Jambon fait aussi valoir ses qualités de « partenaire » et de « manager de l'agenda politique », en portant un projet de développement touristique de la station dans lequel s'inscrivent notamment le président de l'établissement thermal et le directeur du casino. Ce dernier révèle l'importance du rôle joué par René Jambon dans cette évolution paradigmatique. Prenant ses fonctions de directeur du casino de Bagnoles de l'Orne après avoir travaillé plusieurs années dans les casinos trouvillais et

---

[209] Les données divergent sur les raisons de cette rivalité. Deux interviewés évoquent des manœuvres menées en coulisses par Jean-Pierre Blouet auprès de René Jambon pendant la mandature pour exacerber cette rivalité ; deux autres relèvent quant à eux une volonté affichée du président de l'intercommunalité de conserver sa fonction, contrecarrant alors le projet de fusion.

[210] Si depuis la loi du 17 mai 2013, les délégués communautaires sont élus au suffrage universel *via* un système de fléchage dans le cadre des élections municipales, ils étaient auparavant désignés par les conseils municipaux. Voir « Conseillers communautaires : les règles de l'élection », *Vie publique*, [En ligne], consulté le 17/07/2019. Ainsi, René Jambon ne nomme pas précisément cet autre adjoint, mais il s'arrange pour qu'il soit élu par les conseils municipaux de Bagnoles de l'Orne et de Tessé-la-Madeleine à la présidence de la CdC.

[211] Cette nomination fait réagir les autres membres évincés dans une communication publique de quatre pages. En voici un extrait : « Ainsi, tous les pouvoirs exécutifs de la station sont occupés par les trois élus médecins thermalistes. L'hégémonie est totale. Certains s'en félicitent. Espérons que cela soit pour le bien l'ensemble de la population ».

deauvillais, il souligne : « *J'ai découvert une station complètement endormie, quasi à l'abandon ! Qui vivait uniquement sur ses acquis et sur une station thermale, sur des thermes vieillissants, gérés à l'ancienne etc. Et où il ne fallait pas prononcer le mot de touriste. Ça c'était le début des années 1990 et j'avoue que ça été très dur de faire évoluer les choses. À l'époque la municipalité n'était pas ouverte du tout, très fermée, je dirais presque "rétrograde". Et puis est arrivé un maire très dynamique, le docteur Jambon et je pense qu'aujourd'hui, ce qu'est devenue la station, ils lui doivent beaucoup. Il a su faire évoluer les thermes à leur tour, sans être prétentieux je dirais sous l'impulsion du casino qui, avec l'arrivée des machines à sous, a connu un développement très, très fort* ». Cette transformation de la station est publicisée quelques années plus tard, en avril 1997, par le quotidien *Ouest-France*. « Casino et thermes flambants neufs, fleurissement de la ville... Après les travaux, Bagnoles s'offre un nouveau départ », titre le quotidien qui précise dans le chapeau introductif : « Depuis 1996, Bagnoles de l'Orne travaille son image. Après la rénovation complète du casino, ce sont aujourd'hui les thermes qui ont lourdement investi pour améliorer leurs installations. Les services communaux ne sont pas en reste : fleurissement, sonorisation, voies piétonnes... tout est prêt pour un nouveau départ ».

L'entreprise de restructuration de l'offre thermale et l'image sociale de la station initiée à la fin des années 1990 ne sont à mettre au seul crédit du maire René Jambon. Certes, sa position dans la station lui permet d'impulser une réaction collective. Mais celle-ci s'inscrit dans un mouvement plus large analysé par Marc Lohez, pour qui la problématique du positionnement des stations vis-à-vis de l'image médicale se voit à nouveau posée, un siècle après leur fondation. Le traitement des affections et pathologies par les eaux minérales reste le cœur originel de leur activité. Mais certaines d'entre elles, telle Bagnoles de l'Orne, cherchent à capter un public plus large que celui de la cure à teneur médicale pour relancer et pérenniser leur activité. Le thermalisme évolue de ce fait vers une offre comprenant loisirs et détente, tourisme et bien-être : « le but de chaque station est de promouvoir un espace touristique dont la présence du thermalisme serait la particularité, voire le trait d'union » (Lohez, 2000 : 319). À l'instar de Bagnoles de l'Orne, certaines villes thermales disposent, en effet, d'une architecture à dimension patrimoniale, d'un charme souvent pittoresque et d'un cadre naturel préservé. « L'activité thermale de type médical se fond dans des formules de séjours touristiques alors qu'établissements thermaux, offices du tourisme et collectivités locales coordonnent leurs efforts de promotion [...]. Le thermalisme se fait plus touristique, le tourisme se pare d'un label thermomédical » (Idem).

Au contraire des acteurs locaux (économiques et politiques) stéphanois qui, cherchant à « relancer Saint Étienne » dans les années 1980-1990, ne parviennent pas à surmonter les dissensions héritées de l'histoire industrielle de la ville (Béal, Dormois, Pinson, 2010), les acteurs bagnolais soulignent « l'importance » qu'il y a selon à eux œuvrer collectivement. S'inscrivant dans la continuité de l'action politique menée par René Jambon, le maire de Bagnoles de l'Orne en fonction depuis 2016 (entré au conseil municipal dans l'opposition en 2001 et premier adjoint de Jean-Pierre Blouet de 2011 à 2016) résume la vision partagée par les élus successifs : « *Il faut que le triptyque fonctionne à Bagnoles. Le triptyque c'est qui ? C'est la collectivité, c'est les thermes, c'est le casino. Si ce triptyque ne fonctionne pas, pas de symbiose... on va marcher clopin-clopant* ». Municipalité, casino et établissement thermal s'engagent résolument dans une stratégie de station « thermale et touristique »[212], qu'ils l'affichent, entre autres, dans *Le Courrier de la Mayenne* en février 1996. « La station affirme ses ambitions thermalo-touristique » titre l'hebdomadaire, avant de poursuivre : « Tous, ils se sont tous mis autour d'une table pour bâtir ensemble une stratégie de communication sur trois ans, au bénéfice de la station. Mairie de Bagnoles de l'Orne, mairie de Tessé-la-Madeleine, Intercommunalité, Conseil général de l'Orne, responsables départementaux et locaux du tourisme, établissement thermal, casino, hôteliers, restaurateurs, commerçants... ont aujourd'hui constitué une équipe forte et soudée qui prend en main la promotion de la station ».

La démarche de projet impulsée par René Jambon prend corps dans la mise en œuvre de telles réunions collectives. Cela réduit l'incertitude engendrée par la crise du thermalisme car, comme l'explique Gilles Pinson, « en même temps que le consensus de projet est construit de manière progressive, un collectif d'action est institué. Les interactions multiples qui émaillent le projet sont le vecteur d'une institutionnalisation d'une coalition d'acteurs et d'une capacité d'action collective qui pourra être ultérieurement mobilisée. Le projet vise à constituer ou entretenir la réactivité des réseaux d'action, la capacité de leurs composantes à "faire système", à interpréter des *stimuli*

[212] « Bagnoles de l'Orne, ça bouge, Bagnoles de l'Orne c'est la forme ! », « Bagnoles de l'Orne la verte » sont autant de slogans créés à cette époque.

environnementaux comme des enjeux collectifs et à activer des dispositifs d'action collective » (Pinson, 2009 : 638).

Longtemps réfractaire à toute forme d'évolution sur la station, Philippe Moulin-Roussel intègre cette coalition d'acteurs. Outre les rapports apaisés qu'il entretient avec la municipalité, son âge avancé (il a 65 ans en 1997 et prévoit de faire valoir ses droits à la retraite) associé à la situation économique de l'établissement thermal peuvent expliquer ce changement d'attitude. Même si l'exploitation thermale bagnolaise est qualifiée de « *modèle de gestion* » à cette époque par l'un de ses anciens dirigeants, la chute du nombre de curistes se fait fortement ressentir au milieu des années 1990 : après une amélioration de la situation entre 1988 (15 360 curistes) et 1992 (17 736), celle-ci se dégrade fortement jusqu'en 1996 (12 734). Philippe Moulin-Roussel décide de revaloriser son exploitation afin d'en optimiser la vente. En démontrant là encore l'indépendance de l'exploitation thermale dans la station, un élu bagnolais (adjoint au maire et président de l'office de tourisme à la fin des années 1990) relie cette conversion de Philippe Moulin-Roussel vers des formes de diversification médicale et touristique à des impératifs financiers : « *Il avait laissé ça rouler tranquille ! Quand il s'est aperçu que ses revenus baissaient quand même, il s'est dit qu'il fallait bouger.* [...] *L'établissement a essayé de mettre en place des soins pour faire de la rhumatologie, parce qu'on voyait bien la phlébologie seule, ça périclitait. Et on a modernisé l'établissement thermal qui en avait beaucoup besoin. À l'époque, c'est sûr qu'il était très en retard. Il n'allait pas de l'avant si vous me permettez l'expression. Hein, il était vraiment...* [il siffle] *Non mais à partir du moment où son portefeuille a été touché il a commencé à bouger !* ».

Ce fort investissement dans la réfection et la modernisation de l'établissement thermal fait l'objet d'un traitement médiatique par la presse régionale : « Le véritable ancêtre de la station se donne des allures de jeune homme. Fini le look un peu trop médical, bonjour le palace. À l'image de son hall flambant neuf, les thermes abordent la saison 97 sous le signe du renouveau. 25 millions de francs ont été investis pour offrir un nouveau confort mais aussi de nouveaux soins »[213]. Alors que la station s'était historiquement construite autour de deux orientations thérapeutiques, la phlébologie et la gynécologie, ces « nouveaux soins » permettent à l'établissement thermal d'obtenir son

[213] *Ouest-France*, avril 1997. La citation suivante renvoie à la même source.

agrément en rhumatologie et d'attirer un public « traditionnel » potentiellement plus nombreux. Mais avec la construction de deux piscines, la stratégie semble avoir résolument intégré le développement touristique. « L'avenir : un thermalisme de détente » sous-titre d'ailleurs le journaliste de *Ouest-France*, ajoutant par ailleurs : « Le développement d'un thermalisme de forme et de détente est, à terme, un des objectifs de la station avec la formule "week-end essentiel" qui propose une remise en forme du dos à travers des séances de rééducation et d'information ; le produit week-end offre des soins conjugués à un programme de loisirs et de divertissements ».

Après deux intersaisons de travaux de remise à neuf, Philippe Moulin-Roussel organise en 1998 une opération capitalistique destinée à préparer la vente de l'établissement thermal. « La famille Moulin-Roussel, jusqu'à présent majoritaire en termes de droits de vote, vend ses titres. À l'exception de Philippe Moulin-Roussel qui vient d'organiser un nouveau tour de table. Il a prévu de détenir 33,29 % d'une entité nommée "Balnoleum" et amenée à se substituer à l'ancien holding de contrôle », explique à cette époque le quotidien *Les Echos*[214].

Le casino et les institutions politiques locales s'inscrivent dans ce processus. Le directeur du casino n'attend pas l'arrivée de René Jambon pour mettre en œuvre sa stratégie de restructuration d'un établissement qu'il découvre dans un état de délabrement particulièrement avancé. Après s'être heurté au conservatisme de Philippe Moulin-Roussel et du maire René-Charles David (1992-1995), et avoir bénéficié de l'attraction qu'ont constitué les machines à sous, il entreprend lui aussi la réfection d'une partie de l'établissement. « *Il a fallu s'atteler à la tâche petit à petit, arriver à convaincre les gens pour qui je travaillais d'investir, ce qui n'était pas la moindre des choses*, explique-t-il. *Ce qui s'est fait et je pense que ça a été "le" déclic à Bagnoles. Ça a été le déclic parce qu'en 96 le groupe* [Émeraude] *pour lequel je travaillais à l'époque a accepté de faire de mémoire 25 millions* [de francs] *de travaux, une rénovation complète du casino tel qu'il est aujourd'hui* ». Ces travaux sont fortement publicisés par la presse locale et, notamment, le quotidien *Ouest-France* qui souligne en avril 1997 alors que la saison thermale débute : « Situé dans un cadre idyllique, en bordure du lac, le casino édifié en 1927 a participé à l'évolution de la

[214] « Thermal de l'Orne », *Les Échos*, [En ligne], mis en ligne 06/11/1998, consulté le 12/05/2017.

ville. Refait à neuf entre mars et juillet 1996, il s'apprête à entamer la saison sur ces nouvelles bases, afin de consolider sa vocation de casino régional ». Création d'un restaurant, réouverture après plusieurs années de fermeture de jeux traditionnels tels le Black Jack ou la roulette anglaise, le casino donne du contenu à l'orientation tourisme apportée par la communication bagnolaise et « s'impose [...] comme un pôle incontournable du développement économique de la station prévoyant presque 50 millions de chiffre d'affaires et comportant une cinquantaine de salariés ». D'un autre côté, un « directeur de station » au profil touristique est recruté par la communauté de communes Bagnoles-Tessé entre 1996 et 1998. Organisations de compétitions de VTT et de festivals culturels, accueil de courses de voitures de collection ou d'étapes du Tour de France rythment la saison thermale et accompagnent, dès lors, la restructuration touristique de la station.

La montée en puissance de la crise du thermalisme entraîne à Bagnoles de l'Orne de fortes évolutions institutionnelles et relationnelles qui permettent, pour la première fois depuis l'avènement du thermalisme social, l'émergence d'une action collective. Contrairement à la situation dacquoise où les rapports qu'entretiennent la municipalité, les exploitants et les autres échelles de gouvernement sont émaillés de conflictualité, les autorités municipales parviennent à intégrer l'ensemble des groupes sociaux économiques et politiques du territoire au gouvernement municipal du thermalisme. Le succès de cette coalition d'acteurs est toutefois dépendant du bon vouloir du PDG des « Thermes de Bagnoles de l'Orne » qui, au sein de la station, se caractérise par son autonomie.

En parvenant à le convaincre de collaborer à l'action municipale, l'arrivée sur la scène politique de René Jambon en 1995 est déterminante dans ce processus d'inclusion. Porteur d'un projet de « station thermale et touristique » allant *a priori* à l'encontre des desseins de Philippe Moulin-Roussel, René Jambon profite autant de son profil de médecin thermal que du contexte d'incertitude engendré par la remise en question du remboursement des soins thermaux par l'État pour faire évoluer leurs relations. Les projets s'avèrent être, en effet, des « instruments de recomposition » d'action collective dans un climat de forte incertitude. Ils « servent [...] à faire prospérer ces incertitudes par une activité collective de construction des problèmes, d'élaboration des solutions collectives et d'articulation des ressources » (Pinson, 2009 : 638). Aussi cette ambition d'ouverture touristique, partagée par les différents exécutifs locaux depuis la fin des années 1960, ne rencontre-t-elle l'adhésion du PDG des « Thermes de Bagnoles de l'Orne » qu'au milieu des années 1990.

Accompagnant cette mobilisation par une double évolution institutionnelle destinée à réduire toute forme d'instabilité politique, les deux *leaders* politiques territoriaux – René Jambon et Jean-Pierre Blouet – s'activent pour pérenniser cette action. Au tournant des années 2000, Bagnoles de l'Orne semble « armée » pour endiguer la chute du nombre de curistes qui affecte l'économie du territoire.

Mais le système d'action collective initié par René Jambon et Jean-Pierre Blouet au tournant des années 2000 ne dure pas. En 2002, Philippe Moulin-Roussel quitte la station au profit d'un fonds d'investissement – « France Thermes » – souscrit par Groupama. Ce départ casse une dynamique trop brève pour voir « l'entretien de relations réticulaires durables et denses [devenir] des objectifs aussi importants que la substance même des projets » (Idem : 639).

Tandis que la crise du thermalisme est au plus fort à l'échelle nationale, les situations dacquoise et bagnolaise affichent ainsi de nombreuses similarités. Si l'exécutif dacquois est esseulé depuis le milieu des années 1990, tout est à reconstruire pour leurs homologues bagnolais au moment même où la ville voit le nombre de curistes commencer à chuter très fortement. Dans les deux cas, l'incapacité des institutions municipales à intégrer la diversité d'acteurs économiques (exploitants thermaux, hôteliers, commerçants, casinos, promoteurs de loisirs) et/ou politiques (institutions intercommunales, départementales et régionales) rejaillit sur la situation économique des villes.

II. Mobiliser par le projet pour régler le problème thermal

Confrontés à une crise qu'ils peinent à endiguer, élus dacquois et bagnolais s'engagent à partir du tournant des années 2000 dans des tentatives de mobilisation collective par le projet. À défaut de pouvoir s'appuyer sur des ressources institutionnelles solides ou sur une régulation nationale stabilisée, ils cherchent à restaurer une capacité politique territoriale en créant les conditions d'une coopération entre acteurs économiques et institutionnels. Face à une situation objectivement dégradée (1), ils s'appuient pour ce faire, bien que selon des temporalités légèrement différentes, sur le renouvellement des acteurs économiques (Bagnoles de l'Orne) ou sur une amélioration des rapports avec l'institution départementale (Dax). Dans ces deux contextes, marqués par des fragilités politiques et financières, le projet devient un instrument de gouvernement, un levier de recomposition des coalitions locales, ainsi qu'un moyen pour les élus de se (re)positionner au sein de configurations territoriales fragmentées (2).

1) (Se) réunir pour augmenter son « avantage concurrentiel »

À Dax comme à Bagnoles de l'Orne, la situation ne s'améliore pas tout au long de la décennie 2000 malgré l'entreprise de légitimation et les autres pistes de diversification initiées à l'échelle nationale. Après quelques années d'accalmie, Bagnoles de l'Orne connaît, de 2002 à 2009, une sévère chute de fréquentation de la clientèle thermale. Les relations qu'entretiennent autorités municipales et nouveaux dirigeants de l'entreprise sont rompues et caractérisées, des deux côtés, par la défiance. L'arrivée d'un nouveau PDG au profil plus consensuel et la montée en puissance d'un nouvel élu favorisent l'amélioration des relations et, bientôt, l'institutionnalisation d'une action collective. À Dax, la crise se poursuit jusqu'au milieu des années 2010. À l'inverse de Bagnoles de l'Orne, les autorités municipales élues en 2008 doivent convaincre des exploitants thermaux défiants de réagir à la crise à leurs côtés.

a. À Dax, la construction d'une légitimité d'intervention du politique. La crise comme prisme de l'action collective

Alors que la croissance repart à la hausse dans les autres stations françaises, la situation du thermalisme dacquois peine à s'améliorer au début des années 2010. Fragilisée par la situation d'isolement dans laquelle elle se trouve, la municipalité, qui fait face au départ du groupe Accor à la fin des années 2000, est contrainte de gérer à nouveau le thermalisme local *via* la CTD. Or, les équipes municipales récupèrent une entreprise en grande difficulté, présentant d'importants problèmes structurels. Affichant respectivement « 3,7 M€, 2 M€ et 1,6 M€ de déficits en 2010, 2011 et 2012 »[215], les trois années d'exercice qui suivent sa reprise en donnent une illustration. Malgré des « résultats

[215] Chambre régionale des comptes, Aquitaine, Poitou-Charentes, *Rapport d'observations définitives sur la gestion de la société d'économie mixte « compagnie thermale de Dax »*, Bordeaux, 2014, p. 5. Les autres citations de ce chapeau introductif renvoient à la même source.

exceptionnels pourtant conséquents », cette situation place les décideurs dans l'obligation de procéder à des mesures fortes : « alléger les effectifs » d'une part, engager des « actions d'économies [...] et de politique commerciale » d'autre part. La gestion en direct de l'activité par la collectivité associée à cette nouvelle stratégie exacerbe ainsi la défiance qu'entretiennent les exploitants thermaux dacquois vis-à-vis des acteurs publics.

Chute de fréquentation, défiance des exploitants thermaux : une situation dégradée à l'échelle municipale

Alors que depuis de nombreuses années les relations entretenues par la municipalité avec les exploitants thermaux reposent essentiellement sur la distribution des matières premières[216], faisant de ces derniers des « partenaires économiques », la ville apparait de nouveau comme un « concurrent » pour certains exploitants. L'un d'eux (propriétaire d'un établissement hôtelier et thermal depuis la fin des années 1990) en donne une illustration : « *Quand Accor est parti, la mairie a dit "nous on va reprendre". Et je vous le dis tel que ça nous a été dit à l'époque puisqu'on nous avait convoqués à une présentation/réunion concernant la reprise de la compagnie thermale par la ville. Et on avait été très étonnés parce qu'on nous avait dit lors de cette réunion, en gros, "vous, vous ne savez pas gérer, et vous allez voir ce qu'on va faire avec la compagnie thermale. On va vous en mettre plein les yeux"*. Il poursuit, évoquant le changement de majorité : *C'était Bellocq qui était arrivé et qui a dit ça. Ils avaient diligenté une étude* [...] *et en gros, ils avaient dit, "vous allez voir, nous on a ça, on a telle stratégie, vous allez voir on va tout faire péter"* ». L'étude en question date de 2009. Menée par le cabinet de conseil HATCO (pour « hôtel and tourism consulting »), elle suggère aux actionnaires de la CTD, la municipalité dacquoise en tête, une « restructuration des actifs exploités par la CTD en deux ensembles, un secteur à dominante thermale, d'une part, un secteur à dominante touristique, d'autre part. Ce dernier s'appuierait sur les deux équipements les plus

---

[216] Le groupe Thermes Adour créé par Roger Junca (détenant deux établissements à Dax et l'ensemble des établissements de Saint-Paul), devenu Arenadour (fusion avec les Thermes des Arènes en 2013), possède sa propre eau thermale. Mais après avoir œuvré en totale autonomie pendant de nombreuses années, il utilise depuis 1997 (comme l'ensemble des autres acteurs) le péloïde distribué par la régie des eaux et des boues de Dax.

emblématiques, le Splendid et les Thermes, en vue d'attirer une nouvelle clientèle plus "haut de gamme" pour du tourisme d'affaires et des séjours "bien-être" clairement différenciés des offres "thermo ou aqualudiques" préexistantes » (Chambre régionale des comptes, 2014 : 26).

Pendant trois ans, acteurs publics et exploitants thermaux privés deviennent dès lors « associés-rivaux », autrement dit des acteurs en interdépendance, « pouvant ou non appartenir à des univers sociaux et mentaux distincts, c'est-à-dire s'inscrivant dans des jeux pour lesquels les enjeux ne sont pas équivalents en tout point » (Legavre, 2011 : 107). Leurs enjeux varient légèrement car si acteurs privés et publics poursuivent un objectif de performance économique, celui revendiqué par les acteurs publics est essentiellement lié au maintien d'une activité génératrice d'emplois sur le territoire. Or, aucune des actions apparemment « trop tardivement mises en œuvre » (Chambre régionale des comptes, 2014 : 29) par les nouvelles équipes gestionnaires ne permet d'enrayer la chute de la CTD. Malgré deux années de léger rebond (2010 et 2011), et un refinancement du capital de la SEM par la commune, les déficits enregistrés conduisent les responsables de la CTD à mettre fin à son activité le 3 juin 2013 (Idem)[217]. En entraînant la mise au chômage d'environ 36 salariés en contrat à durée indéterminée, la crise du thermalisme dacquois prend une autre dimension.

Un plan de sauvegarde de l'emploi (PSE) d'environ 2,5 millions d'euros – prévoyant « outre l'octroi d'une indemnité forfaitaire extra-légale de départ de 21 000 euros à chacun des salariés licenciés, leur accès pendant un an à un "*espace information conseil*", à une cellule psychologique et à une "antenne emploi-mobilité" animée par un cabinet spécialisé » (Idem : 30)[218] – est mis en œuvre par les acteurs publics dacquois qui doivent dans le même temps envisager l'après CTD. Vendre (à la découpe ou non) les quatre établissements

---

217 Les auteurs soulignent notamment que « l'exploitation 2012 s'est traduite pour la troisième année consécutive par un important déficit (-1,6 M€), le résultat net de - 349 173 € ayant pour effet de ramener les fonds propres de la société à 574 753 €, soit une somme bien inférieure aux 840 000 € (correspondant à la moitié du capital social) requis par l'article L.225-248 du code de commerce, obligeant ainsi la SEM à se prononcer sur les conditions de la poursuite de son exploitation ».

218 D'après les propos du maire rapportés par les auteurs, ce plan aura permis le reclassement de 21 des 65 salariés concernés et le départ à la retraite de cinq d'entre eux.

(thermaux et hôteliers[219]) qui composent la CTD et s'assurer du maintien de leur activité thermale guident alors leurs préoccupations.

Après avoir repris pendant trois ans les établissements de la CTD en gestion « directe », les élus présentent un nouveau projet inspiré en partie de la stratégie présentée par le cabinet HATCO quelques années plus tôt. Seulement, la gestion diffère. Il s'agit de conserver le Splendid dans le domaine public (*via* un nouveau contrat de location-gérance) en repositionnant toutefois son activité vers le tourisme de santé et d'affaires, puis de vendre les autres établissements en s'assurant que l'activité thermale y soit poursuivie. « *On a eu des candidats qui voulaient racheter un des hôtels par exemple pour en faire une résidence pour personnes âgées. On a refusé. On voulait que ça reste dans l'esprit et dans la dynamique économique traditionnelle hôtellerie et thermes* » souligne ainsi Gabriel Bellocq (maire de Dax de 2008 à 2016). Quant au projet de reconversion du Splendid, il ajoute en reprenant assez largement les préceptes du rapport du CNT paru en 2011[220] : « *Notre choix a été de dire sur l'hôtel Splendid, on va abandonner l'activité thermale médicale que l'on va laisser au bénéfice* [...] *des autres opérateurs privés de la ville de Dax. Et sur l'hôtel Splendid on va développer une autre activité, un autre modèle économique basé sur le tourisme de santé proprement dit. D'où l'idée du spa et ses 1600 m² qui est un des spas les plus importants de toute la région Aquitaine et en même temps y développer le tourisme d'affaires avec 1600 m² de salles de séminaire et de congrès. Nous étions, moi-même bien-sûr et mes collègues, porteurs de cette idée qu'il ne faut pas mettre tous ses œufs dans le même panier et que plutôt que de porter un préjudice à l'activité thermale médicale traditionnelle, il valait mieux se spécialiser ou en tout cas spécialiser l'établissement Splendid sur ces deux créneaux nouveaux, le tourisme d'affaires et le tourisme de santé* ».

Deux enseignements peuvent alors être tirés de ce projet de reconversion. Le premier a trait à la volonté de la municipalité de conserver le Splendid dans le domaine public afin d'en faire le « *phare* » de la station, pour reprendre une expression utilisée par plusieurs acteurs publics dacquois. Pour ces derniers, il s'agit d'opérer, classiquement, une entreprise de totémisation en transformant cet objet « sectoriel » en symbole territorial (Le Bart, 2004 : 108). Les propos

219 Le Splendid, Les Thermes, Miradour et Dax Thermal.

220 Voir le chapitre II, section « *Identifier, sélectionner et diffuser les bonnes pratiques touristiques* ».

de Gabriel Bellocq et d'un cadre de l'administration dacquoise en poste depuis 2008 confirment cette stratégie. « *La ville a souhaité garder l'hôtel Splendid, symbole de la période Art Déco, navire Amiral de toute l'hôtellerie dacquoise et symbole, fleuron de la ville de Dax. La ville l'a gardé et a souhaité le faire évoluer vers un autre modèle économique* » expose le premier. Tandis que le second ajoute : « *il y avait deux choix. Il y avait le choix de ceux qui disaient il faut le vendre à la découpe, alors aujourd'hui vous n'auriez plus rien quoi. Et puis il y avait ceux comme nous qui disions "mais attendez, on a un symbole de l'Art Déco qui est unique en France et un des grands symboles au monde de l'Art Déco, on a un outil qui est un potentiel de développement économique"* ».

Le second enseignement relève des croyances communément partagées par les acteurs publics à la suite de l'échec de la reprise de la CTD, selon lesquelles une municipalité n'aurait pas à gérer des activités hôtelières et thermales. Un conseiller municipal dacquois, adjoint au maire depuis 2008, en donne d'ailleurs une illustration. Selon lui, « *chacun doit rester à son poste, ce n'est pas le rôle d'une collectivité de faire de l'hôtellerie, de gérer de tels établissements* ». Recruté en 2008 par la nouvelle équipe municipale, le directeur général des services n'est pas étranger à cette perception. Incarnant trait pour trait le « modèle du manager » dépeint par Olivier Roubieu (1994) – soit un DGS fortement diplômé, proche du maire, rompu aux méthodes du management public et privilégiant sa carrière sur son attachement à une collectivité –, il oriente fortement les choix réalisés par l'équipe municipale. Il revendique avoir conseillé aux élus de se défaire de la gestion directe du thermalisme, notamment *via* le regard extérieur qu'il porte sur l'activité. Selon lui, ce recul donne toute leur importance à ses conseils : « *J'explique au maire à l'époque, je lui dis "monsieur le maire ce n'est pas le métier d'une collectivité de gérer des restaurants, de gérer des cures et de gérer des hôtels". Ça, ça n'existe pas.* [...] *Le choix a été très difficile pour les élus de l'époque d'accepter de faire ce que je proposais, soit la cession d'une partie de ces équipements. C'était tellement ancré dans l'imaginaire local que c'était la ville* [...] *On a vendu au final trois établissements...* ».

À l'automne 2013, le paysage dacquois se transforme suffisamment pour que le 29 novembre, le quotidien *Les Échos* titre « À Dax, la fin du "thermalisme municipal" » et souligne sa « professionnalisation ». Composé jusqu'alors de PME familiales et des établissements de la CTD, le thermalisme local évolue en quelques mois. Du côté privé, une holding – Arenadour – est créée en 2013 de la fusion du groupe Thermes Adour (constitué dans les années 1960 par

Roger Junca) et des Thermes des Arènes. Totalisant environ 24 000 curistes, il devient le plus gros exploitant du territoire[221]. Du côté public, il s'agit de concrétiser le projet annoncé. Or, contrairement aux discours politiques relatant *a posteriori* sa mise en œuvre comme « allant de soi », le processus de reconversion de la CTD ne se déroule pas sans accrocs. Certes, deux établissements connaissent une succession rapide, assurant le maintien des équipes salariées. Vendu près de 4 millions d'euros, le Miradour (renommé Dax Adour) trouve dès 2012 un repreneur déjà propriétaire depuis quelques années des Thermes Foch, un établissement thermal dacquois de taille modeste[222]. La même année, pour 550 000 euros, l'établissement Dax Thermal (devenant Dax O Thermes) est également racheté par l'ancien rugbyman international Thierry Lacroix[223]. Cependant, les reprises des Thermes et du Splendid connaissent plus de difficultés. Reconstruits au début des années 1990 à l'initiative du maire Yves Goussebaire-Dupin, selon un design pensé par l'architecte Jean Nouvel, les « Thermes » subissent une période de flottement après la liquidation de la CTD. Rapidement, un homme d'affaires originaire de Dax et installé aux États-Unis projette d'acquérir l'établissement. Voté au sein du conseil municipal, largement publicisé par la presse locale, le projet de rachat n'est cependant jamais concrétisé[224]. Cet épisode place la majorité en difficulté au sein du conseil municipal tandis que l'établissement thermal ferme pour quelques années, perdant par ailleurs de sa valeur suite aux importantes inondations de février 2014. C'est en 2015 que la famille Bérot, propriétaire des thermes éponymes depuis 1974, formule une proposition de rachat à hauteur de 2 millions d'euros. Les importants travaux de rénovation

---

221 « À Dax, la fin du "thermalisme municipal" », *Les Échos*, [En ligne], publié le 29/11/2013, consulté le 12/06/2019.

222 « Le Miradour quitte la compagnie thermale », *Sud-Ouest*, [En ligne], publié le 14/09/2012, consulté le 15/04/2018.

223 En 2013, un homme d'affaires se porte toutefois acquéreur de la majorité des actions, devenant dès lors propriétaire des murs et du fonds de commerce avant que Thierry Lacroix ne revende l'intégralité de ses parts en 2014.

224 Outre les 3,2 millions d'euros annoncés pour acquérir l'établissement, l'homme d'affaires affirmait par ailleurs vouloir investir 3 millions d'euros supplémentaires dans sa rénovation afin de le transformer en hôtel 4 étoiles. Voir : « Dax : les thermes Jean Nouvel de nouveau en vente », *Sud-Ouest*, [En ligne], publié le 25/07/2014, consulté le 11/03/2018.

retardent toutefois l'ouverture de l'établissement jusqu'en 2017, soit quatre ans après la liquidation de la CTD.

Quant au projet de reconversion du Splendid, il ne se concrétise qu'en mars 2018, malgré l'optimisme des acteurs publics dacquois et des dirigeants du groupe repreneur « Vacances Bleues » qui visaient une réouverture à la fin de l'année 2015[225]. Si l'inondation évoquée aggrave la situation, les travaux de réhabilitation de l'établissement (qui avoisinent un total d'environ 15 millions d'euros) sont conséquents. Pour mener à bien ce projet, les collectivités locales accompagnent à hauteur de sept millions la Caisse des dépôts et consignations, principal partenaire financier du groupe Vacances Bleues. 2,7 millions d'euros sont apportés par le Conseil général des Landes, 1,3 millions par la Région Aquitaine, 1,5 par la communauté d'agglomération du Grand Dax et 1,5 millions d'euros par la ville de Dax[226]. Après presque deux ans de travaux et quatre années de fermeture, le Splendid rouvre ses portes au printemps 2018. Ceci vient clôturer une (longue) période de trouble pour le thermalisme dacquois.

Cet épisode d'incertitude ponctué par la fermeture d'établissements thermaux n'est pas sans conséquence néanmoins. La situation exacerbe les tensions entre certains exploitants thermaux et élus locaux. Ces dissensions contraignent d'autant plus la municipalité dans sa capacité à gérer le dossier de reprise de la CTD. En effet, l'importance prise localement par l'activité thermale accentue la politisation de la réussite ou de l'échec d'un tel projet. De ce point de vue, la séquence entamée à partir de la reprise de la CTD à la vente et/ou restructuration des établissements fait ressortir les clivages partisans déjà évoqués. Cet élément est présent à l'esprit d'un ancien adjoint au maire de Dax entre 2008 et 2016, lorsqu'il relate les années ayant suivi le changement de majorité municipale en 2008 : « *On s'est battu... Moi le sentiment que j'en ai, c'est personnel, c'est que tout le monde n'a pas tiré dans le*

225 « Dax : le Splendid sera exploité par le groupe Vacances bleues », *Sud-Ouest*, [En ligne], publié le 18/12/2013, consulté le 11/03/2018. Les photos de réhabilitation du Splendid, démontrant l'ampleur des travaux à réaliser, sont rassemblées dans l'article « Dax : les travaux de l'hôtel du Splendid en images », *Sud-Ouest*, [En ligne], publié le 27/01/2017, consulté le 11/03/2018.

226 « Dax : le Splendid sera exploité par le groupe Vacances bleues », *art cit.*

même sens et ça, c'est un peu déplorable, pour des raisons bassement politiques ou politiciennes. [...] *On a récupéré une situation particulièrement difficile et au lieu de nous aider, de nous accompagner, je pense que beaucoup de personnes étaient assez satisfaites, attendaient qu'on se plante là-dessus. Parce que si on se plantait là-dessus, c'était une opportunité politique peut-être pour certains pour revenir et heureusement ça n'a pas été le cas* ».

Les choix de la majorité sont d'autant plus discutés et critiqués par l'opposition que les chiffres portant sur l'évolution du nombre de curistes sont peu satisfaisants. S'ils étaient encore 55 288 en 2002, ils ne sont plus « que » 47 007 en 2009 et 45 643 en 2014. Or, l'érosion de la clientèle ne touche pas uniformément l'ensemble des établissements thermaux. Les chiffres démontrent au contraire que si la fréquentation des établissements privés dacquois progresse d'1,55 % entre 1990 et 2011 (passant de 40 561 à 41 189), c'est bien celle de la Compagnie thermale de Dax qui chute de 47,53 % (de 14 527 à 7 622) (Chambre régionale des comptes, 2014 : 13). Dès lors, pendant que la croissance repart à la hausse dans les autres stations, notamment à Saint-Paul-lès-Dax et Bagnoles de l'Orne qui affichent toutes deux une progression d'environ 20 % sur la période 2010-2016, l'activité dacquoise peine à redémarrer au début des années 2010. Le nombre de curistes stagne en 2015 (45 712) pour augmenter légèrement en 2016 (47 379) et 2017 (47 458) avant de baisser de nouveau en 2018 (46 746)[227].

Le « consensus intercommunal » : convaincre par le projet

Le contexte dans lequel la nouvelle équipe municipale arrive au pouvoir en 2008 ne lui permet pas, *a priori*, d'enrayer la dégradation du thermalisme dacquois. Outre les rapports de défiance qu'elle entretient avec certains exploitants thermaux, la position qu'occupe la ville de Dax au sein du conseil communautaire dénote par rapport à son statut de ville centre. Malgré une augmentation du nombre de ses délégués (dix contre sept, sur trente-six) et la présence de deux vice-présidents au sein du bureau (comprenant neuf

---

[227] Ces chiffres sont tirés des éditions 2010, 2016 et 2019 de l'Observatoire économique du tourisme landais.

membres), le clivage gauche-droite influe sur les délibérations de l'assemblée communautaire au détriment des élus dacquois[228].

Pour la majorité socialiste dacquoise élue en 2008, l'alignement partisan avec ses homologues saint-paulois doit permettre une augmentation rapide de leur pouvoir au sein de l'institution. Or, dans un premier temps, le jeu politique intercommunal ravive des dissensions historiques entre les deux villes[229]. En l'absence d'accords, la tendance des maires à « capter les ressources communautaires pour leur commune et [contrôler] la production de politiques publiques qui peuvent être défavorables à leur territoire » (Le Saout, 2015 : 495 ; Desage, 2004) suscite des crispations. Malgré une affiliation partisane commune, les élus communautaires ne parviennent pas à instaurer de consensus, qu'ils soient « organique (basé sur le partage de valeurs) ou instrumental (défense des intérêts municipaux au sein de l'espace intercommunal) » (Reigner, Ségas, 2013). Les propos d'un ancien édile saint-paulois le soulignent : « *C'est devenu très compliqué parce que quand il y a des positions politiques opposées, c'est facile, on est l'un contre l'autre. Quand on est du même côté, c'est un peu plus compliqué de s'opposer* [...] *Vous devez avoir entendu parler de choses et d'autres, Dax n'a pas apprécié que le Grand Mail* [nom du centre commercial du Grand Dax] *se fasse à Saint-Paul, par exemple c'est une des grandes raisons...* ». Jusqu'en 2009, les élus dacquois peinent ainsi à profiter des retombées (au moins) matérielles de ce groupement.

C'est pourtant un renversement de ces logiques conflictuelles vers celles d'un « consensus intercommunal » que parviennent à développer les acteurs

[228] À l'instar de Fabien Desage (2009 : 147) faisant référence à Alain Garrigou, nous comprenons ces clivages idéologiques partisans comme « l'expression et la confrontation de convictions et de représentations distinctes sur la nature des problèmes et les objectifs de l'action publique, épousant les frontières des partis ». Ce fonctionnement idéologique pendant les mandatures de Jacques Forté dénote néanmoins avec l'analyse produite par cet auteur sur la culture du consensus et du compromis dans le fonctionnement de l'intercommunalité lilloise, ou encore avec celle de Sébastien Vignon, relevant combien le fonctionnement technique, basé sur l'expertise, s'est imposé sur le fonctionnement idéologique (2011 : 144).

[229] Les acteurs publics rencontrés dans les deux villes évoquent une rivalité ancienne et importante, accentuée par la montée en puissance de l'économie thermale saint pauloise à partir des années 1980.

publics dacquois au tournant des années 2010. Le directeur général des services joue, dans ce processus, un rôle déterminant. Quinquagénaire, ce dernier a déjà accumulé une forte expertise dans le domaine de l'action publique locale quand il est nommé DGS de la ville de Dax en 2008. Après avoir effectué des études toutes entières tournées vers l'exercice d'une fonction de cadre au sein de la fonction publique territoriale – DESS à l'IEP de Reims, École nationale de la santé publique (Rennes), Institut national des études territoriales (Strasbourg) – il multiplie les expériences à responsabilités dans diverses collectivités, avant de s'établir à Lorient de 1997 à 2006. Cette dernière est décisive dans son acculturation aux pratiques intercommunales. Devenant directeur général adjoint des services de la ville auprès de Jean-Yves Le Drian, il s'inscrit en effet dans la dynamique identifiée par Florence Gourlay et Clément Marinos (2017), selon laquelle à la fin des années 2000, les élus de villes moyennes bretonnes créent des alliances pour faire face à la dynamique de métropolisation qui tend à les exclure du jeu de l'économie mondialisée. Ainsi, lorsqu'il s'installe à Dax, il normalise l'échelle intercommunale comme « *échelle pertinente* » : « *Et donc c'est tout naturellement que, malgré tout, avec toujours un peu de réticence mais avec une meilleure compréhension des choses aujourd'hui, les élus sont en train de prendre la pleine mesure du rôle de l'intercommunalité. Aujourd'hui, les choix stratégiques et les choix qui pèsent en termes de structure se passent au niveau d'une agglo et c'est normal, c'est l'échelle pertinente* ».

Sa volonté d'impulser une dynamique intercommunale se heurte toutefois aux réticences des élus locaux. « *Donc moi j'arrive ici, on est à 100 mille années lumières de cette réalité*, explique-t-il. *Quand je parle en 2008 ici de mutualiser des services ou de réfléchir à l'échelle de l'agglo… tout le monde est monté au plafond y compris les élus et surtout les élus* ». S'il pratique un discours « d'auto-imputation » propre aux élus (Le Bart, 2003), révélant ainsi une autre facette de la politisation de ce personnel administratif identifiée par Frank Bachelet (2005 : 123), cet acteur pèse objectivement sur les décisions du personnel politique local. Directeur général adjoint des services du Conseil général de l'Isère en charge des ressources entre 2006 et 2008, il possède la « bonne maîtrise de la technicité administrative » acquise « au sein d'espaces plus élevés de la fonction publique territoriale : maîtrise des dossiers techniques ou politiquement délicats, apprentissage des codes de langage, conformité aux bonnes pratiques, etc. » (Le Saout, Olive, 2007 : 59). En conséquence, dès 2008 et du fait de ses expériences passées – et donc de la proximité sociale et professionnelle qu'il entretient avec les DGS du Grand Dax[230] –, il correspond à l'un des trois idéaux-types de DGS distingués par Rémy Le Saout et Marc Olive : celui qui s'engage personnellement dans les projets communautaires (Idem : 58).

Fruit de cet itinéraire professionnel forgé dans les arcanes de groupements intercommunaux, il porte, jusque dans l'arène communautaire, un discours militant sur les bienfaits de l'intercommunalité. « *Il est donc cohérent et logique que le maire de la ville centre soit le président d'une intercommunalité, et que le DGS soit lui-même pour les deux structures* insiste-t-il. *Parce que c'est les deux faces d'une même pièce, d'une même dynamique, sachant que le ressort de cette dynamique c'est forcément le développement économique et c'est le développement touristique, deux compétences qui relèvent des agglos* ». Sous son impulsion, la ville de Dax se replace ainsi au cœur du jeu intercommunal après en avoir été longtemps écartée. Mais ce repositionnement ne suit pas directement l'élection de Gabriel Bellocq comme maire de Dax. Lors du décès du président de la CdC en 2010, le maire d'une commune rurale assure la succession, afin d'éviter le déclenchement de nouvelles tensions entre élus dacquois et saint paulois. Première adjointe au maire de Dax et conseillère régionale depuis 2010, Élisabeth Bonjean en devient toutefois présidente en 2014 avant que le DGS de la ville de Dax ne soit nommé DGS de la Communauté d'agglomération deux ans plus tard. L'influence de la ville centre sur l'institution intercommunale ne cesse donc de se renforcer

---

[230] De novembre 2008 à novembre 2011, un cadre issu de la finance (« chargé d'affaires grand comptes » à la Caisse d'Épargne) est directeur général des services du Grand Dax. « Ces cadres du privé qui rejoignent le secteur public », *Les Échos*, [En ligne], publié le 14/09/2013, consulté le 15/06/2019. Son remplaçant (2011-2016) présente un profil plus classique de fonctionnaire territorial. Titulaire d'un DESS Aménagement et développement local, il est diplômé de l'Institut national spécialisé d'études territoriales et possède un Master d'administration des entreprises, gestion des entreprises.

tout au long des années 2010[231], au moment même où l'importance de cette dernière augmente dans le jeu local[232].

Les élus dacquois profitent de ce repositionnement pour essayer de mobiliser divers acteurs (politiques, économiques, médicaux, universitaires) et améliorer leurs relations avec les exploitants thermaux et le personnel intercommunal. Se saisissant de l'évolution institutionnelle transformant la communauté de communes en communauté d'agglomération le 1er janvier 2007, et d'une incitation qualifiée d'informelle du Conseil régional, ils initient un projet intercommunal de développement du thermalisme qui prend concrètement la forme d'un cluster : « Aqui O Thermes »[233].

Cette nouvelle scène d'action aux contours territoriaux plus larges, qui « offrent des positions d'échange et d'ajustement » et qu'ils investissent de « valeur, de légitimité [et] de cognition » (Duran, Thoenig, 1996 : 601-602), doit permettre aux acteurs publics du Grand Dax de constituer le territoire intercommunal en « système d'acteurs cohésifs » (Pinson, 2006 : 637), et de réduire ainsi l'incertitude qui touche localement la filière thermale.

---

231 Cette influence grandissante des autorités dacquoises sur l'institution intercommunale est d'ailleurs dénoncée par d'autres maires du groupement. L'un d'entre eux, maire d'un petit village de 500 habitants, évoque ainsi une « mise sous tutelle » du président de la CdC (2010-2014) par les élus dacquois et saint-paulois. Pour plus de précisions, voir : « Agglomération du Grand Dax : rumeurs et recrutements », *Sud-Ouest*, [En ligne], publié le 14/09/2013, consulté le 07/06/2019.

232 Le DGS de Dax et du Grand Dax à partir de 2016 le souligne : « *On est dix ans plus tard, on a parcouru un chemin terrible et disons qu'aujourd'hui non seulement le DG est le même mais tous les services ressources de la ville centre ont été mutualisés à l'agglo. Il n'y a plus de service ressource à la ville. Finances, marchés publics, assurances, ressources humaines, DSI tout est mutualisé et on a mutualisé des pans des services techniques* [...] *Parce que c'est le sens de l'histoire, c'est le sens de l'évolution des institutions* ». Les réformes institutionnelles des années 2010, et en particulier la loi portant Nouvelle organisation territoriale de la République (NOTRe), qui multiplie les transferts de compétences obligatoires en faveur des intercommunalités, participent de cette montée en puissance (Verpeaux, 2017 : 93-94).

233 De nombreux acteurs interrogés, dont le chargé de mission en poste à la Direction de la Cohésion territoriale et de la Prospective à la Région Aquitaine entre 2003 et 2012, parlent en effet « d'influence informelle » de la Région dans la création de ce cluster. Nous revenons plus précisément sur l'influence de la Région dans la création de cette structure dans la sous-section « De la "centralité" à la "nodalité", le replacement de l'institution municipale dacquoise à la faveur du cluster Aqui O Thermes ».

Reste cependant pour les élus à impliquer les exploitants thermaux dans ce projet au moment même où leurs relations sont les plus dégradées. Pour ce faire, ils cadrent le problème thermal en mobilisant le registre symbolique. Le récit qui est fait de la crise la rend d'autant plus importante que Dax est en passe de perdre sa place de première station thermale française au profit de Balaruc-les-Bains (dans l'Hérault). La référence à cette station qui sert de point de comparaison à la station dacquoise est omniprésente dans les discours. Alors que Dax voit sa fréquentation fortement chuter au tournant des années 2010, Balaruc-les-Bains affiche une croissante constante et importante. En 2010, elle accueille 40 399 curistes, soit une augmentation de 6,63 % par rapport à 2009 (37 887), ce qui en fait la seule grande station française en progression. De plus, elle dévoile la même année son projet de construction d'un nouvel établissement thermal à l'horizon 2014. Présentant notamment un « process » d'acheminement de la boue automatisé et innovant, les dirigeants de la station balarucoise démontrent leur capacité à se distinguer sur ce « marché de la qualité » déjà évoqué. Le thermalisme pratiquant un système de prix uniformisé, toute innovation joue le rôle d'une « singularité » qui, si celle est publicisée, favorise l'attraction de nouveaux curistes. Or, l'opération, qui s'élève à plus de 60 millions d'euros au total, est fortement mise en lumière dans la presse locale et régionale. Elle l'est aussi, à l'échelle nationale, dans la presse spécialisée[234]. Cette même année 2014, Balaruc-les-Bains dépasse pour la première fois la barre des 46 000 curistes et devient, au passage, première station thermale de France aux dépens de Dax (45 643)[235].

Le discours des élus consiste à souligner la nécessité de réagir collectivement et la pertinence d'un regroupement à l'échelle intercommunale. Leur argumentaire tend à démontrer que la structure du thermalisme dacquois représente un potentiel « désavantage » sur un marché où la concurrence passe, outre la publicité, par la recherche-développement. Face à l'unité de l'exploitation balarucoise, les entreprises dacquoises, pour l'essentiel des

---

[234] À l'échelle nationale, les mensuels « bien-être et santé » et « journal des maires » de mars 2015, le trimestriel « Notre temps santé », de décembre 2014 à février 2015, y font par exemple référence.

[235] Pour plus de détails sur l'évolution de la fréquentation de ces deux stations, voir : « Hérault Tourisme, proximité expertise », *Communauté d'Agglomération Thau Agglomération. Les chiffres clés du territoire*, p. 5. « Les Landes, Baromètre du thermalisme 2018 », *Observatoire du tourisme, comité départemental du tourisme*, p. 2.

structures familiales, auraient tout intérêt à se réunir pour augmenter leur « avantage concurrentiel » (Lazéga, 2013).

L'objectif des élus est de faire comprendre aux exploitants thermaux l'importance de se « professionnaliser ». L'un d'eux, adjoint au maire de Dax entre 2008 et 2020, donne un aperçu de ces incitations : « *On a essayé en tout cas d'insuffler un peu plus* [...] *de professionnalisation, de montrer, enfin il y a plein de choses que l'on fait qui devraient être faites par les établissements thermaux, des études de marché, des études de... voilà, d'abord, quels sont nos curistes, mieux les connaître, quels sont les non curistes qui devraient venir ici. Faire du benchmarking, voir ailleurs un peu ce qu'il se passe, pourquoi telle ville marche tout ça, quels produits thermaux il y a, comment évoluer... Mais il y a encore du boulot* [...] *Il y a une résistance au changement mais qui n'est pas forcément que dans les thermaux mais qui est culturelle ici* »

Qualifier ces acteurs de « conservateurs » est une récurrence dans le discours des élus. Cela souligne combien les « logiques d'actions » (De Maillard, 2002b : 180) qui sont les leur diffèrent de celles des exploitants thermaux. Alors qu'elle décrit les spécificités du thermalisme dacquois, une autre élue l'illustre en pointant là encore un manque de « professionnalisme » des exploitants : « *Le thermalisme dacquois ? Comment je le décrirais... Conservateur !* [Rires]. *Conservateur... Avec sans doute une nécessité de se réformer mais une difficulté aussi que l'on trouve à Dax et que l'on ne trouve pas dans les autres stations thermales, c'est qu'ici on a quinze établissements thermaux. Quinze établissements thermaux qui sont des établissements familiaux la plupart du temps avec des gens qui ne sont pas forcément non plus du métier mais qui par aubaine, à une époque où le thermalisme fonctionnait bien, ont créé un établissement thermal, commerçant, où ils deviennent hôteliers quelque part, se lancent dans le thermalisme donc des gens qui ne... dont ce n'est pas le cœur de métier...* ».

Pour les acteurs publics, « se professionnaliser » s'entend toutefois selon une acception particulière. Il s'agit, certes, de développer des techniques de management déployées dans les grandes entreprises en promouvant par exemple « la veille experte » et « l'évaluation des actions menées ». Mais cela équivaut aussi, et surtout, à « prendre de la hauteur » vis-à-vis d'un contexte dacquois hyper concurrentiel afin de « jouer collectif ». Les autorités municipales souhaitent convaincre les exploitants que « la construction collective de la qualité implique que la viabilité du marché vient du collectif, et que c'est la structure d'ensemble du marché viable qui crée le partage des rentes »

(Lazéga, 2013 : 563). En somme, l'injonction consiste à faire évoluer le statut de ces « concurrents », dont les effets négatifs ont été identifiés par Sybille Ramon-Dupuy (2017), vers celui de « partenaires-adversaires » évoqué par Emmanuel Lazéga (2013 : 561)[236].

Soulignant à quel point « le territoire est toujours un espace construit politiquement et socialement par référence à un problème spécifique, [qu'] il n'est pas une finalité en soi, ni un état de nature stable et neutre » (Duran, Thoenig, 1996 : 611), les acteurs publics dacquois cherchent à « naturaliser » l'élargissement du territoire d'appartenance des exploitants thermaux. « *Eux-mêmes n'arrivent pas à se mettre d'accord entre eux et chacun est toujours dans cette logique de concurrence pour essayer de piquer quand même les clients à l'autre, donc ce que moi j'ai essayé de faire depuis quelques années, c'est d'essayer d'avoir une approche qui soit une approche territoriale plus qu'une approche Dax ou Saint-Paul* », souligne à ce propos une élue dacquoise. Ayant parfaitement intégré ce discours et cherchant à convaincre son auditoire, le DGS de la ville de Dax et de l'agglomération du Grand Dax reprend à son compte cette naturalisation. Aussi refuse-t-il, par exemple, d'évoquer séparément les stations thermales de Dax et de Saint-Paul-lès-Dax au profit d'une unique station intercommunale : « *Il n'y a qu'une seule station thermale, c'est le Grand Dax !* [...]. *Il y a toujours eu une seule station qui était celle de Dax au sens du Grand Dax, avec deux zones géographiques, les deux villes, qui ont chacune des établissements.* [...] *Donc voilà, il y a vraiment là, il n'y a pas d'oppositions entre les deux communes, il y a vraiment une station et comme ce sont quinze hôtels thermaux privés, on vend la station du Grand Dax et si les gens viennent au Grand Dax après ils vont où ils veulent, c'est leur choix* ».

La situation du thermalisme dacquois évolue donc fortement au tournant des années 2010. Alors que la municipalité socialiste hérite en 2008 de relations empruntes de défiance autant vis-à-vis des autres niveaux de gouvernement que des exploitants thermaux, elle s'emploie à créer les conditions d'un

---

[236] L'auteur fait référence à Raymond Aron (1962). En référence au corpus théorique des sciences de gestion, Sybille Ramon-Dupuy (2017) mobilise pour sa part le concept de « coopétition ». Elle souligne ainsi combien les exploitants thermaux peuvent coopérer au « début de la chaîne de valeur » (par exemple quand il s'agit de développer des actions de recherche et développement) tout en demeurant des concurrents lorsqu'il s'agit de communiquer et/ou de commercialiser leur offre.

rapprochement sur ces deux scènes en se saisissant de l'échelle intercommunale pour parvenir à ses fins.

b. Une prise de conscience « collective » face à une situation objectivement dégradée à Bagnoles de l'Orne

La coopération entre les dirigeants de l'établissement thermal bagnolais, les autorités municipales et les différents acteurs de la société locale (hôteliers, commerçants, directeur du casino), favorisée par René Jambon à partir du milieu des années 1990, ne dure pas. Réélu maire de Bagnoles de l'Orne en 2001 aux côtés de Jean-Pierre Blouet[237], René Jambon ne parvient pas à pérenniser, avec la nouvelle présidente-directrice générale des Thermes, les partenariats établis avec Philippe Moulin-Roussel. Faisant plus que jamais valoir son autonomie, l'entreprise thermale se replie sur elle-même, au détriment de l'économie globale de la station. Les rapports se dégradent fortement avec la municipalité et il faut attendre 2009 pour voir la situation évoluer.

L'éclatement d'une coalition difficilement stabilisée

Dès l'arrivée du nouvel exploitant thermal, René Jambon affiche publiquement ses ambitions de partenariat. « En janvier, j'ai fait la connaissance des nouveaux propriétaires de l'établissement thermal avec lesquels il a été décidé de nous rencontrer chaque mois pour concrétiser un partenariat, que nous souhaitons rapproché pour le bien de tous » explique-t-il ainsi dans l'édito du maire du bulletin municipal d'août 2003. Mais le premier édile bagnolais doit de nouveau composer avec l'indépendance des dirigeants de l'exploitation thermale qui mettent progressivement fin à toute forme de coopération. C'est ce qu'illustre ce conseiller municipal élu en 2001 : « *On est passé d'une période fortement marquée par l'intuitu personæ de Philippe Moulin-Roussel qui se déclinait jusque dans les directeurs qui l'ont servi* [...] *avec lesquels on pouvait tisser une relation beaucoup plus chaleureuse, humaine et de partage...* [...] *Or, la vente et l'arrivée de ce groupe financier a complètement mis fin à cette situation où ils ont dit "on se débrouille de tout". Et c'est là que j'ai trouvé qu'on perdait effectivement le sens de l'humain, la proximité* ».

---

[237] Ce dernier est nommé premier adjoint aux finances et réélu conseiller général de l'Orne, vice-président aux finances.

L'opération capitalistique à l'origine du rachat des « Thermes de Bagnoles de l'Orne », entreprise comprenant l'établissement thermal, la résidence des thermes attenante et le parc thermal, explique, en partie, ce repli des nouveaux dirigeants. C'est par « effet de levier » ou « leverage buy-out » (LBO)[238] que l'entreprise thermale bagnolaise est rachetée en 2002 par la « holding » France Thermes, créée à dessein. Concrètement, le LBO est un mécanisme financier qui consiste à racheter les entreprises par endettement. En procédant de la sorte, il est possible pour le ou les acheteurs, d'acquérir une entreprise en mobilisant par exemple 20 % de sa valeur et en levant les 80 % restant par l'emprunt. La société intermédiaire (ou « holding ») est créée pour émettre une dette et réunir la mise de fonds initiale, avant que les résultats ou dividendes de l'entreprise lui soient reversés jusqu'au rachat de la dette de départ. Dès lors, les nouveaux dirigeants des « Thermes de Bagnoles de l'Orne » déploient une stratégie commerciale avant tout destinée à servir leurs intérêts.

Progressivement, celle-ci diverge des intérêts économiques et politiques des autres acteurs de la station. Elle ne s'inscrit donc pas dans le projet politique porté par René Jambon. Or, contrairement à son premier adjoint, le maire de Bagnoles de l'Orne n'a pas conquis sa légitimité par son multipositionnement ou sa notabilité[239], mais *via* la construction de « réseaux socio-économiques » dans une optique de « développement local » (Douillet, 2003 : 591 ; Faure, 1992). Bien conscient de l'importance de l'exploitation thermale pour l'économie de la station (restaurateurs, hôteliers, loueurs de meublés, commerçants, casino, entres autres), René Jambon cherche, comme ses prédécesseurs, à favoriser sa croissance économique.

---

[238] Le rachat d'une entreprise par effet de levier (ou LBO) est une opération financière qui désigne le « rachat d'une entreprise par une entreprise tierce spécialement créée pour l'occasion. Cette société – une holding – conçue pour acquérir une société permet à des investisseurs d'acheter l'entreprise ciblée en limitant leur apport personnel et en faisant supporter le poids de l'endettement sur l'entreprise elle-même ». « Rachat d'entreprise en LBO. Comment fonctionne un Leverage Buy-Out », *BFM Business*, [En ligne], mis en ligne le 31/01/2019, consulté le 22/07/2019.

[239] Vice-président du Conseil général (puis départemental) de l'Orne, Jean-Pierre Blouet tire en effet sa légitimité du rôle de relais qu'il joue entre la ville et cette institution. Son influence n'est pas étrangère au soutien du département dans la promotion du territoire bagnolais.

Rapidement toutefois, les dirigeants de France Thermes s'accommodent de perdre un nombre conséquent de curistes, préférant optimiser leur politique commerciale que d'investir dans la quête de nouveaux clients. « *Il y a eu une décroissance énorme des hôtels... stupéfiant... et même chose au niveau des meublés*, souligne un élu bagnolais, évoquant l'isolement stratégique des dirigeants de l'établissement thermal. *Pourquoi ? Parce que l'établissement thermal s'est engagé sur un truc en disant, à la limite vaut mieux avoir moins de clients au temps T, il vaut mieux avoir 700 ou 800 personnes au temps T, que 3 000. Mais ces 700, 800 personnes elles dépensent leur fric dans et pour la structure, en termes de logement, en termes de restauration, en termes de soins* ».

Les propos d'un autre édile de la ville permettent également de prendre la mesure de cette stratégie donnant la priorité aux opérations financières. « *La baisse est vertigineuse*, explique-t-il. *Je crois qu'on perd 3 000 curistes de mémoire à cette période-là, entre 2002 et 2010*[240]*. C'est une chute qui effectivement ne fait que s'accroître. En fait, on ne cherche pas forcément je pense à ce moment-là à continuer à conquérir la clientèle, ou même à essayer d'endiguer la perte de la clientèle. L'établissement thermal est plutôt effectivement dans une optimisation financière de ce que représente l'outil thermal* ».

Si entre les années 1960 et 2000, plusieurs conceptions du « développement idéal » de la station ont cohabité, entrainant l'affrontement de groupes d'acteurs politiques et économiques puis la construction par étape d'une vision commune à la fin des années 1990 (Lascoumes, Le Bourhis, 1998 : 47), le désengagement des nouveaux dirigeants en 2002 met fin à toute forme de co-construction du bien commun territorial. « *Il y a vraiment eu une stratégie complètement différente, une stratégie type parc d'attractivité*, explique cet ancien vice-président de la CdC Bagnoles-Tessé. *Pour eux c'était : "moi mon job, c'est d'avoir une clientèle captive, j'en n'ai plus rien à foutre". Et donc maintenant l'établissement thermal est quelque part complètement autonome de la municipalité. Parce qu'ils ont une dynamique complètement autonome et la publicité, ce n'est plus la publicité de l'Office de tourisme de Bagnoles-Tessé etc. Ils font leur publicité*

---

[240] Les rapports sont à ce point rompus tout au long de cette période entre représentants de l'exploitation thermale et ceux de la municipalité que les dirigeants de France Thermes ne lui fournissent pas les chiffres du nombre de curistes. Néanmoins, les sources convergent pour établir à plus de 13 000 leur nombre à la fin des années 1990 et à 9 000 en 2009.

comme le parc Astérix... Alors qu'avant, c'était des guerres infernales rien que pour préparer la pub. C'était des guerres infernales avec l'établissement thermal parce que nous, on voulait faire de la pub un peu pour le tourisme ».

Les relations se dégradent fortement entre les dirigeants de l'entreprise thermale bagnolaise et le conseil municipal tout au long de la décennie 2000. Jugeant leur attitude « individualiste », René Jambon devient de moins en moins attentif aux demandes des dirigeants de l'entreprise thermale. L'une d'elles consiste notamment, selon un ancien directeur des Thermes de Bagnoles de l'Orne, à déboiser une partie du parc thermal pour construire une résidence de tourisme. Selon ce dernier, l'opération revêt une importance particulière pour les dirigeants de l'établissement car elle permettrait de « *valoriser l'actif* » de l'entreprise et faciliterait donc sa vente à un autre fonds d'investissement. Mais l'exécutif municipal aurait refusé de donner son accord pour modifier la zone de protection architecturale, urbaine et paysagère (ZPPAUP) signée en 1991 et d'accorder quelconque permis de construire pour mener ce projet à bien.

À l'origine du rapprochement entre l'institution municipale et Philippe Moulin-Roussel, René Jambon ne parvient pas à se « faire entendre » auprès des nouveaux dirigeants dont les logiques d'action ne favorisent pas le développement économique des autres acteurs du territoire.

Une crise « objectivée » ou l'opportunité d'améliorer les relations

En 2007, Ekkio Capital, société d'investissement spécialisée dans les PME de croissance, devient actionnaire majoritaire de France Thermes à hauteur de 95 %. Les nouveaux propriétaires choisissent de maintenir en poste la directrice générale nommée en 2002, qui conserve également la direction des « Thermes de Bagnoles de l'Orne ». Sur le terrain, cette continuité managériale ne contribue pas à apaiser les tensions ; au contraire, les rapports entre la DG, les élus locaux et certains acteurs économiques – notamment le directeur du casino – se dégradent encore.

Pourtant, les déclarations qu'elle tient dans *Le Monde* en juin 2005 plaident pour l'apaisement des relations. « Un établissement thermal ne peut bien fonctionner que s'il s'inscrit dans son environnement territorial, affirme-t-elle. Cette synergie entre la commune et les thermes est indispensable pour faire face aux problèmes de la profession qui s'était quelque peu laissée aller à l'engourdissement mais qui est en train de prendre un nouveau départ et qui cherche à secouer une image un peu “vieillotte” pour attirer curistes et médecins plus jeunes »[241]. Dans les faits, le dialogue est rompu[242].

Aussi faut-il attendre une situation de « *quasi-faillite* » de l'établissement thermal pour que la situation évolue. En 2009, un nouveau PDG s'installe dans la station normande avec comme principal objectif – fixé en concertation avec les investisseurs – de redresser l'entreprise. Affichant une attitude radicalement opposée à celle de sa prédécesseure, son arrivée rend possible une amélioration des relations. Conscient des conséquences engendrées par l'absence de relations avec la ville et les autres acteurs économiques du territoire, ce nouveau PDG place en effet au centre de son discours l'importance d'agir collectivement : « *On n'est jamais riche dans le désert. On ne peut pas être tout seul dans un camp retranché de Bagnoles de l'Orne. Il faut essayer de faire en sorte que tous les partenaires vivent* ».

Ce changement d'attitude fait écho aux fortes préoccupations des élus locaux à cette époque. L'importance des effets de la crise sur la station est douloureusement vécue, notamment pas l'exécutif. De ce point de vue, la position des élus bagnolais a peu à voir avec celle de leurs homologues dacquois à la même période. Certes, à Dax, la chute de fréquentation est significative. Mais l'importance de la masse de curistes accueillis oblige les élus à entreprendre un travail de cadrage destiné à en accentuer les effets : il s'agit de « convaincre » exploitants thermaux et autres acteurs économiques et politiques du territoire de son importance afin d'impulser une réaction collective. À Bagnoles de l'Orne, au contraire, la situation est perçue par l'ensemble des acteurs comme « objectivement » proche de la « faillite ». À l'instar des dirigeants de l'établissement thermal, un hôtelier investi dans le fonctionnement de l'Office de tourisme à la fin des années 2000 ainsi qu'un édile bagnolais (élu depuis 2001) décrivent la « situation économique tendue » dans laquelle se trouve l'établissement thermal. Le premier évoque l'état de délabrement dans lequel se trouve aussi le parc hôtelier bagnolais au milieu des années

---

[241] « Le thermalisme parie sur la remise en forme pour se relancer », *Le Monde*, [En ligne], mis en ligne le 16/06/2005, consulté le 23/07/2019.

[242] Plusieurs acteurs des mondes économique et politique en fonction à cette époque en témoignent. L'un d'eux, adjoint au maire (2001-2011), souligne par exemple : « *On est dans une impasse de discussions avec l'établissement thermal. Je me souviens des années 2008 et 2009 avec la dernière directrice, je veux dire… elle n'écoute rien mais surtout elle ne dit rien !* ».

2000 : « *En 2005 j'étais très inquiet parce que bon, je suis arrivé ici en 1999, je savais que l'hôtel était à rénover dans son entier donc on a rénové tout l'hôtel, les chambres, le restaurant, etc. Et en 2005, j'étais très inquiet parce que j'étais le seul hôtel qui avait fait des efforts de rénovation* [...] *Je me disais, les pauvres clients qui viennent à Bagnoles ne vont jamais vouloir y revenir. Donc l'avenir est quand même très compromis à cette époque* ». Réélu en 2008 aux côtés de René Jambon et nommé par ce dernier deuxième adjoint chargé de la communication, de la promotion, du sport, de la culture et de la vie associative, ce responsable politique dresse un constat similaire : « *Un nouveau PDG arrive au moment où il y a un nouveau tour de table... Il arrive donc à un moment où l'établissement thermal est au bord de la faillite...* ».

Or, l'activité thermale revêt à Bagnoles de l'Orne une importance capitale tant du point de vue économique que symbolique. Jean-Pierre Blouet (conseiller général depuis 1992, maire de Bagnoles de l'Orne de 2011 à 2020) parle par exemple de l'établissement thermal comme du « *fil rouge* » des affaires municipales. Aussi les élus locaux s'activent-ils particulièrement à cette époque pour enrayer l'effondrement de cette économie. « *Quand j'ai rejoint l'équipe municipale, on s'est fortement interrogés sur comment mener les choses et essayer de les mener pour avancer*, relate l'adjoint chargé de la communication, de la promotion, du sport, de la culture et de la vie associative. *Avec pour nous, ces problématiques qui étaient de voir de manière constante la perte du nombre de curistes, voilà. En se disant, mais comment on va l'enrayer, quelles sont nos marges pour effectivement transformer les choses et éviter, enfin... a-t-on de nouveaux gisements pour pouvoir compenser ces pertes ? C'est l'objectif...* ». Il ajoute : « *Il n'y a pas de dialogue quelque part donc on ne sait pas très bien où ils* [les dirigeants de l'établissement thermal] *vont. Ce qu'on constate simplement c'est qu'ils ne vont pas bien. Et derrière, nous aussi on ressent une situation qui... qui commence à nous inquiéter* ».

Outre la difficulté du contexte, le profil affiché par le nouveau PDG des Thermes de Bagnoles de l'Orne facilite également le rapprochement avec les différents acteurs économiques et politiques du territoire. À son arrivée, il est un parfait inconnu et ne possède aucune attache particulière avec la Normandie. Il n'appartient pas non plus au monde de la santé mais présente un profil de manager dynamique (il a trente-neuf ans en 2009), issu du secteur du tourisme, très à l'aise avec le monde de la finance et maîtrisant les rouages du marketing et du commerce. En poste dans de grands groupes hôteliers tels *Holiday Inn* ou *Lucien Barrière*, il a notamment œuvré au sein de la station d'Enghien-les-Bains, en participant à son redéveloppement, et a dirigé des centres de profits. Son expérience professionnelle plaide en sa faveur. Mais deux autres raisons expliquent aussi pourquoi il bénéficie d'un fort crédit auprès des élus locaux et des autres acteurs économiques du territoire. D'abord, l'investissement de son propre patrimoine dans l'entreprise thermale démontre, localement, une volonté « personnelle » de « redresser » l'établissement. Il partage ainsi les risques d'une situation de faillite avec les autres acteurs économiques. Surtout, il partage avec ces derniers, mais aussi avec les élus, la même vision du bien commun territorial : celle d'une relance de l'économie thermale associée à une diversification touristique. Un ancien directeur du casino en apporte une illustration : « *Monsieur* [...], *quand il est arrivé, c'est quelqu'un avec qui on a établi très vite d'excellentes relations. En activité, je l'ai connu peu de temps puisque moi je suis parti en retraite en 2011.* [...] *Il a contribué à une évolution peut-être un peu brutale pour certains socioprofessionnels mais il a été totalement dans le sens que je réclamais au début des années 2000 voire à la fin des années 90... il avait parfaitement compris que thermalisme et tourisme étaient incontournables pour pouvoir continuer à se développer et à être rentables* ». De son côté, le 2ème adjoint en charge du développement touristique au tournant des années 2010, qualifie l'arrivée de ce nouvel acteur sur le territoire de « *déterminante* » : « *Dans la mesure où oui, on se reparle et on se reparle sur un point en se disant qu'il faut qu'on marche main dans la main dans le cadre de la promotion thermale et touristique. Il faut savoir que toutes ces périodes, avant 2009, on n'avait plus d'actions de communication communes pour valoriser la destination et valoriser les attraits de la destination* ».

L'arrivée du nouveau PDG de Bagnoles de l'Orne ne laisse donc pas indifférent localement. Une fenêtre d'opportunité – favorisée par le fait que l'exécutif donne son accord pour modifier la ZPPAUP et permettre la construction de la résidence de tourisme souhaitée par France Thermes – s'ouvre pour faire émerger localement une action collective.

Ce revirement de situation interroge toutefois : est-ce la situation du thermalisme local jugée « inquiétante » par les acteurs bagnolais qui en est à l'origine ? Est-ce lié au style de ce nouvel acteur et à l'amélioration des relations avec l'exécutif ? Qu'en est-il du côté des élus locaux ? Affaibli par la maladie, René Jambon pèse-t-il toujours autant dans les décisions ? Sont-ce ses adjoints qui favorisent le lancement de ce nouveau projet ? Faut-il choisir entre l'une, l'autre ou plusieurs de ces suppositions ? Les données sur l'origine de ce retournement de situation ne se recoupent pas suffisamment pour dresser sur ce point une conclusion solide.

Néanmoins, cet « arbitrage » de l'exécutif local en faveur de l'établissement thermal est essentiel dans la compréhension de la configuration d'acteurs qui émerge au tournant des années 2010 sur le territoire bagnolais. En faisant un choix fort en faveur de l'exploitation thermale, les élus locaux s'octroient, à leur tour, la confiance du PDG des Thermes de Bagnoles de l'Orne au détriment d'autres acteurs économiques, tels certains hôteliers. L'un d'eux, installé dans la ville thermale depuis la fin des années 1990, voit ainsi dans la création d'une telle structure une menace pour leur activité : « *En matière de développement économique de toute façon on ne peut pas lutter contre des projets qui sont mis en œuvre et qui aboutissent. Bon le gros malheur, et malheureusement on n'y peut rien du tout, est que la politique devait être une politique uniquement familiale mais quand on voit qu'en semaine, ils proposent des chambres à 39 euros, qui peut lutter contre ça ? Chez moi, on est aux alentours de 100, 120 euros…* ».

Comme l'explique Alain Faure, « avec la décentralisation, les élus locaux doivent faire le deuil des consensus professionnalisés. Il leur faut reconstruire l'agencement des intérêts du local dans une perspective beaucoup plus concurrentielle que par le passé » (Faure, 1994 : 467). Longtemps « spectateurs » malgré eux de « l'indépendance » de l'exploitation thermale souhaitée par ses dirigeants, les élus bagnolais ont l'occasion au début des années 2010 de se forger, pour certains, d'affirmer pour d'autres, « une identité politique centrée sur la symbolique gestionnaire du développement local alors que la tradition politique des municipalités rurales assigne plutôt aux maires un rôle de gestion des symboles fondateurs (les actes civils, l'école, les fêtes, la sécurité) » (Idem : 473). Les propos rapportés par le premier adjoint et le maire de l'époque l'illustrent. « *Je pense que le fait d'avoir dit oui à la construction du B'o Resort* [du nom de la résidence de tourisme 4 étoiles de 150 appartements créée en 2013], *je pense que voilà, là aussi René Jambon et son équipe, quand on a dit "oui" à ça, on s'est engagé dans la modernité*, souligne le premier. *Vous pensez bien que quand on a dit oui, on ne s'est pas fait que des amis. Tous les hôteliers restaurateurs nous sont tombés dessus* ». Le second poursuit : « *Nous avons facilité le permis de construire, eh bien là on lui a facilité quand même… c'est une idée qui est dans une zone boisée, protégée, etc. Donc la mairie s'y est mise, et puis il n'y avait pas que la mairie. Il y avait la préfecture, l'ONF, tout le monde était dans le coup. Mais les préfets ne se sont pas opposés à la chose dans la mesure où ils savaient que c'était pour l'économie de Bagnoles de l'Orne quelque chose d'important* ».

L'arbitrage de la municipalité en faveur de l'établissement thermal signe le point de départ de la restructuration du thermalisme bagnolais et du retour de la croissance. Conforté dans sa vision du développement de l'activité, le nouveau PDG de l'établissement thermal la concrétise en lançant dès le début des années 2010 un ambitieux programme d'investissement. Vingt millions d'euros sont consacrés à la création d'un spa thermal en 2012 (2 millions d'euros) et l'année suivante d'un « cottage » (18 millions d'euros), le terme désignant la résidence de tourisme quatre étoiles de style Belle-Époque dotée de 158 appartements, d'un restaurant et d'un espace aquatique. Le tout est entouré d'un parc boisé de 25 hectares, lui aussi aménagé. Ces nouvelles installations viennent compléter les bâtiments traditionnels et anciens : celui dédié aux soins thermaux classiques, la résidence qui accueille les curistes conventionnés et le pavillon dans lequel exercent certains médecins thermaux.

L'entreprise de modernisation ne touche pas seulement les infrastructures. Elle concerne aussi l'identité même de l'établissement thermal qui s'engage dans une stratégie de marque. « Les Thermes de Bagnoles de l'Orne » deviennent « B'o Resort », marque ombrelle sous laquelle sont déclinées les différentes offres, B'o Spa thermal et B'o Cottage concernant l'ouverture touristique, B'o Confort et B'o Résidence des thermes pour la partie traditionnelle. L'offre commerciale est repensée et repose sur deux socles. Pérenniser et augmenter la clientèle thermale qui assure l'essentiel de l'activité de l'entreprise est le premier. Attirer, simultanément, une clientèle plus jeune et familiale en quête de prévention, de bien-être et d'activités physiques constitue le second. En somme, le séjour thermal n'est plus uniquement vendu comme un temps de soulagement d'une pathologie corporelle pour personnes âgées. Les campagnes de promotion publicitaire misent beaucoup sur l'élégance, la modernité, le confort mais aussi le plaisir.

Après une décennie d'incertitude et avoir évité la « faillite » de son activité phare, la station bagnolaise s'inscrit dans la tendance de « sortie de crise » dessinée par les villes thermales françaises au tournant des années 2010. Malgré un contexte politico-économique et des enjeux divergents, les villes de Dax et de Bagnoles de l'Orne se saisissent d'une stratégie similaire. Dans la perspective des réflexions menées à l'échelle nationale, elles ambitionnent de rassembler une diversité d'acteurs autour d'un projet de développement de l'économie thermale. Pour ce faire, les autorités municipales profitent d'une amélioration de leurs rapports avec d'autres échelles gouvernementales et/ou la société locale. Exclus du jeu par la PDG de France Thermes entre 2002 et 2009, les élus bagnolais profitent d'une situation jugée collectivement « inquiétante » et de l'arrivée d'un nouveau dirigeant au profil consensuel et à l'écoute pour réagir à la crise. Acceptant finalement, après plusieurs années d'opposition, le projet porté par France Thermes – malgré le désarroi d'autres acteurs économiques bagnolais – l'équipe municipale pose les bases d'une action collective pérenne avec les dirigeants de l'exploitation thermale.

2) Une capacité politique recouvrée par les institutions municipales

Analysé au prisme du nombre de « curistes conventionnés » fréquentant une station ou un établissement – critère de performance communément accepté dans le monde thermal – le thermalisme dacquois et bagnolais est en crise à partir du milieu des années 2000. Surtout, les deux villes sont dépourvues d'une capacité politique suffisante pour résoudre cette problématique. À Dax, l'institution municipale voit ses rapports avec les exploitants thermaux se distendre tout au long de cette décennie. Toujours propriétaire des matières premières, qu'elle leur distribue (quasi)-uniformément, elle ne pèse plus directement sur l'offre thermale. À Bagnoles, l'exécutif a peu de prise sur les décisions opérées par les dirigeants d'un établissement thermal indépendant. Plus que jamais convaincus de l'importance d'améliorer leurs rapports avec les acteurs politiques et économiques territoriaux ou locaux, les exécutifs dacquois et bagnolais participent à la même période à l'institutionnalisation d'actions collectives à partir desquelles ils espèrent accroître leur capacité politique. Si les formats retenus diffèrent (cluster à Dax, EPIC à Bagnoles de l'Orne), les élus locaux comprennent l'importance d'inscrire ces échanges dans un cadre formel devant, *in fine*, permettre l'amélioration de leurs relations.

a. De la « centralité » à la « nodalité », le replacement de l'institution municipale dacquoise à la faveur du cluster Aqui O Thermes

La création en 2009 du cluster thermal Aqui O Thermes concrétise l'ambition des élus dacquois de mobiliser, par le projet, une diversité d'acteurs sur la scène intercommunale. L'initiative de cette structure s'inscrit toutefois dans la politique volontariste de développement économique menée par la Région Aquitaine[243]. Déployés dans plusieurs domaines d'action publique, tels les secteurs du développement économique et de l'enseignement supérieur étudiés par Cécile Crespy et Vincent Simoulin, ces dispositifs « impliquent une mobilisation des acteurs, à la fois sur une base territoriale mais aussi sectorielle ou inter-sectorielle » (2016 : 471). Aussi l'incitation d'Alain Rousset est-elle reçue favorablement par les autorités municipales dacquoises nouvellement élues et à la recherche de « solutions » pour mobiliser localement. Briguant un troisième mandat de président, ce dernier mène en effet, à la fin des années 2000, une campagne orientée, entre autres, autour du thème de l'innovation. « Créer une douzaine de clusters en regroupant des entreprises d'un même secteur sur un même bassin d'emplois » est un objectif affiché[244]. Ainsi, innovation et excellence font partie des finalités présentées par le cluster dans son premier rapport d'activité (2010) : « Majoritairement constitué de PME landaises, le cluster se positionne clairement sur le secteur de la cure thermale médicalisée. [...] L'objectif de cette démarche fédératrice est d'améliorer la compétitivité et la performance des entreprises et des acteurs membres du pôle en développant des actions sur les thèmes présentant des enjeux forts en matière de développement thermal »[245].

La genèse du cluster : convaincre les « relais » pour mobiliser les exploitants

De façon *a priori* antinomique, le cluster ne prend pas de dimension régionale la première année. Trouvant son origine dans l'axe « compétitivité et attractivité de l'agglomération » du contrat d'agglomération du Grand Dax 2009-2014 il vient toutefois renforcer le « pôle intercommunalité-Région » (Pasquier, 2016 : 335), mobilisant les crédits des différentes collectivités territoriales. L'essentiel des fonds nécessaires au financement de cette opération (chiffrée à 23 561 000 d'euros, hors taxes) est assuré par le Grand Dax et

[243] Cette politique menée par la Région trouve elle-même son origine au début des années 2000 avec le déploiement de politiques de compétitivité à l'échelle régionale initiées dans le cadre de la stratégie de Lisbonne.

[244] « Régionales : Alain Rousset : "un programme pour une Aquitaine qui innove et qui protège" », *Aqui.fr*, [En ligne], mis en ligne le 09/02/2010, consulté le 18/06/2019.

[245] « Une première année riche en avancées », *Aqui O Thermes, Cluster thermal Aquitain. Rapport d'activité 2010*, 2010, p. 6.

les villes de Dax et de Saint-Paul-lès Dax (17 773 200 €), la Région (environ 4 millions d'euros) et le Département (1 800 000 €)[246].

Pourtant, localement, la confusion concernant l'origine du cluster est entretenue. La maire de Dax (2016-2020) ainsi qu'un dirigeant du cluster la situe dans les réflexions issues du conseil de développement du Grand Dax. Conformément à la loi Voynet (ou loi d'orientation pour l'aménagement et le développement durable du territoire) du 25 juin 1999, cette instance est créée en 2007 suite à la transformation de la communauté de communes en communauté d'agglomération[247]. Instance de démocratie participative constituée par des membres (bénévoles) de la société civile, le conseil de développement grand dacquois est composé par de nombreux exploitants thermaux[248]. Par ailleurs présidé par le PDG du groupe Thermes Adour (entreprise regroupant deux établissements thermaux à Dax, trois ainsi qu'un centre thermoludique à Saint-Paul-lès-Dax), les réflexions qui animent ce conseil portent notamment sur la recherche de compétitivité dans le secteur du thermalisme. Le récit qui en est fait par l'un de ses dirigeants, arrivé sur le territoire lors de sa création, place les exploitants thermaux dans le rôle d'instigateurs : « *Chaque agglomération a eu à un moment l'obligation de mettre en place des conseils de développement économique sur son territoire. Donc ils sont constitués par la société civile et doivent donner des pistes de réflexion, participer à la réflexion des élus. Et donc c'est eux qui sont à l'initiative du cluster. Le conseil de développement du Grand Dax qui était présidé par un exploitant thermal a décidé de réfléchir à quelle structure pouvait permettre une revitalisation du thermalisme du Grand Dax. À l'époque, on avait 19 établissements thermaux dont l'hôpital thermal* [...] *Donc ce qu'a proposé la profession avec le soutien du Grand Dax, c'est de créer un cluster qui permette de redynamiser la filière* ».

Cette confusion trouve en partie son origine dans l'état des relations qu'entretiennent les élus avec certains exploitants thermaux à la fin des années 2000. Le climat restant conflictuel, les acteurs publics s'efforcent de les associer au

[246] Contrat d'agglomération du Grand Dax 2009-2014, p. 4.

[247] La création d'un Conseil de développement est obligatoire pour les établissements publics de coopération intercommunale de plus de 20 000 habitants.

[248] Nous n'avons pas de données officielles sur la constitution de ce Conseil de développement mais les discours (d'acteurs politiques et d'exploitants thermaux) convergent pour décrire une forte représentation des exploitants thermaux.

projet tout en leur laissant le sentiment d'en être à l'origine. Ils s'appuient pour cela sur deux exploitants reconnus localement, qu'ils mobilisent comme des « relais » (Grémion, 1970 : 64), c'est-à-dire des acteurs capables d'informer les pouvoirs publics des attentes de leur milieu professionnel tout en diffusant auprès de leurs pairs les orientations portées par la municipalité (Crozier, Friedberg, 1977 : 167). L'influence de ces deux PDG sur les décisions prises collectivement par les exploitants dacquois est manifeste. Le passé de rugbyman de haut niveau du premier, tout comme les quatre décennies durant lesquelles il a présidé le syndicat des exploitants thermaux landais (SETL), en imposent localement : il est « l'homme qui joue collectif », qui se bat pour les autres[249]. Les acteurs publics comprennent rapidement l'ascendant que peut avoir cet exploitant, quand ce dernier convainc, par exemple, ses homologues de développer des politiques de qualité envisagées par la municipalité.

Ce premier exploitant refuse la proposition des élus dacquois de présider le conseil de développement, mais suggère de confier cette responsabilité à l'un de ses homologues. À la tête du plus important complexe thermal du territoire, président du club de rugby et figure influente localement, celui-ci accepte[250]. Ses relations avec l'exécutif municipal sont d'ailleurs cordiales, comme le rappelle une vice-présidente de la communauté d'agglomération du Grand Dax : « *Le conseil de développement était présidé à l'époque par monsieur Y, avec qui j'ai eu d'excellentes relations, et qui était vraiment l'un de mes interlocuteurs privilégiés pour avancer sur tous ces sujets* ». Ce dernier relate également la manière dont les élus lui ont soufflé l'idée du cluster : « *Un jour, le président de la communauté m'a appelé et m'a dit : "on commence à parler de cluster… est-ce qu'on ne pourrait pas en créer un au niveau de l'agglomération ? Cela permettrait d'avoir un interlocuteur entre les établissements thermaux, la ville, l'agglomération et l'office du tourisme"* ».

---

[249] Au tournant des années 2000, alors que la profession thermale lutte pour défendre ses intérêts, il est par ailleurs vice-président de l'UNET (l'un des trois syndicats thermaux préexistant au CNETh). Cet investissement au service du « collectif » explique certainement pourquoi il est aussi apprécié localement.

[250] A l'instar des interrelations entre les dirigeants du Sport Athlétique Mérignacais (SAM) et les élus mérignacais décrites par Marina Honta (2004), les interrelations entre exécutif municipal, Union Sportive Dacquoise (USD) et monde thermal sont historiquement importantes à Dax.

Bénéficiant du soutien de ces deux « relais », les élus dacquois parviennent à créer les conditions d'une réorganisation collective sur la scène intercommunale. Cette dynamique aboutit à la création du cluster Aqui O Thermes, dont l'assemblée constitutive a lieu en décembre 2009. Il s'agit d'un cluster « volontariste, car impulsé, voire porté par les pouvoirs publics », au mode de gouvernance « territorial » : il implique « entreprises et pouvoirs publics au niveau local [...] autour de référentiels partagés, dont la fonction est de définir les objectifs stratégiques du cluster, de représenter ses différents membres et d'arbitrer entre leurs intérêts » (Remoussenard-Pourquier, Ditter, 2015 : 45).

Son fonctionnement repose sur une organisation collégiale articulée autour de trois « collèges », qui rassemblent les principaux acteurs investis dans l'activité thermale à l'échelle locale. Le premier, « collège entreprises », est majoritairement composé des établissements thermaux du Grand Dax, de quelques entreprises connexes au monde de l'eau et d'une agence de conseil. Il est complété par un « collège institutionnel » comprenant les villes de Dax et de Saint-Paul, la communauté d'agglomération du Grand Dax, le syndicat des établissements thermaux landais (SETL), la chambre des métiers, les Offices de tourisme et du thermalisme de Dax et de Saint-Paul-lès-Dax et du Pays Adour Landes Océane ; et d'un « collège formation-recherche » représenté par l'Institut National du Thermalisme, le Greta des Landes, le syndicat des médecins libéraux de ce même département et la régie des eaux et des boues. Le conseil d'administration est, pour sa part, composé de dix-huit membres (élus par l'assemblée générale) dont neuf sont issus du collège « entreprises », quatre du collège « formation-recherche » et cinq du collège « institutionnel ». Enfin, le bureau est constitué de sept membres élus par le conseil d'administration. La présidence et la vice-présidence sont assurées par des membres issus du collège « entreprises » et trois autres vice-présidences par un représentant de chaque collège.

Conformément à l'acception classique du cluster rapportée par Michaël Porter (1998) – *i.e.* une « concentration géographique d'entreprises et d'institutions interconnectées dans un domaine particulier et liées par des points communs et des complémentarités » – Aqui O Thermes n'est donc pas une « simple agglomération d'entreprises, mais un espace relationnel et social construit à l'échelle d'un territoire, une forme territorialisée d'organisation de production, où différents types d'acteurs se coordonnent pour construire et exploiter des ressources spécifiques » (Remoussenard-Pourquier, Ditter,

2015 : 43). En ce sens, plusieurs actions sont déployées par le cluster la première année afin d'« augmenter la compétitivité des acteurs », de « renforcer la compétitivité du territoire » et de « consolider le positionnement de la filière »[251]. « *Le cluster fonctionne autour de quatre axes d'action qui sont quasiment toujours les mêmes depuis le début,* explique l'un de ses dirigeants. *D'abord, tout ce qui est mutualisation. Une deuxième branche, qu'on appelait "complément à la cure", qui au fil de l'eau est devenu tout ce qui est éducation à la santé, éducation thérapeutique du patient. Une branche recherche-innovation qui était portée par l'institut du thermalisme où là on avait de la recherche très appliquée, c'est-à-dire que les entreprises thermales ont un besoin, on ne trouve pas de fabricants ou autres sur le territoire, est-ce que l'Université, donc l'institut, est capable de proposer une solution ? Et le dernier volet c'était la communication qu'on a un petit peu… qui a un petit peu été différée au fil de l'eau parce qu'on s'est retrouvé en 2010 aussi avec une communication qui n'était portée par personne. Donc la commission communication de la filière thermale a été portée longtemps par le cluster dans les premières années* ».

À l'origine de ce cluster, les acteurs publics dacquois parviennent à mobiliser l'ensemble des protagonistes liés à l'activité thermale (économiques et politiques notamment) au sein d'une seule organisation censée engendrer, pour chacun, des retombées économiques et symboliques. Pour ces mêmes acteurs publics, reste toutefois à la stabiliser pour en tirer des bénéfices.

Le cluster Aqui O Thermes : un espace d'apprentissage et de coopération entre acteurs thermaux

Créé à l'initiative des autorités publiques, le cluster Aqui O Thermes contribue à la transformation des rapports entre élus et exploitants thermaux, en instituant un espace d'échange régulier et structuré. Il présente de nombreuses caractéristiques d'une « niche sociale », à ceci près qu'il ne provient pas d'un acteur économique, mais d'une impulsion politique. Pour Emmanuel Lazéga, une « niche sociale d'un entrepreneur » désigne un sous-ensemble de « collègues-concurrents » qui entretiennent des « relations denses, multifonctionnelles et durables », permettant des échanges de ressources non strictement calculés à court terme (2013 : 575-576). Dans ce type de configurations, les

[251] Rapport d'activité 2010, p. 6.

relations de confiance et la coopération sont facilitées par l'existence d'un espace commun où les objectifs peuvent être discutés, ajustés, et partiellement alignés. C'est ce que permet ici le cluster, en instaurant un dialogue régulier qui réduit les asymétries d'information et amorce un apprentissage cognitif collectif.

Mais la réorganisation collective d'acteurs en situation de concurrence n'a rien d'évident. Au contraire, en étudiant les coopérations inter organisationnelles dans le thermalisme landais, Sybille Dupuy-Ramon montre combien il est difficile de passer d'une posture « d'adversaires économiques » à celle de « partenaires ». Certes, « la coopération dans les premières étapes de la chaîne de valeur (R&D et sourcing) ne semble pas poser de problème. [Mais] elle devient complexe dans les niveaux de la chaîne de valeur qui sont proches des clients, tels que la communication et la commercialisation » (2017 : 144). De nombreux acteurs publics, dont un adjoint au maire de Dax, partagent cette analyse : « *C'est paradoxal ici, sincèrement moi je ressens ça comme ça, c'est-à-dire que l'on est tous copains mais je vous le dis, on est tous en concurrence. On fait tous la même chose, mais on essaye de se distinguer chacun de son côté mais sans vraiment le dire parce que…* ». Un représentant de l'Institut du thermalisme au sein du cluster note lui-aussi ce double jeu entre exploitants thermaux : « *Ils sont tous très copains, ça c'est sûr, en apparence. Mais s'ils peuvent piquer un curiste à l'autre, ça ils vont le faire. Voilà. Eh bien c'est une question de chiffre d'affaires hein, c'est une entreprise. Il y a beaucoup d'hypocrisie à mon avis sur cette communauté thermale locale, ils ont beaucoup de mal à travailler ensemble* ».

Dans ce contexte, les premières actions lancées par les dirigeants du cluster consistent à démontrer aux exploitants thermaux l'importance des retombées matérielles et symboliques qu'ils peuvent retirer de leur investissement dans cette organisation. L'une de ses responsables, par ailleurs salariée de la communauté d'agglomération du Grand Dax, expose : « *Dans un premier temps, c'était mutualisation des ressources : les achats groupés, création d'une centrale d'achat. Ça, ça a été créé en premier parce que c'est ce qui m'a permis de fédérer les établissements thermaux et de leur montrer concrètement qu'un cluster…* […] *là où ils allaient acheter leurs peignoirs de bain 25 euros s'ils étaient tout seuls, s'ils l'achetaient avec l'ensemble de la profession et de la filière ils économisaient cinq, six euros par peignoir. Ça soude beaucoup de faire des économies d'échelle* [rires] ».

En regroupant l'ensemble des exploitants thermaux au sein du cluster, les autorités publiques cherchent à faire évoluer leurs relations en les plaçant en situation d'interdépendance. Ce type d'intervention confirme les analyses de Rachel Bocquet et Caroline Mothe (2009) qui soulignent – dans le sillage des travaux de l'école de la proximité – combien la coordination est difficile entre petites structures, « souvent déficitaires en ressources financières, organisationnelles et stratégiques, mais aussi – et surtout – en ressources de R&D et en capacités de coopération » (2009 : 413). Dans ce cadre, l'intervention des pouvoirs publics apparaît comme une condition nécessaire à l'émergence d'une dynamique collective.

Contrairement au modèle décrit par Emmanuel Lazéga, dans lequel les entrepreneurs construisent leur propre « niche sociale » par des investissements relationnels répétés, ce sont donc les acteurs publics qui prennent ici l'initiative de structurer un espace de coopération. En créant les conditions d'un échange régulier, en organisant des rencontres et en valorisant les intérêts partagés, ils installent ainsi les bases d'un engagement collectif plus durable.

La régularité des interactions et la familiarisation progressive entre acteurs renforcent peu à peu la confiance mutuelle et désamorcent les logiques opportunistes. Ces évolutions facilitent l'émergence de ce qu'Emmanuel Lazéga nomme une « discipline sociale », c'est-à-dire un ensemble de mécanismes relationnels qui permettent à des concurrents de coopérer durablement (2013 : 580), comme en témoignent les propos d'un dirigeant du cluster, qui souligne l'émergence de relations nouvelles entre exploitants : « *Le cluster thermal a permis aux établissements thermaux qui se côtoyaient par le syndicat* [de] *vraiment se rencontrer, d'avoir envie d'échanger* [...] *Aujourd'hui il y a un vrai lien qui s'est créé entre les établissements thermaux qui... Moi je me souviens les premières actions qu'on a faites sur le cluster, c'était de faire visiter les établissements aux uns et aux autres* ».

Le discours des exploitants est toutefois plus nuancé. Un responsable historique du SETL rappelle que les relations entre établissements thermaux étaient déjà bonnes avant la création du cluster, bien que l'arrivée de nouveaux opérateurs au début des années 2010 ait contribué à tendre le climat. À l'inverse, le premier président du cluster (2009-2016) reprend à son compte le récit porté par les acteurs publics : « *À l'époque, on n'était pas ouvert comme on l'est aujourd'hui et depuis qu'il y a le cluster aussi. C'est vrai qu'à ce moment-là, chaque fois que quelqu'un faisait quelque chose, on ne faisait pas visiter à son voisin parce qu'on ne savait pas s'il allait vous prendre la couleur de votre carrelage ni quoique ce soit.* [...] *Et après on s'est rendu compte malheureusement qu'il fallait qu'on joue tous la même carte* [...] *Mais je veux dire, au niveau de la réflexion et au niveau surtout de l'état d'esprit des gens, on s'est vite rendu compte qu'on était tous sur le même bateau et que s'il y en avait un qui devait boiter, c'était pas impossible que les autres puissent boiter aussi...* ».

Reste que si le « bon fonctionnement [d'un cluster] apparaît lié à la transformation de la confiance interpersonnelle en confiance organisationnelle, structurant l'action collective sur le territoire » (Remoussenard-Pourquier, Ditter, 2015 : 47 ; Dupuy, Torre, 2004), les rapports qu'entretiennent les exploitants thermaux avec les autorités municipales dacquoises sont *a priori* empreintes de défiance. La situation est donc paradoxale : alors que les élus initient la création d'un cluster avec, entre autres objectifs, l'ambition d'améliorer leurs rapports avec les exploitants thermaux, la réussite de l'organisation est conditionnée à l'amélioration des relations entre ces protagonistes.

Cette défiance des exploitants thermaux à l'égard des élus locaux tend toutefois à s'estomper, sous l'effet de deux dynamiques. La première relève de ce que Jacques de Maillard qualifie d'« apprentissage cognitif », favorisant « des modifications dans la façon dont les individus et les groupes mobilisés se représentent les problèmes et définissent leurs objectifs » (2002b : 178). Le travail collectif, la confrontation d'idées, les prises de positions et débats (voire tensions) qui en résultent, favorisent des évolutions dans « la façon de nommer les choses (langage), de percevoir le réel (cognition), d'orienter l'action en référence à des normes (normes) et d'ajuster son comportement par rapport à autrui (rôles) » (Idem). Plusieurs acteurs illustrent cette amélioration des relations entre dirigeants thermaux et pouvoirs publics. Cet exploitant (propriétaire d'une entreprise thermale et hôtelière importante sur le territoire) pointe par exemple un changement de comportement des acteurs publics : « *Aujourd'hui, on n'est pas une seule entité, thermes Borda, thermes Foch, thermes Bérot etc. On peut intervenir par le biais du cluster par rapport aux pouvoirs publics, à l'ARS* [Agence régionale de santé] *et compagnie.* [...] *On peut jouer collectif* [quand] *on est invité par l'ARS une fois par an pour une grande messe et donc on est un peu plus considérés* ». Pour sa part, une dirigeante du cluster met en évidence l'uniformisation des formes de langage adoptés : « *Les clusters, c'est un jeu d'équilibriste. Le but du jeu c'est de trouver quel est l'intérêt commun. Une fois qu'on a trouvé l'intérêt commun, il faut expliquer à chacun que les gens se disent la même chose et parlent le même langage.* [...] *Et la différence la plus flagrante, en fin de compte, c'est essentiellement des problèmes de calendrier. Le temps entreprise n'est pas le même que le temps universitaire et n'est pas le même temps que le temps collectivité, politique. Donc le défi des clusters, ce n'est pas propre au thermalisme, c'est d'arriver à trouver le point de contact entre les trois temporalités* ». Enfin, la première édile de Dax révèle l'apparition progressive de normes partagées : « *On retrouve autour de la table, depuis le cluster, l'ensemble des institutions,* [...] *les établissements, des structures représentant l'État, l'ARS... et ça c'est particulièrement intéressant puisque cela a permis de ne pas travailler finalement de façon cloisonnée mais... de poser l'ensemble des problèmes à plat et dans une démarche de modernisation et d'innovation. Pour moi le grand tournant il est là. Il est dans la création de ce cluster. Et dans ce travail ensemble qui a amené une prise en compte et une modernité et surtout un travail de fond sur la problématique thermale qui est essentiel et qui a permis* [...] *de faire travailler tout le monde ensemble* ».

Le cluster peut donc être appréhendé comme une arène favorisant la négociation et fournissant aux acteurs des « cadres d'interprétation des problèmes plutôt que objectifs définis *ex ante* » (De Maillard, 2002b : 179). Sur ce point, les propos du premier adjoint au maire sont éclairants : « *Le cluster* [...] *ça a été un outil de réflexion et de partage un peu d'informations et autre et de mutualisation pour certains établissements. C'est un outil... qui a permis de passer une étape. C'est des lieux de rencontre, des lieux où au moins on peut échanger, où on peut discuter, donner son point de vue* ».

Cet alignement entre acteurs aux logiques d'actions parfois divergentes se fait néanmoins sous conditions. En effet, « l'activité de coordination passe par la création de cadres de référence communs entre les intérêts concernés sans lesquels des efforts ultérieurs n'aboutiront pas » (Duran, Thoenig, 1996 : 603). La directrice/animatrice du cluster a fortement participé à leur mise en contact. « L'animateur joue un rôle essentiel : il contribue à créer de la proximité organisationnelle (interface entre les acteurs) mais aussi institutionnelles (projet commun, valeurs partagées), générant de la confiance et facilitant les interactions entre les membres du cluster » (Remoussenard-Pourquier, Ditter, 2015 : 52). Elle se caractérise d'ailleurs elle-même comme une « *traductrice* » : « *On m'a souvent dit en fin de compte qu'on jouait le rôle de traducteur. Traducteur entre les entreprises et les universitaires, entre les entreprises et la fonction publique, qui ont sans doute le même intérêt mais qui ne savent pas le dire de la même manière* ».

De plus, l'animateur du cluster est placé au centre des interrelations. Il occupe une position de « nodalité » en ce qu'il a « la capacité à associer autour de soi, sinon à faire travailler ensemble, en tout cas à identifier, à mobiliser les parties prenantes et à leur fournir un cadre d'ajustement mutuel » (Duran, Thoenig, 1996 : 604). Faire fonctionner l'organisation et la développer en activant des partenariats, gérer les problèmes du quotidien et les *ego* des parties prenantes sont autant d'actions qui font partie de son quotidien et lui permettent de gagner la confiance des acteurs impliqués dans l'organisation. Elle détient des informations essentielles (sur l'organisation, sur ses problèmes, sur les personnes qui la composent) qui lui permettent d'asseoir une forme de *leadership* basée sur la connaissance (Remoussenard-Pourquier, Ditter, 2015 : 53-54). S'y ajoute la confiance qu'elle a su créer, entre autres, avec les exploitants thermaux. Le tout fait donc d'elle un autre « relais » essentiel pour les acteurs publics. En tant que « réducteur d'incertitude » (Crozier, Friedberg, 1977 : 168), elle concourt en effet à stabiliser cette coalition d'acteurs initiée par les élus. Un cadre de l'Office du tourisme et du thermalisme de Dax (devenu Office intercommunal du tourisme et du thermalisme depuis 2016), souligne l'importance du rôle qu'elle joue : « *Très clairement, le fait d'avoir madame Z qui travaille avec le cluster, pour le cluster, c'est aussi un point facilitateur, parce qu'elle connaît. Ça permet de mettre en adéquation et ça a permis d'avoir des gains à tous les étages : au niveau du conseil communautaire dans le cadre du développement des politiques publiques de la communauté et des gains au comité de direction de l'Office du tourisme* ».

Le second processus ayant permis une amélioration des rapports entre exploitants et élus locaux est la prise de conscience par les premiers du rôle joué par les seconds dans le développement du thermalisme local. L'action menée par Élisabeth Bonjean (maire de Dax de 2016 à 2020) en faveur de la reconnaissance du thermalisme à la Région Aquitaine (devenue Nouvelle-Aquitaine) fait évoluer cette vision. Dès la création du cluster, l'influence de la collectivité sur le développement du thermalisme dacquois se fait sentir. Ces relations changent encore de dimension à partir de 2010 quand Élisabeth Bonjean, alors première adjointe au maire de Dax, devient conseillère régionale. Plusieurs évolutions permettent d'en prendre la mesure.

La première concerne le périmètre d'action du cluster. Alors qu'il conserve pendant plus d'un an une dimension locale[252], la Région Aquitaine s'investit

[252] Dans les rapports d'activité des années 2010 et 2011 du cluster Aqui O Thermes, ni le Conseil régional d'Aquitaine, ni le Conseil général des Landes ne font partie des membres du cluster au titre du collège institutionnel. Néanmoins, ces deux institutions participent à son financement comme évoqué précédemment.

en 2012 dans le cluster Aqui O Thermes à la demande de la première adjointe dacquoise. En contrepartie, il s'agit pour les acteurs publics du Grand Dax d'élargir le cercle des adhérents afin de lui donner une véritable envergure régionale. Élisabeth Bonjean endosse ainsi, dès son élection, un rôle de « courtier (broker) au service de ses partenaires locaux », alors qu'elle n'est encore qu'une « élue de second rang » (autrement dit une élue « en position d'allégeance au sein d'une entreprise de pouvoir ») dans l'espace politique régional (Nay, 1997 : 25). « *Ce cluster qui était uniquement agglo, moi il me paraissait important, à partir de 2010 lorsque j'ai été conseillère régionale, que la Région l'accompagne*, souligne-t-elle. *Parce que la Région, elle intervenait sur des politiques publiques mais aussi sur la formation, sur la formation des agents thermaux, sur la formation des kinés, sur la rénovation des équipements, sur les études de recherche, sur l'eau, sur les piscines, sur la boue…* […] *La Région m'a dit "ok, mais pour l'instant ton cluster, c'est un cluster dacquo-dacquois, donc tu nous en fais un cluster aquitain et là on s'intéressera à ton cluster et on viendra accompagner". Et à partir de ce moment-là, le cluster a décidé de s'ouvrir un petit peu plus et s'est ouvert à Salies de Béarn, Saubusse, Préchacq* ».

Première adjointe depuis 2008 et conseillère régionale à partir de 2010, Élisabeth Bonjean devient par la suite présidente de la communauté d'agglomération du Grand Dax (2014) et maire de Dax (2016). Elle fait donc partie de ce qu'Olivier Nay appelle les « élus cumulants, ceux pour qui l'activité politique est un métier, qui adoptent les comportements les plus conformes au rôle d'intermédiaire. La médiation est pour eux le seul moyen de s'assurer des fidélités territoriales en répondant aux attentes supposées de leurs électeurs et de leur base électorale » (Idem : 30-31). Élisabeth Bonjean tire de cette « médiation » une forte légitimité auprès des acteurs thermaux car elle favorise de fait un soutien institutionnel et financier de la Région au thermalisme grand dacquois. « *Ça a changé beaucoup de choses*, expose-t-elle. *Personnellement d'abord parce que ça m'a donné une forme de crédit malgré tout par rapport aux établissements thermaux. Ça me permettait d'être l'interlocuteur direct des établissements et d'être aussi leur intermédiaire par rapport à des situations de demandes au niveau du Conseil régional* ». De plus, dès son premier mandat de conseillère régionale (elle est réélue en 2015, à la faveur des élections anticipées liées aux effets de la loi NOTRe et à la création de la Région Nouvelle Aquitaine), Élisabeth Bonjean se voit confier la délégation « Thermalisme et Thermoludisme », rattachée à la Vice-présidence Tourisme.

Si des « contraintes » pèsent sur le rôle de « représentant », celui-ci l'amène néanmoins à s'engager, à agir, à « parler au nom du groupe qu'[elle] est censée incarner » et à promouvoir et défendre ses intérêts dans « divers lieux de l'espace social » (Idem : 43), que ce soit dans les commissions ou, à l'occasion, dans les assemblées plénières.

L'évolution de l'appréhension du thermalisme par la Région reflète en partie ce travail de médiation. Si le soutien régional à cette activité est ancien – « la politique régionale en faveur du thermalisme est prévue dès 1994 par le Conseil Économique et Social d'Aquitaine » (Dupuy-Ramon, 2017 : 123-124)[253] –, une requalification progressive de cette compétence s'opère à partir des années 2010. Élisabeth Bonjean, alors conseillère régionale déléguée au thermalisme, affirme avoir œuvré à faire évoluer son rattachement institutionnel : « *Entre 2010 et 2015, je me suis attachée à faire évoluer cette compétence du Conseil régional* [...], *à la faire passer du tourisme au développement économique* ». Ce changement est également souligné par la chargée de mission en charge du thermalisme à la Région Nouvelle-Aquitaine, qui retrace les étapes successives de sa prise en charge, et reconnaît le rôle actif joué par la maire de Dax dans cette évolution : « *Pendant longtemps, le thermalisme a été suivi au titre de la politique contractuelle*, souligne-t-elle. *C'était appréhendé de la manière la plus... effectivement la plus globale possible sur le poids du thermalisme sur le territoire. Après on est passé plutôt par le biais du tourisme puis par le développement économique.* [...] *Clairement, Elisabeth Bonjean a beaucoup pesé sur la reconnaissance du thermalisme au niveau régional. Sur la visibilité de cette filière, plutôt méconnue.* [...] *On est dans une Région où l'économie est très diversifiée. Il y a des secteurs qui pèsent très lourd, comme l'aéronautique, comme le bois, comme la chimie et donc finalement même si le thermalisme a un poids au niveau national, c'est évidemment un secteur qui est beaucoup moins visible, en poids, en nombre d'emplois* ».

À l'image de l'ancien président du cluster, qui insiste sur les retombées positives de cet investissement, les exploitants thermaux prennent progressivement

[253] Cette politique se concrétise par la mise en œuvre d'un Plan Thermal Aquitaine, dans le cadre du Contrat de Plan État-Région (CPER) 1994-1998. L'objectif de ce plan est de « coordonner l'activité thermale et d'aller au-delà des subventions financières ponctuelles accordées jusque-là aux communes et syndicats intercommunaux, seuls bénéficiaires des subventions régionales ».

conscience du relais que peuvent constituer les élus locaux dans les arènes politiques départementale et régionale : « [Élisabeth Bonjean], *elle était représentante à Bordeaux dans la Région pour le thermalisme donc automatiquement on a eu des connexions avec la Région beaucoup plus facilement* [...]. *Donc c'est vrai que le fait quand même d'avoir des gens, des politiques qui sont connectés dans les instances régionales est quand même quelque chose de très important* »

Aussi les élus dacquois, à l'initiative de la création du cluster, tirent-ils profit de ce crédit pour augmenter localement leur influence. Tout en laissant la présidence du cluster aux exploitants thermaux, ils y occupent, à l'image de sa directrice (salariée du Grand Dax) une position de nodalité. Cette capacité d'orientation est évoquée par un acteur issu du collège « formation-recherche » : « *Il est très politisé ! C'est madame Bonjean hein... ! Madame Bonjean, monsieur W* [PDG du groupe Arenadour] *ils veulent tout gérer... Madame Bonjean, oui elle dicte la conduite du cluster. C'est politique* [...] *Madame Bonjean, elle est maire de Dax, présidente de l'agglomération du Grand Dax et déléguée au thermalisme à la Région, conseillère régionale. Elle a la main mise sur le cluster, c'est trop politisé à mon avis* ».

La transformation institutionnelle de la communauté de communes du Grand Dax en communauté d'agglomération ajoutée au transfert de la gestion du thermalisme à l'intercommunalité au titre de la compétence obligatoire « développement économique », permettent aux élus dacquois de faire de cette échelle de gouvernement – suivant alors les prescriptions du législateur[254] – un territoire de projet. Celui-ci se trouve matérialisé par la création du cluster Aqui O Thermes, destiné, dès son origine, à augmenter la compétitivité des exploitants thermaux dacquois et, *in fine*, à conserver voire accroitre la position de *leader* du territoire dans un contexte économique tendu. Seulement, les élus locaux poursuivent un second objectif avec la création d'une telle structure, politique celui-ci. À l'instar des thèses soulevées par Gilles Pinson, démontrant que les processus de projet dans les villes enclenchent des dynamiques de recomposition d'une capacité d'action collective, il s'agit pour les autorités

[254] L'utilisation faite du cluster par les acteurs politiques et administratifs met en lumière leur adhésion pleine et entière au sens et finalités donnés par le législateur à la « coopération intercommunale » : rationaliser voire réduire les dépenses publiques et, plus largement, rechercher « l'efficacité de l'action publique territoriale par la coordination, l'articulation, l'assemblage des territoires » (Honta, 2016 ; Desage, Guéranger, 2010).

municipales dacquoises de tirer parti de cette organisation collective. Esseulée jusqu'alors, la municipalité se retrouve au centre d'une action collective multi niveaux qui, en lui permettant d'améliorer ses relations sur plusieurs scènes, lui offre les moyens de neutraliser le problème thermal local.

b. L'EPIC Bagnoles de l'Orne Tourisme au service de la municipalité bagnolaise

Au début des années 2010, les initiatives prises par le nouvel exploitant thermal (à la tête de l'établissement bagnolais depuis 2009) stimulent progressivement la fréquentation de la station. Alors que le nombre de curistes accueillis était descendu à 9 000 au plus fort de la crise un an plus tôt, les cures thermales représentent environ 190 000 journées de soins (soit quelques 10 600 curistes) pour la saison 2010, tandis que les offres « remise en forme » (proposées avant la création du B'o spa thermal en 2012) en comptabilisent 25 000 (environ 1 400 clients)[255]. Dans une interview donnée à l'Agence de développement économique de l'Orne, l'exploitant thermal bagnolais dévoile plus précisément la stratégie qu'il compte mettre en œuvre en collaboration avec l'institution municipale. « Dès la livraison de la résidence, en 2013, nous serons prêts à construire avec nos partenaires, au premier rang desquels la municipalité de Bagnoles, une idée de "destination globale", détaille-t-il. Je suis convaincu en effet que tous les acteurs du tourisme installés à Bagnoles doivent travailler pour vendre une ambiance, une histoire, un concept complet lié au bien-être et qui s'identifierait bien dans l'imaginaire des clients potentiels. C'est un chemin très prometteur ». Le PDG de l'établissement thermal tient, là encore, des propos allant dans le sens de la mise en œuvre d'une action collective, qui rappellent fortement le discours tenu par les élus. Ces derniers entreprennent, à la même époque, d'accompagner les initiatives de cet acteur en développant un projet plus large de restructuration de l'offre et de l'image sociale du territoire. Une nouvelle arène est créée dans cette perspective. Elle permet surtout aux élus de parer à l'incertitude générée par le contexte de crise en fédérant l'ensemble des acteurs et de tirer une légitimité de ce regroupement.

---

[255] *Orne développement*, [En ligne], mis en ligne en mars 2011, consulté le 25/07/2019. La citation qui suit est tirée de cette source.

Une dynamique partenariale à l'initiative des élus locaux

Animer un territoire et le dynamiser c'est aussi le rôle des élus locaux, qui comptent bien profiter de cette situation pour affirmer leur *leadership*. « Sommés d'agir par eux-mêmes, les élus se doivent, [notamment depuis la mise en œuvre des lois de décentralisation], de constituer des coalitions élargies qui rendront l'action publique possible aussi bien techniquement que politiquement [...]. En interne, il faut fédérer les institutions dispersées au sein de la société locale [...] en jouant des réseaux d'interconnaissance entre individus souvent multi-positionnés. Ceci suppose des échanges teintés de pragmatisme avec tous les représentants de la société locale » (Le Bart, 2009 : 306). Olivier Petitjean affiche un profil qui s'accorde bien aux qualités requises pour fédérer les différentes institutions. À l'instar de ses deux aînés – Jean-Pierre Blouet et René Jambon – il n'est pas originaire de Bagnoles de l'Orne. Né en Meurthe-et-Moselle, il s'installe en Normandie en 1997 pour raisons professionnelles et s'engage en 2001 dans la vie politique de sa cité comme conseiller municipal (d'opposition). Il change toutefois de stature localement à la fin des années 2000. Il récupère d'abord, suite à sa nomination comme deuxième adjoint par René Jambon en 2008, une vaste délégation regroupant la communication, la promotion, le sport, la culture et la vie associative. Surtout, il s'affirme un peu plus en 2011 dans le jeu politique local en participant, face à Jean-Pierre Blouet, à la lutte de succession ouverte par le décès du maire.

À l'issue d'un suffrage extrêmement serré, finalement remporté Jean-Pierre Blouet[256], Olivier Petitjean revendique la place de 1er adjoint. Se sentant floué et estimant être le plus légitime pour prolonger l'action de René Jambon, il compte bien s'imposer comme un acteur incontournable sur le territoire bagnolais. Pour maintenir la cohésion du conseil municipal, Jean-Pierre Blouet semble, dans un premier temps, n'avoir d'autre choix que d'accepter cette requête. Mais leurs relations s'améliorent rapidement. Lors des élections municipales de 2014, les deux hommes font ainsi liste commune, Jean-Pierre Blouet réaffirmant son jeune rival au poste de premier adjoint chargé du tourisme, du cadre de vie et de l'économie, tout en lui promettant de lui céder son poste durant son mandat. Cette tractation se concrétise finalement plus

256 Selon plusieurs acteurs rencontrés, dont les deux protagonistes, Jean-Pierre Blouet parvient *in extremis* à récupérer la seule voix qui les départage.

rapidement que prévu, à la faveur de la création de la commune nouvelle Bagnoles de l'Orne Normandie au 1er janvier 2016.

De ses deux prédécesseurs, Olivier Petitjean synthétise, à la fin des années 2000, le caractère d'entrepreneur et les qualités de notable. Dès l'âge de huit ans, il est scout en Lorraine avant d'assumer des fonctions de formateur lors de son arrivée en Normandie. Son engagement dans le scoutisme peut expliquer son activisme associatif. Vice-président de la délégation départementale de la Croix-Rouge, il est aussi trésorier d'une association humanitaire bagnolaise et membre d'une association de défense du patrimoine. Surtout, il intègre très vite le Rotary Club de Bagnoles de l'Orne où il côtoie, entre autres, le directeur du casino de l'époque, le président de France Thermes, plusieurs hôteliers bagnolais dont l'ancien président de l'Office de tourisme au tournant des années, mais aussi d'autres élus locaux. Si le Rotary-Club est une « association internationale qui prétend rassembler les meilleurs professionnels autour d'une cause humanitaire (*servir*), [...], le but humanitaire [...] est souvent ignoré, le groupe évoquant davantage un rassemblement de notables qu'une association charitable[257]. [...] Lorsque ce but est connu il est remis en cause ou tourné en dérision comme en témoigne cette phrase d'un journaliste interviewant un responsable de groupe : "*Le rotary, pour beaucoup de gens, c'est une chapelle de gens bien fortunés, installés parfois dans une prison dorée. C'est le dernier refuge des bourgeois et des notables*" » (Camus, 1991 : 195). Olivier Petitjean profite de ce cercle pour travailler son capital social.

En ce sens, sa trajectoire est assez classique sur deux aspects. Elle est conforme à celle des notables de la démocratie chrétienne qui jouissent d'une estime sociale qui « a souvent été acquise à la suite d'engagements à la tête d'entreprises au profit de causes détachées en apparence des enjeux politiques les plus immédiats » (Fretel, 2004 : 48). En outre, elle rappelle que, « pour s'implanter durablement, il faut pouvoir se faire un nom en s'insérant dans un tissu de relations sociales et côtoyer les différents représentants des secteurs de la vie locale » (Idem).

[257] L'analyse est valable pour d'autres clubs de services tel le Lions Club, également présent à Bagnoles de l'Orne.

S'il partage avec Jean-Pierre Blouet des caractéristiques notabiliaires, il s'en différencie par sa vision du maire[258]. Son discours est imprégné de volontarisme, de la nécessité du changement et de l'innovation. Il se rapproche aussi de la figure de l'entrepreneur. C'est au service de l'instauration d'une action collective qu'il met à profit cette seconde caractéristique. En effet, alors que les autorités municipales n'ont que peu de compétences formelles en matière de santé (Clavier, 2009) et qu'ils ne disposent d'aucune prise directe à Bagnoles sur l'établissement thermal (en gestion privée), c'est par la compétence touristique – assumée par Olivier Petitjean – que l'exécutif municipal s'investit et accompagne les acteurs du thermalisme. L'action (ou la réaction) est évoquée en des termes volontaristes par l'actuel maire, sur le mode de la reprise en main. Soulignant notamment un déficit de « professionnalisme » prégnant sur le territoire à la fin des années 2000, son discours rappelle celui des acteurs publics dacquois : « *On est passé d'une économie touristique laissée au bon vouloir de la collectivité qu'elle déléguait à des gens qui voulaient s'y investir, généralement des bénévoles… Et l'on passe aujourd'hui dans la professionnalisation de notre économie touristique.* […] [Il fallait] *se donner une force de frappe parce que derrière, il paraissait important que les acteurs économiques soient autour de la table* ».

Olivier Petitjean revendique très volontiers son fort investissement dans la solution choisie par la municipalité pour travailler en ce sens : la création, en septembre 2011, d'un EPIC. Celle-ci émerge à la faveur de réflexions engagées avec un cabinet de conseil, « *missionné pour essayer de surmonter cette crise qu'avaient traversée Bagnoles de l'Orne et l'établissement thermal* », pour reprendre les propos d'un dirigeant du Comité départemental du tourisme de l'Orne. L'appel à une société de consulting par les élus bagnolais n'est pas étonnant tant, à l'instar de l'échelle étatique (Belorgey, 2014), le recours des élus locaux aux services des consultants s'est lui aussi généralisé depuis la décentralisation. Cependant, outre la création de guides de « bonnes

---

[258] Contrairement à ce dernier ou à d'autres élus, tel le maire analysé par Violaine Girard (2008), Olivier Petitjean ne cherche pas, dans un premier temps, à étendre son influence auprès des représentants des autres échelles de gouvernement. Ceci étant, il étend son pouvoir dans les sphères touristiques, occupant par exemple la présidence de la fédération des Offices de Tourisme de Normandie (OTN), avant d'être élu conseiller départemental en 2021.

pratiques » par le CNETh en 2008 (Livre blanc) ou par le Conseil national du tourisme en 2011, il permet d'expliquer, en partie, pour quelles raisons des territoires aussi différents que Bagnoles de l'Orne ou Dax présentent des stratégies de sortie de crise aussi proches[259].

Intitulé « Bagnoles de l'Orne Tourisme », cette nouvelle structure naît de la fusion des régies animation et promotion-communication de la ville et du rattachement de l'Office de tourisme (qui fonctionnait jusqu'alors sous le régime juridique de l'association loi 1901). Olivier Petitjean souligne : « *Moi j'étais à l'initiative de la création de l'EPIC* [...] *J'ai dit à mes collègues "il faut qu'on remette tout ça dans le même pot pour qu'on marche mieux de concert, qu'on soit efficient, qu'on ait une proposition unique". Parce qu'à la marge, bien sûr, on avait effectivement des petits accrocs, des dysfonctionnements. Donc il y a eu la volonté de réunir et aussi de professionnaliser cette industrie du tourisme* ».

Rationaliser la gestion de l'économie touristique de la station est le premier rôle assigné à l'EPIC. Le second consiste à mobiliser l'ensemble des acteurs économiques concernés. C'est ce qu'expose Olivier Petitjean : « *Les élus se disent aussi "il faut que dans la mesure où on met de plus en plus d'argent, il faut qu'on mette aussi la main sur le..."* [...] *Notre souci c'est surtout derrière de continuer à associer les partenaires économiques... parce qu'on aurait pu avoir la solution de dire "on reprend tout en régie" ou "ça devient un service public administratif", et puis là il n'y a pas de difficulté, la collectivité a la main complète sur ce fonctionnement.* [...] *Et puis, c'est aussi derrière la situation avec les thermes qui nous a amenés aussi à nous dire maintenant, on voit bien que quand on ne se parle pas, quand on ne fait pas les chose ensemble, on va dans le mur... Et on se dit qu'il faut absolument que les acteurs économiques soient associés. Donc c'est pour ça que l'EPIC répond à cette possibilité puisqu'au sein du comité de direction, ça permet d'apporter effectivement la vision des partenaires économiques* ». Si cette stratégie de réorganisation collective doit permettre aux élus de résoudre le « problème thermal », elle leur permet aussi d'augmenter leur influence dans le jeu local. Après un demi-siècle à devoir composer avec l'indépendance de l'établissement thermal, les responsables municipaux sont en effet en passe de pouvoir peser sur l'orientation des choix réalisés par ses dirigeants.

---

[259] Voir la sous-section précédente : comme à Bagnoles de l'Orne, la première stratégie mise en œuvre par l'équipe municipale socialiste élue en 2008 à Dax est de reprendre, en gestion directe, la direction de la politique touristique *via* la création d'un EPIC.

Pour ce faire, Olivier Petitjean peut s'appuyer sur le précédent créé par René Jambon, lui-même à l'origine d'une dynamique partenariale une décennie auparavant, pour mobiliser de nombreux acteurs économiques de la station. Reste néanmoins à convaincre le PDG de l'établissement thermal de s'investir dans cette action collective initiée par la municipalité car, contrairement aux élus dacquois pouvant suggérer en ultime argument l'opportunité d'augmenter les subventions régionales *via* la création d'un cluster, Olivier Petitjean semble ne pouvoir « que » vanter les bénéfices supposés d'une action concertée.

Les responsables de l'établissement thermal constatent toutefois que l'autonomie d'un acteur n'est jamais illimitée (Friedberg, 2009 : 15-17). Faisant ressortir de manière plus marquée l'interdépendance entre acteurs locaux, le contexte économique tendu du tournant des années 2010 favorise l'ouverture d'une période de négociations, « d'apprentissage collectif de la "conceptualisation conjointe" », permettant aux différents partenaires de créer ces cadres de références communs nécessaires à toute forme d'action collective (Duran, Thoenig, 1996 : 603). « *La maturité du projet, elle se crée quand même sur deux ans,* souligne le maire de la ville. *Donc on a le temps effectivement de pouvoir expliquer la finalité du projet et comment chacun va se retrouver dans le projet. On a pris le temps, et pendant le temps qu'on a pris, on a dit clairement où on allait, voilà… On a aussi écouté les gens pour que les choses se fassent avec ceux qui étaient aux commandes* ».

L'hégémonie municipale

La création de l'EPIC en 2011 concrétise la reconfiguration du gouvernement municipal du thermalisme bagnolais. Composée de quatre commissions (accueil, promotion, sport et culture) rassemblant chacune une quinzaine de personnes (élus, acteurs économiques et autres experts des domaines en question), l'organisation semble placer l'échange et la concertation au cœur de son fonctionnement. Au sein de ces différentes scènes s'organise en effet la confrontation des différents points de vue. Diverses propositions émergent et sont par la suite soumises à délibération au sein du comité de direction. Celui-ci est composé d'une vingtaine d'acteurs, dont une majorité d'élus, une personnalité qualifiée dans le tourisme et le développement de la station et six acteurs économiques du territoire. Participent aux négociations et décisions stratégiques le PDG de l'établissement thermal, le directeur du casino, le représentant de l'association des loueurs de meublés, celui des hôteliers-restaurateurs, le représentant de l'union des commerçants et celui du monde associatif.

Les propos de différents acteurs investis en son sein traduisent un fonctionnement fondé sur le compromis. C'est par exemple le cas du PDG du groupe France Thermes qui reprend à son compte la vision de l'action publique promue par le maire bagnolais : « *On travaille en commission, on participe aux décisions avec tous les acteurs de la ville et les élus, donc il y a vraiment un travail en concertation. C'est un assez bon modèle de collaboration à la construction de l'offre. Bon après, il y a des intérêts et il peut y avoir des divergences mais globalement, on peut s'exprimer, on va assez bien dans le même sens. C'est dans l'intérêt de tout le monde, si chacun a des vues divergentes et qu'il n'y a pas de cohérence dans l'offre, personne n'en profite. Donc là l'idée, c'est quand même qu'on arrive à être collaboratif et à sortir de guéguerres qui ne serviraient à rien* ». Un ancien dirigeant du casino, vice-président de l'Office de tourisme dans les années 2000, devenu l'un des deux « experts tourisme » de l'EPIC, confirme ces propos. Selon lui, les différentes commissions ainsi que le comité de direction constituent autant de « tournois » permettant aux acteurs de confronter leurs opinions, mais aussi de construire des échanges entre identités d'action différentes (Lascoumes, Le Bourhis, 1998 : 56)[260]. « *Ça permet d'avoir une discussion plus globale avec les gens*, explique-t-il. *Et c'est logique qu'il y ait des discussions un petit peu âpres, parce que quand vous mettez autour d'une table des gens qui ont des intérêts qui peuvent diverger, c'est logique que les gens ne pensent pas obligatoirement de la même façon… Et je pense que c'est une très bonne chose* ».

En se plaçant au cœur des échanges, les élus locaux font évoluer leur rôle au sein du gouvernement municipal bagnolais. Accompagnant et profitant des restructurations engagées par l'établissement thermal, ils impulsent et contrôlent une dynamique collective censée assurer la bonne santé économique du territoire. « *Elle* [la commune] *a tous les pouvoirs*, souligne un ancien dirigeant du casino. […] *S'il y a une décision à passer aux voix… Il faut arriver avec un maximum d'arguments lorsqu'on veut avoir une évolution ou une action qui n'était pas prévue pour la faire adopter et la faire passer* ».

---

260 Selon ces auteurs, dans les tournois, « le résultat ne se réduit pas à la victoire radicale d'un point de vue sur l'autre, mais organise plutôt un changement relationnel entre des positions à l'intérieur d'un système de relation stable » (43).

Émanation de l'institution municipale, l'EPIC assure à l'exécutif municipal le contrôle de la compétence touristique[261]. Son budget de fonctionnement est très majoritairement abondé par la municipalité, comme l'explique le premier magistrat de la ville. « *Le budget de l'EPIC, c'est trois millions d'euros. Sur ces trois millions d'euros vous avez un million qui « se balade » entre guillemets, c'est simplement de l'exercice comptable, c'est un million de location. Puisque la collectivité, la mairie est propriétaire des structures* [complexe tennistique, piscine, centre d'animations et de congrès, communs du château, etc.] *qu'elle met à disposition de l'EPIC. Donc en les mettant à disposition de l'EPIC, elle doit faire payer à l'EPIC un loyer sur les structures qu'elle lui met à disposition* [...] *Mais, de toute façon, l'EPIC ne peut exister que par une subvention de contrepartie de la mairie donc ce million, la mairie lui redonne déjà*[262] [...] *Après, c'est deux millions de fonctionnement sur l'EPIC pour faire fonctionner nos missions d'information, l'accueil du public à l'Office du tourisme et les autres structures avec des missions d'information, de conseil, et de renseignement* ».

L'un des indices les plus révélateurs de la volonté des élus locaux de lier les enjeux de la municipalité (*via* son administration) à ceux de l'EPIC tient au multi positionnement de sa directrice. Recrutée en 2011 pour contribuer à la mise en route de cette structure, elle est nommée en 2015 au poste de DGS de la ville (qu'elle occupe jusqu'en 2022) à la suite de la mutation de l'ancien

---

[261] L'EPIC Bagnoles de l'Orne Tourisme a été créé avant la mise en œuvre de la loi NOTRe. Dans le prochain chapitre, nous revenons sur les effets de cette loi sur la compétence tourisme et son transfert au niveau intercommunal. Dans le cas bagnolais, nous démontrons comment l'exécutif parvient à conserver cette compétence dans le giron municipal.

[262] En fonctionnant de la sorte, la municipalité bagnolaise augmente la part variable du prélèvement progressif opéré sur le produit des jeux du casino. Thierry Breton, ministre de l'Économie, des Finances et de l'Industrie souligne, en effet, en 2006 que : « l'article 97 de la loi de finances pour 2005 [...] a modifié l'article L. 2333-55 du code général des collectivités territoriales (CGCT) aux termes duquel l'État reverse à chaque commune siège d'un casino une part égale à 10 % du prélèvement progressif opéré sur le produit des jeux réalisé par l'établissement de jeux, dans la limite de 5 % du montant des ressources ordinaires de la commune. Outre le fait que les ressources ordinaires ainsi visées sont désormais entendues expressément comme étant les recettes réelles de fonctionnement de la commune, le plafond de 5 % est porté à 10 % pour les communes membres d'un établissement public de coopération intercommunale (EPCI) ». « Versement du produit des jeux à la commune siège d'un casino », *Sénat*, [En ligne], mis en ligne le 19/10/2006, consulté le 29/07/2019.

titulaire de cette fonction. Contrairement à son homologue dacquois ou à son prédécesseur qui présentait un parcours plus classique de fonctionnaire de l'administration municipale, elle ne colle pas à la figure du « manager » présentée par Olivier Roubieu (1994). Auparavant installée en Poitou-Charentes, contractuelle, elle dispose d'une solide expérience dans l'aménagement et l'animation touristique en milieu rural. Si elle cède sa place de directrice de l'EPIC en 2017, l'installation des locaux de l'EPIC au cœur du château-hôtel de ville conforte l'entremêlement des deux entités.

La présidence de l'EPIC permet à Olivier Petitjean, premier adjoint jusqu'en 2016, d'augmenter sa légitimité politique. Endossant une posture de médiateur et d'animateur, réunissant des partenaires et faisant émerger des propositions, il se positionne comme un acteur central dans l'émergence d'une capacité d'action collective sur le territoire[263]. « *Je pense que moi, en tant que maire, j'apporte mon rôle d'amiable compositeur. J'ai des qualités pour écouter les gens, j'ai des qualités pour synthétiser l'ensemble des points de vue et puis trouver effectivement un juste compromis dans le cadre de la décision* » souligne-t-il en évoquant son rôle. Et d'ajouter : « *ça me permet d'avoir une vision globale du fonctionnement de la station, d'avoir effectivement une concertation sur les projets, d'avoir une remontée aussi des différents acteurs, pour comprendre les problématiques, pour avancer et puis les faire partager* ». Revendiquant une vue d'ensemble des tenants et des aboutissants, Olivier Petitjean signifie en effet sa capacité à initier des projets et à les inscrire au cœur de méta-projets (Pinson, 2009 : 334)[264]. Sans imposer ses décisions à ses partenaires, il cadre les interactions selon une temporalité et des objectifs à atteindre. La transformation du territoire constitue alors un *output* (résultat) qu'il peut mettre à son crédit.

Tout se passe donc comme si la modernisation du thermalisme à Bagnoles de l'Orne depuis les années 1990 rejaillissait sur le fonctionnement même de l'exécutif municipal et la fonction mayorale. Depuis la survenue du problème thermal, la ville se caractérise par un renouvellement et un rajeunissement

---

263 D'après Olivier Borraz (2000 : 20) « symboliquement, la légitimité des élus ne résulte plus de leurs possibilités d'accès et de négociation auprès de l'État, mais de la construction d'une capacité d'action sur un territoire en fonction d'un intérêt local ».

264 Gilles Pinson définit le méta-projet comme un « cadre de référence des projets ou opérations ponctuels [...] constitué par l'ensemble des principes d'action généraux sur lesquels les acteurs se sont accordés, par l'ensemble des idées fortes qui donnent du souffle au projet et permettent une mobilisation des acteurs ».

de ses premiers magistrats et, dans le même mouvement, par un glissement progressif vers une vision du travail municipal fondée sur l'action collective, l'anticipation, la planification et la réflexion stratégique.

Les exécutifs bagnolais et dacquois sortent finalement renforcés de la crise qui frappe l'activité thermale. À Bagnoles de l'Orne, les élus profitent d'un renouvellement de la direction de l'entreprise thermale et d'une situation économique vécue comme préoccupante pour se replacer dans le jeu local. En créant l'EPIC Bagnoles de l'Orne Tourisme, ils accompagnement la stratégie de restructuration de l'établissement thermal et fédèrent autour d'un même projet l'ensemble des acteurs économiques et politiques bagnolais. Ils se saisissent de la culture du compromis qui semble être placée au cœur du fonctionnement de cette organisation et du poids qu'y pèse la municipalité pour augmenter sensiblement leur pouvoir localement. À Dax, les élus locaux se saisissent de la création du cluster pour renforcer leurs relations avec les représentants de la société locale et des autres niveaux de gouvernement. En effet, ils regagnent en premier lieu la confiance des exploitants thermaux en leur démontrant l'étendue des retombées matérielles et symboliques dont ils peuvent dorénavant bénéficier, notamment à partir des liens noués avec la Région. Ils se repositionnent ensuite sur la scène intercommunale, profitant d'un alignement partisan pour tisser de nouveaux liens avec le personnel politique et progressivement reprendre la présidence de l'agglomération. La variable partisane associée aux relations d'amitié liant, semble-t-il, Gabriel Bellocq et Henri Emmanuelli, permet par ailleurs à la ville de Dax de bénéficier d'un soutien plus appuyé du Département[265]. Enfin, le multipositionnement d'Élisabeth Bonjean et son engagement dans l'arène régionale permettent aux acteurs publics dacquois de renforcer de manière substantielle les formes de coopération engagées à cette échelle. En parant « l'étanchéité » supposée des cloisons entre collectivités territoriales et leurs groupements qu'ont pu engendrer le retrait de l'État et l'avènement de la territorialisation de l'action publique locale (Duran, Thoenig, 1996 : 612), les élus dacquois

[265] Nos données sont limitées pour faire une démonstration fine de l'amélioration des relations des élus dacquois avec ceux du Département à l'instar de celle réalisée pour la Région. Néanmoins, revient avec récurrence dans les discours l'idée selon laquelle l'alternance politique en faveur du Parti Socialiste en 2008 a profondément fait évoluer les rapports entre les deux institutions.

affirment leur influence dans les séquences décisionnelles et en font profiter leur territoire (Pasquier, 2016 : 338). Conformément aux démonstrations de Romain Pasquier et de Rémi Dormois, ces évolutions augmentent la capacité politique des deux villes de manière considérable.

Conclusion du troisième chapitre

Le recul de la fréquentation thermale à partir des années 1990 affecte fortement les villes de Dax et de Bagnoles de l'Orne, bien que selon des modalités différenciées. À Dax, la perte du statut de « première ville thermale » vient menacer une position de *leadership* construite de longue date. À Bagnoles, où l'ensemble de l'activité thermale repose sur un seul établissement, la crise met en péril l'équilibre économique local.

Dans les deux cas, les gouvernements municipaux peinent à faire face. Le renouvellement des responsables politiques et économiques au milieu des années 1990 ne fait qu'exacerber une situation déjà marquée par l'absence de coopération structurée entre acteurs. Héritée de décennies de dépendance à l'État-providence, cette faiblesse relationnelle prive les élus de relais, aussi bien auprès des autres échelons de gouvernement qu'auprès des exploitants thermaux. La capacité politique territoriale s'en trouve d'autant plus affaiblie qu'il leur revient désormais de coordonner une réponse locale à une crise multiforme.

C'est dans ce contexte que les municipalités engagent une recomposition de leur mode d'action. À Dax comme à Bagnoles, les acteurs publics se saisissent du projet comme d'un instrument de mobilisation et créent des arènes de dialogue et de coopération (cluster, EPIC). Ces dispositifs permettent d'ancrer des coalitions d'acteurs autour d'objectifs partagés, en s'appuyant sur la promesse de retombées matérielles concrètes (économies d'échelle, amélioration de la qualité des soins, augmentation du nombre de curistes et de touristes).

Mais une capacité politique territoriale ne peut durablement reposer sur la seule promesse de retombées matérielles. Pour consolider les coalitions dans la durée, les élus locaux doivent inscrire l'action collective dans un récit plus large, susceptible d'unifier les représentations, de fédérer les intérêts et de donner du sens à l'engagement des acteurs. Face à l'incertitude générée par les réformes territoriales des années 2010 (rationalisation de la carte intercommunale, montée en puissance des régions), c'est ainsi sur des fondements symboliques que les élus locaux entendent pérenniser ces coalitions. L'élaboration collective d'un « récit territorial » modernisé et de politiques d'images censées renforcer l'attractivité des villes et nourrir une vision partagée du territoire répond à cette ambition. Le chapitre suivant est consacré à cette nouvelle phase du travail politique.

Stabiliser la capacité politique territoriale

Si la relance de l'économie thermale passe par la capacité des élus locaux à créer des alliances, à instaurer un climat de confiance et à intégrer différents intérêts dans un projet collectif, encore faut-il que ces coalitions tiennent dans le temps. C'est en effet de l'échange prolongé de ressources entre partenaires qu'émerge une capacité de gouvernement (Stone, 1993). Or, les réformes territoriales mises en œuvre depuis le tournant des années 2010 viennent fragiliser ces arrangements collectifs. La montée en puissance du processus intercommunal, le redécoupage des régions et les transferts de compétences bouleversent en profondeur les configurations locales. Loin de se réduire à des réajustements techniques, ces mutations déséquilibrent les compromis existants et obligent les acteurs locaux à réinventer leurs modes de coordination (Offner, 2006 ; Honta, Basson, 2017).

Pour les villes thermales dotées de dispositifs partenariaux comme le cluster Aqui O Thermes à Dax ou l'EPIC de Bagnoles de l'Orne, ces transformations représentent à la fois un défi et une opportunité. En redéfinissant les périmètres d'action publique et en introduisant de nouvelles ressources institutionnelles, elles peuvent contribuer à stabiliser l'action collective, à condition que les acteurs locaux parviennent à s'adapter aux nouvelles règles du jeu. Mais en reconfigurant les rapports de pouvoir, en introduisant de nouveaux échelons décisionnels ou en renforçant la logique de compétition entre territoires, elles peuvent aussi fragiliser les coalitions en place.

Dans une perspective d'analyse stratégique (Friedberg, 1992) – qui distingue les règles formelles (lois, compétences, structures institutionnelles) et les pratiques informelles (alliances, négociations, usages quotidiens), et qui insiste sur l'articulation entre contraintes externes et marges de manœuvre des acteurs –, il s'agit de comprendre comment les coalitions locales s'ajustent à ces transformations, renégocient leurs équilibres internes et parviennent, ou non, à stabiliser une capacité politique territoriale.

Ainsi, après avoir examiné les effets de ces nouvelles normes légales et la manière dont les acteurs locaux composent avec elles pour préserver ou renforcer leur capacité d'action (I), l'analyse montrera comment, loin de répondre aux seuls impératifs d'attractivité économique, les politiques d'image participent à la régulation territoriale en contribuant à la stabilisation des arrangements locaux dans un contexte incertain (II).

I. Des coalitions à l'épreuve des recompositions institutionnelles

En réponse aux réformes territoriales engagées depuis les années 2000, les élus locaux ne demeurent pas passifs. Si ces transformations institutionnelles – des lois Voynet et Chevènement (1999) à la réforme des collectivités territoriales (2010) et à la loi NOTRe (2015) – déstabilisent des équilibres existants, elles peuvent aussi être saisies comme des opportunités pour affirmer un *leadership* renouvelé et mettre en place de nouveaux dispositifs de coordination.

À Dax comme à Bagnoles de l'Orne, les élus locaux s'emparent ainsi des réformes territoriales pour tenter de renforcer leur capacité d'action, mais selon des logiques contrastées. À Bagnoles, ils choisissent de se maintenir à distance de toute forme affirmée d'intercommunalité. Pour ne pas diluer leur capacité à diriger une coalition construite à l'échelle communale, ils profitent des subtilités de la loi Montagne et du régime des communes nouvelles pour préserver leur autonomie (1). À Dax, au contraire, les élus se saisissent des injonctions au regroupement intercommunal comme d'une ressource pour structurer l'action collective. Le cluster Aqui O Thermes, pensé dès les années 2000 au sein du Conseil de développement du Grand Dax, incarne cette volonté de coopération territoriale. Cette dynamique se trouve toutefois partiellement remise en cause une décennie plus tard, à la faveur de l'élargissement régional et des reconfigurations induites par la loi NOTRe, qui contribuent à faire évoluer le système d'acteurs initial, redéployé autour de l'Office Intercommunal de Tourisme et du Thermalisme (OITT) (2).

Ces deux trajectoires révèlent ainsi des modalités différenciées d'appropriation des recompositions institutionnelles, en fonction des ressources, des équilibres politiques et des marges de manœuvre disponibles.

1) Bagnoles de l'Orne : maintenir les contours d'une action collective « communale »

Contrairement à son homologue dacquoise, entourée de plusieurs villes thermales et établie dans un Département (les Landes) et une Région (Nouvelle-Aquitaine) investis dans le développement économique et touristique du territoire[266], la station bagnolaise est handicapée par sa particularité géographique. Celle-ci constitue certes un argument marketing volontiers mobilisé : Bagnoles de l'Orne Normandie est la « seule station thermale du Grand Ouest », selon les termes des plaquettes de promotion institutionnelle ou commerciales. Mais son isolement a des conséquences non négligeables. Bagnoles de l'Orne ne bénéficie qu'à la marge des interdépendances fonctionnelles, cognitives ou relationnelles que peut procurer une concurrence exacerbée (Lazéga, 2013 : 561). Elle ne peut partager les problématiques qu'elle rencontre avec une autre station, ni même en profiter pour porter ou défendre plus efficacement ses problèmes dans les arènes politiques départementale et régionale[267]. Selon les acteurs rencontrés à Bagnoles de l'Orne, la Région Normandie ne porterait ainsi qu'une attention limitée aux problématiques thermales, misant plutôt sur le développement des stations balnéaires du littoral comme atout touristique. Par ailleurs, l'Orne demeure un Département rural au sein duquel la compétence touristique ne constitue pas une priorité pour les élus. Convaincus de ne pouvoir compter que sur eux-mêmes, les acteurs publics bagnolais adoptent une stratégie allant à rebours des injonctions au regroupement intercommunal (Le Saout, 2001). Se mettant volontairement en retrait du jeu intercommunal alors que celui-ci prend une

[266] L'ensemble des acteurs publics rencontrés au sein des institutions régionale, départementale et intercommunale tiennent le même discours sur ce point.

[267] L'établissement thermal fait toutefois partie du cluster Innovatherm, qui poursuit l'objectif, à partir de 2014, de regrouper les entreprises thermales d'Auvergne – puis d'Auvergne Rhône-Alpes à partir de 2016 – pour « innover et gagner en compétitivité ». Pour plus de détails sur ce cluster, voir l'article de Nathalie Montargot et Marie-Ève Férérol sur le sujet (2016).

nouvelle dimension, ils se saisissent du régime des communes nouvelles pour augmenter leur indépendance localement.

a. (Se) mettre à distance le (du) jeu intercommunal

La volonté des élus bagnolais de préserver leurs marges d'action s'inscrit dans une trajectoire ancienne. Face à l'affirmation progressive de l'intercommunalité, ils mobilisent sélectivement les réformes territoriales – des lois ATR (1992) et Chevènement (1999) à la loi NOTRe (2015) – pour conserver leur autonomie et limiter leur exposition au jeu intercommunal[268]. Cette logique apparaît dès le milieu des années 1990. Les élus bagnolais et tesséens se saisissent en effet de la loi ATR pour créer, en 1995, la communauté de communes (CdC) Bagnoles de l'Orne–Tessé-la-Madeleine, pensée comme un outil de fusion progressive des deux villages autour de l'activité thermale[269]. En revanche, ils ne profitent pas des lois Voynet (25 juin 1999) et Chevènement (12 juillet 1999) pour intégrer un autre EPCI lors de leur fusion au 1er janvier 2000. En dépit des incitations que proposent ces deux lois[270], les élus bagnolais gardent leurs distances avec le jeu intercommunal lors de la création de la Communauté de communes du Pays d'Andaine en 1997, qui regroupe l'ensemble des communes du Canton de Juvigny-sous-Andaine sur les bases de l'ancien SIVOM (dont la compétence principale était la voirie). Véritable choix de se mettre à l'écart, la position des autorités municipales bagnolaises n'évolue pas plus après la fusion entre Bagnoles de l'Orne et Tessé-la-Madeleine en 2000, alors que Jean-Pierre Blouet, conseiller général du Canton de Juvigny, devient l'année suivante premier adjoint au maire de Bagnoles de l'Orne et qu'il a fortement soutenu la fondation de cette communauté. « *On savait très*

---

[268] Si les premières formes d'intercommunalité de projet apparaissent en 1959 avec la création des « districts urbains », c'est à partir des années 1990 que le mouvement connaît une forte expansion, sous l'effet des incitations portées notamment par les lois Voynet et Chevènement de 1999, qui renforcent les incitations au regroupement intercommunal et accroissent progressivement les attentes pesant sur les communes (Le Saout, 2015).

[269] Voir le chapitre III, section « Une station thermale et touristique : le projet fédérateur d'un maire "entrepreneur" ».

[270] Ces incitations sont d'abord financières, la dotation globale de fonctionnement versée aux EPCI étant importante. Mais elles sont aussi politiques. Malgré l'obligation de créer des groupements « continus et sans enclave », une grande liberté est en effet laissée aux élus locaux dans la définition des périmètres (Delannoy et al., 2004 : 78).

bien que pour Bagnoles, la communauté [...] *ils n'y voyaient aucun intérêt à s'y rattacher. C'est la loi qui a fait qu'ils soient venus parce que s'ils avaient pu rester commune indépendante, ils seraient toujours indépendants* », souligne ainsi le président de la CdC en fonction de 1997 à 2020.

Au 1er janvier 2012, Bagnoles de l'Orne fait encore partie des rares communes « isolées » (moins de 4 %), c'est-à-dire non rattachées à un EPCI à fiscalité propre (Le Saout, 2015 : 491). L'application progressive de la loi du 16 décembre 2010 relative à la réforme des collectivités territoriales la conduit néanmoins à rejoindre, au 1er janvier 2013, la communauté de communes du Pays d'Andaine.

Ce rattachement met un terme à une configuration institutionnelle qu'elle maîtrisait parfaitement. Habituée à fonctionner de manière autonome et à s'appuyer principalement sur le Département, Bagnoles de l'Orne doit intégrer une structure intercommunale dont les équilibres internes et les routines sont déjà stabilisés. L'adaptation est délicate à plusieurs titres. Le fonctionnement spécifique des EPCI à fiscalité propre repose sur une « culture du compromis » (Desage, 2009 ; Guéranger, 2008) patiemment construite, que l'arrivée de Bagnoles vient perturber. Elle met également en évidence des divergences profondes dans la manière d'identifier les problèmes et de définir les priorités locales (De Maillard, 2002b : 178). Les propos d'un élu bagnolais donnent à voir concrètement ce décalage : « *Les problèmes qu'on a nous, c'est des problèmes "d'urbains" si je résume, souligne-t-il. Eux ont plus des problèmes de "ruraux", donc on n'est pas sur la même ligne pour les régler. On n'est pas sur la même ligne économique.* [...] *On n'a pas le même état d'esprit. À la CdC, on ne fera pas si on n'a pas derrière de la DETR, du DSIL*[271]*, de la subvention. Nous parfois on dit "peu importe si on a des co-financeurs, il faut que les choses se fassent. Il faut que les choses se fassent vite, parce qu'on se doit de réagir rapidement par rapport à notre problématique"* [...] *Si j'ai à refaire des bordures de trottoirs et qu'il y a 3 mètres de trottoirs, je ne vais pas attendre qu'il y en ait 150 mètres pour lancer un programme* ».

Contraints de rejoindre l'intercommunalité, les élus bagnolais cherchent rapidement à y trouver une place influente, estimant que le poids touristique et démographique de leur ville légitime une position centrale. Cette volonté

[271] Dotation d'équipement des territoires ruraux (DETR) ; Dotation de soutien à l'investissement local (DSIL).

d'affirmation se heurte toutefois à des équilibres locaux déjà installés, ce qui suscite d'importantes tensions selon le président de la CdC. « *Leur intégration n'a pas été facile dans la communauté* [...] *"c'est moi le plus grand, c'est moi le plus fort"... Donc ils avaient beaucoup d'ambitions dans les dépenses... Et nous, on les a sûrement, peut-être moi particulièrement, "calmés" en disant "bon vous arrivez, il y a tant de dépenses mais vos dépenses seront un peu calquées sur vos recettes". Donc de ce fait, c'était difficile pour toutes les communes* ».

À l'instar de ce que montrent Philippe Bezès et Alexandre Siné pour l'État central (2011), les questions budgétaires et fiscales cristallisent rapidement les désaccords autour de ce que doit être l'action intercommunale. Fonctionnant sous le régime de la fiscalité professionnelle unique (FPU), le budget de la CdC est très fortement alimenté par les prélèvements opérés sur l'activité thermale et touristique. Les élus bagnolais estiment donc que leur intégration représente un atout financier pour le groupement et que cette contribution devrait leur permettre de peser davantage dans les décisions. Ils constatent toutefois combien la transformation du pouvoir budgétaire en pouvoir politique ne va pas de soi (Sonnet *et al.*, 2025 : 12). En effet, cette lecture n'est pas partagée par les autres conseillers communautaires, à commencer par le président de la CdC, pour lequel l'arrivée de Bagnoles apparaît moins comme une chance que comme une source d'instabilité budgétaire. « *Bagnoles de l'Orne dans la communauté de communes... fiscalement... aucun avantage.* [...] *Avant leur intégration, on était bénéficiaire au niveau du fonds de péréquation des ressources intercommunales et communales (FPIC), l'État nous versait le FPIC. Bagnoles arrive, ils font augmenter notre moyenne de potentiel financier et on perd ce FPIC* [...] *Alors je peux vous dire que des opérations comme ça... je m'en passerais bien. Ils le savent, je l'ai dit clairement. Donc quand ils n'étaient pas d'accord avec le budget, je leur ai rappelé quand même deux trois vérités comme ça et ça les a calmés*[272] ».

---

[272] Mis en place par la loi de finances du 29 décembre 2011, le FPIC est un instrument de péréquation horizontale destiné à réduire les inégalités entre territoires, en faisant de l'intercommunalité l'échelon de référence. Il est calculé à partir du potentiel financier par habitant (à hauteur de 75 %) et du revenu par habitant (25 %). Pour plus de précisions sur les critères de prélèvement et la répartition, voir : AMF, « Le fonds de péréquation intercommunal et communal », [En ligne], consulté le 22 avril 2023.

L'intégration de Bagnoles de l'Orne dans un groupement historiquement composé de petites communes rurales révèle des décalages de pratiques et d'attentes, que les acteurs s'efforcent de réguler pour préserver le fonctionnement intercommunal. Les transformations institutionnelles du début des années 2010 contribuent toutefois à raviver ces décalages. Sous l'effet conjugué de la crise des finances publiques et de « l'européanisation normative » à laquelle il est soumis (Pasquier, 2017 : 243), l'État engage une réforme de l'organisation territoriale. Mais cette volonté se heurte aux désaccords persistants entre parlementaires. L'opposition entre les partisans du tandem commune-département et les promoteurs du couple intercommunalité-région (Offner, 2006 : 30) en limite la portée.

Ainsi, la loi du 16 décembre 2010, modifiée par celle du 16 mars 2015, encourage la création de communes nouvelles plus grandes et puissantes, tandis que les Départements, un temps menacés, conservent leur importance (Verpeaux, 2017 : 95). Présentée comme la grande gagnante de la réforme, la Région ne bénéficie pas des effets annoncés. Elle perd d'ailleurs, comme le Département, la clause générale de compétences (Idem : 97). À l'inverse, la loi NOTRe consolide les compétences – obligatoires comme optionnelles – des communautés de communes et d'agglomération, réduisant d'autant celles des communes membres (Idem : 93-94). Elle rehausse par ailleurs le seuil démographique des communautés de communes (de 5 à 15 000 habitants) sauf en zones peu denses, et prévoit une organisation fondée sur les « bassins de vie », définis par l'INSEE comme « le plus petit territoire sur lequel les habitants ont accès aux équipements et services les plus courants »[273].

Entraînant la recomposition des équilibres politiques et des rapports de pouvoir, la mise en œuvre locale de ces prescriptions donne lieu à des passes d'armes particulièrement vives entre les élus bagnolais, le président de l'intercommunalité, la préfète de l'Orne et trois « grands élus » du département. Apparues dans la loi ATR de 1992 et réactivées avec la loi du 16 décembre 2010, les commissions départementales de coopération intercommunale (CDCI) réunissent de nouveau, sous l'autorité du préfet, des représentants des différentes collectivités – principalement des communes (40 %) et des intercommunalités (40 %) – chargés d'élaborer un projet de recomposition de

[273] « Les découpages administratifs et leur pertinence : les bassins de vie », *Géoconfluences*, [En ligne].

la carte intercommunale. L'attitude des Préfets s'avère toutefois bien plus directive. « Alors que les magistrats de la Cour des comptes (2005) avaient déploré l'insuffisance du pilotage par l'administration préfectorale en matière de carte intercommunale, les préfets étant le plus souvent les greffiers des desiderata locaux, l'État affiche désormais sa volonté d'asseoir sa vision » (Frinault, 2017 : 289 ; Charles, 2013).

Selon les élus bagnolais et le président de la CdC du Pays d'Andaine, la Préfète de l'Orne en poste entre 2014 et 2017 endosse cette posture autoritaire. Une élue bagnolaise, adjointe chargée des affaires juridiques et des relations avec les institutions, en témoigne avec d'autant plus d'aisance qu'elle dispose d'éléments de comparaison. Sous-préfète hors classe et secrétaire générale de la Préfecture de l'Aube du 16 juin 2010 jusqu'à la fin de sa carrière professionnelle en février 2013, elle se souvient avoir eu affaire à deux types de profil de Préfet (l'un autoritaire et l'autre plus consensuel) dans la construction des nouveaux périmètres intercommunaux. Or, l'attitude de la Préfète de l'Orne lui rappelle celle, autoritaire, du premier Préfet aux côtés duquel elle a travaillé dans un premier temps : « *Et alors ici on a affaire à une méthode je dirais qui ressemble plus à la méthode du Préfet avec lequel j'ai travaillé pendant les premiers mois, c'est-à-dire une méthode autoritaire qui est : "je détiens la vérité, je découpe le territoire et on fait comme ça et on impose une carte"* ». Le président de la CdC partage ce point de vue. « *Madame le Préfet a dit : "ce sera Domfront-Tinchebray"*[274]*. Il restait, disons, un noyau qui était Passais et il restait Andaine. Madame le Préfet a pris un arrêté disant "la future communauté de communes voilà, ça sera le canton de Bagnoles de l'Orne". Point à la ligne. Circulez, il n'y a plus rien à voir* ».

Le 1er janvier 2017, la communauté de communes du Pays d'Andaine est rattachée à celle du Bocage de Passais-la-Conception pour former la communauté de communes Andaine-Passais. Essentiellement rural, ce groupement est composé de douze communes et de 13 255 habitants. Sept d'entre-elles regroupent moins de 700 habitants (quatre en comptent moins de 500), quand la commune la plus peuplée (3 060) l'est du fait des communes nouvelles. Les élus bagnolais déplorent à l'unisson ce nouveau découpage. « *Moi j'ai trouvé que c'était quand même très, très difficile à vivre quand on était élu parce*

[274] La communauté de communes Andaine-Passais est encerclée par celle de « Domfront-Tinchebray Interco » ainsi que par la communauté d'agglomération « Flers Agglo ».

qu'on a assisté véritablement à un déni de la démocratie locale, souligne une élue bagnolaise. […] *Pour Andaine-Passais, si vous regardez l'arrêté de la Préfète, vous verrez qu'il y a trois communes qui ont donné un avis favorable sur 14. Toutes les autres communes, un avis défavorable à l'unanimité des conseils municipaux et les deux conseils communautaires des deux CdC ont donné un avis défavorable. Et malgré ça, la Préfète prend cette décision de mettre ensemble deux CdC qui n'ont pas de points communs et qui n'ont pas de bassins de vie* ».

Bien que la quasi-totalité des communes membres de la communauté de communes du Pays d'Andaine vote massivement en faveur d'un regroupement de leur CdC avec celle de La Ferté-Saint Michel (6 000 habitants) et celle du Pays Fertois (5 000 habitants), c'est la solution Andaine-Passais qui est retenue. Le regroupement adopté par la Préfète n'aurait par ailleurs que peu de sens au prisme du concept de « bassin de vie » indiqué dans la loi NOTRe. C'est cet argument que retiennent les élus bagnolais pour dénoncer un regroupement qui ne leur convient pas. « *Moi, j'ai posé le projet de l'intercommunalité en disant qu'il fallait que cette intercommunalité retrouve son bassin de vie*, explique le maire de la ville. *Ça veut dire que pour moi, on sera bien mieux à travailler avec nos voisins de la Ferté-Macé que de continuer à travailler… Je les aime bien le pays de Passais, mais ils ne partagent rien avec nous* ».

Longtemps indifférents au processus intercommunal, les élus bagnolais ne ressortent donc pas convaincus de cet épisode. Au contraire, les effets de loi NOTRe ne font qu'augmenter leur défiance vis-à-vis du groupement et de son président.

D'une part, les élus bagnolais soupçonnent ce dernier, défavorable à un rattachement de la CdC du Pays d'Andaine à la ville de la Ferté-Macé, de s'être accommodé de ce nouveau regroupement et de ne pas avoir défendu l'intérêt général exprimé par les délégués communautaires au sein de la CDCI. Convaincu d'un « double jeu » du président de la CdC du Pays d'Andaine lors de la réunion de la CDCI du 21 mars 2016, l'adjoint en charge de la voirie, de l'eau et de l'assainissement pousse un « coup de gueule »[275] à propos de la future intercommunalité. « *J'ai demandé à la préfecture de m'envoyer le compte-rendu* [de la séance du 21 mars], souligne-t-il. […] *Nous* [le conseil municipal de Bagnoles de l'Orne], *on avait voté pour ça, majoritairement. Et*

[275] « Territoire. Le Coup de Gueule de Benoît Dubreuil pour la future interco 2017 », *Le Publicateur Libre*, [En ligne], publié le 18/06/2016, consulté le 28/08/2019.

le président de la CdC, quand c'est arrivé en CDCI, il a voté contre. Il n'a pas respecté notre vote. Alors je lui ai demandé de s'expliquer. Il a dit "le Président Lambert, le conseiller départemental Jean-Pierre Blouet" ne m'avaient pas tenu ces propos. Je lui dis "écoutez"... Ah bah j'ai mis tout le monde dans l'embarras ce jour-là. Et en fin de séance j'ai dit, moi j'ai fait des photocopies de compte-rendu de réunion, je vous les donne tout de suite, parce que ce que je dis, je ne l'ai pas inventé ». En agissant de la sorte, cet élu bagnolais transgresse la « norme de discrétion » favorisant « l'opacité et la clôture démocratique du jeu politique intercommunal » (Desage, 2009 : 146-147 ; Bué, Desage, Matejko, 2004 : 41). C'est ainsi la publicisation de cette intervention qui crée « l'embarras » et les réactions qui la suivent[276]. « *On entendait les mouches voler dans la salle. Le président* [de la CdC du pays d'Andaine] *a été incapable de me répondre ce soir-là. Monsieur Blouet* [maire de Bagnoles de l'Orne, commune historique] *s'est fâché après moi, parce que je lui ai dit "tenez, lisez". Il m'a dit que c'était un quiproquo avec Alain Lambert...* [Il fait un geste signifiant "mon œil"] *Et j'ai demandé à Olivier Petitjean* [maire de Bagnoles de l'Orne Normandie, commune nouvelle] *s'il était d'accord avec moi, il a fait une petite bafouille, il était gêné...* ».

D'autre part, les problématiques de cohabitation soulevées précédemment, entre Bagnoles de l'Orne et les autres communes de la CdC du Pays d'Andaine, se trouvent renforcées par les conditions de création de ce nouveau groupement. Ce dernier se voit sévèrement critiqué par les élus bagnolais, déçus de n'avoir pu rejoindre une ville telle La Ferté-Macé ou, *a fortiori*, Flers, dont les administrations plus structurées auraient offert un appui technique et institutionnel précieux pour affirmer la mise en tourisme de leur territoire. Donner à voir la forte divergence des cadres de perception des problèmes et des logiques d'action entre Bagnoles de l'Orne et les autres communes sert ainsi à dénoncer ce qu'ils considèrent être une incongruité : avoir placé Bagnoles de l'Orne avec les communes rurales. L'élue bagnolaise, chargée des affaires juridiques et des relations avec les institutions, illustre parfaitement cette posture : « *Les besoins territoriaux ne sont pas les mêmes. Comment expliquer à une petite commune qui serait à côté de Passais qu'on veut mettre 30 000 euros dans un tournoi de tennis*

[276] Le réquisitoire de l'adjoint au maire de Bagnoles de l'Orne est repris mot pour mot par le correspondant local du *Publicateur libre* dans l'édition du 18 juin 2016.

international à Bagnoles ? [...] *Je pense qu'ils sont plus dans un besoin de modernisation des réseaux, des besoins de voirie, d'animation des bourgs ruraux, etc.* ».

Face à une institution dirigée par un président dont les logiques d'actions sont indexées sur les problématiques de la ruralité dont il se fait le héraut, Bagnoles de l'Orne ne parvient pas à imposer ses propres priorités. Au contraire, les propos de l'adjointe au maire de Bagnoles de l'Orne, chargée des affaires juridiques et des relations avec les institutions, démontrent que cet échec installe progressivement une défiance collective à l'endroit des élus bagnolais : « *De manière individuelle, il n'y a pas de problèmes* [avec les villes voisines], *il y a toujours peut-être ce regard, cette méfiance sur le fait que Bagnoles se sentirait supérieure aux autres, etc. Nous ce qu'on ressent, c'est plutôt l'incompréhension entre les besoins des zones rurales et une station touristique et thermale* ».

Dès lors, la posture dénonciatrice campée par les autorités municipales bagnolaises (et les tensions qui l'accompagnent) se trouve couplée à une double stratégie. La première consiste à limiter leur investissement dans le jeu intercommunal, tout en conservant les moyens de se tenir informé des tractations à l'œuvre au sein d'une institution « sanctuarisée » par « l'affirmation des lieux de décision à huis clos » (Bué, Desage, Matejko, 2004 : 44). *A priori* partisans de la chaise vide, les élus bagnolais décident en effet de préserver la présence d'un élu au sein du groupement. Ils négocient alors la vice-présidence aux finances, afin de conserver un accès privilégié à l'information et de pouvoir mobiliser, le cas échéant, les ressources offertes par cette institution. Affichant un profil consensuel – reconnu tant du côté bagnolais qu'au sein de la CdC – le maire délégué de Saint Michel-des-Andaines, commune historique rattachée à la commune nouvelle de Bagnoles de l'Orne Normandie, est choisi pour occuper cette fonction et maintenir le dialogue entre les deux institutions.

Au regard des incertitudes et crispations engendrées par le redécoupage, la seconde stratégie déployée par les élus bagnolais consiste à se saisir des opportunités offertes par la loi du 28 décembre 2016 de modernisation, de développement et de protection des territoires de montagne (plus précisément son article 69), pour conserver la compétence tourisme dans le périmètre communal. Selon les dispositions de cette loi, les communes classées station de tourisme (ou qui ont engagé, au plus tard le 1er janvier 2017, une procédure de classement), n'ayant pas encore transféré la compétence à leur EPCI et ayant délibéré en faveur d'un maintien de la compétence au niveau communal, peuvent en effet conserver leur Office de tourisme et la compétence liée[277]. Bagnoles de l'Orne réunit ces trois critères. Mais le classement de la station arrivant à son terme en 2017, tout est mis en œuvre pour l'obtenir de nouveau. L'importance que représente cet enjeu est perceptible dans le discours des élus, comme le souligne l'adjointe au maire chargé des affaires juridiques et des relations avec les institutions. « *Le maire l'a annoncé lors de ses vœux, c'est l'un des axes de travail très important, le dépôt de ce dossier*, explique-t-elle. *Il y a déjà l'obtention de la catégorie 1 pour notre Office de tourisme et puis après il faut répondre à cinquante critères* [...] *pour pouvoir ensuite présenter son dossier devant les services de l'État*. Elle ajoute : *Il faut qu'on obtienne absolument ce classement sinon la compétence tourisme sera reprise par le conseil communautaire de la CdC Andaine-Passais. Et puis Bagnoles n'a pas la majorité* [au sein du conseil communautaire]. *Comment les besoins touristiques et thermaux de la ville seront pris en compte dans un espace plus vaste ?* ».

En s'appuyant sur la « loi Montagne », qui permet de maintenir la compétence tourisme à l'échelle municipale, les élus bagnolais cherchent à préserver la capacité d'action conquise avec la création de l'EPIC Bagnoles de l'Orne Tourisme. Le contrôle qu'ils exercent sur cet établissement leur assure à la fois un pouvoir de décision et les ressources nécessaires pour agir. Transférer cette compétence à l'intercommunalité ferait courir le risque de perdre la maîtrise stratégique du développement touristique local.

Le maintien de la compétence tourisme à l'échelle communale marque ainsi un retrait assumé des élus bagnolais vis-à-vis du jeu intercommunal. Ce choix les prive d'un éventuel appui financier pour leurs projets, mais s'inscrit dans une stratégie plus large de consolidation de leur autonomie politique. Dans cette logique, ils mobilisent également les dispositions de la loi du 16 mars 2015 sur les communes nouvelles[278], afin de renforcer la position de Bagnoles dans l'architecture institutionnelle locale. Faute d'avoir su – ou pu – imposer leur *leadership* à l'échelle intercommunale, ils cherchent ainsi à accroître leur capacité d'action en élargissant leur assise institutionnelle et financière.

---

[277] « Compétence tourisme au niveau local », *Veille info tourisme*, [En ligne], publié le 12/12/2017, consulté le 29/08/2019.

[278] Loi n°2015-292 relative à l'amélioration du régime de la commune nouvelle, pour des communes fortes et vivantes du 16 mars 2015.

b. Une alternative à l'intercommunalité : la commune nouvelle Bagnoles de l'Orne Normandie comme opportunité

« En tout état de cause, l'augmentation tendancielle de la taille des EPCI, plus ou moins forte selon les départements, suscite des craintes chez nombre d'élus locaux, particulièrement en milieu rural. Ils redoutent une dilution progressive de leur commune au sein de vastes ensembles communautaires, de sorte qu'ils ne puissent plus peser isolément, et ainsi représenter efficacement leur territoire » (Frinault, 2017 : 290)[279]. À plusieurs égards, cette analyse de Thomas Frinault trouve une illustration à Bagnoles de l'Orne. Située à la frontière entre ville moyenne et commune rurale[280], Bagnoles ne dispose ni de l'envergure des premières, ni du profil typique des secondes. Elle partage néanmoins, vis-à-vis du régime des communes nouvelles, des logiques d'action communes à ces deux catégories : un réflexe de survie hérité des premières, et une volonté de peser dans les enceintes institutionnelles, caractéristique des secondes (Idem). Combinés aux importantes incitations financières, les effets de la loi NOTRe ont ainsi favorisé à Bagnoles cette dynamique « inattendue » de regroupement communal.

Prévu dans la loi du 16 décembre 2010 mais n'ayant engagé qu'une vingtaine de créations, le régime des communes nouvelles est enrichi, *via* la loi Pélissard du 16 mars 2015, d'incitations financières qui favorisent son succès. En effet, alors que l'État prévoit une baisse importante des dotations en direction des collectivités territoriale dans un contexte de maîtrise des déficits publics, les communes nouvelles de moins de 10 000 habitants ont l'opportunité de « bénéficier d'un pacte de stabilité de la dotation générale de fonctionnement (DGF) durant trois ans, au lieu d'un seul […] ce à quoi s'ajoutent la garantie de percevoir la DGF additionnée de chaque commune rejoignant la commune nouvelle, ainsi qu'une bonification de la DGF de 5 % pendant trois ans pour la strate 1 000 à 10 000 habitants » (Frinault, 2017 : 285).

---

[279] Les débats et rapports publics contemporains confortent et actualisent cette perception : (Lefevre, Schillinger, 2019 : 10 et suivantes ; Questel, Schellenberger, 2019 : 20-21).

[280] L'analyse historique de l'urbanité des « villes d'eaux » réalisée par Carole Carribon conserve toute sa pertinence pour éclairer la situation contemporaine quand elle souligne que de nombreuses stations accèdent au « statut de ville grâce à une population saisonnière de curistes et de touristes auxquels il faut offrir des infrastructures d'accueil et de loisirs adéquates » (2014 : 88-89).

Les acteurs publics bagnolais voient dans la loi Pélissard une occasion d'affirmer leur indépendance vis-à-vis de l'intercommunalité d'Andaine-Passais tout en maintenant leur contrôle sur l'EPIC et, par conséquent, sur l'orientation à donner au développement touristique du territoire. Aussi l'objectif des élus bagnolais est-il conforme à l'analyse faite par Romain Pasquier quand il souligne que « le projet de commune nouvelle s'inscrit généralement dans un projet d'accroissement des ressources financières ou juridiques » (2017 : 248-249). « *Le premier enjeu par rapport aux communes nouvelles, pour Bagnoles de l'Orne, c'était la perte des dotations*, expose en ce sens le maire de Bagnoles de l'Orne. *Puisque si on ne se mettait pas en commune nouvelle, sur trois exercices budgétaires on perdait près de 730 000 euros de dotations de l'État* [...] *sachant qu'on avait déjà perdu près de 240 000 euros* ».

Ces ressources financières revêtent un enjeu d'autant plus important que les élus bagnolais ont mobilisé la diversité d'acteurs concernés par le thermalisme autour d'un projet de développement touristique de la station : pour stabiliser les contours de cette coalition, il leur faut conserver les moyens de mettre en œuvre les stratégies définies et assumer les investissements déjà réalisés.

À l'issue de plusieurs mois de tractations, Bagnoles de l'Orne fusionne avec Saint-Michel-des-Andaines, une commune issue d'un Canton et d'une communauté de communes différents (respectivement celui de la Ferté-Macé et celle de la Ferté-Saint Michel), pour créer, le 1er janvier 2016, Bagnoles de l'Orne Normandie. L'interconnaissance des élus bagnolais et saint-michelois, favorisée par le partage d'un syndicat intercommunal à vocation multiple chargé de la gestion du « village du cheval » ainsi que de l'eau et l'assainissement des deux communes, permet ce rapprochement et ravit les premiers. Pour autant, la création de cette commune nouvelle révèle un demi-échec. Constituée de ces deux seules communes déléguées, l'objectif affiché par les élus est loin d'être atteint. Un adjoint au maire de Bagnoles de l'Orne l'explique : « *À la base, il n'y avait pas Saint-Michel-des-Andaines avec nous. On discutait avec Couterne* [1 083 habitants], *la Chapelle d'Andaine* [1 467], *Haleine* [232], *Geneslay* [278], *Tessé Froulay* [387]. *Tessé Froulay a dit tout de suite non, Couterne et La Chapelle nous ont laissé miroiter que ça pouvait peut-être le faire, Geneslay ils avaient dit "oui nous on veut faire commune nouvelle, ce projet-là nous va, nos communes n'ont pas d'avenir..."* ». Pourtant, après plusieurs mois de tractations et de prospectives, les négociations échouent. Certains maires mobilisent l'argument fiscal pour se désister. « *Bagnoles a une fiscalité on va dire assez élevée pour la part communale*, souligne encore l'élu bagnolais. *Et donc le maire de la Chapelle d'Andaine a sorti un document montrant notre fiscalité et montrant où on allait emmener toutes les communes à une augmentation terrible de la fiscalité. C'est un faux document, parce qu'il a joué avec les chiffres* ». Pour une autre conseillère municipale, cet argument ne tient pas non plus. « *Les arguments mis en avant par certaines communes pour ne pas venir avec nous, c'était des arguments fiscaux*, explique-t-elle. *Or je pense que derrière ça, il y avait plus la peur de Bagnoles de l'Orne, du pouvoir de Bagnoles de l'Orne* ».

Entre les lignes, cette élue situe l'échec de cette fusion dans l'incapacité des élus bagnolais à enrôler les équipes politiques et administratives des autres communes autour d'un projet collectif. En effet, les « projets de commune nouvelle sont toujours portés par des élus qui développent un registre de modernité politique autour de la nécessité d'adapter le territoire communal face aux défis des évolutions sociales et politiques » (Pasquier, 2017 : 250). Or, en revendiquant le *leadership* politique de la future commune nouvelle, les élus bagnolais suscitent la méfiance chez leurs homologues, déjà échaudés par la difficile intégration de Bagnoles de l'Orne dans l'intercommunalité en 2013. « *On avait essayé de se rapprocher des communes qui étaient dans le périmètre de notre communauté de communes pour essayer de faire quelque chose de cohérent* explique le maire de la commune nouvelle. *C'est des questions de pouvoir* [...] *Il est vrai que nous, on n'avait pas caché que notre ambition était que Bagnoles de l'Orne puisse assurer la prévalence de la commune nouvelle au sein du périmètre de la future CdC. Peut-être qu'on n'a pas été assez humbles vis-à-vis de ces communes là pour obtenir leur adhésion* ».

Ainsi, à l'exception d'une commune de 250 habitants souhaitant rester autonome, l'ensemble des communes de l'ancienne CdC Pays d'Andaine créent deux communes nouvelles, laissant Bagnoles de l'Orne à la marge : Rives d'Andaine, composée des communes dissidentes au projet bagnolais ; Juvigny Val d'Andaine regroupant autour de Juvigny les communes rurales du Canton. Cette mise à distance rappelle l'attitude de certaines communes périphériques de grandes villes qui, pour ne pas être absorbées par la ville centre, choisissent de se regrouper entre elles (Delannoy et al., 2004 : 78). Bagnoles étant identifiée ainsi, les communes voisines mobilisent des arguments liés à la fiscalité ou à leur identité rurale pour justifier leur refus de fusionner avec elle.

La fusion entre Bagnoles de l'Orne et Saint-Michel-des-Andaines est ainsi accueillie avec un mélange de satisfaction et de regrets par les élus bagnolais. S'ils saluent la préservation des dotations de l'État, ils déplorent toutefois de ne pas être parvenus à constituer une commune nouvelle plus vaste, perçue comme plus favorable en matière de retombées financières. Les propos du maire délégué à Bagnoles de l'Orne commune historique résument cette ambivalence : « *On en est heureux parce que les collègues de Saint-Michel sont vraiment des gens charmants... Moi j'aurais souhaité faire plus grand avec la Chapelle d'Andaine et les autres, parce qu'on aurait fait plus d'habitants. Et quand on fait plus d'habitants, la redevance du casino étant en fonction des recettes... Ça ils n'ont pas compris* ».

Au final, les élus bagnolais s'accommodent de cette séquence institutionnelle et en sortent même renforcés. S'ils regrettent l'échec d'une « grande » commune nouvelle – plus peuplée, économiquement plus solide, moins dépendante du thermalisme – dont ils espéraient prendre le *leadership*, ils parviennent à préserver la capacité politique acquise *via* la création de l'EPIC en 2011. Les dotations sont maintenues, voire augmentées entre 2016 et 2018, assurant à Bagnoles une forme d'indépendance, notamment vis-à-vis de l'intercommunalité, tenue à distance. Tout en se retirant du jeu communautaire, la commune y conserve un relais indirect à travers le maire de Saint-Michel-des-Andaines. Ce positionnement lui permet de continuer à bénéficier des ressources de l'intercommunalité Andaine-Passais, tout en consolidant la coalition d'acteurs regroupée autour de l'EPIC Bagnoles de l'Orne Tourisme.

2) Du développement économique à la compétence touristique, l'intercommunalisation achevée du thermalisme grand dacquois

À Dax, la création du cluster Aqui O Thermes en 2009 pose les premières bases d'une action intercommunale structurée en faveur du thermalisme. Cette initiative modifie la configuration des acteurs investis dans sa gestion et son développement. Le fonctionnement collégial de l'organisation, sa gouvernance hybride et la mise en place de groupes de travail[281], favorisent l'interaction entre

[281] Rapport d'activité du cluster 2010, p. 10. La première année, sept groupes de travail ont été définis : « mutualisation des ressources », « formation », « communication », « recherche et innovation », « rénovation des établissements thermaux », « éducation thérapeutique », « rénovation des hébergements thermaux ».

des acteurs issus d'institutions et de cultures professionnelles différentes[282]. Les réunions de travail et comités de direction deviennent alors des espaces de confrontation symbolique – proches de « tournois » – où s'éprouvent des identités, des règles et des visions divergentes. En initiant cette réorganisation collective, les élus dacquois renforcent leurs liens avec les exploitants thermaux ainsi que leur capacité à orienter les dynamiques locales. Placés en situation d'apprentissage – organisationnel et cognitif – ces derniers révisent progressivement leurs représentations et atténuent la défiance initiale qu'ils nourrissaient envers l'équipe municipale socialiste élue en 2008.

La mobilisation des exploitants thermaux autour d'un projet visant à renforcer la compétitivité de Dax sur le marché du thermalisme suffit-elle à stabiliser durablement cette coalition naissante ? Selon Pierre Lascoumes et Jean-Pierre Le Bourhis, un nouveau positionnement peut devenir une base d'accord pérenne, à condition d'être soutenu par des actions de valorisation et de diffusion (1998 : 43). En ce sens et malgré l'ouverture partielle aux autres stations aquitaines à partir de 2012, les actions portées par le cluster entre 2010 et 2015 favorisent la stabilisation de l'action collective. Toutefois, la loi relative à la délimitation des régions introduit une incertitude majeure, incitant acteurs publics et exploitants à reconsidérer leur engagement dans cette organisation. « Condamnés à vivre ensemble » (Bourricaud, 1961 : 319), ils ne rompent pas les liens tissés, mais s'en servent pour construire une nouvelle coalition, recentrée sur les contours du Grand Dax, qui vient modifier les règles du jeu.

a. Une action collective en quête de stabilité

Tout en favorisant l'interconnaissance de ses membres, le cluster Aqui O Thermes s'inscrit rapidement dans une dynamique de reconnaissance institutionnelle aux échelles nationale et européenne. Plusieurs labels viennent valider la mise en œuvre d'actions innovantes et d'une gouvernance originale, contribuant à légitimer le thermalisme auprès d'autres niveaux de gouvernement, en particulier la Région et les services déconcentrés de l'État, comme l'ARS. Installé à Dax, dans des locaux mis à disposition par la communauté

[282] Avec Olivier Nay et Andy Smith (2002 : 7), nous appréhendons ici les institutions comme « tous les univers marqués par l'existence de règles, de procédures et d'usages stables pesant sur les croyances et les comportements des acteurs sociaux ».

d'agglomération, et porté à l'origine par des acteurs dacquois et saint-paulois, le cluster génère ainsi des retombées symboliques sur ce territoire. Il renforce par ailleurs la place de l'Institut du thermalisme, jusque-là marginalisé tant par les exploitants que par les acteurs publics.

Ces effets ne suscitent toutefois pas une adhésion unanime. Si les exploitants saluent certaines initiatives du cluster, ils questionnent les retombées économiques concrètes qui leur avaient été promises en 2009 pour les inciter à s'y investir. De leur côté, les élus du Grand Dax s'interrogent sur la légitimité d'un financement local au service d'une structure à vocation régionale. Ce soutien leur permet d'affirmer un *leadership* territorial, mais suppose aussi de contribuer au développement d'autres stations thermales.

Le cluster Aqui O Thermes comme outil de légitimation du thermalisme Aquitain

Créé dans un contexte où les relations entre acteurs politiques et économiques dacquois restent fragiles, et alors que ses initiateurs placent beaucoup d'espoirs en lui, le cluster Aqui O Thermes cherche à rendre visible son action dès sa création. La quête de légitimité s'impose comme un élément structurant de son action. Il ne s'agit pas tant d'afficher des résultats immédiats que de faire reconnaître une dynamique collective encore incertaine et en quête d'appuis régionaux. Dans cette perspective, les rapports d'activité produits dès 2010 jouent un rôle décisif : au-delà de leur fonction déclarée de synthèse des actions menées et des orientations futures, ils structurent un récit commun, fixent des priorités et visent à démontrer la capacité du cluster à agir collectivement.

Cette logique se retrouve dans le premier rapport d'activité, qui affiche quatre grands objectifs structurants (axes de travail). Le premier vise à « *augmenter la compétitivité des acteurs* », à travers la création de groupes de travail, la mise en place de « *nouveaux outils* »[283], ou encore la mutualisation de ressources *via* une centrale d'achat (Aqui O Thermes, 2010 : 10). Il s'agit de convaincre les exploitants thermaux de l'intérêt concret de leur engagement dans le cluster, en donnant corps à une action collective encore fragile et en quête de reconnaissance.

Pour « *renforcer la compétitivité du territoire* », deuxième objectif affiché, le cluster Aqui O Thermes répond à plusieurs appels à projet et cherche à nouer

---

[283] En créant par exemple des parcours de marche balisés à Dax ou à Saint Paul, afin de positionner le territoire comme une « destination fibromyalgique ».

des partenariats aux échelles locale, nationale et européenne. En déposant un dossier de subvention dans le cadre du Fonds Européen de Développement Régional (FEDER), ou en répondant en juillet 2010 au label « Grappes d'entreprises » lancé par la Délégation interministérielle à l'Aménagement du Territoire et à l'Attractivité Régionale (DATAR), ses dirigeants poursuivent un double objectif : assurer son financement et asseoir sa légitimité. Comme le rappelle Renaud Epstein, un label « certifie que le bénéficiaire respecte un certain nombre de normes (de qualité, de sécurité, de consommation...) », et est attribué sur la base de critères vérifiables (2013 : 15), ce qui confère à ces distinctions une valeur de certification institutionnelle. Présenté dès l'origine comme un cluster « aquitain », sans réellement dépasser les frontières du Grand Dax, Aqui O Thermes cherche ainsi à fournir des gages de crédibilité à l'échelle régionale. Le rapport d'activité souligne d'ailleurs combien le programme FEDER a facilité la construction de partenariats extérieurs au territoire avec des acteurs de la recherche, des centres hospitaliers, des pôles de compétitivité et des entreprises (Aqui O Thermes, 2010 : 13).

Être labellisé par un tel programme permet d'extraire symboliquement le cluster Aqui O Thermes de son strict ancrage dacquo-saint-paulois. C'est ce que souligne l'un de ses responsables. « *On a changé de dimension grâce à ça. Et en plus on avait été un peu pilote avec France Cluster sur les labels et de tout ce qui est reconnaissance européenne des clusters. On avait obtenu en plus le label de bronze, donc avec une vraie reconnaissance européenne en disant "oui effectivement vous êtes un cluster au sens européen". Donc ça, ça nous a permis cette reconnaissance régionale et celle-ci nous a permis d'avoir 1) une plus grande visibilité auprès des thermes et des collectivités hors de Dax et 2) de bénéficier de fonds* »[284].

En plus de ces différents labels, Aqui O Thermes reçoit en 2013 le trophée « Éco Actions » décerné par l'association Éco Maires. Ce type de distinction vise à « reconnaître l'exceptionnalité » d'un territoire ou d'un engagement (Epstein, 2013 : 15), ici un territoire thermal porté par des exploitants sensibles

[284] Dans le rapport d'activité de 2011, il est souligné que la labellisation « Grappe d'entreprises » par M. Bruno Lemaire, ministre de l'Agriculture, de l'Alimentation, de la Pêche, de la Ruralité et de l'Aménagement du territoire le 21 janvier 2011, « a eu pour impact une meilleure identification de la filière thermale et de son intérêt en termes de santé publique et d'économie », p. 13. Les fonds évoqués par ce responsable du cluster sont les suivants : pour le programme FEDER, 48 900 € en 2010, renouvelés en 2011 et 2012 ; une subvention de 200 000 € pour le label « Grappe d'entreprises ».

aux enjeux environnementaux. Le rapport d'activité de l'année 2013 insiste d'ailleurs sur « *la volonté des établissements thermaux de s'impliquer fortement dans une démarche de développement durable et de préserver les ressources* » (2013 : 11). Mais, là encore, il s'agit de placer le cluster dans une dynamique partenariale avec la Région Aquitaine en particulier. Tout en cherchant à accroître la compétitivité du territoire, les membres du cluster aspirent donc, *via* ces différentes actions, à augmenter la reconnaissance de l'institution régionale.

Les troisième et quatrième objectifs – « *consolider le positionnement de la filière* » et « *dynamiser la communication* » – sont étroitement liés, l'un facilitant la réalisation de l'autre. « *Le cluster se positionne clairement sur le secteur de la cure médicalisée* » est-il ainsi indiqué dans le rapport d'activité de 2010, avant que ne soit dévoilée la stratégie. « *L'idée est de "jouer" sur l'identité culturelle, environnementale. Le message à faire passer pourrait être : "Le Grand Dax est la 1ère agglomération thermale de France car elle a des atouts pour l'être* » (Rapport d'activité Aqui O Thermes, 2010 : 14-16).

Dans cette perspective, le collège « formation-recherche » joue un rôle central. En partenariat avec l'Institut national du thermalisme, le groupement d'établissements qui organisent la formation pour adulte (GRETA) des Landes et l'Agence régionale pour l'amélioration des conditions de travail (ARACT), le cluster initie d'abord des actions de formation visant à réduire la pénibilité, lutter contre la précarité et professionnaliser les employés thermaux, en réponse aux exigences croissantes en matière de contrôle qualité.

Pour augmenter « *leur capacité à innover* » (Idem), plusieurs projets sont ensuite lancés en avec l'Institut national du thermalisme : création d'un prototype de baignoire commun aux établissements thermaux, amélioration du refroidissement de l'eau thermale pour limiter les impacts sanitaires et économiques, ou encore analyse du « vieillissement de l'eau thermale » afin d'identifier le moment optimal pour le renouvellement des bassins.

À partir de 2013, le cluster mobilise aussi les compétences du collège « formation-recherche » pour s'inscrire dans les démarches d'éducation thérapeutique du patient, proposées par le CNETh sur les bases du Livre blanc du thermalisme paru en 2008[285]. Dans un contexte de vieillissement de la population (Aquino, 2007) et de montée des maladies chroniques

[285] Voir chapitre II, section « Penser la diversification du thermalisme ».

(Favier-Ambrosini, 2016)[286], ces actions visent autant des retombées financières (et sanitaires) que symboliques : faire du Grand Dax un territoire pilote en matière de prévention en santé.

Pour légitimer leur engagement dans l'éducation thérapeutique du patient, les élus dacquois reprennent à leur compte les arguments développés par le CNETh dans le *Livre blanc du thermalisme*, en particulier l'idée que les stations thermales constituent des lieux propices à ce type d'intervention. L'accent est par exemple porté sur la « captivité » des patients, à l'image des propos tenus par la maire de Dax : « *Le thermalisme est un des outils pour travailler sur la prévention et sur l'éducation thérapeutique sur plusieurs pathologies* [...] *parce que dans le thermalisme, les patients sont captifs pendant trois semaines sur un territoire et on peut justement travailler sur du diabète, sur de l'alimentation, sur tout ce qui est cardiovasculaire* ». Évoquant les relations de la ville avec l'Agence Régionale de Santé (ARS), un autre élu, adjoint à la maire de Dax et médecin thermal, tient un discours similaire. « *À une période où les gens rentrent à l'hôpital, où il n'y a plus que de l'ambulatoire tout ça, le seul endroit où l'on a des gens un peu captifs pour mener à bien des programmes c'est là. Des programmes d'éducation à la santé, voilà ils nous accompagnent sur tous ces programmes-là quoi* ».

En affichant leur volonté de développer ces programmes, les membres du cluster cherchent à renforcer leur légitimité auprès de l'ARS, en particulier auprès de son directeur général (DG). L'enjeu est décisif : c'est l'ARS qui délivre, ou non, l'agrément nécessaire à la mise en œuvre de chaque programme (Tourette-Turgis, Thievenaz, 2014 : 21). Or, en Nouvelle-Aquitaine, le DG de l'ARS formule des attentes fortes vis-à-vis des stations thermales. Son itinéraire professionnel éclaire en partie cette posture. Issu de l'administration sociale, il a occupé plusieurs postes dans des Directions départementale et régionales des affaires sanitaires et sociales (DDASS et DRASS) dans les Landes, la Dordogne ou encore l'Aquitaine entre 1991 et 2009[287], ce qui l'a familiarisé aux enjeux du thermalisme. Sensibilisé à ses spécificités,

286 Dominique Peljak (2011 : 137) souligne en ce sens qu'à la fin des années 2000, environ 15 millions de Français souffrent de pathologies chroniques. En 2009, les dépenses de santé des personnes atteintes d'une ALD représentaient 68 % des dépenses totales de l'Assurance maladie.

287 « Michel Laforcade nommé DG préfigurateur de l'ARS Aquitaine-Poitou-Charentes-Limousin », *Armoris*, [En ligne], consulté le 21/09/2019.

il considère les stations comme de véritables leviers de prévention en santé : « *Il faut que le thermalisme ne rate pas non plus la question de l'éducation thérapeutique*, souligne-t-il. *C'est-à-dire, une personne qui prend trois semaines de son temps, de son argent, pour s'occuper d'elle, il faut qu'on lui remplisse le sac à dos de quelque chose qui lui sera utile pendant toute l'année jusqu'à l'année prochaine. Je ne parle pas de quelques conseils sur un coin de table au moment de la dernière visite. Je pense à d'autres choses, et on a lancé des appels à projet sur l'éducation thérapeutique dans le secteur du thermalisme parce que ça nous semble vraiment le bon moment pour que les gens écoutent des choses sur l'éducation thérapeutique* ».

La mise en œuvre de programmes d'ETP permet au territoire du Grand Dax de se positionner comme un acteur légitime dans la lutte contre certains problèmes de santé publique, en particulier l'avancée en âge et le développement des maladies chroniques. En s'alignant sur les priorités régionales en matière de prévention, les acteurs publics et thermaux dacquois parviennent ainsi à faire évoluer la perception qu'ont les services déconcentrés de l'État du thermalisme. Une salariée du cluster, chargée de mission sur l'ETP, témoigne ainsi d'une reconnaissance accrue par l'ARS : « *Aujourd'hui, l'ARS nous reconnaît, reconnaît nos compétences, reconnaît notre valeur parce qu'ils ont vu qu'on était capable de manager des produits de grande rigueur.* [...] *Aujourd'hui, on travaille en faisant des propositions à l'ARS qui nous écoute, qui nous entend et qui nous fait confiance. Voilà ce que nous a apporté ce développement d'ETP.* [...] *Là, par exemple, on a été informé qu'il y avait un appel à projets pour les établissements thermaux sur des actions de prévention à nouveau. La responsable de Mont-de-Marsan m'avait prévenue. [...] Donc on discute, on échange et on se rend service !* ».

Les exploitants thermaux eux-mêmes reconnaissent une évolution de leur relation avec l'ARS. Longtemps perçue comme une autorité de contrôle – notamment depuis le durcissement des normes sanitaires au début des années 2000[288] –, l'agence devient peu à peu un partenaire institutionnel avec lequel il est possible de collaborer, comme l'explique le PDG d'un grand établissement dacquois : « *Vous savez l'ARS, c'est comme les impôts, quand tout va bien il n'y a pas de souci, mais si vous avez le malheur d'avoir une micro bactérie chez vous, ils*

[288] Voir le chapitre II. Avant la création des ARS et de leurs délégations départementales en 2009 (en contact direct avec les établissements thermaux), les DDASS étaient les interlocutrices des établissements thermaux.

vous tombent dessus ! Elle a un rôle de contrôle, Après on a des bons rapports avec l'ARS Landes, l'ARS Aquitaine nous reçoit. On essaye de mettre en place aussi des petits plans pour la prévention etc. Donc il y a une avancée. On a de bonnes relations bien sûr, mais bon c'est notre autorité de tutelle donc… on est contrôlé ».

Progressivement, ces relations évoluent. La mise en place de l'ETP, portée par le cluster, contribue à créer des liens plus réguliers, plus directs, et à faire émerger une forme d'interreconnaissance. Le président d'Aqui O Thermes de 2009 à 2016 insiste sur le rôle de médiation qu'a joué le cluster : « *On a eu cet avantage d'avoir l'ARS à proximité et que cette ARS, elle s'intéresse aussi à ce que nous faisons,* explique-t-il. […] *Le fait de connaître un petit peu notre environnement fait qu'à un moment donné, ils connaissent aussi les exploitants de tous les thermes parce qu'ils les rencontrent régulièrement, ils viennent donc vérifier ce qu'ils font et si tout est en conformité avec ce que nous disons et avec ce sur quoi on s'est mis d'accord avec eux. Ça fait qu'ils sont plus à même de comprendre effectivement les difficultés que nous rencontrons. Ce qui n'était pas le cas avant.* […] *Je dirais que c'est grâce au cluster. Parce qu'on a une tête de pont, qui représente l'ensemble des praticiens* ».

Cette évolution du regard porté sur le thermalisme est également observable du côté de la Région. Reprenant à son compte l'idée de « captivité » des curistes, la chargée de mission santé et silver économie à la Région souligne à quel point les initiatives du cluster en matière de prévention renforcent sa légitimité. Les stations thermales, et notamment celle du Grand Dax, sont désormais perçues comme des partenaires crédibles sur ces enjeux. « *Quand on a commencé à travailler sur la structuration de la silver économie, une des idées fortes, c'était de se dire on a par exemple des produits qui s'adressent aux séniors (qui peuvent être des objets connectés, des produits de santé…), on a besoin de les faire tester,* explique-t-elle. *Là on a une cohorte, captive pendant vingt et un jours qui pourrait être d'accord pour tester quelque chose* ». L'image « d'expert » du soin liée au vieillissement permet ainsi aux représentants du cluster d'être sollicités pour encadrer des projets de prévention en santé. L'objectif formulé dans le Livre blanc, « d'ouvrir le champ des perspectives et d'élargir le cœur de métier » du thermalisme (CNETh, 2008 : 46), semble ainsi trouver une traduction concrète en Nouvelle-Aquitaine.

Les retombées de la politique d'éducation thérapeutique du patient (ETP) mise en place à l'échelle du Grand Dax sont d'abord symboliques.

Elles confèrent au thermalisme une image de sérieux et d'expertise auprès de la Région Nouvelle-Aquitaine et de l'ARS, ce qui semble constituer l'objectif principal des acteurs publics du Grand Dax, tant les bénéfices matériels sont dérisoires. Les deux programmes initiés par le cluster et l'Institut du thermalisme – Fibr'eaux, destiné aux patients atteints de fibromyalgie, et Éduc'Arthrose, à ceux souffrant d'affections rhumatismales – suscitent en effet peu d'engouement. « *Là on a trois sessions de Fibr'Eaux par an, on n'a même pas 30 patients sur une station qui accueille 60 000 curistes…* » déplore une dirigeante de l'Institut du thermalisme. Leur mise en œuvre s'avère par ailleurs particulièrement contraignante. « *Pour faire de l'ETP, il faut déposer votre dossier à l'ARS, il faut qu'il y ait un médecin. Il y a des évaluations en permanence…* » explique la chargée de mission ETP au cluster. Et de conclure : « *Donc c'est réservé à des maladies chroniques, c'est réservé à des petits nombres de personnes, c'est chronophage, ça ne gagne pas d'argent, mais ça vous apporte une crédibilité de par les ARS parce que vous savez faire, parce que c'est contrôlé, que vous évaluez, que vous avez des résultats* ». Dans son étude sur les freins et leviers au développement de l'éducation thérapeutique du patient en milieu thermal, Valentin Walker identifie d'autres obstacles : le coût d'un atelier (environ 210 €, à la charge du curiste), un manque de communication auprès des curistes mais également du personnel soignant, la division parmi les professionnels de santé quant au bienfondé de ces ateliers, un manque de disponibilité des infirmièr(e)s, notamment dans les établissements modestes, et la concurrence d'ateliers « d'éducation à la santé » menés parallèlement par certains établissements thermaux (2017 : 21).

Contrairement à l'ETP, ces ateliers regroupés sous le vocable « d'éducation à la santé » ne s'inscrivent dans aucun cadre institutionnel. Le terme recouvre, selon les établissements, des conférences destinées à mieux appréhender sa maladie, des conseils de nutrition, un massage ou bien une séance de gymnastique douce destinée à gagner en mobilité et à apprendre à mieux envisager les gestes du quotidien. Dans un marché du thermalisme structuré par la recherche de qualité, ces ateliers – au même titre que les mini-cures ou autres offres de diversification – constituent autant d'avantages concurrentiels dont se saisissent les établissements. Exacerbée sur le territoire Grand Dacquois, la concurrence engendre ainsi l'instauration d'ateliers qui portent le risque d'être confondus avec les programmes d'ETP du cluster. Malgré les difficultés organisationnelles et les coûts induits, le développement de l'ETP relève donc, avant tout, d'une volonté politique. Il s'agit d'une stratégie d'affichage à destination de la Région, du Département et de l'ARS. « *Maintenant il faut savoir ce qu'on veut. Si on le fait pour le curiste autant faire un programme simplifié avec des ateliers* [d'éducation à la santé], *quelque chose d'alléchant avec un cadeau, le curiste ça lui va tout autant. Mais si on le fait pour l'ARS, pour se faire bien voir, pour obtenir son accréditation, pour obtenir des crédits et être bien vu, parfois il vaut mieux investir sur un vrai ETP* »[289], évoque ainsi un salarié du cluster.

De sa création jusqu'au milieu des années 2010, le cluster s'impose ainsi comme un acteur central du thermalisme aquitain. Les ambitions formulées dans le rapport d'activité de 2010 sont progressivement mises en œuvre : en plus des économies d'échelle promises aux exploitants thermaux, les actions déployées renforcent la reconnaissance de l'organisation par les échelons régionaux et étatiques[290]. Mais, malgré sa vocation régionale affichée, ce sont avant tout les acteurs du Grand Dax qui tirent parti de cette montée en puissance.

La dépendance du cluster au « sentier » grand dacquois

Créé à l'initiative de l'agglomération dacquoise, le cluster Aqui O Thermes est sommé, à partir de 2012, de se doter d'une « véritable » dimension régionale. Pour autant, ses origines locales, l'implication financière et politique du Grand Dax dans son fonctionnement ainsi que l'emplacement géographique de ses locaux (Dax) produisent des effets durables : le Grand Dax reste le principal bénéficiaire des retombées économiques et symboliques du cluster. Conscients de l'utilité stratégique de cette structure, les élus maintiennent ainsi leur investissement malgré ses nouvelles dimensions.

La mise en œuvre des programmes d'ETP illustre cette forme d'appropriation territoriale. Parmi toutes les stations adhérentes, seule celle du Grand Dax

---

[289] L'embauche d'une chargée de mission travaillant à temps plein sur ces questions indique clairement l'option retenue par le cluster.

[290] L'évolution de la reconnaissance du département est moins perceptible. Celle-ci est ancienne et importante. C'est en effet le Département des Landes qui a contribué à la création de l'Institut du thermalisme à Dax au début des années 2000 et qui assure son fonctionnement. Nous revenons sur ce point dans la section suivante.

dispose des moyens humains et logistiques nécessaires à leur réalisation[291]. Un dirigeant de l'Institut du thermalisme le souligne en évoquant le retrait des thermes de Salies-de-Béarn : « *Je ne sais même pas s'ils payent encore leur cotisation. Parce que c'est dacquo-dacquois ! Par exemple en ETP, pour l'instant il n'y a qu'à Dax qu'on le fait.* [...] *Il faudrait rencontrer les stations qui seraient susceptibles de développer ces deux types de programmes, les aider à former les gens, les aider à les mettre en place.* [...] *Sur certains dossiers c'est encore trop dacquo-dacquois* ».

Les retombées de ces initiatives sur le territoire grand dacquois expliquent le soutien politique et financier des élus. Les propos d'un adjoint à la maire de Dax, par ailleurs vice-président du conseil communautaire en charge du thermalisme, du tourisme, de la recherche et de l'innovation dans le domaine thermal, l'illustrent. Se défendant de toute velléité d'instrumentalisation du cluster par le Grand Dax, il reconnaît une stratégie de communication politique destinée à assimiler l'un à l'autre : « *Elisabeth* [Bonjean], *qui était conseillère régionale et en charge du thermalisme en a profité pour faire que le cluster thermal soit basé à partir de Dax et présidé par Dax, ce n'est pas rien. Parce que le cluster thermal, c'est pas Dax et Saint-Paul-lès-Dax, c'est l'ensemble des stations thermales de Nouvelle Aquitaine.* [...] *Donc pour nous, c'est très intéressant parce que ça permet au territoire du Grand Dax d'être identifié comme le pôle majeur Grand Aquitaine du thermalisme* ».

Cette récupération du cluster par le Grand Dax est favorisée par le tropisme grand dacquois de son fonctionnement. Malgré la mise en œuvre de la loi relative à la délimitation des régions, son centre de gravité demeure dacquo-saint-paulois. Quelques stations landaises (Salies-de-Béarn, Saubusse ou bien encore Préchacq-les-Bains) l'ont certes intégré quelques années après sa création. Mais il faut attendre 2017 et l'arrivée de stations des anciennes Régions Poitou-Charentes et Limousin pour que certaines réunions, jusqu'alors organisées à Dax, soient délocalisées à Bordeaux.

---

[291] L'intercommunalisation du thermalisme *via* la compétence du développement économique et la création du cluster ayant permis une gestion unique à l'échelle intercommunale du thermalisme à partir de 2009, nous appréhendons dorénavant la « station thermale du Grand Dax » comme un ensemble homogène, plutôt que de parler « des » stations thermales de Dax et Saint-Paul-lès-Dax au sein du Grand Dax. Rappelons par ailleurs que le groupe Arenadour est propriétaire de l'ensemble des thermes saint-paulois mais aussi de trois établissements thermaux dacquois.

Le concept de « dépendance au sentier » (Palier, 2014 : 412 ; Pierson, 1993) permet d'expliquer cette situation. Créé à l'initiative du conseil de développement du Grand Dax, animé par une directrice salariée de l'agglomération, le cluster reste marqué par l'empreinte institutionnelle de ses fondateurs. La constitution du collège institutionnel confirme cette prédominance. En 2012, alors que plusieurs stations rejoignent le cluster, seules les villes de Dax et Saint-Paul-lès-Dax sont représentées aux côtés des Conseils départementaux des Landes et des Pyrénées-Atlantiques, du Conseil régional d'Aquitaine, de l'agglomération du Grand Dax et de leurs offices de tourisme[292]. Les autres collectivités locales restent absentes, contrairement aux exploitants thermaux qui siègent, eux, au collège « entreprises ». Or, progressivement, « il devient de plus en plus coûteux, voire impossible, de ne pas respecter les règles et les normes posées par les choix politiques précédents, de chercher à revenir sur les options institutionnelles passées » (Palier, 2014 : 414).

Ainsi, tout au long des années 2010, le cluster Aqui O Thermes s'impose comme l'arène légitime où se fait l'action collective en direction du thermalisme. En positionnant toutefois son action autour du « thermalisme de santé », il contribue à reconfigurer les équilibres locaux au profit d'acteurs jusque-là périphériques, notamment l'Institut du thermalisme.

Une réorganisation collective favorable à l'Institut du Thermalisme

Le repositionnement de l'Institut du thermalisme dans le jeu local est d'autant plus significatif qu'il souffre, depuis sa création en 2001, d'un déficit de reconnaissance auprès des élus comme des exploitants thermaux. Déconsidéré par les uns (élus locaux), ignoré par les autres (exploitants thermaux, certains médecins thermaux), il peine à tisser avec ces acteurs des « interdépendances fonctionnelles » (Elias, 1993 : 85) pourtant nécessaires à son intégration.

Les conditions de sa création permettent de comprendre son isolement sur la scène politique. Fondé à l'initiative du Département des Landes sous la présidence d'Henri Emmanuelli, l'Institut ne bénéficie ni du soutien, ni de la reconnaissance de la municipalité UMP dirigée par Jacques Forté jusqu'en

---

[292] La CCI des Landes, le Pays Adour Landes Océane (ALO), la Chambre des Métiers et le Comité départemental du tourisme sont aussi représentés (Rapport d'activité du cluster de 2013 : 22).

2008[293]. Un ancien adjoint au thermalisme, en fonction à cette époque, illustre bien cette défiance initiale, sur fond de rivalité politique et de différend institutionnel[294] : « *Cet institut, il fallait qu'il soit professionnel ! Ce n'était pas à l'Université… L'Université aurait eu une cellule et il fallait le prolonger vers un institut technologique* […]. *À partir du moment où tous les cadres sont des universitaires, ils font le travail des universitaires. Or, on aurait eu un type comme* [l'ancien dirigeant du CNETh] *qui aurait pu aller chercher de l'argent, financer l'Institut avec ce qu'il aurait pu vendre. Alors que là, c'est les pauvres deniers de l'Université, c'est que dalle…* ».

Les exploitants thermaux eux-mêmes ne l'intègrent guère, comme le résume l'un de ses dirigeants : « *Quand on est arrivé en 2000, déjà ils ne nous parlaient pas à nous. "Qu'est-ce que c'est que cet Institut du thermalisme qui arrive à Dax", "on n'a pas besoin d'eux" ! Et nos étudiants* […] *qui ont un niveau licence, ils ne les embauchent pas…* ». Une ancienne cadre de l'Office de tourisme de Dax confirme ces propos. « *Quand j'étais à l'Office de tourisme, je ne travaillais pas avec l'Institut du thermalisme, je n'avais pas de raison de travailler avec…* souligne-t-elle. *Et c'est vrai que je ne savais pas à quoi il servait. Moi ils me l'ont dit, ils ont eu l'impression d'être méprisés !* ».

Dans ce contexte, la constitution du cluster comme « espace d'action intégré » (De Maillard, 2002a : 58) facilite l'intégration de l'Institut dans le jeu grand dacquois. La dynamique de projet, les processus d'apprentissage collectif, et surtout la présence d'un intermédiaire, favorisent son repositionnement. Antenne de l'Université de Bordeaux, l'Institut endosse alors le rôle d'interlocuteur « légitime », garant d'une compétence scientifique reconnue (Idem : 59). Il apporte un savoir-faire en matière de formation et

[293] La volonté de créer l'Institut national du thermalisme trouve sa genèse aux Universités d'été du Parti socialiste. Malgré les rivalités politiques qu'entretiennent Jacques Forté (maire UDF puis UMP de Dax de 1995 à 2008) et Henri Emmanuelli (président socialiste du Conseil général puis départemental des Landes de 1982 à 1997 puis de 2000 à 2017), le statut de première ville thermale de France explique la localisation de l'Institut.

[294] L'antagonisme politique se double du sentiment de s'être fait voler (par Henri Emmanuelli donc) l'idée d'un projet initialement mûri en 1989 aux côtés d'Yves Goussebaire Dupin.

de recherche appliquée[295], répond aux sollicitations des acteurs institutionnels, et devient un prestataire crédible, capable de piloter des projets sur des objets techniques concrets (le vieillissement de l'eau, les bains carbo-gazeux, le refroidissement...).

Parce qu'il associe le territoire grand-dacquois à une image d'« excellence »[296] – objectif affirmé des acteurs publics – ce rôle bénéficie d'une reconnaissance locale importante. « *On parlait de l'importance de la qualité, je pense que là aussi, on a besoin d'avoir des soins de qualité,* explique ainsi un médecin thermal dacquois. *Il faut avoir un minimum de formation de vos agents thermaux. Et les gens qui passent par l'Institut, on peut penser qu'ils ont une meilleure formation. Alors ensuite, c'est une référence technique puisqu'ils ont travaillé sur différents objets,* [...] *sur la technologie, de manière relativement indépendante.* [...] *Le problème du thermalisme en gros, c'est que ça n'était pas forcément rationnel comme démarche. Et donc, si on y introduit un peu de rationalité, quel que soit l'endroit dans lequel on pénètre, ça ne peut qu'être une bonne chose* ».

Cette montée en légitimité se construit sans frictions apparentes mais de manière continue, à mesure que l'Institut démontre sa capacité à répondre aux demandes des établissements. Comme l'explique l'un de ses dirigeants, « *le cluster a permis à l'Institut de montrer ce qu'il savait faire* [...] *On a fait plusieurs études* [...]. *L'Institut a proposé une méthode pour mieux contrôler la gestion du* CO_2 *dans son bain carbo-gazeux. Chaque entreprise a pu observer une petite différence. Deux étudiantes ont bossé deux ans là-dessus et sont passées dans toutes les entreprises pour expliquer aux directeurs techniques, aux directeurs qualité comment ils pouvaient réduire leur consommation tout en maintenant la qualité du soin et ça, ça fait des choses très concrètes et l'Institut a très bien répondu à ce type de demandes* ».

Ce processus de reconnaissance doit également beaucoup à « l'activité de courtier », autrement dit « d'entremetteur » entre les parties (Nay, Smith, 2002 : 13), réalisée par la directrice du cluster, par ailleurs directrice du

---

[295] Rappelons que les infirmières thermales sont toutes formées à l'ETP au sein de l'Institut du thermalisme, que sa directrice adjointe est l'une des deux coordinatrices de ces programmes et que c'est dans les locaux de l'Institut que sont dispensés les cours collectifs d'ETP aux curistes.

[296] Nous abordons ce point dans la suite de ce chapitre, section « *Le Grand Dax, territoire de l'excellence médicale ?* ».

tourisme et du thermalisme du Grand Dax. « *Elle a été facilitatrice, elle a fait des mails, elle nous a pris beaucoup de stagiaires, elle a joué le jeu*, explique ainsi un enseignant-chercheur de l'Institut. *Il y a des étudiants de l'Institut, elle donnait leur nom, qui passeront dans vos établissements pour un questionnaire ou pour une petite enquête et on leur a ouvert les portes* ».

L'évolution de la place occupée par l'Institut du thermalisme illustre ainsi la manière dont le cluster Aqui O Thermes reconfigure progressivement les équilibres internes, sans pour autant remettre en cause son inscription dans le territoire du Grand Dax. Jusqu'en 2017, le cluster demeure un instrument structurant de la capacité politique territoriale.

La nouvelle Région, révélateur d'un désajustement

Sans remettre en question la confiance accordée au cluster par l'institution régionale – qui le mandate pour codiriger la construction du « plan de développement de la filière thermale Nouvelle-Aquitaine 2018-2022 » – la création de la Région Nouvelle-Aquitaine, le 1er janvier 2016, bouleverse les équilibres construits depuis 2009. Devenu au 1er janvier 2017 « cluster thermal Nouvelle-Aquitaine », Aqui O Thermes intègre cinq nouvelles stations – Rochefort, Saujon et Jonzac (Charente-Maritime), La Roche-Posay (Vienne), Évaux-les-Bains (Creuse) – dont l'arrivée perturbe la stabilité. Les membres historiques doivent à la fois s'adapter à un nouvel environnement institutionnel et reconstruire des relations de confiance avec ces nouveaux entrants.

Cette transformation participe d'un mouvement plus large de recomposition territoriale. La fusion des Régions s'inscrit en effet dans une logique plus globale qui a « pour objectifs affichés de transcender les logiques sectorielles, de revivifier des routines administratives et d'obliger les individus, les services de l'État, les corps administratifs et les divers experts à interroger leurs pratiques et leurs représentations et à les renouveler » (Lafage-Coutens *et al.*, 2019 : 106). Composée de trois anciennes Régions (Aquitaine, Limousin, Poitou-Charentes), la Région Nouvelle-Aquitaine passe ainsi, comme les autres, par un processus « d'harmonisation progressive de son fonctionnement » (Idem : 113) et d'adaptation aux nouvelles compétences octroyées par la loi NOTRe.

C'est dans cette perspective d'adaptation administrative que le thermalisme est concerné. « *Avec la création de la nouvelle Région, on a dû remettre en place une réflexion complète sur tous les plans, toute la stratégie de toutes les politiques menées par la Région*, explique ainsi la chargée de mission santé et silver économie à la Région, responsable des questions liées au thermalisme. *Il a fallu tout repenser. Donc c'était l'occasion aussi de tout remettre à plat de manière très claire, très pragmatique* ». Voté en séance plénière le 19 décembre 2016, le Schéma Régional de Développement Économique, d'Innovation et d'Internationalisation (SRDEII)[297] de Nouvelle-Aquitaine identifie le thermalisme comme l'une des filières dont la politique doit être « poursuivie et enrichie »[298]. Appréhendé au prisme du développement économique depuis le début des années 2010 et les efforts d'Élisabeth Bonjean[299], il fait l'objet d'un plan détaillé au service du développement de la filière. « *Pour nous l'idée, c'est d'avoir un fil rouge à pouvoir suivre ensuite dans des actions très concrètes qu'on met en place*, ajoute la chargée de mission responsable du thermalisme à la Région Nouvelle-Aquitaine. *On finance certes des actions isolées pour des établissements thermaux, pour des stations, pour des communes, pour des EPCI… Mais on finance aussi des actions collectives qui ont vocation à servir plusieurs acteurs. Mais pour les piloter, il faut qu'on ait une vision. Donc voilà, avoir un document qui permette d'avoir une vision stratégique, c'est très important, sinon des actions collectives on ne peut pas en mener* ».

La création de ce plan poursuit néanmoins un second objectif. Elle participe d'une « stratégie de proclamation » visant à valoriser les actions de la Région en direction de la filière thermale (Nay, 1994 : 52). Dans un « système généralisé de concurrence » favorisé par la décentralisation, « les initiatives valent désormais par leur capacité à faire parler du territoire. Les effets d'image sont auscultés avec soin, et justifient en amont les choix décisionnels » (Le Bart, 2009 : 305). Plusieurs acteurs soulignent d'ailleurs le caractère peu novateur du document, à l'image de cet exploitant thermal dacquois : « *La Région a toujours eu un plan thermal* […] *Ils viennent de refaire un nouveau plan thermal, j'ai eu les docs hier par mail, il n'y a pas grand-chose qui change de ceux d'avant…* ». La chargée de mission santé et silver économie à la Région évoque, elle aussi, la logique de « communication politique » (Nay, 1994 : 54) à l'origine de ce plan. « *On* [la Région] *a fait pas mal de choses, y compris sur l'accompagnement financier*, explique-t-elle. *Et c'est aussi une de nos caractéristiques, à l'institution régionale, on a tendance à communiquer. Historiquement, on*

---

[297] « SRDEII : la Région fixe le cap », *Région Nouvelle-Aquitaine*, [En ligne], mis à jour le 17 mars 2017, consulté le 26/09/2019.

[298] « Plan de développement de la filière thermale Nouvelle-Aquitaine, 2018-202 », p. 12.

[299] Voir le chapitre précédent.

communiquait très peu par rapport à l'ampleur de ce qui était fait [...]. *Donc on va faire un plan pour que ce soit plus clair et qu'en plus on voit qu'on s'en occupe* ». Certains exploitants thermaux partagent d'ailleurs ce point de vue : « *Ce qui les a boostés, c'est de voir Rhône-Alpes qui a fait un plan thermal, peut-être pas plus conséquent que l'Aquitaine mais qui a fait parler beaucoup, beaucoup*, explique le PDG d'un établissement thermal landais. [...] *Il ne fallait pas que nous on reste en rade, parce qu'on est deuxième région de France après l'Occitanie, et devant Rhône-Alpes. Donc si Rhône-Alpes avec ses aides qui nous talonne nous passait devant, bon c'était mal vu* ».

Investi par la Région du rôle de chef de file, le cluster prend en charge l'élaboration du plan thermal Nouvelle-Aquitaine. Cette mission, qui formalise son changement d'échelle, concrétise les nouveaux équilibres issus de la réforme territoriale. À peine sa nouvelle identité entérinée, plusieurs réunions consacrées à la création du plan entraînent l'intégration des nouvelles stations. La directrice du cluster le met en évidence : « *Le président a convoqué une assemblée générale extraordinaire avec modification du nom en cluster thermal néo-aquitain, modification du conseil d'administration pour que les Picto-Charentais puissent rentrer dans le conseil d'administration et aient un droit à la décision aussi. En plus, on a été mandaté par la Région Nouvelle-Aquitaine pour mettre un plan thermal Nouvelle-Aquitaine. Donc là, ça veut dire, on repositionne les actions différemment en fonction non pas des besoins des ex-aquitains mais de l'ensemble du territoire. Par contre, les thématiques sont à peu près les mêmes* ». La création du plan thermal Nouvelle-Aquitaine agit ainsi comme « révélateur » des nouvelles chaînes d'interdépendance dans lesquelles sont placés les acteurs dacquois.

Mais en élargissant le périmètre d'action, la réforme territoriale remet en cause les équilibres construits à l'échelle locale[300]. En effet, malgré la « tendance à la pérennité » induite par la dépendance au sentier, Aqui O Thermes ne dispose pas de cette « rigidité institutionnelle » susceptible de la prémunir contre d'éventuelles « révisions ». Sur le Grand Dax, ces modifications

[300] Après avoir longuement détaillé les avantages qu'offre la théorie de l'interdépendance, Norbert Elias invite les chercheurs à s'attarder sur les « problèmes d'équilibre ». « En général, l'action relativement indépendante de l'un compromet l'indépendance relative de l'autre ; elle modifie l'équilibre des tensions toujours mouvant, toujours instable » écrit-il (1985 : 153).

reçoivent un accueil ambivalent. Si le discours officiel en souligne les bénéfices, des réserves sont exprimées, tant par certains exploitants thermaux que par des acteurs publics. Une dirigeante du cluster l'évoque sans détour : « *On est très influencé, ou on subit, on peut dire ce qu'on veut, ça dépend de quelle manière on se place par rapport à la loi NOTRe* ». *A priori* anecdotique, la délocalisation des réunions de Dax à Bordeaux remet en question les fondements « organiques » sur lesquels les exploitants thermaux ont intégré le cluster (Reigner, Ségas, 2013 : 5). Comme le rappellent Gerry Stoker et Karen Mossberger (1994), les régimes dits « organiques » reposent sur un historique commun, des attachements partagés et des habitudes de coopération implicites. « *Oui, il y a une sorte de petite famille à Dax*, explique la chargée de mission responsable du thermalisme à la Région. *Ils se connaissent tous, ils sont en même temps un peu concurrents, mais il y a un historique commun* ». Jusqu'alors, les exploitants thermaux du Grand Dax et des stations aquitaines partageaient des problématiques semblables et des intérêts communs, notamment autour de l'indication rhumatologie et de la stratégie du thermalisme de santé. L'intégration de stations aux spécialités différentes (affections psychosomatiques à Saujon, dermatologie à La Roche-Posay) rompt ce consensus implicite. Un exploitant landais résume cette évolution : « *Depuis l'année dernière, c'est la grande région. Donc il y a les nouvelles stations, Évaux, Saujon, tout ça qui nous a rejoint… La grande différence, c'est qu'on s'aperçoit qu'on n'a pas du tout les mêmes intérêts et objectifs* […] *Chacun va vouloir un petit peu tirer la couverture et ça ne va pas être simple. C'était plus simple quand les dacquois étaient tout seuls* [rires] ». Les propos de cet acteur illustrent ainsi combien le *leadership* dacquois au sein du cluster est remis en question par l'arrivée de ces stations. Il poursuit : « *Avant, c'était dacquois donc tout le monde s'entendait bien quoi. Ils parlaient tous d'une même voix, et ça allait très bien puisqu'ils étaient entre eux. Mais là, comment ça va se passer puisque c'est quand même des fortes personnalités les Dubois et compagnie*[301], *c'est des gens au niveau du CNETh qui ont du pouvoir donc on ne*

[301] Thierry Dubois est président du CNETh, ancien président du directoire des Thermes de Saujon. Son frère, le docteur Olivier Dubois lui a succédé à la tête de l'entreprise familiale. L'exploitant thermal cité fait référence (« *et compagnie…* ») à Rachid Ainouche, président des thermes de la Roche-Posay et président de l'Association Française des Techniques Hydrothermales. Aussi ces derniers sont-ils impliqués dans les instances nationales et donc acculturés aux problèmes du thermalisme contemporain.

pourra pas leur dire "t'es gentil mais…". Non, ça ne se passera pas comme ça. La Roche Posay, c'est pareil, avec L'Oréal qui est derrière, des moyens colossaux… ».

L'ouverture aux stations thermales des anciennes Régions Poitou-Charentes et Limousin révèle dans le même temps l'ambivalence des acteurs publics du Grand Dax face à leur engagement dans le cluster. Financer une structure dont les retombées bénéficient à des stations situées à plusieurs centaines de kilomètres suscite des crispations. Mais ce financement est aussi perçu comme un moyen de conserver une position centrale dans sa gouvernance. C'est ce que suggère un élu dacquois (adjoint à la maire et vice-président du Grand Dax en charge en charge du thermalisme, du tourisme, de la recherche et de l'innovation dans le domaine thermal) : « *Alors le cluster qui était Aquitain mais qui était, il faut dire, un peu phagocyté par les dacquois… Maintenant, on est un cluster Nouvelle-Aquitaine. Il y a donc d'autres entrants, d'autres villes thermales, plus importantes, qui se sont greffées* […] *Après quelque part, que ça soit porté par le Grand Dax, ça démontre aussi une posture de leader donc ce n'est pas… Quand je dis leader, le leader il n'écrase pas les autres, il est là pour tirer les autres plutôt vers le haut alors, c'est peut-être très présomptueux mais je me dis que Dax a pour vocation à être leader dans le thermalisme* ». Cette attitude des élus dacquois semble identifiée par certains exploitants thermaux. L'un d'eux, propriétaire de deux établissements à Dax, souligne : « *Monsieur Rousset a donc voulu ce cluster et madame Bonjean, évidemment, en a fait son cheval électoral également. Et madame Bonjean, qui est présidente de l'agglomération maintenant, je ne dis pas qu'elle aimerait s'en défaire… mais c'est devenu un poids qui n'est plus tout à fait indispensable* ».

Pour autant, ni les acteurs publics ni les exploitants thermaux ne quittent le cluster. La notion d'« associés-rivaux » développée par François Bourricaud (1961 : 319) permet de comprendre cette ambivalence : aucun acteur n'est assez fort pour imposer seul ses préférences, chacun doit composer avec les autres pour défendre ses intérêts. Le rapport de force se joue alors dans l'aptitude de chacun à fédérer autour de ses préférences sans rompre l'équilibre collectif. « Condamnés à vivre » avec les nouveaux entrants (les stations « *du Nord* »), les acteurs du Grand Dax maintiennent leur investissement dans le cluster. Mais cette recomposition suscite aussi des réajustements internes. Deux nouvelles coalitions émergent alors à l'échelle locale, l'OITT portée par les acteurs publics et l'ETAD, émanation des exploitants thermaux.

b. La reconfiguration du jeu grand dacquois

L'année 2017 marque un tournant dans la configuration d'acteurs engagés depuis 2009 dans la gestion et le développement du thermalisme grand dacquois. En réaction à l'ouverture du cluster aux stations de Charente-Maritime, de la Creuse et de la Vienne, les élus du Grand Dax transfèrent à la communauté d'agglomération la compétence « promotion du tourisme et gestion de l'Office intercommunal du tourisme ». Ce transfert s'accompagne de la création d'un Office intercommunal du tourisme et du thermalisme (OITT), qui devient une nouvelle scène légitime de négociation et d'expression des intérêts. Dans ce contexte, les exploitants thermaux s'engagent à leur tour dans une troisième organisation : l'association des établissements de l'agglomération dacquoise (ETAD). Officiellement chargée de promouvoir l'image du thermalisme, cette structure leur permet aussi de défendre leurs intérêts face à des élus dont l'influence dans le jeu local s'est affirmée.

La loi NOTRe ou l'opportunité d'achever l'intercommunalisation du tourisme et du thermalisme

Jusqu'en 2017, le cluster Aqui O Thermes sert avant tout les intérêts des acteurs grand-dacquois. Il constitue une « arène » dans laquelle acteurs politiques, économiques, médicaux et universitaires « confrontent leurs identités » et co-construisent le bien commun territorial en matière de thermalisme selon une « dynamique de tournois » (Lascoumes, Le Bourhis, 1998). Au fil des années et des réunions, « l'exposé des prétentions de chacun et leur justification en cercle restreint », la « recherche d'alliance et de soutiens complémentaires », la « mise en discussion technique des problèmes », « la résolution par avancée de réponses censées résoudre les tensions » ou encore « la confrontation sur les choix et la formalisation des décisions » favorise une amélioration des rapports entre acteurs impliqués (Idem : 53). Si des désaccords subsistent, ils sont généralement « contournés ou canalisés dans un nouveau chaînage d'intérêts » (Idem : 56).

Lorsque les réformes de 2015 modifient les périmètres régionaux, entraînant l'intégration de nouveaux adhérents dans le cluster, les élus grand-dacquois s'appuient sur les liens consolidés avec leurs partenaires – en particulier les exploitants thermaux – pour les fédérer dans une nouvelle coalition. Celle-ci prend forme le 1er janvier 2017 avec la création de l'Office intercommunal du tourisme et du thermalisme du Grand Dax, concrétisant une ambition politique ancienne. « *La loi NOTRe m'a permis d'avancer sur un sujet sur lequel tout le monde avait échoué à savoir un Office du tourisme intercommunal*, explique à ce sujet la maire de Dax. *Je m'en suis servi pour mettre en place des groupes de travail, des ateliers pour qu'au lieu de subir une loi, au contraire on puisse en tirer tous les bénéfices pour un territoire et être plutôt dans l'action* [...] *qui serve l'économie thermale* ». Contrairement à leurs homologues bagnolais, les élus dacquois s'emparent donc des incitations de la loi NOTRe – notamment le transfert aux intercommunalités de la compétence « promotion du tourisme » – pour achever l'intercommunalisation du thermalisme.

La création d'un territoire thermal aux contours de l'intercommunalité vise à renforcer le *leadership* des élus dacquois localement[302]. Comme le souligne Emmanuel Négrier, « projeter le politique sur l'espace est, au-delà des référents classiques de la domination politique moderne, l'un des registres du *leader.* La transformation d'un espace en territoire est d'ailleurs inséparable de cette marque politique » (2005 : 170). Encore faut-il convaincre l'ensemble des acteurs locaux (économiques et politiques) de la pertinence d'une telle démarche. Pour ce faire, les élus recyclent les arguments mobilisés en 2009 pour justifier la création du cluster au titre du développement économique. Ils présentent le transfert de la compétence tourisme et la fusion des OTT de Dax et de Saint-Paul comme une étape logique, voire indispensable, pour renforcer l'avantage concurrentiel du Grand Dax. Mais ils présentent également cette reconfiguration comme une occasion de dépasser la rivalité historique entre Dax et Saint-Paul-lès-Dax, tant sur la scène politique (depuis la fin du XIXe siècle) que sur le plan économique (depuis la création de la station saint-pauloise en 1983).

Selon un cadre de l'Office du tourisme et du thermalisme du Grand Dax, seul le premier objectif a été réellement atteint. Placée au fondement de leur activité, la concurrence que se livrent les exploitants thermaux freine le basculement d'une « territorialité communale » à une « territorialité

[302] Celle-ci est officiellement engagée avec la création du cluster en 2009 et l'appréhension du thermalisme au prisme du « développement économique ». En pratique, des formes de gestion intercommunale du thermalisme, telle la livraison uniforme de « péloïde » (boue thermale) par la régie des eaux et des boues de Dax à tous les établissements thermaux du territoire, préexistent.

intercommunale »[303]. « *Je fais partie de l'équipe de direction de l'Office du tourisme intercommunal du Grand Dax depuis le 1er janvier 2017. Je n'ai vu ni plus ni moins qu'une concurrence entre professionnels qui dépasse lourdement les concurrences des secteurs géographiques*, explique-t-il. *Aujourd'hui, la réalité, elle est plutôt sur les concurrences professionnelles et oui, oui, oui, à un moment donné, il a fallu une loi pour faciliter le passage à l'acte* [...]. *D'un autre côté, les mécanismes de collaboration ne cessent de se développer sur les dix dernières années* ». Si acteurs publics et exploitants thermaux sont placés en situation d'apprentissage cognitif au sein du cluster depuis 2009, force est de constater qu'ils ne partagent pas encore une même représentation du territoire et de son avenir.

En reléguant au second plan la concurrence historique entretenue par les villes de Dax et de Saint-Paul, les acteurs publics du Grand Dax espèrent faciliter cette transition vers une territorialité intercommunale pour les exploitants thermaux. En intercommunalisant la compétence tourisme, ils entendent ériger la communauté d'agglomération en nouvel « ordre légitime » (Weber, 1921) en matière de thermalisme[304].

Qu'une majorité d'acteurs investis dans la configuration du Grand Dax partage cette représentation nouvelle de l'agglomération revêt, pour les élus dacquois, une importance particulière. Cela leur permet d'abord de valoriser le bienfondé des actions engagées depuis 2009 en faveur du thermalisme grand dacquois. En effet, si les élus dacquois tirent leur légitimité de la mise en œuvre de ces actions auprès des exploitants thermaux, c'est la démonstration des résultats (*outputs*) qui vient concrétiser ce processus de légitimation. Comme le rappelle Jacques Lagroye, « la légitimité d'un régime découle de son identification à un système de normes, de son aptitude présumée à assurer le triomphe des valeurs socialement désirables. Aussi est-ce moins l'efficience du régime qui assure sa légitimité que son attachement manifeste à la réalisation d'un objectif suprême » (1985 : 400). Dans ce contexte, alors même que certaines attentes placées dans la création du cluster – comme

---

303 Nous appréhendons ce concept de « territorialité » tel que Maryvonne Le Berre le définit, soit comme « le sentiment d'appartenance à un morceau de terre et un mode de comportement au sein de cette entité » (1992 : 627).

304 Nous faisons ici référence à Max Weber quand il souligne que « l'activité, et tout particulièrement l'activité sociale, et plus spécialement encore une relation sociale, peut s'orienter, du côté de ceux qui y participent, d'après la *représentation* de l'existence d'un *ordre légitime* » (1995 [1921] : 64).

l'augmentation du nombre de curistes ou le maintien de Dax au rang de première ville thermale de France – ne se voient pas concrétisées[305], les acteurs publics mettent en avant le Grand Dax comme « *première destination* », « *première agglomération* » ou « *premier territoire thermal* » de France[306]. Cette subtilité sémantique, rendue possible par la promotion touristique à l'échelle intercommunale, permet de redonner à Dax un statut de *leader* sur le marché du thermalisme. Une élue de Saint-Paul-lès-Dax illustre à ce propos la volonté politique des élus dacquois de communiquer en ce sens : « *Nous, Saint-Paul, on n'est jamais allé aux Thermalies* [salon professionnel annuel du thermalisme et de la thalassothérapie qui se tient à Paris]. *Parce que nous n'avions qu'un opérateur qui lui y allait et qui faisait sa pub. Et du coup, quand Dax n'a plus été première ville thermale, qu'on était première agglo thermale, on y va que depuis trois ans là, aux Thermalies.* [...]. *On y va pour l'agglo, en tant que Saint-Paul. Alors du coup il y a Saint-Paul et Dax qui font leur pub là-bas* [...] *Depuis que Dax ne peut plus communiquer sur première ville thermale, du coup* [...] *première agglo thermale, de fait nous, on était impliqués* [rires] ».

Cette dynamique intercommunale génère toutefois quelques tensions. Les premières sont liées à des questions financières, le transfert de la compétence tourisme à l'intercommunalité impliquant la perte, à l'échelle communale, des recettes liées à la taxe de séjour et au fonctionnement des casinos. Les secondes,

---

305 Au contraire, la fermeture de la Compagnie thermale de Dax (CTD) intensifie la chute du nombre de curistes et entraîne, en 2014, sa destitution de première station au profit de Balaruc-les-Bains (voir le chapitre précédent). Localement, seule Saint-Paul-lès-Dax profite de la dynamique de croissance qui touche le monde thermal au tournant des années 2010.

306 Plusieurs supports vantent ou évoquent cette « distinction ». Ainsi, par exemple, le dossier de presse thermal 2018 des Landes co-construit par le CDT des Landes, l'OITT du Grand Dax et les exploitants thermaux propose un développement sur l'excellence thermale et souligne : « *on n'est pas les premiers par hasard !* ». Le dossier de presse 2018 de l'agglomération du Grand Dax qualifie la destination de « *première station thermale d'Europe* » ([En ligne], consulté le 10/10/2018). Sur le site Internet du Grand Dax, il est indiqué que « *le thermalisme prédomine très largement dans la vie économique* [...] *de la communauté d'Agglomération du Grand Dax, 1ère agglomération thermale de France* », ([En ligne], consulté le 10/10/2019). La presse se fait parfois le relais d'un tel cadrage. Le titre d'un article paru dans *La Voix du Nord* le 24 janvier 2019 en est l'illustration : « Cures et Thalasso : Dax, première destination thermale de France » ([En ligne], consulté le 7/09/2019. Enfin, comme évoqué dans la section précédente, rappelons qu'il s'agit là d'un des objectifs assignés au cluster, dont témoigne le rapport annuel daté de 2010.

plus importantes, tiennent au fonctionnement de cette institution nouvelle. « *Ça a été très compliqué l'année dernière quand les deux OTT ont été fusionnés,* explique un exploitant thermal. *Parce que nous, le développement thermal, enfin la promotion, c'est par le biais de l'OITT. Tout ce qui est communication, ça a été très compliqué. Ils étaient noyés...* [...] *Pas de chéquier rien.* [...] *De la bouche du directeur, c'était très compliqué. Ce n'est pas de la mauvaise foi rien du tout, c'est le système. Et quand on fusionne, c'est compliqué... problème de personnel à fusionner*[307]*. Mais la campagne publicitaire s'est faite, il n'y a pas eu de souci* ».

Mais ces tensions sont relativisées au regard des retombées politiques que la création de l'OITT suscite. Déjà reconnus par la Région et l'ARS dans les domaines de la santé et du développement économique *via* les actions menées par le cluster, les représentants du Grand Dax utilisent cette structure nouvelle pour l'être aussi sur la scène touristique. Un cadre de l'OITT souligne combien l'intercommunalisation de la compétence tourisme associée à la création d'une structure plus grande et dotée d'un budget plus important a permis de faire évoluer ses relations avec le comité départemental du tourisme (CDT) des Landes et le comité régional du tourisme (CRT) Nouvelle-Aquitaine : « *Là on est à peu près à 2 millions de budget. Et pour vous donner un ordre d'idées, celui du Département des Landes est à 2,3 millions. Donc c'est souvent des structures qui commencent à être de type entrepreneurial, on est classé en catégorie 1* [...]. *On a aussi des capacités de force de frappe, de promotion, donc on est dans des mécaniques qui sont plutôt professionnelles. On n'est pas dans une forme de bricolage. On a vraiment des capacités d'action, on a aussi la capacité à se déporter sur un travail avec les institutionnels, qu'ils soient départementaux ou régionaux qui est aussi important* ». Un dirigeant du CDT des Landes confirme cette dynamique, en évoquant un travail collectif engagé avec l'OITT du Grand Dax et son directeur. Il donne notamment l'exemple d'un travail conjoint visant à faire évoluer le référentiel de communication des exploitants thermaux,

[307] S'il existe un seul OITT (office intercommunal du tourisme et du thermalisme) sur le Grand Dax, les deux anciennes structures ont néanmoins été préservées. Elles forment deux antennes dans chacune des deux villes thermales. Un adjoint à la maire de Dax précise : « *Le personnel tourne maintenant, le personnel de Dax va à Saint-Paul, celui de Saint-Paul va à Dax, voilà. Donc c'est une grosse entité. On voit ça maintenant comme une entité globale... Mais les mentalités sont longues à changer...* »

historiquement ancré autour de la santé biomédicale[308]. « *Ils n'y vont pas franchement ! Et ils arrivent avec un marketing médical alors qu'ils devraient arriver avec un marketing bien-être. Moi ce n'est pas ma spécialité le thermalisme, je n'y connais rien. Ma spécialité, c'est le marketing. Donc moi mon rôle, c'est de les aider sur le volet qu'ils appréhendent un peu moins bien et d'accompagner justement à une professionnalisation. Le début de la réunion a donc été un peu compliqué, surtout que j'avais des opérateurs historiques dans la salle donc… Et à la fin, les gens étaient emballés, il y avait un enthousiasme que je n'aurais jamais imaginé au début. Et le directeur de l'Office qui était en face de moi qui se disait…* [rires] *Mais on a bien travaillé tous les deux, parce que lui il est très content du travail que l'on fait là-dessus. Donc on a vraiment bataillé tous les deux au départ et après hop, ça s'est bien déroulé* ».

Ce changement d'échelle vers l'intercommunalité aurait pu fragiliser les relations nouées avec le Département, la Région ou leurs établissements publics. Dans le monde du sport, Marina Honta a montré que l'implication croissante des communautés de communes pouvait susciter des formes « d'antagonisme institutionnel » de la part des niveaux de pouvoir local directement exposés à leur renforcement, comme les départements (2016 : 447 ; 2008). Rien de tel dans le cas du thermalisme en Nouvelle-Aquitaine. « *La cohérence est pleine* […], *le millefeuille administratif français est écrasé,* […] *il est surtout mis en cohérence et ça, ce n'est pas rien dans notre fonctionnement* », souligne un responsable de l'OITT. En effet, si les relations du Grand Dax (*via* l'OITT et le cluster) se sont intensifiées avec le CDT des Landes, cela semble être aussi le cas avec le CRT Nouvelle-Aquitaine[309]. « *Le CRT, je pense qu'on est bien identifiés,* souligne la directrice du cluster. *Le lien cluster-agglo fait qu'on est bien identifié et que c'est très facile maintenant de rentrer chez eux* ». Nommée « directrice du tourisme et du thermalisme » du Grand Dax, au 1er janvier 2017, tout en étant maintenue à la direction du cluster Aqui O Thermes, cette actrice facilite la reconnaissance du Grand Dax vis-à-vis des échelles

[308] Nous revenons plus largement sur la stratégie de marketing territorial déployée sur le Grand Dax, en partenariat avec le CDT, dans la dernière section de ce chapitre.

[309] Il convient toutefois d'être prudent ici car nous n'avons pas pu obtenir d'entretien auprès de cette institution. Néanmoins, nous démontrons dans la suite de ce chapitre que la démarche de marketing territorial déployée par l'agglomération grand dacquoise favorise l'intensification des relations avec le CDT des Landes mais aussi avec le CRT Nouvelle-Aquitaine.

départementale et régionale. Son multipositionnement favorise les échanges entre plusieurs univers institutionnels, comme le souligne un responsable du CDT des Landes : « *On se voit régulièrement. C'est-à-dire que j'ai participé à un certain nombre de réunions. Ça me permet de voir les travaux qu'ils engagent, ça me permet de voir où va la recherche, d'avoir des données prospectives, de voir la dimension médicale, qu'à travers mon métier je ne vois jamais. Et donc, ça me permet moi de mieux me positionner sur le volet marketing parce que je comprends mieux mon univers et en retour, ce qu'on fait nous, on le partage avec Aqui O Thermes.* [...] *Nos verres à nous, ils ont pris le prisme tourisme-loisirs. Alors qu'on est dans un univers qui est hyper structuré sur le volet médical, la recherche, l'enseignement... Et le fait d'avoir Aqui O Thermes, c'est ce qui nous permet d'ouvrir notre vision à 360 sur le thermalisme* ».

Aussi la directrice du cluster joue-t-elle un rôle d'intermédiaire, aussi bien verticalement qu'horizontalement[310]. « *Par le cluster, j'ai tout un réseau d'acteurs que je connais super bien au niveau de la Région notamment, du CRT, même des ministères et autres que je peux mettre en action sur certaines actions du Grand Dax*, souligne-t-elle. *Donc je pense que quelqu'un qui n'a pas ce petit réseau là, a plus de difficultés à avoir un contact avec des gens de la Région...* ». Le directeur de l'OITT estime également que son positionnement facilite une forme de synthèse entre les différentes échelles de gouvernement : « *Les visions sont de plus en plus partagées, de plus en plus ajustées. On est sur une cohérence sur les activités, entre une activité brute de la filière, l'économie thermale et les activités de promotion auprès du tout public* [...] *sur lesquelles on peut travailler, en lien avec le Département, en lien avec la Région.* [...] *Pour ce qui concerne les stations thermales du Grand Dax et le territoire du Grand Dax, le cluster est un véhicule. Très clairement, le fait d'avoir madame Y qui travaille avec le cluster, pour le cluster, c'est aussi un point facilitateur. Ça permet de mettre en adéquation et* [...] *d'avoir des gains à tous les étages* ».

Plus largement, la composition et le fonctionnement du comité directeur de l'OITT favorisent l'action collective. En plus des institutions publiques, l'OITT associe une grande diversité de groupes sociaux impliqués dans les

310 Nous avons souligné dans le chapitre précédent combien elle avait favorisé, par son rôle de « traductrice », l'évolution des relations entre exploitants thermaux et acteurs publics. Dans la première section de ce chapitre, nous avons par ailleurs démontré qu'elle a aussi participé à la reconnaissance locale de l'Institut du Thermalisme.

mondes du tourisme et/ou du thermalisme sur le territoire. « *On est à 21 titulaires et 21 suppléants*, explique un cadre de l'OITT. *Donc on a potentiellement 42 personnes intéressées par le sujet. On a donc des élus, des élus de l'agglomération qui sont nommés par l'agglomération mais aussi des représentants des établissements thermaux, du Département, du cluster, des commerçants, des cafetiers et même des loueurs de meublés, des hébergeurs et campings. Donc on essaie quand même d'avoir un panachage global qui permette d'avoir quelque chose de cohérent* ».

Si la réforme territoriale modifiant le périmètre des régions fragilise la stabilité de la coalition d'acteurs construite *via* le cluster, les élus dacquois s'emparent des incitations de la loi NOTRe pour préserver la capacité politique territoriale et, surtout, leur *leadership*. D'une part, ils rassemblent au sein de l'OITT l'ensemble des acteurs (publics et privés) investis dans la gestion et le développement du thermalisme, affinant ainsi – sur la scène touristique cette fois – les interrelations créées dans les champs du développement économique et de la santé. D'autre part, le format juridique de la structure leur permet de se replacer au centre de la configuration[311]. Établissement public à caractère industriel et commercial (EPIC), l'OITT assure, comme à Bagnoles de l'Orne, une majorité de sièges aux acteurs publics. Cela leur permet d'adopter une posture d'arbitre, voire de décideur en cas d'absence de compromis[312]. Un cadre de l'OITT souligne le rôle prépondérant que cette gouvernance confère aux élus : « *La conduite, elle est assurée par une présidente qui est la présidente d'agglomération, et par deux vice-présidentes. L'une est maire de Saint-Paul-lès-Dax, l'autre est adjointe au commerce, au tourisme et au thermalisme pour la ville de Dax. Donc sur mon trio, j'ai un espace décisionnel, au moins d'un point de vue présidentiel qui est très concentré et qui permet vraiment d'avoir cette forme de… cohérence d'ensemble à l'échelle du territoire avec les responsables déjà des deux stations thermales* ».

---

311 Si les élus dacquois sont à l'initiative du cluster, ils n'y occupent qu'une position de nodalité. Ils pèsent sur la définition des objectifs, participent à dresser le cap à suivre mais n'imposent jamais leur point de vue. La présidence est assurée par un exploitant thermal et le collège entreprise est le plus représenté au sein de l'organisation. Voir sur ce point le chapitre précédent.

312 Nous avons vu dans le chapitre III (section « *La dégradation des rapports entre municipalité et société locale : 1995-2010* ») que les élus dacquois motivent la transformation de la gouvernance de l'OTT de Dax en EPIC par la volonté de « *reprendre la main* » tout en « *associant les établissements thermaux* » (selon les propos de la maire de Dax).

Le leadership étant d'abord relationnel (Négrier, 2005), les élus dacquois renforcent, par ce repositionnement, leur influence localement. Celle-ci s'accroît d'autant plus que l'OITT s'impose rapidement comme une organisation de délibération collective incontournable sur le territoire. Son conseil d'administration devient l'arène dans laquelle se négocie désormais la construction du bien commun territorial en matière de tourisme et de thermalisme. Créé dans la continuité du cluster, l'OITT en reprend le « modèle délibératif », comme le souligne l'un de ses dirigeants : « *On doit se réunir au moins six fois par an au niveau du conseil d'administration et toutes les décisions sont posées sur la table, délibérées, là pour le coup il y a un fonctionnement très politique* »[313].

Les acteurs publics grand-dacquois font ainsi de l'OITT un « lieu de médiation ». « Mis en place à des fins de coordination ou d'arbitrage dans la prise de décision », ces lieux favorisent la « pacification des conflits potentiels et l'harmonisation des opinions en vue de produire de l'action collective » (Nay, Smith, 2002 : 8-10). Incapables de construire seuls la politique touristique et thermale du territoire, les acteurs publics cherchent en effet à faire adhérer à leur point de vue la pluralité des groupes sociaux impliqués. Un dirigeant de la structure en témoigne : « *Comme en navigation, on tire des bords. On a tous besoin les uns des autres, même si on ne se le dit pas frontalement ou directement. Et on remonte le courant*, image-t-il. Il poursuit : *On est, je crois, un gros paquebot avec un petit gouvernail… Petit parce qu'il y a plusieurs polarités de décision, plusieurs orientations, organisations. Différentes filières entre le public (et même à l'intérieur du public), le privé (et à l'intérieur du privé). On a donc, au final, un gros bateau avec un petit gouvernail, donc ça nécessite des discussions. Des fois je m'amuse à dire des palabres* [rires] *mais on palabre, on palabre…* ».

Dans un tel « modèle délibératif », toutefois, « la succession des épreuves entraine des changements de qualifications et la reconfiguration de la scène en conséquence. Elle rend possible l'insertion de nouveaux acteurs et la prise en compte d'intérêts et d'ordres de valeur différents. De même, le changement

313 Selon Pierre Lascoumes et Jean-Pierre Le Bourhis, la production territorialisée de l'intérêt général repose sur des interactions cadrées, dont la régulation peut prendre deux formes principales. En s'inspirant de Jurgen Habermas, les auteurs opposent un modèle techniciste (« approche technico-administrative traditionnelle ») et un modèle délibératif. Ainsi, d'après leurs propos, le modèle délibératif « s'appuie sur une démarche qui conduit à la constitution d'une instance collective procéduralement régulée, articulant des intérêts diversifiés et autorisant leur réajustement » (1998 : 63).

relationnel qui s'opère à cette occasion ouvre sur une redéfinition des positions réciproques, pouvant servir de base pour un nouveau jeu » (Lascoumes, Le Bourhis, 1998 : 63). Le repositionnement – de la nodalité vers la centralité – des acteurs publics produit ainsi des effets. La création par les exploitants thermaux du Grand Dax d'une nouvelle organisation sur le territoire est l'un d'eux.

« Faire entendre sa voix » : quand les exploitants thermaux cherchent à défendre leurs intérêts localement

Les effets induits par la réforme territoriale de 2015 bouleversent les rapports de force au sein de la configuration grand-dacquoise. Tandis que l'OITT s'affirme comme l'arène où se co-construit le bien commun territorial, les professionnels du thermalisme voient leur influence décliner au profit des acteurs publics. Sur les vingt-et-un sièges que compte le comité de direction de l'OITT, les élus en détiennent douze, tandis que les exploitants thermaux ne disposent que d'une à deux voix : la première par le biais du syndicat des établissements thermaux landais (SETL) ; l'autre *via* le cluster Aqui O Thermes, dans lequel ils demeurent fortement représentés.

Afin d'infléchir les orientations stratégiques prises en matière de tourisme et de thermalisme, ces derniers créent, en janvier 2017, l'association des établissements thermaux de l'agglomération dacquoise (ETAD)[314]. Préférant prendre la parole (*voice*) plutôt que la porte (*exit*) (Hirschman, 1995 ; Douillet, De Maillard, 2008), ils cherchent ainsi à aligner leurs positions en amont des réunions, pour accroître leur capacité à peser dans les négociations. L'un des responsables de l'association résume clairement cet objectif : « *Nos relations, elles sont surtout, nous, d'essayer de faire pression un peu quand on se réunit, on essaye de faire pression un peu sur l'Office du tourisme pour qu'on nous écoute et montrer que nous aussi on a des idées et que ce serait bien qu'on puisse les exprimer* ».

Cette volonté de défendre leurs intérêts s'exprime notamment sur le terrain de la communication institutionnelle. « *L'ETAD, on le fait aussi puisque à un moment donné, on a dit que l'Office du tourisme ne met pas assez d'argent sur la partie communication*, expose un exploitant thermal dacquois. *Donc nous, on va amener une part complémentaire, mais on ne le donne pas à l'Office*

[314] Annexe au journal officiel de la République française, lois et décrets, [En ligne], paru le 14 janvier 2017, consulté le 07/10/2019.

du tourisme parce qu'on veut garder la main sur ce qu'on veut faire. Je vous avoue que ça a été très mal vécu par l'Office du tourisme et par la maire... À tel point que l'année dernière [...] *ils ont décidé de même pas nous consulter et de faire leur plan de communication tout seul* ». Mais ce travail de production d'une vision partagée du bien commun territorial renforce progressivement leurs interrelations. « *Avant, on allait aux vœux du maire et puis terminé on en parle plus quoi*, explique un autre exploitant thermal. *Il y avait peut-être des réunions dans le cadre de l'OTT, du conseil d'administration de l'OTT, mais on n'avait pas ces réunions à l'époque... On avait une réunion tous les six mois du syndicat des établissements thermaux landais et puis point barre* ». Ce renforcement des échanges favorise la prise de conscience de leur interdépendance et incite à une coopération plus étroite, comme le souligne l'un des responsables de l'ETAD : « *On est en train de se grouper pour essayer de trouver une solution pour les problèmes de recrutement de kinés. On est plus solides quand on est ensemble quoi. Même si on est concurrents...* »[315].

Les travaux d'Ehrard Friedberg permettent d'éclairer cette évolution relationnelle. Selon lui « tout champ d'action peut se conceptualiser comme sous-tendu par un "système d'action concret" qui le structure par des "règles du jeu", c'est-à-dire par un ensemble de mécanismes de régulation » (1992 : 540). Il distingue alors plusieurs types de systèmes, selon le degré de structuration (plus ou moins explicite et codifiée), la clarté des buts poursuivis, l'articulation entre structuration et régulation autour de ces buts, leur prise de conscience et leur intériorisation par les participants, et la capacité de certains à assumer une responsabilité partielle dans la mise en œuvre des régulations.

Sur cette base, Ehrard Friedberg propose une échelle de systèmes d'action concrets « obéissant à des mécanismes de régulation de plus en plus explicites, conscients et finalisés » (Idem : 544), dont le degré zéro est la « non coopération ». Trois autres paliers sont ensuite identifiés. Le premier, la « collusion tacite », désigne un mécanisme de coopération fragile, reposant au minimum sur l'implication des représentants des groupes concernés. Faute de conscience partagée des bénéfices que peut générer la coopération, ce système reste instable et vulnérable aux défections. Le deuxième palier, le

[315] En ce sens, la construction de l'ETAD comme groupe d'intérêt rejoint parfaitement l'analyse réalisée par Michel Offerlé (1994 : 44) quand celui-ci évoque le « va et vient constant entre l'intérêt qui fait le groupe et le groupe qui fait l'intérêt ».

« système coordonné », renvoie à des formes de coopération plus conscientes, orientées vers des résultats identifiés. La coopération n'y est plus valorisée en elle-même, mais en tant qu'elle permet d'atteindre des objectifs précis. Ces résultats deviennent le critère de pertinence des possibilités d'action échangées entre les participants (Idem : 545). Enfin, le troisième palier correspond à la « délégation explicite de la régulation ». Les parties prenantes acceptent de transférer une part de responsabilité pour le pilotage du système, ce qui s'accompagne le plus souvent de la mise en place de « structures et de procédures formalisées » (Idem).

La création de l'ETAD témoigne ainsi d'une évolution notable dans les relations entre exploitants thermaux grand dacquois. Jusque-là, leur implication dans le SETL ou le cluster Aqui O Thermes relève du « système coordonné » décrit par Erhard Friedberg. Ils coopèrent de manière consciente afin d'obtenir des résultats concrets (hausse des prix de cure jusqu'aux années 2000 grâce à la négociation collective au sein du SETL, recherche d'économies d'échelle et de compétitivité *via* le cluster). Avec l'ETAD, ils franchissent un nouveau seuil, celui de la « délégation explicite de la régulation ». En formalisant leur coopération dans une structure autonome, ils affirment leur solidarité professionnelle et se dotent d'un outil collectif pour défendre leurs intérêts face aux acteurs publics. Les propos du PDG d'un établissement thermal illustrent clairement ce changement : « *ça a permis de resserrer les liens et ça a permis de se rencontrer pour évoquer les problématiques qu'on a en commun. Mieux se connaitre. Avant, clairement, il n'y avait pas d'endroit où l'on se connaissait quoi.* […] *On a plutôt intérêt à se serrer les coudes, sur des problématiques où l'on est ensemble, on a aussi différents interlocuteurs parce que notre matière première elle est vendue par la mairie donc… Si chacun fait, dans sa petite cahute, une lettre à la mairie, etc. C'est plus sympa de faire une lettre commune quoi ! On a tous plus ou moins des problèmes de linge… Donc on se regroupe et on demande un tarif commun, voilà. C'est plus intelligent* ». Tout en assurant que l'ETAD poursuit uniquement un objectif « commercial », un autre exploitant dacquois, propriétaire d'une structure thermale et hôtelière, confirme ces propos : « *Un des principaux faits générateurs, c'était de dire "l'Office du tourisme ne met pas assez d'argent en communication donc nous on va amener de l'argent supplémentaire mais on veut garder une main sur ce qui est fait". C'est aussi un moyen de peser sur l'Office du tourisme pour dire "attendez, nous aussi on a des idées, nous aussi on veut avancer, il faut nous écouter quoi"* ».

La création de l'ETAD vient ainsi parachever le processus d'institutionnalisation de l'action collective grand dacquoise en redonnant du pouvoir aux exploitants thermaux. Plus largement, la période 2008-2018 révèle une dynamique d'intégration progressive de l'ensemble des groupes sociaux du territoire – eux-mêmes de plus en plus organisés – dans la co-construction de l'action publique en matière de thermalisme, désormais pensée à l'échelle intercommunale.

À Dax comme à Bagnoles de l'Orne, le temps de la désunion des gouvernements municipaux semble désormais révolu. Dans les deux cas, au tournant des années 2010, les autorités municipales favorisent l'émergence d'actions collectives dont elles prennent progressivement les commandes. Mais leurs stratégies d'adaptation aux réformes territoriales divergent sensiblement. À Bagnoles de l'Orne, les élus locaux s'efforcent de préserver leur autonomie et de garantir, *in fine*, la stabilité de l'EPIC Bagnoles de l'Orne Tourisme. Ils cherchent ainsi à conserver leur pouvoir sur les autres parties prenantes investies dans cette structure, tout en assurant leur adhésion à la stratégie portée. À Dax, au contraire, les acteurs publics s'emparent des opportunités ouvertes par le législateur pour faire de l'échelon intercommunal le territoire légitime d'action publique en matière de thermalisme. Pour ce faire, ils engagent un important travail de conviction, quitte à fragiliser l'action collective amorcée avec la création du cluster en 2009. Ce faisant, ils parviennent à se repositionner au centre d'un gouvernement municipal de plus en plus intégré.

Mais ce repositionnement suppose de composer avec des groupes sociaux eux aussi mieux structurés. Exploitants thermaux et représentants de l'Institut du thermalisme participent désormais activement aux espaces de délibération locaux, qu'il s'agisse du cluster ou de l'OITT, où ils peuvent exprimer et défendre leurs intérêts. Leur présence contraint les élus à intégrer dans leur stratégie des partenaires mieux organisés, porteurs de revendications spécifiques.

Dans ce contexte, stabiliser ces coalitions devient un enjeu central pour préserver la capacité politique territoriale. Produire une vision partagée du bien commun apparaît alors comme une condition nécessaire à l'alignement des acteurs. Il n'est dès lors pas étonnant de voir les élus recourir à des politiques d'image – en particulier au marketing territorial – comme autant d'outils permettant de construire du compromis dans un espace local traversé par des intérêts différenciés.

II. (Faire) partager une vision du bien commun territorial : les usages politique et économique du marketing territorial

Comme dans la ville d'Atlanta étudiée par Clarence Stone, les acteurs publics dacquois et bagnolais mobilisent dans un premier temps leurs partenaires sur des « bases instrumentales » (1989 ; 1993). Dans les deux cas, en effet, c'est à partir d'« incitations matérielles sélectives » ou de « petites opportunités » que les exploitants thermaux rejoignent les structures d'action collectives créées. À Dax, c'est la promesse de retombées économiques à court et moyen terme (économies d'échelle, augmentation du nombre de curistes) qui convainc les exploitants thermaux d'intégrer le cluster. Tandis qu'à Bagnoles de l'Orne, les élus locaux gagnent la confiance du nouveau PDG de l'établissement thermal en favorisant la création d'une résidence de tourisme longtemps restée à l'état de projet.

C'est toutefois de l'échange prolongé des ressources entre partenaires que dépend la mise en œuvre de stratégies de sortie de crise efficaces. Face aux perturbations générées par les réformes territoriales, les élus locaux des deux villes activent ainsi un second registre, symbolique celui-ci (Stoker, Mossberger, 1994). En associant leurs partenaires à la conception collective de politiques d'image – et plus particulièrement de marketing territorial – dont l'objectif affiché est d'augmenter l'avantage concurrentiel des stations, ils espèrent permettre la « cristallisation graduelle [...] de représentations communes, de rapport de confiance et de réciprocité, de normes de comportements et de dispositions à coopérer » (Pinson, 2006 : 642).

La mise en œuvre de telles politiques n'est pas une spécificité des territoires thermaux et/ou touristiques. Intimement liées à la décentralisation qui accentue les effets de concurrence entre les territoires dès les années 1980, leur usage se généralise progressivement tout au long de la décennie 1990 (Nay, 1994), jusqu'à s'affirmer comme un « référentiel » des politiques locales (Le Bart, 2011)[316]. Mais la création de démarches de marketing territorial

[316] Les politiques locales sont alors repensées au prisme des enjeux d'attractivité et de développement (Le Bart, Procureur, 2011 : 34). Les initiatives valent désormais par leur capacité à faire parler (en bien) du territoire. Les effets d'image sont auscultés avec soin (par les élus et le personnel administratif) et justifient en amont les choix décisionnels.

est porteuse d'enjeux à Dax et à Bagnoles de l'Orne[317]. Pour les élus locaux, cela constitue d'abord une remarquable ressource de *leadership* (1). En effet, le marketing territorial associe à sa mise en œuvre une pluralité d'acteurs. Habitants (*via* des enquêtes d'opinions), représentants de la société locale (loueurs de meublés, hôteliers, commerçants, exploitants thermaux, etc.) et institutions diverses (comités départementaux et régionaux du tourisme, cluster, etc.) y participent, exprimant idées et opinions. En tant qu'outil de construction d'une vision partagée et séduisante du bien commun territorial, le marketing territorial contribue ainsi à l'amélioration des relations intergouvernementales à l'extérieur du territoire en même temps qu'il facilite la cohésion entre partenaires à l'intérieur. Cependant, l'enjeu politique n'est pas le seul objectif d'une telle démarche. Le marketing territorial vise également un développement économique ambitieux et affiché publiquement. Pour les acteurs de Dax et de Bagnoles de l'Orne, attirer des visiteurs dans un territoire thermal implique de moderniser une image sociale vieillissante. L'objectif est donc d'attirer un public plus nombreux, mais aussi plus jeune et dynamique, en (ré)associant l'économie thermale à l'économie touristique (2).

1) Des politiques d'image au service du leadership des élus locaux

En instaurant une concurrence entre les territoires, la décentralisation marque une évolution paradigmatique dans la gestion locale : la logique de résultats se substitue à la logique de moyens (Zumbo-Lebrument, 2017 : 10). Issues du secteur privé, les techniques du *New public management* sont progressivement introduites dans les administrations (Béal *et al.*, 2015 : 112). Cette hybridation – entre logique administrative et logique gestionnaire (Zumbo-Lebrument, 2017 : 10) – transforme à la fois les compétences attendues des gestionnaires publics et les sources de légitimation du pouvoir municipal : « à la légitimité électorale, la nouvelle rationalité gestionnaire

---

317 En nous attaquant à la déconstruction de telles politiques, nous restons attentifs aux conseils formulés par Erhard Friedberg quand il souligne qu'il faut « percer la façade ou la fiction » de la « partie officielle et codifiée de la structure » pour la « saisir dans toute sa richesse et sa complexité » (1994 : 533). Analyser ces politiques de mise en image du territoire permet d'interroger le « foisonnement des pratiques, interactions et relations non prévues officiellement, voire clandestines et occultes, et qui forment ce qu'on pourrait bien appeler une seconde réalité parallèle ».

ajoute une *légitimité "managériale"* » (Nay, 1994 : 55). La figure du « maire entrepreneur », maîtrisant ces logiques nouvelles, s'affirme et avec elle l'utilisation récurrente de la communication par les autorités locales. Celle-ci devient un « élément stratégique utilisé par les responsables locaux dans la conquête, la structuration et la conservation du pouvoir » (Idem : 52).

Les politiques d'image permettent aux élus de se mettre en scène comme agissant sur et pour le territoire. Présentant la particularité d'être inévaluables, elles leur offrent une incertitude synonyme de marges de manœuvre stratégiques, favorisant le déploiement d'une rhétorique d'imputation (Le Bart, 1999 : 420-421).

Or, à mesure que les techniques de communication se généralisent à tous les territoires, l'usage de slogans bien pensés ne suffit plus (Le Bart, Procureur, 2011 : 34). Il s'agit aussi de travailler le contenu, l'offre, ce qui suppose un travail collectif. Les acteurs publics ne peuvent en effet prétendre maîtriser l'ensemble des déterminants – « patrimoine, histoire, climat, paysage, morphologie urbaine, gastronomie, activités économiques, performances sportives [...], inégalement manipulables par l'action publique » (Idem) – qui composent l'image d'un territoire.

C'est pourquoi les acteurs publics dacquois et bagnolais « professionnalisent » leur économie touristique en même temps qu'ils initient des formes d'action partenariale. Sur ces deux territoires, l'élaboration de politiques de communication collectives est consubstantielle au processus de mobilisation.

a. Un usage différé des techniques de marketing

Durant les décennies 1980-1990, les stations dacquoise et bagnolaise n'échappent pas à l'usage généralisé de la communication. Des slogans comme « *La station de la jambe* » pour Bagnoles de l'Orne ou « *Dax, la boue qui vous veut du bien* » cherchent à séduire la clientèle curiste en jouant sur l'imaginaire médical. Mais la crise du thermalisme modifie les stratégies promotionnelles en même temps qu'elle perturbe les équilibres entre acteurs. Au tournant des années 2010, des documents d'orientation comme le Livre blanc du thermalisme (2008) ou le rapport du Conseil national du tourisme (2011) suggèrent aux élus et exploitants des pistes de diversification, médicale d'un côté, touristique de l'autre, ainsi que des formes de gouvernance plus partenariales.

Dans ce contexte, la réorganisation collective des acteurs dacquois et bagnolais s'accompagne d'un recours accru à des techniques de communication inspirées de « l'univers du marketing privé » et poursuivant « des objectifs de différenciation, de performance et d'attractivité (Houllier-Guibert, 2012 : 35).

À Dax (2008) comme à Bagnoles (2011), les autorités municipales se réapproprient la gestion des Offices de tourisme en modifiant leur statut juridique : de structures associatives, ils deviennent établissements publics à caractère industriel et commercial. Ce changement permet aux élus de revendiquer la « professionnalisation » de la politique touristique tout en reprenant le contrôle de la communication. Dans les deux cas, une diversité d'acteurs participe à l'élaboration des politiques d'image. Mais les registres d'action choisis divergent. Charles-Édouard Houllier-Guibert invite à distinguer une simple « culture de la communication publique », centrée sur la promotion du territoire (principalement par l'événementiel), d'une démarche de marketing complète, qui implique des partenariats solides et un travail analytique structuré. Le marketing, selon lui, relève d'un véritable « état d'esprit » au sein des organisations « qui, sur le plan théorique, est découpé en trois étapes : le temps de l'étude (on évalue), celui de l'analyse (on choisit) et le temps de l'action (on concrétise) » (Idem).

Tandis que les acteurs bagnolais s'approprient ces techniques marketing dès le tournant des années 2010 pour définir une politique touristique de station, à Dax l'action collective construite semble davantage focalisée, dans un premier temps, sur la phase opérationnelle, celle de la publicisation.

Une mise en tourisme concertée autour de techniques marketing à Bagnoles de l'Orne

À Bagnoles de l'Orne, la crise traversée par la ville tout au long des années 2000 ne se traduit pas seulement par la réorganisation collective des acteurs autour de l'EPIC. Elle marque aussi un changement de paradigme dans la manière de construire les politiques d'image.

Dès 2009 et l'arrivée d'une nouvelle équipe dirigeante à la tête de France Thermes (holding propriétaire de l'établissement thermal B'o Resort), l'entreprise thermale modifie sa stratégie de communication. La démarche organisationnelle est dorénavant structurée en trois étapes, qui traduisent cet « état d'esprit marketing » : les dirigeants de la structure procèdent à une étude de l'environnement et dressent un diagnostic des opportunités (phase analytique), avant de définir des objectifs, retenir un positionnement et sélectionner les cibles (phase stratégique). Ils élaborent enfin le plan marketing qu'ils mettent en œuvre pendant la troisième étape (phase opérationnelle) (Chamard, Schlenker, 2017 : 40).

Les responsables de France Thermes ne se contentent donc pas d'ajuster la publicisation de l'offre thermale. Après avoir analysé les « *tendances sociétales de consommation* »[318], ils redéfinissent en profondeur le positionnement de l'entreprise et développent une stratégie de marque et un plan de communication pour attirer plusieurs clientèles. « *Notre problématique en termes de communication, c'est que quand on a pris la décision, à compter de 2012, d'ouvrir l'offre à une offre de loisirs, on ne pouvait plus s'appeler Thermes de Bagnoles de l'Orne*, souligne le PDG de l'établissement thermal bagnolais. *C'était à la fois restrictif en termes de contenu et à la fois restrictif en termes de positionnement. Donc il fallait quelque chose qui exprime justement notre nouveau positionnement et surtout nous permette de ranger à l'intérieur les différentes cibles qu'on allait attaquer* ».

Acteurs économiques et politiques bagnolais accompagnent les réflexions engagées par les dirigeants du B'o Resort. Conseillés par l'agence de communication et de publicité Cadran Solaire, ils entament une démarche de marketing territorial, dont la création de l'EPIC constitue la première étape. Camille Chamard et Lee Schlenker distinguent dans ce type de processus une phase « amont » – où les acteurs réalisent un « état de l'existant », font émerger un projet partagé et élaborent une stratégie de pilotage – et une phase « aval », correspondant à la mise en œuvre du plan marketing et à l'évaluation de la transformation territoriale (2017 : 45). Le maire de Bagnoles de l'Orne expose ce travail d'analyse engagé collectivement. « *La réflexion qu'on avait eu avec l'ancienne agence de communication, c'était de dire "mais Bagnoles de l'Orne c'est quoi ?" C'est un Center Parcs à ciel ouvert, c'est-à-dire qu'on bénéficie dans notre cadre au milieu de cette forêt de 7 000 Ha de tous les avantages qu'on peut retrouver dans ces concepts de Center Parcs* ». Une responsable de l'office de tourisme se souvient elle aussi d'une démarche réflexive préalable à la définition d'une stratégie : « [L'agence] *Cadran Solaire était venue et avait*

[318] L'un des dirigeants de B'o Resort donne un aperçu d'un travail d'analyse préalable à la définition d'une stratégie, et *in fine*, de la mise en œuvre d'un plan de communication : « *Il y a des tendances lourdes, des tendances sociétales et de comportements de consommation, donc ça on les analyse. Enfin je veux dire les socio types sont là aussi pour nous segmenter, nous organiser la cible. Quelles sont les tendances lourdes du marché ? On nous parle effectivement de bien-être, de prévention, de médecine naturelle, de détente, de court-séjour.* [...] *Et puis après, on va essayer d'anticiper ce qui n'existe pas aujourd'hui* ».

fait comme un audit en ville, dans Bagnoles. Elle avait recensé un petit peu nos atouts, nos inconvénients et il en était ressorti cette idée un peu de destination où tout était présent ».

À l'issue de cette phase d'analyse, une orientation stratégique se précise. Comme les dirigeants de France Thermes, les acteurs regroupés au sein de l'EPIC (élus locaux en tête) partagent le diagnostic selon lequel il faut élargir la clientèle pour prévenir une nouvelle chute de fréquentation et, au-delà, préserver l'économie locale. Cette convergence se traduit par un alignement progressif des points de vue et des méthodes pour y parvenir : mettre en tourisme la ville en se saisissant des techniques du marketing territorial.

La communication publique pour promouvoir le thermalisme grand dacquois

À Dax, les politiques d'image sont développées à cette époque au sein du cluster Aqui O Thermes. Une « commission communication » est créée en 2009 pour stabiliser cette coalition nouvelle. Dirigée par le PDG retraité du groupe Thermes Adour, elle est composée de quatorze membres : trois directeurs d'exploitations thermales (dont la directrice de la compagnie thermale de Dax), trois médecins libéraux (dont un médecin thermal), la représentante des commerçants dacquois, un ingénieur conseil en management (en qualité, hygiène, sécurité, environnement), une agence de communication, les directeur et président des offices de tourisme de Dax et Saint-Paul-lès-Dax, une représentante de l'Institut du thermalisme, la directrice de la communication du Grand Dax et, enfin, le directeur du CDT des Landes.

À l'image des actions de « mutualisation » qui « *soudent* » les acteurs, pour reprendre les mots d'un dirigeant du cluster, la communication est pensée comme un outil de cohésion. Elle vise à «*fédérer les acteurs autour d'une vision : le Grand Dax, une destination santé, dans un environnement bien-être* » (Aqui O Thermes, 2010 : 16). Si les échanges permettent à chacun de faire valoir ses intérêts, ils ne donnent lieu qu'à peu de conflits ouverts. La commission constitue l'un des « tournois » les plus disputés du cluster[319], mais les débats

---

[319] Selon un dirigeant du cluster, il s'agit même du tournoi le plus disputé du cluster. « *Chacun défend son bout de gras si je puis me permettre*, déclare-t-il. *La communication c'est toujours des sujets qui sont un peu plus épidermiques* [...] *On trouve toujours un consensus, mais c'est des choses beaucoup plus difficiles à mettre en place* ».

restent cantonnés à la phase opérationnelle du marketing (supports, actions de communication).

Particulièrement sensible car porteuse d'enjeux (choix du positionnement et des cibles, élaboration du plan de communication), la phase stratégique – qui, selon les représentations des professionnels du secteur, différencie culture de la communication et marketing territorial (Houllier-Guibert, 2012 : 47 ; Millet-Fourrier *et al.*, 2011) – est externalisée, ce que souligne le rapport du cluster de l'année 2010. « *Pour mieux appréhender la stratégie de communication à mettre en place au sein du cluster,* est-il indiqué, *une agence a été mandatée (DDH). Sa mission était de proposer une vision du thermalisme Grand Dacquois ainsi qu'une stratégie commune à l'ensemble de la station* ».

Pendant plusieurs années, le cluster coordonne d'importantes campagnes de communication. Il devient l'acteur légitime pour dépasser les clivages entre de Dax et Saint-Paul et assurer la cohérence des messages. « *L'Office de tourisme de Dax était tout à fait habilité, puisque des campagnes, on en a porté des bien plus lourdes*, exprime une ancienne dirigeante de l'Office de Tourisme de Dax. *Mais Dax à l'époque, ça n'était pas Saint-Paul. Donc ça ne pouvait pas être Dax. Ça ne pouvait pas être l'agglomération, ça n'était pas son rôle… Ça ne pouvait pas être le Département parce qu'il est censé travailler aussi pour Eugénie, qui ne fait pas partie du cluster. Donc on a demandé au cluster de la porter* ».

Mais à mesure que le cluster prend une dimension départementale puis régionale, son rôle dans la coordination des campagnes s'efface peu à peu au profit du comité départemental du tourisme (CDT). Dès 2015, les mentions à la communication se raréfient dans les rapports d'activité. L'intégration au « Club du thermalisme landais », qui regroupe (hors Eugénie-les-Bains[320]) l'ensemble des stations thermales des Landes, marque un transfert progressif du *leadership* vers le CDT, désormais moteur d'une politique de communication unifiée.

---

320 Nombreux sont les acteurs rencontrés à évoquer le retrait du cluster d'Eugénie-les-Bains, ville thermale dont l'exploitation est dirigée par le chef étoilé Michel Guérard et qui appartient au groupe La Chaîne Thermale du Soleil. Selon de nombreux interviewés, la station d'Eugénie-les-Bains, de par son positionnement (la station surfe sur un « thermalisme d'élégance » articulée autour de l'image de l'Impératrice Eugénie et de la cuisine étoilée du chef Guérard) et de son appartenance à La Chaîne Thermale du Soleil, n'aurait pas de nécessité à intégrer le cluster.

Ce repositionnement du CDT s'inscrit dans une volonté politique plus ancienne du Département des Landes qui trouve une traduction concrète avec l'élaboration d'un « schéma départemental du tourisme et du thermalisme des Landes » en juin 2010. Dans un article consacré aux sports de nature comme « ressources territoriales », Ludovic Falaix revient sur les propos d'Henri Emmanuelli, alors président du Conseil général des Landes. « Le tourisme landais trouvera un nouveau souffle [s'il concourt à appréhender] le foncier comme une chance, souligne ce dernier ; pour son attrait, bien sûr, mais aussi pour la capacité qu'il procure d'accueillir de nouveaux projets et de mobiliser des partenaires exogènes » (2012 : 424). Le troisième axe de ce schéma consiste ainsi à « s'adapter à l'e-tourisme et à fédérer les acteurs », en créant notamment des clubs de promotion sectoriels. Constitués par filière entre Offices de tourisme, prestataires d'activités et hébergeurs, animés par le CDT et financés à part égale par le CDT et les partenaires, ces clubs ont pour « mission d'élaborer, en pleine concertation, les plans d'action, de promotion et de communication annuels » (Idem).

Dans ce cadre, le CDT des Landes organise en 2013 et 2014, avec le cluster Aqui O Thermes, les Offices de tourisme des stations thermales et les exploitants, une campagne départementale d'envergure : « Entretenez votre capital santé dans un Paradis Vital ». Tout en faisant valoir les spécificités de leur station, chaque partie prenante mobilise le « plan d'actions » opérationnel destiné à faire « *des Landes la première destination thermale de France* » (Rapport d'activité du cluster, 2013 : 17).

Le CDT des Landes devient donc le nouveau lieu de régulation et de production de la communication touristique autour du thermalisme Landais et, *in fine*, grand dacquois. Le cluster Aqui O Thermes intègre le « Club du thermalisme landais », mais la communication ne joue plus, en son sein, le rôle structurant qu'elle occupait à ses débuts.

La réforme territoriale votée en 2015 modifie toutefois ce nouvel équilibre. L'intégration des stations thermales de l'ancienne Région Poitou-Charentes conduit les responsables du cluster à se désengager du dispositif coordonné par le CDT. Il n'est alors pas surprenant de voir les acteurs publics grand dacquois engager leur propre démarche de marketing territorial, au moment même où la loi NOTRe leur offre l'opportunité de se replacer au centre de la configuration locale. Comme le rappellent Camille Chamard et Lee Schlenker, « les démarches de marketing territorial émergent dans des contextes de vulnérabilité ressentie par les acteurs » (2017 : 44). Si les acteurs bagnolais mobilisent rapidement ces techniques, il faut ainsi attendre la recomposition du cluster (2016) et la création de l'Office intercommunal du tourisme et du thermalisme (2017) pour que soit engagée, à Dax, une véritable réflexion sur l'image de marque du territoire.

b. Le marketing territorial pour conserver la capacité politique territoriale

C'est parce qu'ils partagent la conviction qu'il faut associer une pluralité d'acteurs au travail de l'image que les élus dacquois et bagnolais initient, dans des temporalités toutefois différentes, des « démarches de marketing territorial »[321]. Si, à Bagnoles de l'Orne, l'usage des techniques de marketing est relégué aux coulisses de l'action publique, à Dax, la « démarche » est affichée. Selon Charles-Édouard Houllier-Guibert, « on parle aujourd'hui de la démarche de marketing territorial et non simplement du marketing territorial. Le terme démarche vient légitimer une expression qui a longtemps suscité la méfiance des acteurs territoriaux. Avec l'idée de démarche, un processus collectif est exprimé, devenant même un objectif stratégique. Le marketing territorial sert désormais davantage à mobiliser les acteurs qu'à différencier le territoire » (2017 : 6).

Ce type de dispositif permet ainsi aux acteurs publics des deux territoires de rassembler une diversité d'acteurs institutionnels (comité départementaux et régionaux du tourisme) et de la société locale (représentants des exploitants thermaux, des hôteliers, des restaurateurs, des loueurs de meublés, du casino, etc.). Leur mobilisation présente plusieurs intérêts. L'intégration des premiers garantit un soutien technique et financier, tout en consolidant les liens entre niveaux de gouvernement. La participation des seconds repose sur un autre postulat, selon lequel on ne vend pas l'image d'un territoire sans la faire correspondre à une offre réelle. En étant associés à la définition d'un récit commun, ces acteurs peuvent exprimer leur vision du bien commun

[321] Le site internet du Grand Dax questionne ainsi : « La démarche… Qu'est-ce qu'une démarche de marketing territorial ? ». Voir : « Marketing territorial : renforcer l'attractivité de la Destination Grand Dax », *Grand Dax Agglomération*, [En ligne], consulté le 05/10/2019.

territorial. Investis dans le processus, ils deviennent ainsi plus enclins à porter cette image parce qu'ils y reconnaissent leurs valeurs, voire leurs intérêts.

La mise en tourisme pour renforcer les relations interinstitutionnelles

Dans les deux cas, la restructuration des politiques touristiques renforce les relations interinstitutionnelles. Mais leur intensité – et surtout leur influence sur les dynamiques locales – diffèrent sensiblement. À Bagnoles de l'Orne, et bien que les effets de ces rapprochements soient localement perçus comme modestes, le recours au marketing territorial permet aux acteurs publics de nouer ou de consolider des liens avec les comités régional et départemental du tourisme. À Dax, en revanche, le concours des institutions départementales et régionales dans le processus de requalification du territoire s'avère déterminante.

Un soutien institutionnel des échelles départementale et régionale limité

Les relations entretenues par Bagnoles de l'Orne avec le Conseil départemental et son comité départemental du tourisme sont anciennes. Plusieurs maires (dont André Brière, maire de Bagnoles de l'Orne de 1983 à 1992, et Jean-Pierre Blouet, maire de Bagnoles de l'Orne de 2011 à 2016) ou conseillers municipaux bagnolais ont régulièrement siégé au Conseil départemental, contribuant à renforcer les interdépendances entre ces deux institutions. Mais c'est surtout la place qu'occupe Bagnoles dans le paysage touristique ornais qui explique sa reconnaissance à l'échelle départementale. L'Orne est un territoire rural, peu peuplé (276 144 habitants), loin derrière ses homologues bas-normands, le Calvados (704 605) et la Manche (496 815)[322]. Contrairement à ces derniers, il ne bénéficie pas de façade maritime pour stimuler son activité touristique. Un responsable du CDT de l'Orne « Tourisme 61 » qualifie lui-même l'Orne de « *département de passage* » : « *On est une trentaine de départements comme ça en France à être en gros déficit de visibilité. On a besoin d'être vu. Et c'est pour ça*

[322] Proposés par l'INSEE, ces chiffres renvoient à l'année 2022. L'Eure (601 305) et la Seine-Maritime (1 260 205) sont eux-aussi bien plus peuplés que l'Orne en 2022.

qu'on fait des efforts énormes sur Internet, qu'on engloutit des budgets à la limite paradoxalement plus importants que nos voisins du Calvados et de la Manche »[323].

Dans ce contexte, Bagnoles de l'Orne s'impose aisément comme la principale destination touristique du Département. Le directeur du CDT de l'Orne l'exprime très clairement : « *Bagnoles de l'Orne, avant même d'ailleurs que la station se réorganise autour des produits de remise en forme, en tout cas autour de l'évolution de l'établissement thermal, c'était quasiment la moitié de l'hôtellerie ornaise, en termes de capacité. Historiquement, Bagnoles de l'Orne c'est un pôle d'ancrage, peut-être même le seul pôle d'ancrage touristique du Département* ». Il est donc inenvisageable, pour les responsables du CDT, de ne pas travailler avec la station thermale. « *C'est un appui pour nous en termes de communication et de promotion*, souligne le directeur de la structure départementale. *On a un chef étoilé aussi, on a une hôtellerie de qualité, la remise en forme qui a toujours le vent en poupe. Ce n'est pas simplement un effet de mode* ».

La reconnaissance portée par le CDT à la ville est ancienne. Mais les relations de travail s'intensifient encore à mesure que l'établissement thermal et l'EPIC affinent leur positionnement sur le marché touristique. Le CDT participe aux réflexions stratégiques engagées par l'EPIC et devient, selon son directeur, un relais de distribution des nouvelles offres élaborées par les acteurs locaux. « *Nous disposions, nous, d'une centrale de réservation qu'on a toujours, qui s'est avérée très utile pour permettre la distribution de cette nouvelle gamme de produits qui sincèrement nous intéressait parce qu'on touche au tourisme alors que les thermes au sens Sécu et médical, ce n'était pas du tout dans notre créneau*, évoque-t-il. *Donc on s'est proposé pour être une porte d'entrée de commercialisation. L'intérêt, il est pratique pour Bagnoles de l'Orne, il est aussi financier pour l'établissement thermal. C'est que ça leur évite de devoir constituer une agence de voyage ou en tout cas avec du personnel et des moyens* ».

Malgré ce soutien affiché, le directeur du CDT relativise la portée de son action. L'internalisation du CDT par le Conseil départemental – en réaction aux réformes territoriales des années 2010 (loi MAPTAM et loi NOTRe

[323] Ces propos font écho aux analyses faites par Jérémie Brun à propos des « territoires ruraux ». Celui-ci souligne en effet que ces derniers « ont la particularité d'être influencés par différents espaces, s'apparentant plutôt à des espaces de transition, plus qu'à des territoires de projet. L'enjeu est donc de construire une homogénéité, à partir des identités collectives existantes pour mieux se démarquer des voisins » (2017 : 30).

notamment) – et le contexte rural du Département expliqueraient selon lui un pouvoir d'action restreint. « *Le Département lui-même doit faire des priorités. Il a des compétences régaliennes et vous connaissez la problématique des dépenses sociales dans les Départements. Elles ont l'air de vouloir se stabiliser, mais il y a l'effet de ciseaux où les dépenses sociales ont explosé et l'État est très loin de compenser tout ça. Donc nous, nous sommes une compétence optionnelle très clairement dans les compétences du département* ». Au regard du budget mobilisé par l'EPIC Bagnoles de l'Orne Tourisme pour la communication (plus ou moins 250 000 à 300 000 euros selon les années), celui du CDT de l'Orne apparaît en effet bien modeste : « *Aujourd'hui, j'ai un budget de communication et de promotion qui est d'environ 400 000 euros, et je dois faire toute l'année et pour tout le monde* ».

À l'image du maire de la ville, qui regrette le retrait progressif du Conseil départemental dans le financement des animations culturelles locales[324], les acteurs bagnolais soulignent d'une même voix le rôle modeste du CDT, dont les moyens limités ne lui permettent pas de peser significativement sur les dynamiques locales. Ni le directeur de l'EPIC ni les responsables de l'établissement thermal ne comptent véritablement sur cette structure pour appuyer leurs actions. Interrogé sur les relations entretenues avec le CDT, le premier précise : « *Les équipes du CDT font du mieux qu'elles peuvent avec les moyens et les missions qui leur sont données. Surtout, les priorités ne sont pas forcément sur le tourisme* [...] *Nous, on a une autonomie totale y compris politique... on est une bulle à l'intérieur de l'Orne où l'on a une mono activité. Donc nos relations sont très bonnes et sont plus dans une complémentarité on va dire mais forcément... on n'attend pas le schéma touristique de l'Orne, même si on s'y intègre, pour agir ! Parce qu'on a effectivement une feuille de route* ».

L'un des dirigeants de l'établissement thermal tient un discours similaire, mais bien moins nuancé. « *On n'a pas attendu de voir ce que pouvaient faire pour nous les Offices du tourisme, les comités régionaux ou départementaux. On a d'abord mis en place nos structures et puis on essaye d'optimiser avec eux et de*

[324] La baisse de dotation de la DGF couplée aux effets de la loi NOTRe qui, avec la suppression de la clause générale de compétences, invite Régions et Départements à revenir sur leur cœur de métier (aide sociale et solidarité des territoires pour le Département), peuvent expliquer ce retrait progressif (Verpeaux, 2017 : 95) ; « Finances locales : quel a été l'impact de la baisse de la DGF ? », *Vie publique, au cœur du débat public*, [En ligne], publié le 15 octobre 2018, consulté le 18/09/2019.

pousser dans le même sens, souligne-t-il. *Parce que sinon, on n'aurait pas l'efficacité qu'on connait aujourd'hui* ». Plus direct, il critique la politique touristique du Département, sans l'imputer à un manque de moyens : « *le Département de l'Orne brille par son inefficacité sur le segment du tourisme. Ce n'est pas une question d'argent, parce que l'argent il existe mais, de mon point de vue, il n'est pas utilisé comme il devrait l'être pour faire la promotion touristique du Département. En tous les cas, moi j'aurais le même budget, je ne jouerais pas comme ça* [...] *Le Département et la Région ont été assez distants de nos ambitions et de ce que représente ce type d'équipement.* [Les investissements qu'on a faits], *dans une ville de 2 700 habitants, il n'y a pas eu d'équivalent en France ces cinq dernières années. On aurait pu s'attendre à un support un peu plus présent ou un peu plus incisif des collectivités.* [...] *Ça relève de la stratégie et de la vision touristique que l'on a dans l'Orne. Si on avait une vision qui était d'avoir une tête de gondole, vraiment une locomotive qui va pousser la vision touristique du Département* [...] *peut-être qu'on aurait mis des moyens différents* ».

De tels propos sont à remettre en perspective avec la montée en puissance du groupe France Thermes dans le monde du thermalisme[325]. En développant leur activité sur d'autres sites, ses dirigeants deviennent moins dépendants des acteurs institutionnels et politiques bagnolais. Cette trajectoire témoigne d'un fort soutien de la part des investisseurs – prêts à mobiliser plusieurs dizaines de millions d'euros – mais elle révèle aussi une stratégie claire : ne pas lier l'avenir du groupe à celui du seul site de Bagnoles. Cette position de force permet au PDG de jouer sur la comparaison entre les territoires pour

[325] Au moment de l'entretien, au printemps 2016, le groupe France Thermes vient de racheter les « thermes de Châtel Guyon » en Auvergne. Ses dirigeants sont en pourparlers avec les élus locaux auvergnats (de la commune à la Région Auvergne) pour y construire un « resort » sur le modèle bagnolais, pour un investissement avoisinant les 32,5 millions d'euros. Celui-ci est finalement construit en 2019 (pour environ 35 millions) pour ouvrir ses portes en 2020. « France Thermes : une nouvelle étape débute pour l'avenir du thermalisme à Châtel Guyon », *Le courrier des entreprises*, [En ligne], consulté le 14/12/2019. En 2019, le groupe France Thermes a également racheté la « Compagnie de Vichy » et les thermes (et deux hôtels) de Salies-de-Béarn en Nouvelle-Aquitaine. « Les Thermes de Salies-de-Béarn vont changer de dimension, *Presslib.com*, [En ligne], consulté le 12/11/2019. Voir aussi : « France Thermes reprend la compagnie de Vichy », *Les Échos*, [En ligne], publié le 19/06/2019, consulté le 20/06/2019.

peser localement. « *Si je compare avec le projet qu'on développe aujourd'hui en Auvergne… c'est sans commune mesure avec ce qu'on a vécu ici,* ajoute-t-il. *Ici, sur B'o Cottage qui est un investissement de 18 millions d'euros, on a eu en tout et pour tout 90 000 euros d'avance remboursable, d'accompagnement économique. Et sur le spa de 2 millions, on a eu 300 000 euros d'avance remboursable.* […] *Bon, à la dimension de l'enjeu économique du territoire, c'est relativement peu* ». Cette position nouvelle – qui fait pencher la « balance des pouvoirs » en faveur des dirigeants de France Thermes – explique la teneur du discours qu'ils tiennent à l'égard du soutien institutionnel, notamment celui du Conseil départemental.

Si les acteurs bagnolais se disent globalement insatisfaits de l'appui apporté par le Département (et son CDT), ils reconnaissent néanmoins l'existence de relations suivies et d'une forme de reconnaissance institutionnelle. Bagnoles de l'Orne demeure, pour le Conseil départemental, le seul « *pôle d'ancrage* » touristique du territoire. Le rôle marginal joué par la collectivité sur le repositionnement touristique de la station est ainsi attribué, tour à tour, à un déficit de capacité politique (notamment sur le plan financier) et à un manque d'expertise dans le domaine.

À première vue, l'échelon régional ne semble pas offrir un soutien plus affirmé[326]. La ville est certes identifiée par le Conseil Régional, qui la soutient dans certains projets de développement. Mais les relations avec le Comité régional du tourisme (CRT) apparaissent plus ténues qu'à l'échelle départementale. Historiquement perçu à Bagnoles de l'Orne comme un relais vers la clientèle étrangère, le CRT est encore appréhendé avec distance au début des années 2010, comme en témoigne une responsable de l'office de tourisme : « *On a quelques contacts quand même avec le comité régional du tourisme, c'est un petit plus épars* ». La ville paraît subir un double isolement, géographique (loin de la côte) et économique (seule station thermale de la Région). Le directeur du CDT de l'Orne le souligne : « *Bagnoles de l'Orne vit un peu la même chose, avec le thermalisme, que dans d'autres thématiques, vis-à-vis de la*

[326] Nous ne sommes pas parvenus à obtenir d'entretien auprès de l'échelle régionale sur le terrain normand. L'analyse qui suit est fondée, d'une part, sur la perception des acteurs bagnolais, mais aussi, d'autre part, sur celle du directeur du CDT de l'Orne qui propose son opinion sur ce point.

Normandie et du CRT. Le CRT a toujours beaucoup de mal à prendre en compte des phénomènes, des points d'intérêt, lorsqu'ils sont uniques et qu'ils ne sont pas répartis sur l'ensemble du territoire régional… Donc le grand malheur de Bagnoles de l'Orne, c'est d'être unique en Normandie ».

Toutefois, les relations évoluent à mesure qu'un référentiel touristique se consolide localement. Un travail politique de reconnaissance est engagé par les acteurs publics auprès des autres échelons de gouvernement et villes touristiques de la Région. Élu président de l'Union des Offices de tourisme de l'Orne, puis président de la Fédération régionale des Offices de tourisme de Normandie (devenue en 2015 Offices de Tourisme et Territoires de Normandie – OTN), le maire de la commune nouvelle s'emploie particulièrement à inscrire la ville dans les réseaux touristiques régionaux. Ce positionnement stratégique vise à faire exister Bagnoles de l'Orne comme destination. « *Le tourisme n'existe que si l'on dit que l'on est touristique. Ça ne peut pas exister autrement.* […] *Le tourisme n'existe pas sans fait politique* », explique en ce sens le directeur de l'EPIC (en poste de 2018 à 2024). Pour ce dernier, l'investissement des élus bagnolais dans ces structures favorise la reconnaissance de Bagnoles de l'Orne : « *Je pense que ça a déjà changé* [le regard des instances du tourisme régional]. *Le fait que le maire de Bagnoles de l'Orne soit président d'OTN, la fédération des offices de tourisme normands, le positionne effectivement au cœur des débats touristiques normands et ça c'est important* ».

L'adjointe de direction de l'EPIC partage cette analyse. Assumer la présidence de telles organisations offrirait l'occasion aux acteurs publics bagnolais de (faire) parler de leur territoire, de s'inspirer de « bonnes pratiques » et de partager leurs initiatives. « *Depuis quelque temps, il y a aussi au niveau départemental des réunions avec les responsables et directeurs d'office de tourisme qui permettent de donner des idées au niveau de notre comité départemental "Tourisme 61"*, dit-elle. […] *Par exemple, au niveau départemental, il n'y avait pas forcément d'actions faites pour le développement du tourisme familial, alors que plusieurs offices de tourisme dans le Département avaient déjà travaillé sur le sujet. Donc on a suggéré cette idée-là au niveau départemental et puis là il y a tout un travail de recensement de l'offre à destination d'un public famille qui est en cours actuellement pour pouvoir éditer ensuite un document à l'échelle départementale* ». Pour elle, cette reconnaissance accrue est directement liée à la transformation de l'Office en EPIC au début des années 2010. En « *professionnalisant* » la structure, l'EPIC aurait donné davantage de visibilité à l'Office de tourisme bagnolais[327]. « *Le fait d'être représenté, ça c'est sûr. Pendant longtemps, il y avait un comité régional des directeurs au niveau de la Normandie* [...] *Et le fait de devenir un établissement public imposait d'avoir un directeur ; donc ce directeur s'est trouvé invité aux assemblées régionales, alors que le président bénévole de l'Office de tourisme n'était pas invité* » souligne-t-elle.

Ce rapprochement, favorisé par la restructuration de la politique touristique bagnolaise, s'intensifie à partir de 2015 avec l'élection d'Hervé Morin à la tête de la Région Normandie réunifiée. Les relations privilégiées tissées entre ce dernier et Jean-Pierre Blouet (maire de Bagnoles de l'Orne de 2011 à 2016), dans les arcanes de l'UDF[328], sont perçues localement comme une opportunité d'obtenir un soutien plus affirmé de l'institution régionale. La venue du nouveau président à Bagnoles de l'Orne, ainsi que les engagements formulés à cette occasion, nourrissent cet espoir : « *Hervé Morin, c'est un vieux copain*, souligne Jean-Pierre Blouet [...] *Il est venu à Bagnoles pendant sa campagne. On attend justement que le Conseil régional arrête sa politique touristique et sa politique culturelle, donc il faut que tout ça se mette en place* ».

L'élection d'une nouvelle majorité régionale s'accompagne surtout d'un alignement dans la conception des politiques touristiques qui favorise le rapprochement des personnels administratifs. Dans une temporalité similaire (2018), le CRT Normandie et l'EPIC Bagnoles de l'Orne Tourisme recrutent en effet deux directeurs ayant déjà collaboré ensemble en Bretagne et appliqué les préceptes du marketing territorial à l'échelle de la Région (Houllier-Guibert, 2018)

---

327 Sur la « professionnalisation » de l'économie touristique bagnolaise, voir le chapitre III, section « *Une dynamique partenariale à l'initiative des élus locaux* ». Celle-ci s'accompagne de l'obtention du label « Qualité tourisme » par l'Office de tourisme bagnolais, présenté comme un « levier de professionnalisation, de management des équipes et de pilotage des structures ». Voir : « Le déploiement de la marque qualité tourisme », *Fédération Régionale des Offices de Tourisme de Normandie*, [En ligne] consulté le 16/12/2019.

328 De 1997 à 2007 Hervé Morin est membre de l'Union pour la Démocratie Française, avant de créer le parti politique du « Nouveau Centre ». En 2012, il rejoint la création du parti unificateur de l'Union des démocrates indépendants. Il y demeure jusqu'en 2017. Comme Jean-Pierre Blouet, il appelle à voter pour Nicolas Sarkozy au second tour des élections présidentielles de 2007, en dépit de la stratégie de troisième voie prônée par François Bayrou. Voir : « Rire aux larmes », *Libération*, [En ligne], publié le 09/11/2007, consulté le 16/12/2019 ; « Jean-Pierre Blouet se démarque de l'UDF », *Ouest-France*, [En ligne], publié le 25/04/2007, consulté le 16/12/2019.

et de l'intercommunalité de Saint-Brieuc[329]. À l'instar du nouveau directeur de l'EPIC, les acteurs bagnolais entendent ainsi jouer de cette interconnaissance pour assurer l'identification de la ville au sein de ces instances. « *Au niveau régional, très clairement on est assez proche du CRT notamment à travers le cluster Affaires. La ville a adhéré à Normandie Attractivité. Moi je compte beaucoup, je connais très bien le directeur du CRT, puisqu'il était Breton, on s'est connu en Bretagne. Donc là je compte effectivement travailler avec lui sur Bagnoles* ». Pour le directeur de l'EPIC, la capacité à entretenir des relations avec les collectivités départementale et régionale influe sur la notoriété de la ville. « *À partir de la rentrée, il va falloir effectivement participer à différentes réunions, en tout cas marquer notre présence forte et être très impactant à un moment donné dans les différentes réunions pour attirer un regard des instances sur nous*, explique-t-il. *Il faut être présent dans les coulisses… C'est purement une espèce de business, de jeu de présence* […] *il faut être là et être constructif et montrer qu'on peut apporter notre pierre* ».

Les relations entre Bagnoles de l'Orne, le CDT de l'Orne et le CRT Normandie s'intensifient donc en même temps que la ville affirme son repositionnement touristique. Ce travail relationnel engagé par les acteurs publics dès le début des années 2010 se traduit concrètement dans plusieurs projets, dont celui de réhabilitation du quartier de la gare. Lancé dans le même temps que la création de l'EPIC et le déploiement de la démarche de marketing territorial, il s'inscrit pleinement dans la stratégie d'attractivité portée par la ville[330]. Dès 2012, en effet, des études urbanistiques sont menées pour « *revitaliser* » ce quartier, considéré comme peu attractif par les élus locaux depuis la fermeture de la gare en 1992. Il n'est pas question pour ces derniers de se séparer de la gare qui a, en son temps, fortement contribué au développement de la station, mais de la remettre en valeur en faisant de l'édifice un point de passage obligé, entre le lac et la forêt.

---

329 Avant d'arriver à Bagnoles de l'Orne, le directeur de l'EPIC bagnolais était directeur de l'Office de tourisme communautaire de la baie de Saint Brieuc entre 2005 et 2015. Le directeur du CRT Normandie est pour sa part devenu directeur du CRT Bretagne en 2008 avant de rejoindre le CRT Normandie en 2018. Il devient également directeur de l'Agence Normandie Attractivité en 2017.

330 « Réhabilitation du quartier de la Gare à Bagnoles : une confirmation des financeurs », *Le publicateur Libre*, [En ligne], publié le 12 novembre 2019, consulté le 12 novembre 2019.

Attirer des commerçants, créer des logements, faire revenir des touristes dans un quartier en marge des lieux emblématiques de la station (le lac, le casino, le parc du château) : telles sont les ambitions portées par le projet. « *L'idée c'était de créer un programme immobilier pour proposer des appartements.* [...] *Et d'attirer de nouveaux commerçants pour revitaliser la rue qui va jusqu'à la gare en fait*, explique la DGS de la ville. *Et puis de revoir le déplacement. Créer une nouvelle place, déplacer le marché qui était derrière l'Office de tourisme donc l'amener sur cette place et en faire un nouveau lieu de vie en fait, et que le marché soit vraiment intégré dans la ville* [...] *créer un nouveau quartier de vie et puis en termes de développement d'amener peut-être une nouvelle dynamique à la ville* ».

La mise en œuvre de ce projet donne l'occasion aux élus bagnolais de consolider les liens entre la commune et les autres collectivités locales. Elle permet d'abord d'éprouver le « partenariat renforcé » signé entre la ville, la CdC des Andaines et le Conseil départemental *via* Ingénierie 61, l'agence départementale d'assistance juridique, technique et financière[331]. Par son intermédiaire, le Département apporte son concourt à la préparation du projet, comme l'explique un élu bagnolais (adjoint en charge de la voirie, de l'eau et de l'assainissement) : « *On a demandé une aide d'Ingénierie 61, la nouvelle cellule au niveau du Département. Et en fait, par Ingénierie 61, on va avoir aussi le CAUE* [conseils d'architecture d'urbanisme et de l'environnement] *du Département pour nous guider, parce que moi je reste convaincu qu'entre élus, on reste incapable d'arrêter un projet. Il faut qu'il y ait quelqu'un d'extérieur dans l'équipe* ». Mais l'échelle régionale aussi y participe. La SHEMA, une société d'économie mixte spécialisée dans l'aménagement, la construction et le développement économique – dont la Région Normandie est l'actionnaire de référence – est retenue pour piloter l'opération[332]. Enfin, aux côtés de la CdC Andaine-Passais, co-porteuse du projet avec la ville, le Conseil régional de Normandie et le Conseil départemental de l'Orne apportent leur soutien financier.

Conformément à l'analyse de Patrice Duran, selon laquelle « les politiques de développement passent par une coopération renforcée entre les différentes

---

331 « Un spectacle scelle le partenariat renforcé avec le Département », *Le Publicateur Libre*, [En ligne], publié 09/09/2016, consulté le 10/09/2016.

332 « Des premiers jalons en vue des travaux au quartier de la Gare à Bagnoles de l'Orne Normandie », *Le Publicateur Libre*, [En ligne], publié et consulté le 15/09/2019.

collectivités publiques comme par l'inclusion des acteurs privés dès la formulation des enjeux » (2010 : 128), la quête d'attractivité poursuivie par ces différentes échelles de gouvernement facilite leur ajustement. Relativement isolée au tournant des années 2010, la municipalité bagnolaise voit ainsi le soutien du Département et de la Région s'intensifier à mesure que s'affirme le projet de diversification touristique.

Ces appuis donnent d'ailleurs lieu à une mise en scène publique. Lors d'une réunion organisée à l'hôtel de ville, les partenaires viennent afficher leur soutien au projet. Christophe de Balorre (président du Conseil départemental de l'Orne) salue « *un projet ambitieux dans un contexte pourtant tendu financièrement. Bagnoles a su à la fois conserver son charme particulier, tout en évoluant et en s'adaptant aux attentes des touristes* ». Hervé Morin (président du Conseil régional de Normandie) affirme à son tour que « *le soutien de sa collectivité* [va] *aux territoires* [porteurs de] *projets structurants à valeurs ajoutées. Votre projet d'aménagement est une belle idée. C'est un projet lourd, ambitieux, mais un bon choix. Car pour développer nos territoires, les élus doivent avoir de l'ambition* »[333].

Le maire de la commune nouvelle profite lui aussi de cette tribune pour tenir un discours d'auto-imputation, replaçant la réussite du projet dans une stratégie de long terme. Après en avoir retracé les principales étapes, il déclare : « [Ce projet] *correspondait aux objectifs de la stratégie de développement sur laquelle nous avons travaillé en parallèle : améliorer la mobilité ; redynamiser ce quartier en souffrance ; proposer une nouvelle offre de logement* ».

Comme à Dax, la réalisation d'un projet associant plusieurs collectivités autour d'un objectif commun alimente l'entreprise de légitimation des élus locaux. Le référentiel du marketing territorial, qui s'impose à Bagnoles de l'Orne tout au long de la décennie 2010, participe donc, concrètement, à affirmer leur capacité politique. Soutenus par leurs homologues départementaux et régionaux, les élus mobilisent les ressources nécessaires pour mener à bien leur entreprise de requalification du territoire. Ils s'offrent alors l'occasion, le cas échéant, de publiciser une telle réussite et d'augmenter leur *leadership*.

---

333 Ces propos sont extraits de l'article de presse déjà cité : « Réhabilitation du quartier de la Gare à Bagnoles : une confirmation des financeurs », *Le publicateur Libre*. Il en va de même pour ce qui concerne les déclarations du maire de Bagnoles de l'Orne qui suivent.

Un tel processus est encore plus visible à Dax, où les relations qu'entretient l'intercommunalité avec le Département des Landes et la Région Nouvelle-Aquitaine sont sensiblement plus nourries.

Des relations renforcées et structurantes sur le Grand Dax

Sur le Grand Dax, la démarche de marketing territorial s'inscrit d'abord dans une logique de développement économique. Portée administrativement par le service « développement économique, stratégie économique et marketing territorial », elle dépasse toutefois les seules logiques économiques. Le site internet de l'agglomération en offre un bon aperçu, en mobilisant un registre explicatif et pédagogique à destination des habitants : « *Faire du marketing territorial, c'est : définir ensemble une image partagée et séduisante, à travers des messages forts, valoriser nos atouts, nos valeurs. Renforcer le dynamisme de notre territoire sur les plans économique, touristique, culturel, numérique... Élaborer une offre attractive pour les habitants, les acteurs locaux, mais aussi les touristes ou les entreprises qui souhaiteraient s'installer* ». L'objectif affiché est clair : « *promouvoir son territoire, valoriser ses nombreux atouts, attirer les entrepreneurs et renforcer durablement son attractivité et son image* »[334].

La mise en tourisme du territoire occupe une place centrale dans cette stratégie. Elle permet aux acteurs publics grand dacquois de réaffirmer les relations tissées avec le CDT des Landes et le CRT Nouvelle-Aquitaine. En effet, tandis que l'agglomération du Grand Dax entame sa démarche de marketing territorial, les exploitants thermaux et le directeur de l'OITT participent à une réflexion stratégique menée par le CDT pour redéfinir l'image du thermalisme landais. Dans la continuité des travaux du Club du thermalisme landais, cette initiative coïncide avec l'arrivée, en 2017, d'une nouvelle directrice du CDT, dotée d'une solide expérience dans le monde du marketing.

Formée en école de commerce, cette dernière a d'abord fait carrière dans le secteur privé (SFR, Général des Eaux et Cegetel), avant de rejoindre le monde du tourisme et le CDT du Finistère, dont elle prend la direction pendant sept ans. Nommée à la tête du CDT des Landes en 2017, elle entreprend rapidement de repositionner la filière thermale en mobilisant ses compétences en

---

334 « Marketing territorial : renforcer l'attractivité de la Destination Grand Dax », *Grand Dax Agglomération*, *op. cit.*

marketing : « *Quand j'ai regardé un petit peu la configuration touristique, je me suis dit que ce serait bien qu'on travaille plus avant sur le volet thermalisme et notamment qu'on ait quelque chose de plus fouillé, pour mettre une stratégie en place. Qu'on travaille surtout de manière collective… C'est juste vital que les opérateurs privés et publics travaillent ensemble sur ce genre de thèmes. Donc je me dis, le thermalisme c'est une filière prioritaire dans les Landes, il faut qu'on travaille tous ensemble dessus.* […] *Et il faut qu'on développe une approche marketing qu'on n'a pas franchement actuellement. Donc j'ai proposé de travailler là-dessus, d'abord à mon président qui a été d'accord. À mon conseil d'administration au Conseil départemental ensuite. Et puis après, je suis allée voir les opérateurs, les Offices de tourisme d'abord, les communautés de communes* ».

Au-delà du CDT, l'ensemble des exploitants thermaux landais et des offices de tourisme intercommunaux concernés sont associés à une réflexion globale sur l'image du thermalisme landais, tandis que les différentes communautés de communes et d'agglomération concernées sont sollicitées pour co-financer la démarche.

Du côté du Grand Dax, l'adhésion est rapide. Les acteurs publics voient dans cette collaboration une opportunité d'alimenter leur propre réflexion sur l'image et l'attractivité du territoire. La directrice du CDT souligne d'ailleurs l'imbrication des deux projets : « *On travaille très étroitement avec le Grand Dax. Ils ont intégré nos travaux dans leur travail sur le marketing territorial. Ils nous ont poussés à sortir l'étude rapidement pour qu'ils puissent s'en servir de leur côté. C'est pour ça qu'on l'a sortie en tout début d'année, c'est parce qu'ils attaquaient leur travail sur le marketing territorial* ». La maire de Saint-Paul-lès-Dax, également Vice-Présidente de l'agglomération du Grand Dax et de l'OITT, confirme cette volonté politique de convergence : « *Il y a une démarche de marketing territorial à l'agglo* […] *et effectivement il y a une articulation avec l'Office de tourisme, qui fait aussi la communication depuis toujours et il y a en plus, ce qui est intéressant, une vraie communication avec le comité départemental du tourisme qui fait aussi une marque Landes. Et donc il y a eu une réunion commune, il y a eu une vraie volonté d'amalgamer le tout, de faire une communication qui aille dans le même sens…* ».

Portée par le CDT des Landes et accompagnée par l'agence « Signe des Temps », la démarche prend la forme d'un marketing structuré en plusieurs étapes. Six « workshops stratégiques » sont organisés pour construire collectivement les positionnements, slogans, axes d'action et éléments de langage de chaque station. Le premier temps est consacré à un diagnostic partagé, fondé sur l'analyse des spécificités de chaque territoire. La directrice du CDT revendique une approche stratégique, à rebours d'une logique purement communicationnelle : « *Je voulais qu'on arrête de parler communication mais qu'on en revienne aux fondamentaux, c'est-à-dire : qui on est, quelles sont nos pistes de développement, quels sont les points sur lesquels il faut impérativement qu'on travaille pour être à niveau, comment on se développe. Et après, une fois qu'on a fait ça, maintenant on va attaquer la phase de "comment on communique" mais c'est après. Et c'est souvent la confusion qu'il y a eu entre une approche marketing sur les fondamentaux et une approche de communication qui est juste la partie haute* ».

Étudier l'image renvoyée par le thermalisme landais, en faire prendre conscience aux exploitants thermaux, tel est l'enjeu de la première phase. « *Quand on a fait notre étude sur le positionnement du thermalisme dans les Landes, moi j'ai été regarder un peu le verbatim dans la presse, sur les réseaux sociaux*, explique la directrice du CDT. *À chaque fois, ce dont on se rend compte c'est que sur la dimension thermale, les mots qui reviennent c'est "âgé". Il y a un problème de modernité dans l'image du thermalisme. Et moi je me suis dit "mince, c'est quand même bête, alors qu'on a justement tout le crédit d'un soin médical, de ne pas avoir une branche qui soit à vocation bien-être, mais bien-être soin et pas soins thérapeutiques". Donc garder la dimension soin, parce qu'elle est importante, mais pas thérapeutique, bien-être. Et quand j'ai évoqué ça lors des réunions avec les opérateurs thermaux, on m'a dit "hop là, mais vous n'y pensez pas ! Les cures vont être déremboursées !". Donc il y a cette espèce de peur viscérale du déremboursement des cures* ».

La phase stratégique, où se négocie le positionnement, est plus conflictuelle encore. Cette seconde phase met en évidence la façon dont la mise en image et en marque d'un produit (le thermalisme voire le thermalisme landais) ou d'une facette d'un territoire (les Landes thermales) est chargée d'enjeux. Une fois le constat établi, il est en effet question de (faire) partager des valeurs communes. Les propos d'un dirigeant du CDT en donnent un aperçu : « *Quand on dit à quelqu'un que les Landes, c'est le premier département thermal au niveau national, ça étonne tout le monde.* [...] *On a donc une image qui n'est pas suffisante sur le volet thermal. Donc ce qu'on s'est dit, c'est qu'il fallait qu'on fasse une démarche collective pour pousser plus notre image thermale et renforcer l'économie thermale sur les Landes.* [Dans les ateliers] *on a défini un socle de valeurs et du verbatim autour de la dimension landaise. C'est-à-dire que l'idée ce n'est pas seulement d'avoir une signature, mais c'est de se mettre d'accord sur la façon dont on parle du monde thermal. Et l'objectif c'était bien ça, d'abord de définir une stratégie de conquête : qu'est-ce qu'on veut faire aujourd'hui ? Vers où on veut aller ? Quelles sont nos cibles ? Et après, avec quel message ? Avec quel positionnement ?* ».

Cette phase « amont » du marketing territorial, longue et parfois fastidieuse, se révèle ainsi décisive : toutes les décisions fondamentales, souvent irréversibles, sont prises au cours de cette phase (Chamard, Schlenker, 2017 : 45). Chaque partie prenante y défend son point de vue et ses intérêts. Les exploitants thermaux militent pour conserver une image « sérieuse », liée aux soins, dans la tradition du thermalisme social qui a fait la réputation de la station dacquoise. À l'inverse, les dirigeants du CDT et de de l'OITT du Grand Dax partageant le souhait des élus locaux de moderniser l'image du thermalisme et militent pour une ouverture vers le bien-être. Cette confrontation met en lumière les tensions sous-jacentes à la construction d'un compromis.

« *J'ai fait un atelier, donc au printemps sur le marketing du bien-être avec les thermaux*, évoque un dirigeant du CDT. *Bon, là vous mettez votre cotte de maille, le casque* [rires] *et vous pouvez y aller.* [...] *Certains travaillent le bien-être avec les outils du thermalisme médical, donc j'ai animé un atelier pour les aider à définir un univers autour du marketing du bien-être. L'idée, c'était de leur dire "vous voulez attaquer le bien-être, moi je ne force personne à attaquer ce qu'il ne veut pas attaquer mais si vous voulez attaquer le bien-être il faut y aller armés"* ». Les rapports de force que suscitent ces enjeux de requalification rappellent les oppositions entre acteurs issus du monde hospitalier et ceux évoluant au sein du secteur médico-social dans la gestion de la problématique du SIDA. Dans leur étude, Olivier Borraz et Patricia Loncle-Moriceau (2000 : 47) montrent comment les acteurs hospitaliers tentent de préserver leur cadre d'action curatif, tandis que les professionnels du médico-social cherchent à imposer une vision plus globale de la santé publique. De manière comparable, les exploitants thermaux résistent à la redéfinition du thermalisme en défendant leurs « mythes » professionnels. Comme les acteurs du secteur médico-social, la stratégie du CDT consiste à démontrer la crédibilité d'un nouveau cadre d'action. À la différence de l'hôpital public, cependant, les exploitants thermaux finissent par céder. Les dirigeants du CDT parviennent à les convaincre de faire évoluer leur communication vers une conception élargie de la santé et du thermalisme.

Précieux à plusieurs égards pour les acteurs grand-dacquois, ce travail initié par le CDT des Landes n'associe toutefois pas les représentants du CRT Nouvelle-Aquitaine, alors en pleine restructuration. Or, l'intégration de cet acteur est perçue localement comme essentielle, pour que ce dernier véhicule lui-aussi une image modernisée du thermalisme. Les propos de la directrice du service « thermalisme et tourisme » de l'agglomération du Grand Dax le soulignent : « *L'idée, pour une station, c'est surtout d'être vraiment référencée auprès de ces instances de manière à ce qu'ils sachent exactement quel discours on veut renvoyer et que ça soit en cohérence avec l'image du territoire, que ce soit celui du Département ou de la Nouvelle-Aquitaine. Donc c'est un peu l'idée de la poupée russe* ».

Pour aligner les discours, coordonner les actions et donner de la force au récit territorial produit, les acteurs publics grand-dacquois intègrent ainsi les équipes du CRT à leur propre démarche de marketing territorial. « *Sur la question de l'attractivité touristique, sur la question du développement économique, sur la question du thermalisme, il y a une convergence de vue qui a toujours été et il y a la volonté depuis tout le temps d'unir nos efforts et nos dépenses d'énergie pour être complémentaires et cohérents*, expose à ce propos un cadre de l'administration grand-dacquoise. *Par exemple, quand on travaille ici sur l'identité territoriale, ce qu'on est en train de faire aujourd'hui, sur le marketing territorial, évidemment c'est pour valoriser le territoire dans toutes ses dimensions, le thermalisme en étant une parmi d'autres. Mais on le fait aussi en synergie et en complémentarité avec la volonté du Département des Landes de se vendre sur le plan touristique* […], *avec le comité du tourisme de la Région puisque c'est un des éléments de sa prestation et donc il faut qu'on soit raccord sur la qualité des prestations, sur la façon de la vendre, sur la façon de la promouvoir, etc. Donc tout ça, ce sont des réunions qui nous sont communes, des relations qui sont permanentes, il n'y a pas pour le coup de divergences* ».

Le lancement conjoint de ces politiques d'image rapproche ainsi, sur la scène touristique, les acteurs grand dacquois de leurs homologues du CDT et du CRT. Mais à l'image de la maire de Dax, les élus locaux comptent bien parachever, sur la scène économique également, le processus de légitimation de l'activité thermale entrepris depuis le début des années 2010.

« Référentiel ouvert, polysémique, qui vient fédérer en un récit unique les multiples initiatives locales » (Le Bart, 1999 : 419), le marketing territorial est alors utilisé pour moderniser l'image du thermalisme et identifier le Grand

Dax comme un territoire « expert » sur les questions de santé, appréhendées au sens large. « *C'était fondamental aussi de donner une représentation du thermalisme plus dans l'innovation, de changer l'image par rapport au Conseil Régional,* explique la maire de Dax et présidente du Grand Dax. *De changer l'image du thermalisme donc. Le thermalisme, ce n'était pas que quelques touristes qui se font payer des vacances par la Sécurité sociale, qui ressemblent à pépé ou à mémé. C'est aussi quelque chose qui fait vivre des territoires, très important au niveau du développement économique pour les territoires et des retombées. Mais aussi en termes de prévention, en termes d'éducation à la santé, en termes d'accompagnement sur le bien-vieillir* [...] *Donc tout ça m'a permis d'apporter une image un peu dépoussiérée du thermalisme* ». L'offre territoriale se voit ainsi enrichie pour asseoir ce nouveau positionnement et espérer bénéficier de politiques départementales et régionales venant le renforcer.

Le jeu qui s'ouvre entre le Grand Dax, le Département des Landes et la Région Nouvelle-Aquitaine à partir de la seconde moitié des années 2010 illustre la réussite de cette entreprise de repositionnement. Ainsi, au moment même (2018) où le Grand Dax est « labellisé territoire "silver économie" par la Région Nouvelle-Aquitaine »[335], l'agglomération favorise, par l'intermédiaire du cluster Aqui O Thermes, l'implantation à Dax d'une « maison du bien vieillir »[336]. Dans le bulletin intercommunal l'initiative est saluée comme un moyen de renforcer le positionnement du Grand Dax comme « *territoire de bien-vivre et de bien-vieillir* ». Pour la chargée de mission santé et silver économie, responsable du thermalisme à la Région, une telle action témoigne d'une volonté politique de repositionner l'image du territoire : « *Ils ont mené* [Aqui O Thermes] *une expérimentation sur l'ouverture d'une maison du bien vieillir. C'est un partenariat avec AG2R la mondiale, une sorte d'habitat témoin*

[335] *Grand Dax Agglomération*, mai 2018, p. 22.

[336] « AQUI O Thermes et ses partenaires (Grand Dax, AG2R-Réunica, Leroy Merlin et XL Habitat qui met à disposition le logement) ont créé ce logement qui répond à la question cruciale et tellement actuelle du maintien des seniors à domicile », *Grand Dax Agglomération*, mai 2018, p. 22. « AG2R LA MONDIALE expérimente un "logement du Bien-vieillir" dans la ville thermale de Dax [...] Moderne, préventif et accessible à tous, il réunit habitat et santé dans un espace de vie adapté, basé sur l'économie des gestes douloureux et l'optimisation des soins. De quoi donner des idées aux résidents pour l'aménagement de leur domicile ». « Un logement du bien-vieillir à Dax », *AG2R la Mondiale*, [En ligne], publié le 21 septembre 2018, consulté le 08/11/2019.

avec tout un tas d'équipements qui s'adressent aux séniors. [...] *L'intérêt pour le cluster d'être chef de file sur ce groupe, c'était aussi de permettre au thermalisme d'être vraiment identifié comme un outil de prévention vis-à-vis des autres secteurs d'activité, vis-à-vis du grand public, qui travaillait sur la thématique d'accompagnement des séniors, de dire "voilà on fait un travail global de prévention qui va au-delà de la cure". Et vendre justement cette image de la cure accompagnée d'éducation thérapeutique, accompagnée d'autres dispositifs* »[337].

Co-rédigé dans une temporalité similaire par le cluster Aqui O Thermes et les services de la Région, le « plan de développement de la filière thermale Nouvelle-Aquitaine 2018-2022 » renforce cette dynamique d'identification. Pour réaffirmer le *leadership* du thermalisme néo-aquitain tout en renforçant son positionnement comme « *thermalisme de santé, dans un souci de développement durable et prévention* »[338], le plan insiste sur les enjeux de recherche, de formation et d'innovation. Plus précisément, il fait de l'enseignement du thermalisme dans les facultés de médecine un problème prioritaire, tant pour sensibiliser les futurs médecins prescripteurs, que pour former des médecins thermaux. De nombreuses discussions et négociations entre élus grand-dacquois, conseillers régionaux, représentants du cluster, techniciens de la Région en charge du thermalisme et représentants de l'Université de Bordeaux rythment ainsi la construction du plan et aboutissent sur l'ouverture d'une antenne de première année commune aux études de santé (PACES) au sein de l'Institut national du thermalisme situé à Dax.

À nouveau, la mise en œuvre de ce projet consolide le récit territorial promu par le Grand Dax et confirme le crédit acquis par le territoire auprès de la Région. Le DGS de l'agglomération du Grand Dax le souligne clairement : « *Pourquoi la première année de PACES ? Ce n'est pas pour faire plaisir à Dax, c'est parce que Dax entre temps, elle était et elle est la première destination thermale de France. Donc elle a une connaissance et une prise en charge des plus de 60 ans qui est réelle autour d'un certain nombre de problématiques médicales*

---

337 Le cluster Aqui O Thermes est identifié au territoire grand dacquois (voir sur ce point la section « La dépendance du cluster au sentier Grand dacquois »). La « maison du bien vieillir » est d'ailleurs implantée à Dax. L'identification du cluster comme outil de prévention permet au Grand Dax de nourrir son image de territoire de santé.

338 « Plan de développement de la filière thermale Nouvelle-Aquitaine 2018-2022 », *Cluster Aqui O Thermes*, p. 14 et suivantes.

que tout le monde aura un jour ». Pour lui, cette position de *leader* ne se limite pas à l'accueil de curistes, mais s'inscrit dans la construction d'une expertise territoriale en matière de prise en charge du vieillissement : « *On est devenu ce référentiel sur "comment ces gens avec ces pathologies mais en même temps qui sont en forme malgré tout, comment ils vivent, comment ils consomment, de quoi ils ont besoin, comment on les traite" ?* ». Ce positionnement alimente l'essor d'une filière territoriale articulant formations (écoles de kinés, d'infirmières, Institut du thermalisme), projets de recherche (eau, boue, silver économie) et expérimentations médicales comme le village Alzheimer, menées en partenariat avec l'AP-HP et l'Université de Bordeaux. « *Tout ça nous donne une image et nous permet de développer toute la silver économie qui va avec* » conclut-il.

Cette entreprise d'identification du territoire dacquois comme « expert » dans la prise en charge de certains enjeux de santé publique – en particulier le vieillissement – semble également fonctionner auprès du Département des Landes. Lorsque Henri Emmanuelli (député et président du Conseil général puis départemental des Landes jusqu'en mars 2017) souhaite concrétiser le projet de construction d'un « village Alzheimer »[339], c'est la ville de Dax qui est retenue. L'alignement partisan (Parti socialiste) des élus dacquois avec le président du Conseil départemental, à partir de 2008, a sans doute facilité cette décision. Mais les élus locaux préfèrent mettre en avant une autre explication, plus légitimante : si Dax accueille ce projet pionnier, c'est avant tout, selon la communication institutionnelle, grâce aux « compétences du territoire »[340], patiemment construites et valorisées par l'action publique locale depuis la fin des années 2000, notamment à travers la démarche de marketing territorial[341].

Cibles et parties prenantes de la démarche de marketing territorial, le Conseil départemental des Landes et son CDT, le Conseil régional de Nouvelle-Aquitaine, le CRT et le cluster, transforment progressivement les représentations qu'ils se font du Grand Dax. Cette requalification symbolique du territoire permet donc aux élus locaux de renforcer les relations

339 « Le Village Landais Alzheimer », *Village landais Alzheimer*, [En ligne], consulté le 09/11/2019.

340 « Dans les Landes, bientôt le premier "Village Alzheimer de France" », *Libération*, [En ligne], publié le 5/06/2018, consulté le 09/11/2019.

341 « Village Alzheimer – L'innovation au service du bien vieillir », *Grand Dax Agglomération*, [En ligne], consulté le 09/11/2019.

inter-gouvernementales et, surtout, d'obtenir un soutien financier, politique et technique dans la stratégie de repositionnement engagée.

Le marketing territorial permet de « donner à une addition de coups tactiques l'apparence d'une authentique "stratégie" » (Le Bart, 1999 : 421). Il offre ainsi aux autorités locales l'opportunité de valoriser leur action au service du territoire. La présentation faite par la présidente de l'agglomération (également maire de Dax) de l'évolution de la reconnaissance du Grand Dax par la Région en est une bonne illustration. Retraçant les « coups tactiques » évoqués par le DGS, elle adopte une rhétorique « d'imputation massive au politique, celui-ci ayant contribué de façon décisive à une décision porteuse d'effets sociaux considérables » (Le Bart, Procureur, 2011 : 40). « *J'ai réussi à obtenir en 2012 que nous ayons ici l'école de kinés*, souligne-t-elle. *Tout ça c'est quand même la Région qui finance, ça faisait partie aussi d'un des volets du plan thermal, et je me suis battue pour qu'on puisse avoir cette école des kinés sur Dax. Bon voilà, il y a des choses qui avancent, de belles reconversions, que ce soit le Splendid, que ce soit le Jean Nouvel et je pense que c'est aussi ça, c'est aussi cette avancée au niveau du thermalisme qui a fait que le Conseil départemental, pour un sujet qui est complètement différent mais qui relève de la construction d'un village Alzheimer ici à Dax, a considéré que ce territoire du Grand Dax avait une expertise, un savoir-faire sur la prise en charge des personnes âgées qui faisait que l'on était tout à fait légitimes à pouvoir être, de par notre expérience, notre expertise thermale, le territoire d'accueil de ce village Alzheimer*[342]. *On avait finalement un écosystème favorable, donc je pense que l'on est reconnu aujourd'hui leader en tout cas, on est reconnu leader au niveau européen. On est reconnu en tant que leaders au niveau européen de pratiques, d'une réflexion sur le thermalisme et ça je crois que ce sont des choses qui sont plutôt positives* ». Un adjoint au maire de Dax (également Vice-président de l'agglomération du Grand Dax) adopte une posture similaire : « *Je n'ai pas abordé tout le sujet du thermalisme de demain,*

[342] Les caractéristiques spécifiques proposées par le Grand Dax sont susceptibles de faire écho à la volonté du Département des Landes de mettre en œuvre des « politiques de l'autonomie » (à destination de publics vieillissant et handicapé) qui soient « inclusives ». En plaçant le paradigme inclusif au centre, celles-ci considèrent le public en situation de vieillissement ou de handicap comme « pleinement acteur de sa propre vie ». Surtout, l'environnement doit être « adapté », les politiques inclusives ayant « à voir avec le territoire et la territorialisation des politiques publiques » (Poujadon, Martin, 2019 : 65 et suivantes).

sur la prévention, sur tout ce qu'on peut faire en plus pendant la cure, il y a du boulot à faire... Il y a un alignement des planètes là. On peut tout avoir, parce que voilà on est reconduit au niveau des instances [...] *On a ici dans la région en tout cas, le regard bienveillant de l'ARS, de l'Université de Bordeaux. À partir de la rentrée, on aura même la première année de médecine. Voilà. Qui c'est qui s'est battu aussi pour l'avoir ? Tout ça, enfin c'est le rôle d'un élu hein !* [...] *C'est la collectivité qui met tout en place pour que cette activité soit pérenne et dans de bonnes conditions* ».

Ces logiques d'auto-imputation déployées par les élus soulignent que, sur le Grand Dax aussi, « la montée en généralité qu'opère le marketing territorial demeure l'affaire des exécutifs. Le marketing territorial est en ce sens une ressource de *leadership* : il conforte l'image du maire ou du président chef d'orchestre du territoire, maître de la cohérence de l'action publique et responsable du développement territorial » (Le Bart, 2011 : 327). Une telle démarche ne vise donc pas seulement la scène extérieure. Le succès d'une politique étant lié en partie à l'alignement des discours véhiculés, elle porte aussi comme objectif de mobiliser une majorité d'acteurs de la société locale, à commencer par les exploitants thermaux. Le second enjeu de la démarche de marketing territorial est alors de les associer étroitement à sa conception. En leur donnant l'opportunité de charger l'image du territoire de valeurs qu'ils défendent, les élus espèrent ainsi en faire des « ambassadeurs ».

Faire des exploitants thermaux des « ambassadeurs du territoire »

S'il peut susciter des tensions lors de sa mise en œuvre, le marketing territorial « s'inscrit dans un contexte de management territorial et est un outil de planification stratégique ». Son intérêt tient à sa capacité à produire un développement territorial cohérent, en mobilisant les identités collectives pour construire une image partagée, porteuse de sens à l'extérieur du territoire. « L'implication des acteurs est à la base de la constitution d'une image pour le territoire et de la construction d'une politique de marketing territorial » (Brun, 2017 : 37). Sur le Grand Dax, cet outil revêt ainsi un enjeu particulier. Tandis que l'action collective initiée en 2009 se trouve fragilisée par le repositionnement des élus locaux au centre du jeu, il se révèle être un précieux outil de compromis. En impliquant les acteurs économiques de la station – exploitants thermaux au premier chef – il contribue à stabiliser la coalition. À Bagnoles de l'Orne, le contexte est différent : l'action collective demeure stable depuis sa genèse au début des années 2010. La création d'une marque territoriale n'en joue pas moins un rôle de cohésion, en facilitant l'alignement des acteurs autour d'une orientation commune.

Intégrer pour stabiliser

Les exploitants thermaux grand dacquois sont associés à la démarche de marketing territorial lancée par la communauté d'agglomération. Ils le sont toutefois en nombre limité. Seuls un représentant des exploitants thermaux et un représentant du cluster (dans lequel les exploitants thermaux dacquois sont fortement présents) sont invités à partager leur opinion et faire valoir leurs intérêts[343]. Regroupés au sein de l'ETAD, ils s'organisent en conséquence et décident collectivement de défendre auprès des acteurs publics la promotion d'un thermalisme essentiellement tourné vers la santé biomédicale. La directrice générale d'une petite structure thermale dacquoise donne un aperçu de cette stratégie d'alignement des points de vue des exploitants thermaux : « *On essaye de rester médicalisés tout de même. On ne veut pas se diversifier parce qu'après ça va être…* […] *Bon, il y en a qui font des cures courtes, courts séjours, cures bien-être, etc. Bon nous on peut, ils viennent une journée, ils découvrent les soins etc. ça leur fait du bien, ils repartent. Mais on ne veut pas partir comme en thalasso faire des cures bien-être* ». Un autre exploitant dacquois (PDG d'une structure de taille moyenne), sensible au développement de diversifications liées au marché du bien-être, fait le même constat. S'il ne partage pas la stratégie de ses associés-rivaux, il n'a d'autre choix que se ranger derrière l'avis collectif. C'est donc seul qu'il organise sa communication. « *C'est la stratégie de la station et des établissements, de mes concurrents*, souligne-t-il. *Ils veulent se positionner sur de la cure médicalisée et pas autre chose aujourd'hui. Donc c'est clairement une volonté de Dax et de Saint-Paul-lès-Dax de se placer sur ce terrain-là. Ce qui n'est pas le mien. Mais comme on est plusieurs, on fait… Ils*

---

343 Comme indiqué plus haut, nous n'avons jamais pu obtenir d'information sur la composition exacte des réunions de marketing territorial. Toutefois, un adjoint à la maire de Dax (également vice-président du Grand Dax) et un responsable de l'OITT semblent indiquer une composition similaire à celle du comité de direction de l'OITT. Autrement dit, une forte majorité d'élus du Grand Dax pour une minorité de représentants de la société locale.

veulent devenir leader de la cure médicalisée en rhumatologie, en phlébologie, de la prévention et ainsi de suite donc c'est vraiment une volonté, c'est une stratégie ».

Cette ligne stratégique trouve un écho favorable auprès des élus locaux, comme le souligne la maire de Dax : « *Ils tiennent, et je crois que quelque part ils ont raison, à cette identité forte de qualité des soins, de qualité de la prise en charge et de cure médicale* ». Un cadre de l'agglomération du Grand Dax apparaît lui aussi particulièrement convaincu : « *Je vais vous dire, moi je crois que le bon choix, c'est celui qu'on a fait. Pourquoi ? Parce qu'aujourd'hui, la population vieillit, elle vieillit bien, en bonne santé.* [...] *On a envie de vivre plus vieux et toujours en forme, et de profiter de la vie. Et donc aujourd'hui, pour ça, il faut avoir quelques traitements. Et ces traitements, on n'a pas envie qu'ils soient médicaux. On est dans l'ère du naturel.* [...] *La boue et l'eau thermale, elles offrent ça. C'est-à-dire que ce n'est pas du thermoludisme, c'est pas de la thalasso, c'est quelque chose qui vous procure du bien-être mais avec ce côté médicalisant entre guillemets, avec ce côté résultats démontrés* ».

Contrairement à d'autres initiatives participatives souvent critiquées pour leur caractère instrumental et leur manque d'authenticité (Zumbo-Lebrument, 2017 ; Donzelot, Epstein, 2016 ; Pinson, 2009), la démarche engagée sur le Grand Dax ne se limite pas à une mise en scène de concertation. Elle vise réellement à inclure les exploitants thermaux dans le processus de décision. Ces derniers ne se contentent pas d'énoncer un avis consultatif. Ils défendent activement leur vision de l'image à promouvoir pour le territoire.

Les propos de plusieurs acteurs publics montrent d'ailleurs combien la négociation est placée au cœur de la démarche de marketing territorial. En tant qu'instrument de compromis, celui-ci est censé résoudre des paradoxes. Ainsi, s'ils sont convaincus par les exploitants thermaux de vanter le « thermalisme médical », ils essayent tout de même d'en faire un argument de différenciation touristique. La maire de Dax le souligne : « *Alors ce n'est pas facile parce que la cure médicale, eh bien il y a médical dedans... ça veut dire maladie. Personne n'a envie de ça. Cure, ce n'est pas très valorisant. Ça ne parle pas aux jeunes générations, ça ne parle pas aux actifs, il y a une forme de morbidité qui est négative en termes de marketing. En revanche dans ce thermalisme médical, il peut y avoir une qualité de la prise en charge et une qualité des soins qui va vers l'excellence* ». Et d'ajouter : « *Je pense que ce côté médical, il faut l'accompagner mais pour cela il faut qu'il y ait encore plus d'expertise, plus de recherche pour en montrer vraiment la valeur ajoutée* ». Un dirigeant de l'OITT formule le problème en des termes plus explicites encore : « *L'intérêt général n'est pas la somme des intérêts individuels* [...] *d'où le travail sur le marketing territorial qui doit avoir un intérêt pour justement permettre de dégager des valeurs, de faire adhérer à des valeurs et de se propulser, se mettre en marché, ou du moins de mettre en marché ce territoire* ».

En plaçant la négociation au centre de la démarche, les élus du Grand Dax permettent aux exploitants thermaux d'intervenir activement dans la définition du bien commun territorial. L'intérêt de cette ouverture est clair. Il s'agit de désamorcer une éventuelle défiance née de leur repositionnement au centre de la configuration. En laissant aux exploitants thermaux la possibilité de charger l'image de valeurs qui leur sont chères, les élus misent sur leur adhésion à la démarche. L'un des objectifs du marketing territorial est ainsi de stabiliser l'action collective et, *in fine*, de consolider la capacité politique territoriale.

Mais cette intégration poursuit aussi un second objectif, plus indirect. Malgré leur volontarisme, les exécutifs locaux savent que « l'image du territoire [leur] échappe toujours pour partie [...]. Les élus ne monopolisent jamais totalement le droit de parler du territoire, de le caractériser, de le qualifier. Si le territoire est par hypothèse immobile et stable, l'image en est volatile, mobile, fluctuante » (Le Bart, 2011 : 327). En cherchant à faire des exploitants thermaux des « ambassadeurs » de la marque territoriale, ils entendent ainsi garantir l'efficacité de la démarche, condition, à terme, du maintien ou du renforcement de leur *leadership*.

Plusieurs chercheurs en sciences de gestion établissent, en effet, un lien entre la qualité des interrelations entre groupes sociaux en charge de la gestion et/ou du développement d'un territoire et la réussite d'une démarche de marketing territorial. Jérémie Brun rappelle ainsi que « les collectivités territoriales ne peuvent pas être seules à l'origine d'une démarche de marketing territorial. L'appui des acteurs institutionnels, des acteurs économiques et des acteurs associatifs est structurant » (2017 : 33). Pour Christophe Alaux, Sarah Serval et Christelle Zeller, l'image d'un territoire – c'est-à-dire « la manière dont il est perçu à l'extérieur » – dépend de son identité, entendue comme ce qui « exprime l'unité d'un territoire et sa distinction par rapport aux autres [...] à travers toutes ses composantes telles que son histoire, sa raison d'être, l'offre qu'il propose, sa stratégie » (2015 : 66). Il paraît difficile de créer *ex nihilo* une marque territoriale. Celle-ci suppose une identité partagée, laquelle repose, selon les mêmes auteurs, sur la qualité des relations entre acteurs publics et société locale. « Les relations entre les parties prenantes sont l'un des déterminants de cette identité territoriale » expliquent-ils. « Si les acteurs développent des relations solides entre eux sur le même territoire, cela permettra de construire une identité territoriale forte et porteuse d'éléments différenciateurs » (Idem : 73). Surtout, ils affirment que « pour accroître l'impact d'une marque territoriale, encore faut-il que cette dernière soit appropriée et relayée par les usagers du territoire qui en sont les ambassadeurs » (Idem : 61-62).

La démarche de marketing territorial entend donc élever chacun des groupes sociaux qui « font le territoire » au rang « d'ambassadeurs » de la marque créée. Pour cela, un travail de définition des « valeurs » de la marque est mené. Le postulat est simple : des acteurs qui partagent ces valeurs sont plus enclins à se les approprier. « *Le marketing territorial doit avoir un intérêt pour justement permettre de dégager des valeurs, de faire adhérer à des valeurs et de se propulser, se mettre en marché, ou du moins de mettre en marché ce territoire, cette destination d'un point de vue global, transversal* », explique un cadre de l'OITT du Grand Dax. Et d'ajouter, de façon plus lapidaire : « *Il faut s'emparer de la marque !* ». La même volonté transparaît aussi dans les propos d'un élu dacquois (adjoint à la maire de Dax, Vice-Président du Grand Dax) investi dans la conception de cette politique d'image : « *Je leur ai dit, "le marketing territorial, il est là pour servir tout le monde. Vous, il va falloir que vous vous greffiez dessus, que vous profitiez un petit peu de cette marque ombrelle". Mais c'est pas l'inverse !* ».

En associant, entre autres acteurs, les exploitants thermaux à la démarche de marketing territorial, les acteurs publics du Grand Dax se donnent ainsi les moyens d'en augmenter les effets sur la scène extérieure. L'amélioration réelle ou supposée de l'attractivité du territoire pourra alors nourrir un nouveau travail d'imputation permettant aux élus de légitimer l'action engagée auprès des exploitants thermaux et, ce faisant, de renforcer leur confiance.

Le marketing territorial comme instrument de coordination

Les « tensions » rencontrées sur le terrain dacquois ne sont pas perceptibles à Bagnoles de l'Orne. Face à la crise que connaît la station à la fin des années 2000, la solution d'un regroupement collectif au sein d'un EPIC satisfait à la fois les acteurs économiques et politiques. Certes, l'arbitrage de la municipalité en faveur de l'établissement thermal crispe dans un premier temps certains hôteliers[344]. Mais la croissance économique du thermalisme local apaise progressivement les relations. Transparaît alors, dans de nombreux discours, l'impression d'une bonne entente entre les acteurs investis dans le comité directeur de l'EPIC.

« *Cette année, le plan de communication a été fait à l'EPIC. Assez rapidement, il y a eu une unanimité. Il n'y a pas eu de difficulté* [...] *parce que la mairie entretient de bonnes relations avec les deux directeurs de l'établissement thermal et du casino. Aucun problème entre eux* » évoque par exemple le maire délégué de Bagnoles de l'Orne, commune historique. Un autre élu bagnolais (adjoint au maire depuis 2008) partage ces propos : « *On a la chance d'avoir les thermes, le casino et la commune qui se parlent, aujourd'hui, dans une organisation où ils font partie du bureau et ça se passe, enfin ça permet aux gens d'échanger. Même si tout le monde n'est pas toujours d'accord, il y a des relations constantes. Il y a toujours un représentant des thermes, toujours un représentant du casino, à chaque réunion* ». Le point de vue du directeur général de France Thermes, arrivé sur la station au printemps 2018, confirme cette impression. Son discours est empreint de nombreux superlatifs pour qualifier la situation bagnolaise. Évoquant les relations avec d'autres acteurs économiques, il souligne : « *On est concurrents. Mais avant tout, on est partenaires. Et ça, ça a été un travail réussi de sa part* [il évoque le PDG de France Thermes arrivé à Bagnoles de l'Orne en 2009] *mais aussi de la ville, je pense, des maires successifs, de bien comprendre ça et de travailler en partenariat et notamment avec la création de l'EPIC, de l'Office du tourisme où tout le monde est donc membre, d'avoir une collaboration dans la communication institutionnelle, de la ville etc. Donc un vrai partenariat ! Alors là je peux comparer avec Balaruc parce que Balaruc étant entité publique, je participais bien sûr, enfin j'avais des relations étroites avec l'Office du tourisme qui était géré quand même par la même personne, c'est-à-dire le maire... J'ai été estomaqué par l'intelligence des relations des partenaires ici, à Bagnoles, des partenaires socioprofessionnels et de la mairie. Quand on a un problème, on communique, on essaye de trouver des solutions ensemble* [...] *Ici c'est extraordinaire cette cohésion.* [...] *Moi qui ai vécu quand même en relation directe, H-24 avec la collectivité dans le Sud, ici on se voit dix fois moins, mais on a des relations dix fois supérieures* ».

---

344 Nous avons déjà évoqué ce point dans le chapitre III, section « *Une crise "objectivée" ou l'opportunité d'améliorer les relations* ».

Il est difficile d'imputer directement l'absence de conflits sur le terrain bagnolais à la seule mise en œuvre d'une démarche de marketing territorial dès le début des années 2010. Néanmoins, celle-ci semble avoir contribué à limiter les divergences entre acteurs. Comme le rappellent Pierre Lascoumes et Patrick Le Galès, « si chaque instrument est conçu dans la perspective d'une utilisation précise (compter, calculer, définir, désigner, etc.), il dispose aussi d'une finalité intermédiaire en termes d'action publique » (2005 : 14) ». Ainsi, le marketing territorial ne se réduit pas à un outil de mise en image ou de mise en tourisme du territoire (utilisation précise). La création d'une marque, « Le Grand domaine de Bagnoles de l'Orne », et surtout d'une « charte », permet aux acteurs publics d'encadrer les conduites de leurs partenaires économiques (finalité intermédiaire). La directrice générale des services de la ville exprime clairement cette intention : « *C'est pour ça qu'on a créé cette charte. L'idée c'est qu'on voulait les obliger, enfin les obliger... les inciter à avoir un geste d'accueil particulier envers les visiteurs en fait. Et pour dire, bienvenue dans le Grand Domaine, voilà ici on vous accueille de telle façon* ».

Devenir « ambassadeur » de la marque – en signant la charte – implique donc l'adhésion à des normes définies en amont par le comité de direction de l'EPIC, notamment en matière de communication. « *Station thermale, c'est réducteur en fait, ça se réduit à la santé, le côté cure*, ajoute la DGS. *Et on ne veut pas que ça se limite à ça, c'est ça l'idée. Donc quand on a développé la marque Grand domaine, c'était aussi pour cibler des nouvelles clientèles. Notamment les clientèles familles et séniors, mais séniors actifs, ou même ça peut être des couples plus jeunes* [...] *On voulait rajeunir l'image de Bagnoles de l'Orne en mettant en place cette marque Grand Domaine. C'est ça l'objectif* ».

À Bagnoles de l'Orne, la démarche de marketing territorial fournit ainsi un « cadre stable d'anticipations qui réduit les incertitudes et structure l'action collective » (Lascoumes, Le Galès, 2005 : 15). Déployée dès la création de l'EPIC en 2011, elle concourt à stabiliser la coalition d'acteurs. Contrairement à Dax, le consensus est ici rapidement acquis. Dès le début des années 2010, les acteurs publics et les principaux acteurs économiques – en premier lieu le directeur du casino et le PDG de France Thermes – s'accordent sur la nécessité de mettre en tourisme le territoire. Euphémiser la seule référence au thermalisme et faire de la ville un territoire aux multiples distractions est l'objectif adossé à la stratégie de marketing territorial. Dans ce contexte, le marketing territorial ne constitue pas, comme à Dax, le principal levier du compromis. Mais il joue un rôle non négligeable. Tout au long de la décennie, ses promoteurs veillent à éviter les dissonances et les faux pas qui pourraient fragiliser l'équilibre établi. C'est en cela qu'il participe à la pérennité de l'action collective bagnolaise.

Ainsi, dans les deux villes étudiées, la construction de politiques d'image renforce et pérennise la capacité politique territoriale. En consolidant d'abord les relations intergouvernementales, les démarches de marketing territorial augmentent les ressources financières et institutionnelles. L'expertise apportée par le CDT des Landes dans la confection de l'image thermale du territoire grand dacquois, ainsi que la création du « plan thermal régional » (*via* le cluster) par la Région Nouvelle-Aquitaine, accroît considérablement le pouvoir d'agir du Grand Dax. Bien que moins visible à Bagnoles de l'Orne, cet accompagnement tend également à se renforcer au prisme des politiques d'attractivité, favorisant l'ajustement des différents niveaux de gouvernement. Mais c'est surtout sur la scène locale que le marketing territorial révèle sa portée politique. En initiant ces démarches, les élus locaux s'imposent comme des entrepreneurs, renforçant leur légitimité managériale auprès des acteurs économiques. En cultivant par ailleurs le compromis dans l'élaboration de la stratégie collective, ils parviennent à stabiliser les coalitions formées au tournant des années 2010. Comme dans le cas de la marque « Be Bretagne », pensée pour « fédérer les forces locales » autour d'un « discours commun » (Houllier-Guibert, 2012 : 47), la mise en image du territoire contribue ici à amortir les effets de recomposition institutionnelle. L'enjeu politique assigné au marketing territorial se double toutefois d'un objectif économique : rendre les villes de Dax et Bagnoles de l'Orne plus attractives en transformant leur image. Une telle transformation n'allant cependant pas de soi, c'est à l'analyse de ce processus que s'intéresse le prochain développement.

2) Augmenter l'attractivité du territoire par la différenciation. Ou l'utilisation du marketing comme « dispositif marchand » de « captation »

Définie comme la « capacité à attirer divers flux qu'ils soient financiers ou humains (cadres, touristes, étudiantes, talents...) afin de les stabiliser sur le territoire pour générer des richesses » (Houllier-Guibert, 2019 : 163), l'attractivité est longtemps restée cantonnée, dans les années 1990 et 2000, au registre économique. Appréhendée à travers des indicateurs quantitatifs mesurant les « flux entrants et sortants de populations, d'emplois ou de capitaux » (Idem :

165 ; Cusin, Damon, 2010), elle s'enrichit progressivement de préoccupations plus qualitatives à mesure que l'économie résidentielle gagne en considération auprès des décideurs locaux (Davezies, 2008 ; Talandier, 2012)[345]. Qualité de vie, cadre paysager, *design* urbain, ambiance ou image deviennent alors autant de leviers pour attirer et retenir habitants et visiteurs (Houllier-Guibert, 2019 : 165).

Dans ce cadre, le marketing territorial est utilisé par les élus locaux pour modifier « l'emballage » de leur territoire et le rendre désirable auprès des cibles extérieures (Cochoy, 2004 ; Le Bot, 2011). En activant différentes « logiques de captation » (Idem), ils valorisent ses ressources (naturelles ou créées) et modernisent son image, en prenant soin de le distinguer de ses concurrents. Charles-Édouard Houllier-Guibert rappelle en effet que « développer des positionnements similaires à d'autres territoires est une aberration stratégique. […] Appréhender le développement territorial par le marketing suppose une volonté de différenciation à caractère innovant » (2012 : 47)[346].

De ce point de vue, les positionnements choisis par le Grand Dax et Bagnoles de l'Orne semblent *a priori* opposés, renvoyant aux deux voies de diversification esquissées à l'échelle nationale : médicale pour l'un, touristique pour l'autre. Sur le Grand Dax, l'image thermale demeure largement associée à l'univers médical. Tout l'enjeu assigné au marketing territorial consiste cependant à la « moderniser » afin d'investir plus fortement le marché touristique (1). À Bagnoles de l'Orne, c'est une stratégie inverse qui prévaut. Le thermalisme est euphémisé et réinscrit dans l'univers du bien-être, avec l'objectif d'élargir la cible et de rajeunir l'image (2). Dans les deux cas pourtant, des similitudes apparaissent, dans la manière de construire l'image et le rendu final. En mettant ainsi l'accent sur la globalité du territoire de peur d'exclure une ou des cible(s) potentielle(s), la quête de différenciation semble reléguée au second plan.

---

[345] Alors que l'économie productive concerne les revenus issus de « la vente de biens et services produits localement et exportés », l'économie résidentielle désigne « l'ensemble des revenus captés par les territoires indépendamment de leur capacité productive », qu'il s'agisse des retraites, des « actifs occupés qui habitent dans le territoire mais travaillent à l'extérieur », ou encore des dépenses des touristes (Talandier, 2012 : 35-40).

[346] Les écrits de chercheurs en science politique et en sciences de gestion se rejoignent pour souligner que la volonté de « différencier » un territoire de ses concurrents est un objectif inhérent à toute stratégie de marketing territorial, voire à toute politique d'image. Voir notamment : Brun, 2017 ; Houllier-Guibert, 2012 ; Nay, 1994 ; Charles, Thouément, 2007 ; Le Bart, Procureur, 2011.

a. Le Grand Dax, territoire de l'excellence médicale ?

Sur le Grand Dax, l'image du thermalisme ne se construit pas immédiatement à l'échelle du territoire. Elle reste d'abord façonnée par les exploitants, très présents au sein du CDT des Landes, et s'ancre dans un registre médical traditionnel. Néanmoins, la qualité des relations entretenues par les élus grand dacquois et la nouvelle direction du CDT leur permet de peser sur les orientations retenues. La co-construction collective des démarches de marketing stratégique du thermalisme landais et de marketing territorial du Grand Dax participe ainsi d'un même processus. L'image du thermalisme local, d'abord pensée à l'échelle départementale, est progressivement alignée sur les axes de développement fixés par l'agglomération, au premier rang desquels figure l'ambition de concilier attractivité touristique et positionnement médical. Pour surmonter ce paradoxe et articuler les deux registres, les acteurs grand dacquois jouent sur la sémantique (*via* le recours à l'idée d'« expérience ») et différencient leurs messages selon les cibles visées. Curistes et touristes ne viennent plus seulement pour des soins ou des loisirs, mais pour « vivre une expérience ».

Les « Landes thermales » comme produit d'appel global

Le marché du thermalisme est particulièrement concurrentiel. La compétition s'exerce entre les stations thermales françaises (voire à l'intérieur même d'une station entre plusieurs établissements) ainsi qu'entre ces dernières et les stations thermales étrangères (vis-à-vis des stations allemandes et italiennes particulièrement). Elle s'étend également à des marchés connexes comme la thalassothérapie, qui revendique elle aussi une forme d'« expertise médicale »[347]. Après quatre décennies d'un thermalisme social, l'ouverture progressive vers le « tourisme de remise en forme » dans les années 1990 et 2000

[347] Entre de nombreux autres exemples, le site internet Thalasseo.com met en exergue sur sa page d'accueil la rigueur médicale de l'activité : « Effet osmotique, oligo-éléments, ions négatifs, plasma marin… caractérisent les effets reconnus de la thalassothérapie sur la santé. Lors d'une cure (au minimum six jours pour des résultats durables), la mer et les soins agissent en synergie sur la peau, les muscles, les articulations, la respiration, l'élimination… et sont recommandés en cas d'arthrose, de mal de dos, de troubles circulatoires, de stress, de fatigue… Le tout sous surveillance médicale ». Voir « Thalassothérapie : la mer, source de bienfaits », *Thalasseo.com Leader du séjour bien-être*, [En ligne], consulté le 24/11/2019.

renforce cette confusion. Si les stations thermales investissent de nouveaux marchés liés au bien-être et au tourisme, elles peinent ainsi à s'y imposer.

Comme l'explique Franck Cochoy, « les opérateurs de marché exercent depuis longtemps une pression constante pour soustraire leurs opérations et leurs interlocuteurs à la dimension du calcul, pour déplacer la cognition économique sur le registre de la qualité, des qualités, [...] pour jouer la concurrence non pas sur une baisse des prix suicidaire à qualité donnée, mais sur une redéfinition constante des apparences » (2004 : 24). Exploitants et acteurs publics des villes thermales ne parviennent donc pas dans un premier temps à s'adapter aux codes imposés par le marché du bien-être. Évoquant les premières tentatives de diversification vers la remise en forme dans les années 2000, le PDG de France-Thermes le souligne à propos de Bagnoles de l'Orne : « [Tandis que la clientèle ne cesse de s'étioler], *il y a des biais qui sont cherchés et de dire "on va ouvrir notre activité à autre chose" et c'est la remise en forme. Sauf qu'à l'époque, on le fait en mettant un peu de rouge à lèvre, un peu de cosmétique sur l'offre thermale. Mais ça, c'est pas sexy, parce que la thalasso le fait cent fois mieux que nous. Et puis, parallèlement, vous avez quand même un phénomène très fort qui est, début des années 2000, l'apparition du spa. Le spa de ville, spa d'hôtel, ça commence à pousser très fort. Des taux d'accélération à partir de 2005 qui sont énormes. Des croissances à 25-30 % par an de l'offre. Donc ça veut dire que vous êtes complètement largués !* ».

Les entreprises de marketing stratégique de l'activité thermale et, plus largement, de marketing territorial constituent, à ce titre, autant de « dispositifs marchands de captation » devant permettre aux stations et exploitants thermaux de réussir leur diversification. Pour Franck Cochoy, « capter, c'est observer le parcours d'une cible, pour ensuite l'attirer et l'intercepter » (Idem : 32). Aussi les opérations de captation se déclinent-telles, selon l'auteur, en deux programmes. « Le premier consiste à entreprendre des actions pour détourner/attirer le vis-à-vis de son chemin, par le déploiement de séductions (et donc par la mise en place d'un type de dispositifs "attracteurs"). [...] Le second consiste au contraire à anticiper la trajectoire de son vis-à-vis, et à chercher à le rejoindre, à l'accompagner, à le comprendre (le cerner/le deviner), à se placer sur son chemin et à se présenter dans ses propres termes » (Idem : 32-34).

Dans les deux cas, la connaissance du marché et des publics ciblés est primordiale. C'est pourquoi « l'étude de positionnement et d'image de la filière thermale landaise » s'ouvre par des « éléments de contexte »[348]. Ceux-ci rappellent que le thermalisme est en croissance à l'échelle nationale depuis le début des années 2010 (+ 18 % en 7 ans) et qu'il s'agit d'un secteur « dynamique » (« *250 millions d'investissements ces dernières années* ») au sein duquel les Landes sont présentées comme un « *acteur majeur* ». Le Département concentre en effet 13 % du marché national (75 849 curistes en 2016) avec quatre stations thermales. La cible principale du thermalisme landais est ensuite définie. Comme sur la scène nationale, les curistes sont à 66 % des femmes, âgées de plus de 60 ans dans 30 % des cas. Ces chiffres sont directement mis en relation avec les enjeux contemporains de santé publique. « *La cure thermale intervient à une étape clé,* [...] *sur les maladies chroniques, principal facteur de perte d'autonomie* ». Enfin, si les principaux concurrents (l'Auvergne Thermale, le thermalisme Rhône-Alpin, ou encore Balaruc-les-Bains) sont identifiés, cette contextualisation débouche sur l'identification de nouvelles opportunités de diversification pour la filière. À l'instar du Livre blanc du thermalisme rédigé dix ans auparavant, le rapport énumère les « tendances sociétales » (médicales et touristiques) sur lesquelles la filière peut s'engager[349].

Celles-ci font écho aux théories du « vieillissement réussi », selon lesquelles l'avancée en âge est un processus qui s'organise sur long terme, comme le produit d'une série de choix individuels. Tout en réaffirmant la position de *leader* du Département sur le marché du thermalisme traditionnel, la stratégie

---

348 Déjà évoqué plus haut, le document a été rédigé par le cabinet de conseil en marketing « Signe des Temps » à partir des six réunions collectives organisées avec les exploitants thermaux landais, le CDT et les différents Offices de tourisme. Les chiffres évoqués dans le paragraphe suivant sont issus des pages 8 à 15. Ils trouvent leur source dans le site internet du CNETh pour l'échelle nationale et dans le « baromètre du thermalisme des Landes » (réalisé par l'observatoire économique du CDT des Landes) pour l'année 2016.

349 Rappelant que « *la société française, européenne vieillit* », que l'« *on n'a jamais autant parlé de santé* » et que de nouveaux problèmes de santé publique se sont affirmés, les auteurs du rapports rappellent que, pour régler ces problèmes, les « *thérapies douces* [...] *ont la cote* ». Ces pistes de développement ne se cantonnent toutefois pas à l'univers médical. « *La quête du bien-être et d'une sérénité retrouvée sont au cœur des préoccupations des consommateurs* » est-il précisé. Aussi le thermalisme, « *médecine naturelle par excellence* », doit-il, selon les auteurs, profiter de l'essor considérable que connaît le tourisme de bien-être. Voir : Rapport Final sur l'étude de positionnement et d'image de la filière thermale landaise, p. 13 et 14.

proposée consiste ainsi à « capter » – c'est-à-dire « attirer vers soi, [et] garder ce ou ceux que l'on a attirés » (Cochoy, 2004 : 23) – de nouvelles cibles, plus jeunes et non souffrantes, en proposant des services contribuant « à repousser le vieillissement ou, quand il se présente, à [le] gérer » (Hummel, 2002 : 517).

Quatre profils sont identifiés, dont les « *cibles "naturelles"* », qualifiées d'« *adeptes des Landes* »[350]. Ce sont des curistes fréquentant des établissements landais, se déplaçant majoritairement en couple (61 %), caractérisés comme « *fidèles* » à leur cure thermale, et qu'il s'agit donc de conserver comme consommateurs. Séniors actifs (66,9 ans de moyenne d'âge), ils sont retraités pour 80% d'entre eux. Les seconds sont « *les adeptes "d'ailleurs"* », autrement dit des curistes français convaincus par les effets du thermalisme mais qui privilégient d'autres stations thermales (les principaux concurrents sont Aix-les-Bains, Brides-les-Bains et Balaruc-les-Bains). L'enjeu consiste ici à les attirer dans l'une des quatre stations thermales landaises. Les troisième et quatrième cibles identifiées – celles des « *caps à franchir* » (composée d'individus qui « *auraient intérêt à faire une cure thermale et qu'il faut influencer progressivement* ») et des « *adeptes du bien-être* » qui « *connaissent les bienfaits de l'eau de mer* [mais] *qu'il faut convaincre des bienfaits de l'eau thermale* » – supposent la mise en œuvre d'une « stratégie de conquête ».

Pour « capter » ces cibles aux propriétés et désirs variés, les acteurs réunis par le CDT entreprennent de modifier l'« emballage » du thermalisme et des territoires thermaux landais (Cochoy, 2004 : 71-99). Il y a un « *problème d'image au niveau du cadre des cures thermales* » affirment-ils en effet[351]. Si les territoires thermaux sont « *associés au calme, à la sérénité* », ils renvoient dans le même temps à « *l'ennui, la monotonie* ». De plus, leur connexion avec « *l'univers hospitalier* » les rend « *oppressants* ». Aussi faut-il « *améliorer* » ou encore « *dépoussiérer* » l'image de l'activité et des territoires[352].

Or, comme le souligne Jean-Michel Le Bot, « le marché du tourisme [comme celui thermalisme] est d'abord un marché de services. On n'emballe

---

350 Pour décrire ces différentes cibles, nous nous inspirons ici des pages 22 à 26 du « Rapport final sur l'étude de positionnement et d'image de la filière thermale landaise ».

351 « Rapport Final sur l'étude de positionnement et d'image de la filière thermale landaise », p. 15. Les citations suivantes renvoient à la même source.

352 L'usage du verbe « dépoussiérer » revient par ailleurs souvent dans le discours des enquêtés, à Dax comme à Bagnoles de l'Orne.

pas un séjour, un vol, un repas au restaurant, un après-midi à la plage, une randonnée ou encore une visite de musée ou de monument comme on emballe un pastis ou des cigarettes. Néanmoins la publicité est une "forme distante mais très efficace d'emballage". Et les publicités touristiques [...] peuvent rassembler "tous les attributs d'une économie d'emballage" » (2017 : 9). Les affiches et autres messages publicitaires (qu'ils soient télévisuels, radiophoniques ou diffusés dans des magazines spécialisés ou dans la presse généraliste) ou les sites internet contribuent à « emballer » à la fois l'expérience d'un séjour thermal et le territoire.

Dans le prolongement des travaux de Franck Cochoy, Jean-Michel Le Bot affirme que « l'emballage est peut-être l'un des plus puissants dispositifs de captation qui soit. [Il] capture le produit (l'enveloppe, le masque, le re-présente) et captive donc le consommateur (le fascine et l'informe, l'attire et le retient, le détache et l'attache) » (2004 : 72). Différentes logiques de captation, parfois combinées par un même emballage, permettent de dépasser « l'opposition entre calcul et routine » en construisant chez le consommateur des « préférences » (Idem : 73).

La logique de « l'enchaînement » repose sur le registre de la « tradition et de la connivence ». Il s'agit de « rapporter la réception de la publicité à un continuum entre consommations passées et futures (l'enchaînement comme une succession/reproduction des pratiques) » (Idem : 76). Mobilisant l'exemple d'une publicité pour la marque Ricard, Franck Cochoy suggère que cette logique consiste à faire d'un produit un « quasi-produit générique dont le nom vaut – ou devrait valoir – pour "alcool anisé," de la même façon que le nom de la marque "Bic" sert à désigner un stylo-bille » (Idem : 75).

La logique de « l'intéressement » mobilise quant à elle le registre du calcul et de la réflexion. Les informations proposées par l'emballage jouent ici un rôle déterminant. « Elles tablent sur la capacité des consommateurs à choisir ce qu'ils consomment de façon rationnelle, au besoin par le calcul, en comparant les caractéristiques objectives ou du moins objectivables des produits concurrents » (Le Bot, 2017 : 4).

La logique « d'engagement » renvoie pour sa part aux valeurs que peut incarner un produit ou une marque. Franck Cochoy fait par exemple référence au commerce équitable et à la marque Max Havelaar. L'emballage vient ici certifier (par l'affichage de logos, de labels, ou de textes) l'engagement de la marque et du produit qui est ici, lui-même, « engagé ». Le marketing met

« en avant ses qualités éthiques et sociales à côté d'autres vertus comme les qualités gustatives » (Idem : 5).

Enfin, la logique « d'attachement » mobilise un registre « symbolico-affectif ». L'attachement peut d'abord être collectif par l'usage de références à certains emblèmes identitaires. C'est le cas du casque gaulois du paquet de cigarettes de la marque « Gauloise Blonde », qu'utilise Franck Cochoy pour asseoir sa démonstration. Mais il peut dans le même temps être individuel, en termes de « rapport érotique ». En plus de jouer sur la dimension affective du consommateur *via* un processus d'identification nationale (la Gaule comme ancêtre de la France), l'usage du « symbolisme sexuel » (l'auteur relève ici la féminisation de la Gauloise, blonde et légère) aurait aussi pour fonction de le « séduire » (Cochoy, 2004 : 80).

Ces différentes logiques sont utilisées de façon récurrente dans le monde du tourisme. En devenant un générique du séjour dans des villages de vacances, le « club Med » use par exemple de la logique d'enchaînement. Les descriptifs et autres guides touristiques permettent, par ailleurs, aux consommateurs de se faire un avis sur la destination convoitée, « en conformité, donc, avec la logique d'intéressement. Il ne manque pas non plus de voyagistes et d'organismes de promotion touristique qui jouent sur la notion de tourisme "équitable", "durable" ou encore "solidaire" et font donc appel aux valeurs des consommateurs dans une logique d'engagement très analogue à celle utilisée pour la vente des produits alimentaires "équitables", "solidaires" ou "biologiques" » (Le Bot, 2017 : 10).

La logique de l'attachement est également fortement utilisée dans le monde touristique. En valorisant par exemple les particularités régionales, les campagnes publicitaires s'appuient sur des symboles identitaires territoriaux destinés à susciter une forme de connivence émotionnelle avec la clientèle. Elles visent ainsi à ancrer les destinations dans des imaginaires collectifs susceptibles de générer fidélité et préférence. Toutefois, Jean-Michel Le Bot propose d'aller au-delà de ce double processus d'attachement – individuel et collectif – qu'il juge insuffisamment opératoire pour appréhender les ressorts du marketing touristique. Il propose de distinguer les registres de « l'invitation au plaisir » et de « l'invitation à l'exotisme ». Le premier ne se limite pas, comme chez Franck Cochoy, au registre de l'érotisme, mais englobe l'ensemble des plaisirs sensoriels. Dans le domaine du tourisme, la captation du consommateur passe ainsi par des dispositifs – visuels, sonores, olfactifs – qui évoquent la chaleur, la fraîcheur, la glisse, les plaisirs de la table, et qui fabriquent tout un imaginaire hédoniste destiné à séduire (Le Bot, 2017 : 18). Le second registre, celui de l'exotisme, mobilise quant à lui la diversité culturelle comme levier d'attraction. Pour Jean-Michel Le Bot, l'humanité est « nécessairement diverse et cette diversité se manifeste dans toutes sortes de domaines : celui des langues et des accents, celui des styles culinaires, vestimentaires et architecturaux, celui des croyances et des pratiques religieuses, etc. ». L'invitation à l'exotisme repose ainsi sur le désir de dépaysement, sur l'envie de découvrir une altérité présentée comme authentique, enracinée dans une origine géographique singulière (Idem : 21). En combinant ces deux ressorts – le plaisir et l'ailleurs –, les campagnes touristiques construisent ainsi, selon lui, des « dispositifs d'aguichement » qui visent à créer du désir, et des « dispositifs d'appariement » qui associent une destination à une identité marquée, contribuant à sa mise en marché (Idem : 23).

La quasi-totalité de ces logiques de captation sont utilisées dans la stratégie de promotion du thermalisme landais et, plus spécifiquement, dans la construction de l'image du Grand Dax. Le positionnement adopté vise à la fois à fédérer les quatre stations thermales du Département autour d'une identité commune et à répondre à la diversité des attentes des publics ciblés. Pour séduire ces publics, aux profils et aux désirs différents, les acteurs impliqués dans l'élaboration de la stratégie marketing optent dans un premier temps pour un positionnement englobant, capable de rassembler sous une bannière unique l'ensemble de l'offre landaise. Dans un second temps seulement, ce positionnement global est décliné pour chaque station, en fonction des spécificités locales et des clientèles visées.

Reposant sur deux « piliers différenciateurs » – « *l'excellence médicale* » et la « *générosité de l'esprit sud-ouest* » –, le positionnement du thermalisme landais est défini comme « *l'excellence thermale d'hier et d'aujourd'hui d'une terre sud-ouest, généreuse et vraie* ». Pour soutenir ce positionnement et renforcer l'unité visuelle et narrative de l'offre thermale landaise, tout en assurant la visibilité des stations qui la composent, des éléments de langage communs sont définis et une « estampille » créée. Cette estampille, composée d'une goutte d'eau en mosaïque aux tons bleu-vert et accompagnée de la signature « Les Landes – L'excellence Thermale Par Nature », fonctionne comme un sceau d'authenticité. Elle est censée incarner les valeurs portées par le positionnement, créer une cohérence entre les établissements et renforcer la reconnaissance du territoire comme destination de référence en matière de thermalisme. Elle constitue ainsi, pour reprendre les termes mêmes du rapport, le « *chaînon manquant* » entre les stations et leur territoire, et une ressource marchande destinée à consolider l'attractivité de l'ensemble du réseau thermal landais[353].

Illustration n°2 : « Estampille » du thermalisme landais.

Source : Rapport Final sur l'étude de positionnement et d'image de la filière thermale landaise, p. 39

Ce travail de design sémantique et graphique doit ancrer le positionnement dans l'imaginaire collectif. Pour les consultants du cabinet « Signe des Temps », chaque élément visuel de l'estampille consolide le message véhiculé. Les couleurs choisies – nuances de bleu et de vert – font écho à l'océan et à la forêt, deux ressources naturelles emblématiques des Landes. L'effet mosaïque renvoie quant à lui à l'époque romaine, convoquant l'ancienneté du thermalisme sur le territoire. La goutte d'eau stylisée, évoquant à la fois une pierre précieuse et une pomme de pin, « *suggère que la santé est un bien essentiel que l'on protège* », tout en inscrivant les stations dans un univers forestier ressourçant.

Pour augmenter leur avantage concurrentiel, les acteurs landais entendent associer au thermalisme les valeurs d'expertise, de retour à la nature et de convivialité[354]. La signature « Les Landes, l'excellence thermale par nature » joue avec deux de ces concepts. Elle sous-entend, d'une part, que le thermalisme landais est naturellement excellent, empêchant dans l'esprit du consommateur toute réflexion sur la véracité d'une telle assertion. Elle associe

353 Rapport Final sur l'étude de positionnement et d'image de la filière thermale landaise, p. 37.

354 Par acteurs landais, nous entendons ici ceux qui ont participé à la démarche de marketing stratégique coordonnée par le CDT.

d'autre part cette excellence au rapport que le thermalisme landais entretient avec la nature, caractéristique réputée de ce département (pour ses forêts de pins notamment). De fait, elle laisse entendre au client qu'ici, plus qu'ailleurs, le thermalisme comme « médecine naturelle » est une alternative à l'allopathie. Elle s'inscrit en ce sens parfaitement dans les tendances sociétales de consommation identifiées (thérapies douces).

Trois logiques de captation sont mobilisées dans l'argumentaire des promoteurs pour asseoir cette promesse. La logique d'intéressement, qui parie sur le calcul et la réflexion du consommateur, l'est particulièrement. Certes, « il n'y a presque pas d'emballages, en réalité, qui n'apportent pas au moins quelques renseignements, obligatoires ou volontaires, qui relèvent de cette logique d'intéressement » (Le Bot, 2017 : 4). Mais son usage dans le cas présent permet aux acteurs de suggérer au consommateur la supériorité du thermalisme landais sur ses concurrents. Ainsi, dans l'exemple suivant[355], les éléments de langage associés à l'expertise, au cadre de vie naturel des Landes, mais aussi à la recherche et développement sont mobilisés pour convaincre le consommateur.

Tel que le souligne le texte introductif, la supériorité du thermalisme landais serait liée à l'environnement naturel des stations, car « *les Landes entretiennent avec la nature et les éléments une relation permanente, intime, unique* ». Mais un tel potentiel ne suffit pas. Le récit proposé suggère que devenir les experts du thermalisme passe par l'innovation et la recherche pour que « *chaque année de nouvelles idées, de nouveaux soins, de nouveaux équipements consolident cette vocation* ». Le message laisse enfin entendre que choisir le thermalisme, c'est opter pour « *une approche qui respecte l'organisme, soigne de façon harmonieuse, globale, holistique et non invasive les pathologies aigües, chroniques ou occasionnelles* ». Autrement dit, c'est prendre soin de sa santé, qualifiée ici de « *bien le plus précieux* ».

Comment peut-on ne pas choisir le thermalisme landais ? Telle est la question insinuée par cette logique d'intéressement. À cette question rhétorique, deux réponses sont immédiatement apportées. La première se situe dans la pastille « 100 % bienfaits » qui vient « certifier » une qualité certaine.

---

355 Dossier de presse thermal, *CDT*, 2018, p. 4. S'il a fallu faire un choix pour asseoir notre démonstration, le dossier de presse regorge d'images et d'argumentaires construits sur le même principe.

Illustration n°3 : Publiciser la « supériorité » du thermalisme landais.

Source : Les Landes, dossier de presse thermal, 2018, p. 4.

La seconde réside dans l'image. Le symbole est ici mobilisé, selon une logique d'aguichement. Les sourires et la complicité dans le regard des deux protagonistes, baignant dans l'eau thermale landaise au moment de la photographie, complètent l'argumentaire en même temps qu'ils le renforcent. La suggestion est ici manifeste et vient résoudre le paradoxe d'attirer dans une même destination des clientèles à la recherche de soins médicaux et d'autres en quête de bien-être. D'ailleurs, l'illustration laisse entendre qu'il n'existe aucune contradiction. Pourquoi faudrait-il choisir entre prendre soin de sa santé et se faire plaisir ? Venez prendre du plaisir à vous soigner voire goûter au bonheur (les sourires) grâce à une expérience qui, dans le même temps, est bonne pour votre santé : telles sont les promesses de l'illustration[356].

Le choix des personnages (de jeunes quinquagénaires dont un homme à la barbe et aux cheveux grisonnants identifiés aux séniors actifs), associé à l'encadré présent sur l'image, favorise enfin l'attraction des différentes cibles, que ce soit pour des « *douleurs* », un « *retour à la mobilité* » ou seulement pour « *décompresser* » dans une optique de « *bien-être* ». La conclusion de cette publicité suggère enfin que, dans les Landes, toutes ces expériences sont possibles, car l'une des caractéristiques de ce « *thermalisme exceptionnel* » est de proposer au consommateur une offre « *personnalisée* ».

Le thermalisme landais, dont l'image apparaît trop associée à la dimension curative du soin, est ainsi (ré)emballée au profit d'une autre, plus « moderne », qui associe soin et plaisir. L'image que souhaitent renvoyer les acteurs landais des « Landes thermales » est ainsi celle d'une destination qui propose une expérience globale, au sein de laquelle tous les désirs peuvent être satisfaits.

Le Grand Dax ou la mise en tourisme de l'expertise en santé

Conçue comme un produit d'appel global, l'image de marque du thermalisme landais vise à séduire un spectre large de publics aux attentes diverses. Pour autant, cette stratégie n'efface pas les spécificités locales. Au contraire, elle s'accompagne d'une déclinaison différenciée, pensée pour valoriser l'identité propre à chacune des quatre stations. La démarche marketing engagée par le CDT repose donc sur un équilibre subtil entre unité d'ensemble

[356] En faisant appel à la subjectivité de chacun, l'analyse iconique de cette publicité ne peut être exhaustive. Notre objectif consistait plus à mettre en évidence les logiques de captation utilisées plutôt que d'épuiser ses signifiants.

et différenciation locale. « *Les Landes, 4 destinations thermales, 4 styles, 4 ambiances* » annonce ainsi le dossier de presse thermale de 2018[357]. Quatre signatures sont proposées, chacune mettant en scène une ambiance, un univers et un positionnement distincts, à partir de caractéristiques réelles ou construites.

En référence à l'Impératrice Eugénie, épouse de Napoléon III, qui la fréquentait, Eugénie-les-Bains devient « l'Élégance Thermale ». La cuisine du « *chef triplement étoilé* » Michel Guérard (PDG de l'établissement thermal) est placée au cœur de l'offre globale de la station. Eugénie-les-Bains propose « *la minceur par les soins* », dans un environnement naturel. Elle n'est plus seulement une station thermale mais devient « *la belle adresse pour manger sainement et délicieusement et bénéficier de soins à l'excellence médicale reconnue* ». Si toutes les composantes de la marque ombrelle sont mobilisées (qualité des soins, lien à la nature, hospitalité), l'accent est ici porté sur le plaisir, le raffinement et le bien-être sensoriel.

Préchacq-les-Bains, station plus discrète et peu fréquentée (3 235 curistes en 2017), capitalise quant à elle sur la richesse de son environnement naturel. Sa signature – « *L'immersion nature, l'échappée landaise par excellence* » – valorise l'expérience d'un dépaysement tranquille, en résonance avec la logique d'« invitation à l'exotisme » décrite par Jean-Michel Le Bot. Le consommateur est invité à sortir des sentiers battus, à s'enfoncer « en profondeur » dans un territoire présenté comme authentique, intact et apaisant.

Saubusse est associée, pour sa part, à la signature « *Latitude bien-être* », présentée comme un « *rendez-vous bien-être à 360°, entre détente, forêt et esprit village* ». Ce positionnement mobilise avant tout la logique de l'aguichement, en mettant en avant les plaisirs simples liés à l'environnement naturel et aux activités annexes au thermalisme. « *Vélo, balades, pêche, dégustations savoureuses de la cuisine landaise, quel joli programme pour retrouver forme et sourire* » conclut ainsi la présentation. Cette orientation insiste fortement sur l'esprit convivial et hédoniste du Sud-Ouest, pensé comme un marqueur identitaire. Pourtant, ce positionnement ne fait pas consensus. Le PDG des thermes de Saubusse exprime ses réserves : « *"Latitude bien-être", ça ne m'avait pas frappé* », confie-t-il en riant. « *Mais bon, ils ont insisté pour que ça soit ça.*

---

[357] Les citations suivantes renvoient à la même source : dossier de presse thermale, *CDT*, 2018.

Et comme c'était une boîte assez reconnue qui a travaillé avec le CDT... Moi ça ne m'a pas fait très plaisir ce truc-là, mais bon j'ai pris... ». Ces propos mettent en lumière le pouvoir de cadrage des acteurs publics et des consultants en marketing, particulièrement lorsque les exploitants thermaux sont isolés et peu structurés collectivement.

La situation est tout autre dans le cas du Grand Dax. Forte de la densité de ses établissements et de l'organisation des exploitants au sein de l'ETAD, la station parvient à faire entendre sa voix. Grâce à cette force collective, les exploitants influencent significativement la construction de l'image territoriale. Le positionnement retenu – « *Le Grand Dax, Une santé d'Avance* » – le traduit. Chaque élément de langage est soigneusement choisi pour incarner l'expertise médicale, la qualité des soins et l'avance supposée du territoire dans le champ de la santé. L'image du Grand Dax repose ainsi sur une mise en tourisme assumée de ses compétences sanitaires. Loin de renier l'univers médical traditionnel, elle l'actualise en l'intégrant dans une stratégie territoriale d'innovation, de prévention et de bien-vieillir.

Pour ancrer cette image dans l'esprit du consommateur, la rhétorique de l'intéressement est de nouveau particulièrement utilisée. Mais l'excellence, telle qu'elle est mobilisée dans cette argumentation, n'est pas construite comme propriété absolue. Elle est au contraire pensée en relation avec la concurrence, et notamment vis-à-vis de Balaruc-les-Bains devenue première ville thermale française au détriment de Dax en 2015. Le choix de la signature « *Une santé d'avance* » peut être interprété de deux façons. D'abord comme la mise en exergue du rapport à l'innovation et à la recherche et développement. Mais aussi comme l'expression de la supériorité du Grand Dax sur ses concurrents[358].

En multipliant les éléments de langage liés à l'expertise, la présentation qui suit la signature vient appuyer cette double lecture. L'argumentation, construite en deux temps, entend faire du Grand Dax la seule option valable pour qui veut prendre soin de sa santé. Le statut de première « destination » thermale de France est alors mis en avant. Mais il est tout de suite indiqué que

---

[358] Cette double lecture est évoquée dans le document stratégique sur le positionnement et l'image du thermalisme landais (op. cit., p. 47) : « Un message compétitif et direct, valorisant et impactant, qui positionne autant dans la prévention que dans l'innovation. Une formule dynamique qui valorise la "communauté thermale" du Grand Dax en la positionnant avec "une longueur d'avance" sur ses grands concurrents nationaux ».

1

GRAND DAX

[DAX ET SAINT-PAUL-LÈS-DAX]

UNE SANTÉ D'AVANCE

S'il est un pôle d'exception en France, c'est bien celui formé par **Dax** et **Saint-Paul-lès-Dax**, un duo expert à la pointe de la recherche, de la certification qualité, de la prévention et de la personnalisation depuis 60 ans. C'est LE référent national -les Romains l'avaient découvert avant tout le monde ! - avec pas moins de **16 établissements**, une collection unique (du plus prestigieux au plus familial) et qui permet choix et personnalisation : ici pas « d'usine à curistes », on est toujours attentif et à taille humaine, avec cet air de vacances naturellement donné par l'environnement. Un séjour thermal au Grand Dax, c'est l'assurance d'être entouré des meilleurs, c'est toujours trouver celui qui vous correspond le mieux, c'est retrouver forme, vitalité et mobilité dans un environnement sur-mesure dont la vocation thermale - le soleil en plus - se développe chaque jour. On n'est pas premier par hasard !

Illustration n°4 : Faire du Grand Dax un territoire de l'excellence thermale (1/2).
Source : Les Landes, le dossier de presse thermal, 2018, p. 12.

cette caractéristique ne doit rien au hasard. Elle serait liée à la qualité de son offre. Ainsi, le Grand Dax est présenté comme « *un pôle d'exception* », un « *duo expert à la pointe de la recherche, de la certification qualité, de la prévention* ». La dimension historique est d'ailleurs mobilisée pour en témoigner et assurer qu'il n'y a pas d'alternatives comparables : « *C'est LE référent national – les Romains l'avaient découvert avant tout le monde !* ». Non seulement excellent, le Grand Dax serait aussi supérieur à ses principaux concurrents. Le second temps de

DAX ET SAINT-PAUL-LES-DAX, LE CHARME DU SUD-OUEST

Innovation & Formation

C'est naturellement à Dax qu'a été installé l'**Institut du Thermalisme** de L'Université de Bordeaux, seule structure universitaire française délivrant des formations aux eaux à usage santé , au thermalisme et au bien-être du baccalauréat au Master ! Aussi à Dax, un **hôpital thermal** prend en charge les pathologies plus sévères et la rééducation.

SPÉCIALITÉS

- Rhumatologie,
- Phlébologie
- fibromyalgie

Grâce aux bienfaits de ses eaux et de la boue thermale locale (le Péloïde de Dax).

LES PLUS

- Les espaces aquatiques, piscines, spas, des centres, un vrai royaume de la santé par l'eau.
- L'ambiance sud-ouest des deux cités avec leurs ruelles anciennes, les fontaines et les sources, les courses landaises, les pistes cyclables, le charme des bords du fleuve Adour et le combiné forêt/océan tout proche.

LE PÉLOÏDE DE DAX, UNE ICÔNE SANTÉ

Il était une fois un produit thérapeutique extraordinaire, 100% naturel, utilisé dans les soins thermaux, généreusement offert par les boues chargées de limon de la rivière Adour. À ce mélange d'argile et d'eau, il faut un climat tout en douceur et un bel ensoleillement qui maintienne le fleuve à bonne température. Tout est prêt pour qu'apparaisse grâce à ce biotope singulier l'algue bleue qui rend cette boue unique en France, que l'on sait aujourd'hui cultiver en laboratoire dans une démarche éco-responsable. Une utilisation exclusive des centres thermaux du Grand Dax.

Illustration n°5 : Faire du Grand Dax un territoire de l'excellence thermale (2/2).

Source : Les Landes, le dossier de presse thermal, 2018, p. 13.

l'argumentation consiste à le démontrer. Le nombre d'établissements thermaux, *a priori* source de désavantage compétitif[359], devient un atout majeur de la station. En prônant la personnalisation, le Grand Dax entend se différencier des autres grandes stations françaises qualifiées « *d'usines à curistes* »[360].

Les deux encadrés de la seconde page viennent renforcer l'insinuation d'un territoire grand dacquois naturellement tourné vers l'excellence. L'Institut du Thermalisme est de nouveau mis en avant, mais selon une logique argumentative renversée. Alors que la première assertion établit que le Grand Dax est innovant parce qu'il accueille cet institut, la seconde suggère que ce dernier s'y est « naturellement installé », comme une évidence liée au statut de leader de la station. Enfin, cette excellence supposée est consolidée par la mise en avant d'une ressource locale singulière : une « boue unique en France », le « péloïde de Dax », qualifié d'« icône santé » et exclusivement utilisé par les établissements de l'agglomération. L'effet de sens produit repose ainsi sur un double glissement, d'un argument d'autorité à un argument d'évidence, et d'une ressource naturelle à une ressource identitaire[361].

Le pilier différenciateur mis en avant par le Grand Dax reste donc celui de l'expertise en santé. Si le prisme médical constitue toujours l'axe principal de valorisation du territoire, des arguments touristiques viennent néanmoins le compléter. Parmi les « plus » mentionnés, les promoteurs de la station évoquent la présence d'espaces aquatiques, de spas, mais aussi « le charme du Sud-Ouest », mobilisant ainsi à la fois les ressorts du plaisir et de l'exotisme.

Déconstruite ainsi, cette mise en image révèle le compromis sur lequel elle repose. D'un côté, les exploitants thermaux ont su faire valoir leur position pour maintenir une image médicale garante du sérieux de l'offre, et donc du remboursement des soins. De l'autre, les acteurs publics ont réinvesti cette

---

359 Ce point a été mentionné dans la section « *Le "consensus intercommunal" : convaincre par le projet* », du chapitre III.

360 La référence vise particulièrement Balaruc-les-Bains et son système novateur d'application de boue « industrialisé ». En évoquant l'effet nouveauté dont a bénéficié cette station au milieu des années 2010, un élu dacquois (adjoint à la maire de Dax) déclare ainsi : « *Les gens se sont précipités dans ce truc tout neuf qui a bien été médiatisé par la Région Occitanie. Mais des gens en sont revenus aussi. Des gens qui étaient partis de Dax et qui reviennent parce que c'est impersonnel. Il n'y a pas de contact, vraiment c'est l'usine…* ».

361 À la marge, l'argumentaire joue sur « l'engagement » du consommateur en mettant en exergue la « démarche éco-responsable » du procédé de création du péloïde.

spécificité comme levier de différenciation, en l'inscrivant dans une stratégie plus large de mise en tourisme du territoire. Le marketing stratégique piloté par le CDT se trouve dès lors articulé aux objectifs du marketing territorial porté par l'agglomération, dont il devient un instrument opérationnel. Les acteurs dacquois s'en saisissent alors comme vecteur de promotion de leur station.

Le thermalisme comme atout touristique

Les acteurs grand-dacquois entament leur démarche de marketing territorial au début de l'année 2018, dans le prolongement de ce premier travail réalisé à l'échelle départementale[362]. Augmenter l'attractivité du territoire est l'objectif affiché. Or, comme le rappelle Christian Le Bart, tout processus de construction (ou de création) d'image suppose un impératif de « recevabilité ». L'image projetée doit être positive, mobilisatrice et suffisamment consensuelle pour « accrocher » des publics hétérogènes. Cela suppose de recourir à un répertoire de références partagées et valorisées : la modernité, la centralité, l'authenticité étant les registres les plus fréquemment mobilisés (Le Bart, 1999 : 422). Les acteurs grand-dacquois privilégient ici le registre de la modernité[363], qu'ils adaptent en fonction des différentes cibles visées (étudiants, habitants, curistes, touristes ou entrepreneurs).

---

362 Au sein de la présente section, nous proposons une analyse de la partie opérationnelle du marketing territorial menée par l'agglomération du Grand Dax. Nous nous attardons sur la forme et sur le fond (rhétorique utilisée pour mettre en image l'offre thermale et le territoire). Nous faisons volontairement l'impasse sur l'étude des stratégies de communication de chaque établissement afin d'éviter les redondances. La communication des exploitants thermaux est, en effet, très largement inspirée des travaux collectifs engagés à l'échelle départementale (auprès du CDT) ou à l'échelle intercommunale (au sein de l'OITT).

363 C'est l'un des enseignements qui est retenu d'un sondage d'opinion organisé par le Grand Dax auprès des habitants. Voici un extrait de la page consacrée à cette consultation sur le site Internet institutionnel : « *Si vous souhaitez conserver toutes les valeurs de notre héritage commun (nature généreuse, culture authentique, thermalisme centenaire), vous êtes tout autant attachés à une image du territoire résolument moderne. Vous encouragez d'ailleurs le territoire à devenir encore plus dynamique sur le plan économique et plus animé au quotidien* ». « Marketing territorial : résultats du sondage », *Grand Dax Agglomération*, [En ligne], consulté le 11/09/2019. Les verbatims qui suivent renvoient à la même source.

Sur le plan formel, ils créent une « marque ombrelle » destinée à promouvoir l'ensemble du territoire, tout en la déclinant en « *marques produits* » pour « *promouvoir des aspects spécifiques (cluster, site géographique d'excellence, manifestation phare…)* ». Ce choix leur permet d'éviter les discours trop uniformes ou clivants, potentiellement inopérants auprès de certains segments de population. En segmentant ainsi leur communication, ils ajustent l'image du territoire aux attentes différenciées des publics ciblés

GRAND DAX AGGLOMÉRATION — GRAND DAX TOURISME & THERMALISME

Illustration n°6 : Les logos de la marque ombrelle de l'agglomération du Grand Dax de sa déclinaison pour les secteurs du tourisme et du thermalisme.

Source : site internet de l'agglomération du Grand Dax.

S'agissant des secteurs du thermalisme et du tourisme, les acteurs grand dacquois poursuivent un double objectif : « *dépoussiérer* » l'identité du premier et affirmer celle du second. Sans renier la dimension médicale qui a fondé la réputation de Dax, ils s'approprient les conclusions de l'étude de positionnement du thermalisme landais, tout en mettant davantage l'accent sur les « atouts » touristiques du territoire. Tandis que les registres de l'innovation, de la recherche et de l'expertise médicale sont mobilisés pour actualiser l'image du thermalisme local, la mise en tourisme du territoire vise plus largement à moderniser l'image globale du Grand Dax.

La reconversion de l'hôtel Splendid – emblème historique du thermalisme dacquois – en établissement de tourisme haut de gamme cristallise cette stratégie. Comme le souligne la maire de Dax : « *Côté médical, il faut l'accompagner. Mais pour cela, il faut qu'il y ait encore plus d'expertise, plus de recherche pour en montrer vraiment la valeur ajoutée. Dans le même temps, on est un territoire qui s'ouvre au bien-être. C'est l'exemple même de la reconversion du Splendid avec une destination qui est principalement une destination bien-être, une destination tourisme d'affaires pour qu'on ait un territoire aussi qui sorte de cette morbidité et de ce côté vieillissant et vieillot* ».

Fermé pendant cinq ans, l'établissement rouvre ses portes au printemps 2018 dans une mise en scène particulièrement travaillée. Le dossier de presse thermal édité par le CDT le présente comme l'« *atout bien-être* » du territoire. Son histoire et ses illustres fréquentations sont mobilisées pour convoquer un exotisme temporel familier. « *L'hôtel et Spa Le Splendid**** réouvre ses portes en Avril 2018. Ce fleuron de l'Art Déco, auparavant château médiéval, symbole des années folles, fait face aux berges du fleuve Adour et ouvrit ses portes aux personnages les plus célèbres d'Ernest Hemingway à Cocteau et Sacha Guitry* ». L'hôtel est désormais décrit comme un « *temple du bien-être insufflant un esprit glamour chic et zen avec son architecture audacieuse en forme de vaisseau amiral, inspiré du paquebot Normandie* »[364].

Le site internet de l'OITT reprend à son compte cette stratégie de mise en récit : « *Depuis peu, le Splendid hôtel, fleuron art déco de la cité thermale ouvre de nouveau ses portes. Après deux années de travaux intensifs, les Dacquois et les visiteurs ont pu retrouver l'hôtel et le restaurant qui avait fait les beaux jours de Dax. Au-delà de cette dimension hôtelière, le Splendid hôtel est désormais doté de structures permettant d'accueillir réunions et séminaires. Et oui, cerise sur le gâteau aquatique, l'endroit est désormais doté d'un sublime espace spa aménagé au cœur des fondations de l'ancien château fort de la ville. Bref, un lieu d'exception à tous points de vue* ».

Tout un travail sémantique est par ailleurs engagé pour faire évoluer les représentations associées au territoire et permettre de s'adresser à plusieurs cibles simultanément. Conscients qu'une « qu'une production linguistique doit une part capitale de ses propriétés à la structure du public des récepteurs » (Bourdieu, 2002 : 108), les acteurs grand-dacquois veillent à euphémiser les références explicites au thermalisme. Un adjoint à la maire de Dax l'illustre clairement : « *Je n'ai rien contre le social, il faut que les soins soient accessibles mais ce côté Sécu, déjà ce terme de cure, moi je trouve qu'il est péjoratif... Il est connoté... il fait un peu vieillot, poussiéreux, bas de gamme* ».

Interpeller à la fois des personnes âgées en quête de soins médicaux et des individus plus jeunes attirés par le bien-être ou les loisirs suppose un ajustement fin du langage mobilisé. La cohabitation, dans un même lieu, de cibles aux attentes divergentes peut en effet générer des conflits d'usage (Sonnet *et al.*, 2017), mais plus encore, une communication trop peu différenciée risque de dissuader certaines d'entre elles. Communiquer sur la globalité du territoire impose donc de lisser certains termes, comme l'explique un cadre de l'OITT du Grand Dax. « *C'est simple, on bannit*

---

[364] Dossier de presse thermale, *CDT*, 2018, p. 6.

quelques mots, explique-t-il. *On va bannir le mot thermalisme, donc thermes, cures, cures thermales. On va bannir le mot tourisme* [...] *qui peut avoir un côté trop facile, trop clivant, trop cloisonnant pour parler d'expérience. C'est très à la mode l'expérience utilisateur* ».

La création de la marque « Grand Dax Tourisme-Thermalisme » s'inscrit dans cette logique d'adaptation sémantique. En plus des précautions de langage, elle permet une segmentation de la communication selon les cibles visées. Ainsi, le site internet de l'OITT invite chaque visiteur à « choisir son expérience ». Une recherche contenant les mots-clés « Grand Dax Thermalisme » oriente l'internaute vers le versant médical du site, sans l'empêcher de naviguer ensuite vers les pages consacrées au tourisme.

Inversement, l'entrée par le « côté tourisme » présente une image plus globale et diversifiée du territoire. Le curiste potentiel est donc dirigé vers une communication adaptée à ses attentes médicales, tandis que les autres publics sont peu exposés à l'univers de la cure, perçu comme moins attractif.

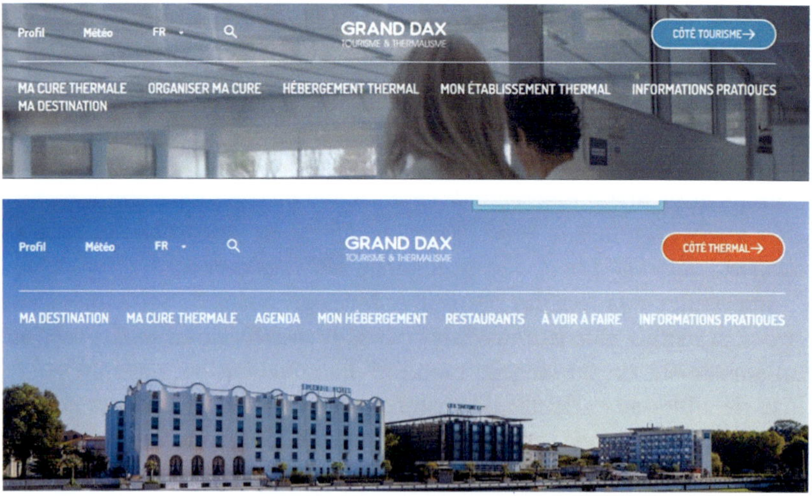

Illustrations n°7 : Segmentation du site internet de l'OITT du Grand Dax.
Source : site internet de l'Office de tourisme et du thermalisme du Grand Dax (2019).

Sur le fond, la communication du Grand Dax s'inscrit dans le prolongement direct des orientations définies à l'échelle départementale. Sur le « *côté thermal* » du site internet[365], la phrase d'accroche reprend presque littéralement les éléments de langage issus du positionnement élaboré avec le CDT : « *À Dax, la nature nous a donné de l'eau, des pins et une boue thermale unique... Nous en avons fait une cure thermale d'excellence pour rendre vos vies meilleures. Dax, une santé d'avance* ». Plus largement, dans une forme de continuité avec la communication départementale, le récit proposé par le site internet fait sienne la stratégie consistant à associer au territoire l'image d'un « *thermalisme expert, qui a une origine, une histoire, un horizon* »[366].

Pour attirer et fidéliser la clientèle curiste, les acteurs grand-dacquois mobilisent avec insistance les ressorts de « l'intéressement ». Il s'agit de convaincre que choisir le Grand Dax, c'est faire le choix de la raison ou, du moins, de la santé. Toute la rhétorique mobilisée tend ainsi à présenter la station comme une référence nationale. Cette position dominante reposerait d'abord sur la qualité exceptionnelle des « produits naturels » du territoire. Comme pour de nombreuses stations, l'eau et la boue thermale ont participé à construire la réputation du Grand Dax. Mais contrairement aux autres stations thermales, il ne s'agirait pas d'un « *simple mélange d'argile et d'eau. Ici, le péloïde est un subtil équilibre entre production ancestrale et parfaite maîtrise technique* ». Bénéficier de ce « *produit unique 100 % nature et introuvable ailleurs* » suppose de venir séjourner sur le territoire, d'autant que la qualité du thermalisme y est scientifiquement reconnue. « *Dax a participé à l'étude Thermarthrose, publiée en septembre 2009, qui prouve le service médical rendu de la cure thermale dans le traitement de la gonarthrose (arthrose du genou)* », est-il indiqué.

Cette excellence ne se limite pas aux ressources naturelles. Les dispositifs de labellisation (comme la démarche qualité Aquacert ou la charte Qualithermes) viennent garantir un haut niveau de service. Si Aquacert est une norme construite à l'échelle nationale en réponse à la réglementation de 2007[367], la communication locale passe sous silence ce contexte, laissant entendre que le Grand Dax serait pionnier, voire seul engagé dans une telle démarche,

---

365 Les différents verbatims que nous utilisons dans la démonstration qui suit proviennent du site internet de l'OITT, au gré des onglets que proposent les côtés « thermal » et « tourisme », [En ligne], site consulté le 21/10/2019.

366 Rapport sur le positionnement et l'image du thermalisme landais, p. 28.

367 Voir le chapitre II, section « *Se montrer dignes de confiance, entre "dispositifs de promesse et de jugement"* ».

« *supervisée par un Comité Scientifique et Technique, composé de membres reconnus pour leurs compétences et leur impartialité (auditeurs certifiés, experts indépendants, unités universitaires)* ». En revanche, la charte Qualithermes est bien présentée comme une initiative locale, née de la volonté du syndicat des établissements thermaux dacquois de garantir une qualité optimale.

La présence d'équipements publics spécialisés, tels que l'Institut du Thermalisme – présenté comme un prolongement de l'Université de Bordeaux – ou encore l'hôpital thermal, renforce cette image d'un territoire expert en santé[368]. Si, comme le rappelle Jérémie Brun, la mise en valeur des « aménités » – *i. e.* « tout ce qui peut rendre agréable un endroit » (2017 : 37) – est un procédé classique du marketing territorial, les acteurs dacquois se concentrent ici sur les « aménités fonctionnelles », directement liées à l'exercice professionnel et à l'environnement de travail des soignants. Cette orientation est pleinement assumée par les élus locaux, à l'image de ce vice-président du Grand Dax en charge du thermalisme et de l'innovation, pour qui la politique d'attractivité passe par la valorisation d'un écosystème médical complet. « *L'autre jour, à l'agglo, on parlait de marketing territorial. Pour expliquer à des collègues, je leur ai donné cet exemple-là. Moi j'ai besoin d'une marque. Le marketing territorial, ça va se décliner en multiples actions et parmi ces actions : "comment je fais venir des médecins sur un territoire". Tout le monde est confronté à ça et il faut vanter plein d'atouts. Le produit il est là, le coin il est sympa… On n'a pas à rougir de notre territoire. Le confort professionnel, j'ai l'hôpital à côté quoi… J'ai une urgence, je ne suis pas en train d'intuber mon patient au fin fond de la campagne. Là vous êtes confort, vous avez les spécialistes, on va avoir un nouveau groupe d'imagerie, là, qui va révolutionner le truc et qui investissent des millions d'euros enfin voilà, un village Alzheimer qui montre aussi que le territoire est dans une dynamique médicale, santé. On a Pulséo* [un incubateur de start-ups et PME spécialisées dans le mieux-être], *j'essaye de les inciter à aller dans e-santé maintenant…* ». Le territoire est alors présenté comme une alternative crédible aux métropoles, un cadre de vie « tranquille » mais

368 Il n'existe que quatre hôpitaux thermaux en France. À Dax pour les orientations rhumatologie et phlébologie. À Bourbonne les Bains pour la rhumatologie et les voies respiratoires/ORL. Un troisième existe à Vals les Bains pour l'orientation appareil digestif. Le dernier se trouve à La Roche Posay et prend en charge l'orientation dermatologie.

professionnellement stimulant. L'offre immobilière, pensée pour accueillir des praticiens dans des conditions optimales, parachève ce dispositif global de captation.

L'usage de telles aménités varie toutefois selon les cibles visées. Pour capter une clientèle curiste, la communication insiste sur l'Institut du thermalisme, présenté comme « *un outil incontournable pour l'ensemble de la filière thermale* »[369]. Bien plus développée que dans la communication départementale, cette valorisation insiste sur sa fonction de formation : « *Les sésames délivrés vont du diplôme d'Université au Master en passant par la licence professionnelle. L'eau et la gestion des risques sanitaires restent le cœur de l'enseignement.* [...] *À la fin de leur cursus, les étudiants intègrent des établissements thermaux ou de thalassothérapie mais aussi les hôpitaux, les bureaux d'études ou les sous-traitants de prestataires des métiers de l'eau* ». La suggestion est explicite. Si l'Institut forme les professionnels du thermalisme à l'échelle nationale, sa localisation à Dax ne témoigne-t-elle pas de l'excellence du territoire ? L'argument est aussitôt renforcé : « *l'Institut du thermalisme fait aussi référence dans le domaine de la recherche* » et constitue un « *pôle d'excellence au cœur de l'activité thermale du Grand Dax,* [qui] *permet de mieux comprendre l'activité d'aujourd'hui tout en préparant activement ce que sera le thermalisme de demain* ».

Cette mise en récit renforce la stratégie d'excellence poursuivie collectivement à l'échelle départementale, et reprise à son compte par l'agglomération pour satisfaire l'objectif premier des exploitants : capter une clientèle curiste. Le territoire est ainsi promu comme une destination santé de référence, supérieure à ses concurrentes. Mais cette dernière allusion au « thermalisme de demain » entend attirer sur le territoire d'autres types de clientèles. L'un des buts du marketing territorial tel qu'il est pensé sur le Grand Dax demeure en effet de renforcer la dimension touristique. Or, « moderniser » le territoire, c'est aussi attirer une clientèle plus jeune, qu'elle s'inscrive dans une démarche de prévention en santé (les « *caps à franchir* »), ou qu'elle désire se ressourcer quelques jours (les « *adaptes du bien-être* »). Ces deux nouvelles cibles sont ainsi invitées, selon une logique de l'aguichement (invitation au plaisir, au

---

369 Site internet de l'Office intercommunal du tourisme et du thermalisme, onglet « innovation et qualité », [En ligne], Page consultée le 15/11/2019. Toutes les citations suivantes proviennent de la même page du site internet.

désir), à prendre soin de leur corps et de leur santé, pour les premières[370] ; à venir « *découvrir d'une autre manière l'eau thermale* [à travers] *piscines ludiques & spas* »[371], pour les secondes.

Mais à la différence de la stratégie départementale, qui reste centrée sur le thermalisme, les élus et techniciens du Grand Dax utilisent le marketing territorial pour mettre en équivalence, dans la forme, les univers du thermalisme et du tourisme. Tandis que le « côté thermal » du site internet valorise l'image d'un thermalisme modernisé par l'innovation et la prévention, le « côté tourisme » se voit explicitement confié la mission de rajeunir l'image du territoire. Dans cette perspective, la promotion du « cadre de vie » devient un levier d'image plus qu'une fin en soi (Le Bart, 1999 : 418). Les aménités dites « identitaires » – issues de la géographie, de l'histoire, de la culture locale – sont alors mobilisées pour valoriser un art de vivre. Le site de l'OITT met ainsi en avant, au-delà des soins, une qualité de vie singulière, soulignant qu'« *au-delà de leur dimension thermale, Dax et Saint-Paul-lès-Dax sont aussi des destinations de bien-être et de bien vivre. Convivialité, gastronomie et douceur de vivre font de ce lieu un modèle de "sud-ouestitude". Il est donc grand temps de faire une cure de Sud-Ouest !* ».

Les aménités identitaires sont mobilisées avec soin pour éviter de réduire le Grand Dax à sa seule activité thermale. Mais leur usage varie selon que l'on cherche à valoriser Dax ou Saint-Paul-lès-Dax. L'identité « sud-ouest », associée aux thèmes de la gastronomie, de la convivialité et du climat, caractérisent de façon globale le territoire. Mais chacune des deux villes décline cette identité à sa manière pour inviter le visiteur à l'exotisme. Saint-Paul-lès-Dax est ainsi présentée comme la ville-nature : « *D'abord, l'eau, le lac et les étangs. Puis la forêt, propice aux promenades et aux légendes ancestrales. C'est cette dimension nature qui fait d'un passage à Saint-Paul-lès-Dax une grande respiration et donne l'envie de revenir pour un autre bol d'oxygène actif* ». À Dax, l'invitation à l'exotisme passe davantage par la culture et l'histoire. Le « label Ville d'art et d'histoire » y est mis en avant, tout comme les vestiges antiques, les maisons basco-landaises ou l'architecture Art déco du Splendid.

---

[370] Ateliers d'éducation à la santé proposés par plusieurs établissements thermaux ou ateliers d'ETP agréés par l'ARS sont mis en avant pour faire du Grand Dax un territoire de la prévention en santé.

[371] Site internet de l'OITT du Grand Dax, côté tourisme, [En ligne], consulté le 12/10/2019.

Ces éléments participent à construire un imaginaire touristique enraciné, où le patrimoine devient vecteur de différenciation (Amirou, 1994 ; Falaix, 2012).

Guidée par un objectif transversal de « modernisation », la promotion du Grand Dax est plus complexe qu'il n'y paraît. De prime abord, l'image renvoyée est celle d'un territoire revendiquant son attachement à l'univers médical et à l'identité « sociale » qui l'a construit. Afin de résister à la montée en puissance d'autres destinations sur le marché du thermalisme, cette identité est néanmoins repositionnée autour des thèmes de l'excellence. Seulement, toute l'entreprise de marketing territorial consiste à ne pas enfermer le Grand Dax dans cette seule image. Les acteurs grand-dacquois valorisent l'identité touristique. Afin de n'exclure aucune cible, c'est l'image d'une station de tous les possibles, d'une « expérience globale », qui est vantée. Ce repositionnement récent croise alors celui opéré par la cité bagnolaise qui, après s'être fortement engagée sur le créneau du bien-être dès le début des années 2010, semble vouloir réaffirmer sa vocation médicale.

b. De la station thermale au pôle de bien-être

Dans la continuité des actions menées par l'établissement thermal, c'est une stratégie de mise en marque – de « branding » – du territoire bagnolais que retient le comité directeur de l'EPIC. La méthode diffère ici de celle observée au Grand Dax. La « marque territoriale » bagnolaise ne se limite pas à structurer la communication sur la forme. Elle constitue le point d'ancrage autour duquel les acteurs locaux s'ajustent pour « vendre » le territoire. Le « branding » est en effet une « manière de penser le marketing des territoires en plaçant l'image de marque par-dessus les autres leviers de marketing que sont les projets urbains, les événements, les actions culturelles, les politiques touristiques, les aides fiscales… La partie visible de l'iceberg est souvent un slogan accompagné d'un logo mais le branding est surtout une démarche stratégique et opérationnelle complexe qui implique les acteurs locaux vers une quête de cohérence de message entre tous » (Houllier-Guibert, 2012 : 37 ; Maynadier, 2009).

Dès 2011, la marque « Grand domaine de Bagnoles de l'Orne » (2011-2018) est ainsi créée afin d'euphémiser la référence au thermalisme local au profit d'une « expérience globale », synonyme de bien-être. Comme à Dax, les acteurs bagnolais recourent à la sémantique pour renvoyer l'image d'un territoire aux multiples distractions, promettant aux visiteurs une évasion spatiale et temporelle dans une « bulle » hors du temps.

L'arrivée d'un nouveau directeur à la tête de l'EPIC, au printemps 2018, s'accompagne d'une nouvelle réflexion sur l'identité de la marque. Le travail de fond opéré depuis près d'une décennie n'est pas remis en cause. Dégager le territoire des références à la vieillesse et à la maladie reste l'objectif principal assigné à la stratégie de communication. Mais la méthode pour y parvenir évolue. Avec la marque « Be Bagnoles » (2019), il ne s'agit plus de vendre des prestations mais, comme sur le Grand Dax, de véhiculer des valeurs. Les bienfaits de la nature, la détente par les soins thermaux ou encore les sensations offertes par le sport sont ainsi tout particulièrement valorisés.

Euphémiser l'image d'une santé qui se voit : du séjour thermal à « l'expérience globale »

Comme sur le Grand Dax, les acteurs bagnolais saisissent rapidement l'importance d'adapter l'offre et la communication aux exigences d'un marché aussi concurrentiel que celui du tourisme (*a fortiori* de bien-être). « *Si on veut faire du tourisme, il faut aussi qu'on rénove l'image de la station* » indique à ce propos le maire de la ville. Comme son homologue aquitaine, Bagnoles de l'Orne ne souffre pas d'un déficit de notoriété. La composition de son eau la positionne historiquement comme *leader* dans le traitement des pathologies phlébologiques et gynécologiques. Mais, spécialisée dans le traitement de certaines maladies tels que les ulcères variqueux, Bagnoles de l'Orne accueille une clientèle dont les stigmates sont visibles. L'orientation rhumatologie obtenue en 1996 ne vient pas modifier l'équation : la population des curistes bagnolais est constituée de personnes relativement âgées.

Pour les acteurs publics, l'image de la station pâtit de cette fréquentation vieillissante. « *Généralement, on n'a pas une belle image entre guillemets de la station thermale. C'est une station de vieux avec des gens qui ont des problèmes* », exprime un élu bagnolais. « *Ce qui marque l'esprit, c'est que quand on vient à Bagnoles de l'Orne, qu'on se promène dans la ville, si on vient en pleine semaine… On croise des curistes qui ont 70 ans de moyenne d'âge* » ajoute encore une dirigeante de l'EPIC.

C'est pour parer à cette image désuète que la municipalité et les acteurs économiques regroupés au sein de l'EPIC élaborent le concept de « Grand domaine de Bagnoles de l'Orne ». Cette orientation repose sur le constat que la station cumule les avantages d'une grande ville (infrastructures, hébergements, restaurants, etc.) avec ceux d'un espace à taille humaine, propice à une certaine qualité de vie (bon air, sécurité, calme, sociabilité et interconnaissance). Il s'agit de présenter la localité comme une enclave privilégiée, en jouant sur la métaphore d'une bulle à ciel ouvert, comme l'expose la responsable de l'Office de tourisme : « *Certains ont créé des choses de toutes pièces comme Center Parcs où ils sont sous une bulle et où ils ont l'eau, l'hébergement, la restauration, les activités de loisirs. En fait nous, on a mieux. C'est qu'on n'a même pas eu besoin de le créer de toutes pièces artificiellement, c'est naturel chez nous.* [...]. *Le Grand domaine, c'est l'idée d'une destination tout en un* ».

Comme à Dax, cette marque territoriale euphémise la référence au thermalisme social qui caractérisait la ville. Le Grand domaine devient le fil rouge de la communication de l'EPIC. Par analogie avec les stations de ski, il vise à faire de Bagnoles de l'Orne une destination polyvalente, proposant un éventail d'activités sportives et culturelles, à rebours de l'image ancienne de la station. « *Avec station thermale, on ne parle que d'une activité de la ville. Après on a beaucoup communiqué autour de l'idée de station thermale et touristique. Désormais, en fait, on parle de la ville. Alors pourquoi s'embêter avec Grand domaine ? Parce que, finalement, ça apportait une idée nouvelle, celle d'un lieu complet où l'on peut pratiquer beaucoup d'activités alors qu'avant, on ne communiquait que sur une ou deux des activités de la ville* », explique une dirigeante de l'EPIC.

Promouvoir le Grand domaine au détriment de la « station » entend rompre avec l'image d'ennui associée au thermalisme social. Dans cette optique, la municipalité soutient le tissu associatif local et met en valeur l'offre sportive. L'accueil d'événements sportifs est encouragé afin d'accroître la visibilité de la ville. Parmi d'autres manifestations, Bagnoles de l'Orne est ville étape du Tour de France cycliste en 2015 (et régulièrement du Tour de Normandie), accueille une épreuve de la coupe de France de cyclo-cross depuis 2016 et ambitionne d'organiser une manche de Fed Cup en tennis féminin. Le discours du maire en témoigne : « *Rénover l'image de la station, c'est lui donner d'autres atouts. Et c'est pour ça qu'on s'est engagé aussi dans une politique forte en matière sportive. C'est pour ça qu'on s'est engagé dans une politique forte en termes de notoriété. Et qu'on a amélioré, changé nos équipements pour effectivement assurer cette diversification* ». Un guide « Grand domaine Bagnoles de l'Orne » des « sports et loisirs » est édité. Il recense les offres présentes sur le territoire ainsi que les « temps forts » de l'année. Mais tels qu'ils sont présentés, ces sports et loisirs ne visent pas seulement à occuper les temps libres. Ils renforcent aussi le récit territorial, en mettant en scène la qualité de l'environnement et les bienfaits associés à sa fréquentation. Le visuel, décliné sur un fond vert évoquant la forêt, s'accompagne d'une promesse explicite : « [s']*oxygéne*[r] *à volonté !* ».

Cette mise en scène du sport et des loisirs montre que, à Bagnoles de l'Orne, « *dépoussiérer* » l'image de la station ne consiste pas seulement à valoriser un univers riche en distractions. Il s'agit plus fondamentalement de promouvoir une expérience de bien-être « globale », non réductible aux seuls soins thermaux. Les acteurs bagnolais partagent avec leurs homologues dacquois l'objectif d'atténuer l'image traditionnelle du thermalisme, et mobilisent pour ce faire des procédés similaires, en particulier celui consistant à éviter certains termes trop connotés vieillesse et maladie. La directrice générale des services de la ville (également directrice de l'EPIC jusqu'en 2017) insiste sur ce point : « *On veut bannir le mot station thermale… Station thermale, c'est réducteur en fait, ça se réduit à la santé, au côté cure et on ne veut pas que ça se limite à ça en fait, c'est ça l'idée* ».

La stratégie du Grand domaine Bagnoles de l'Orne s'attache ainsi à faire du territoire lui-même un facteur de bien-être. Et si l'euphémisation de l'image médicale est une condition préalable, c'est surtout la construction d'un « imaginaire touristique » qui est recherchée. Ainsi, à l'instar de Dax, la ville met en avant, au-delà de l'eau thermale, son patrimoine architectural, la nature environnante et la gastronomie normande.

Entre 2012 et 2017, le site internet de l'Office de tourisme refaçonne l'identité du territoire en structurant la communication autour de quatre piliers majeurs et complémentaires : le centre-ville de Bagnoles de l'Orne, son casino, son lac et ses jardins ; la source thermale ; le quartier Belle-Époque et ses villas typiques ; et, enfin, la forêt des Andaines et ses légendes.

Le logo de la marque « Grand domaine Bagnoles de l'Orne » participe également à cette mise en récit, comme l'explique le maire de la ville. « *Le concept du Grand domaine, c'est dire aux gens "quand vous venez à Bagnoles de l'Orne, vous allez trouver tout ce que vous avez besoin sans avoir à prendre votre voiture forcément, sans avoir à vous déplacer autrement que de manière douce et tout est à votre disposition, à votre portée, dans un cadre préservé"*, explique-t-il. *Et on a décliné notre charte graphique avec ces petits pictogrammes qui représentent l'eau, la nature, la famille, la gastronomie* » (l'illustration n°9 ci-dessous expose cette déclinaison).

Grand Domaine
Bagnoles de l'Orne

Illustration n°8 : Logo de la marque « Grand domaine Bagnoles de l'Orne ».
Source : site internet de l'agence de conseil en relations médias Hémisphère Sud.

Positionner la ville sur le marché du bien-être permet aux acteurs bagnolais d'attirer de nouvelles clientèles, sans renier celle qui a assuré son développement économique pendant de nombreuses décennies. En complément des curistes traditionnels, le marketing territorial bagnolais cherche ainsi à séduire une clientèle plus jeune, familiale, parisienne et à l'écoute de son corps. À la différence du Grand Dax, ce sont les logiques de l'aguichement et de l'appariement qui sont prioritairement mobilisées.

La campagne de communication « changez d'ère » illustre bien l'usage combiné de ces deux registres. Environnement naturel et histoire de la ville sont fortement mis en scène pour inviter à l'exotisme spatial et temporel. Présenté comme une parenthèse hors du temps et des affres de l'urbanisation, le séjour bagnolais promet à ses visiteurs un épanouissement complet, loin de leur quotidien. Visant spécifiquement la clientèle francilienne, le territoire se donne à voir comme un refuge contre le stress. Une responsable de l'Office de tourisme explicite cette stratégie : « *Ce sont des personnes qui viennent le plus souvent d'Ile-de-France. Donc avec un rythme qui est différent, un rythme acharné, difficile parfois à tenir au quotidien, beaucoup de stress, on le sent bien, on a des personnes qui ont vraiment besoin de faire une coupure. Et donc se trouver ici avec cette forêt qui fait un peu, ça on l'a souvent lu aussi mais un peu écrin… un petit cocon. Ça concrétise cet effet de protection en quelque sorte et de coupure avec un quotidien qui est différent. On a cet effet un peu bulle, bulle d'oxygène. Et son statut particulier de ville croix rouge pendant la Seconde Guerre mondiale a permis à la ville d'avoir un patrimoine architectural préservé puisqu'elle a été très peu bombardée. Donc là, pour le coup, avec notre campagne de comm' actuelle "Changer d'ère", on est plutôt dans un effet de comm' mais on joue là-dessus* ».

Organisée chaque mois de juin depuis 2015, la fête de la Belle-Époque constitue le point d'orgue de ce récit. Le temps d'un week-end, la ville propose aux visiteurs une expérience immersive dans les années 1920. Le quartier Belle-Époque et ses villas typiques sont particulièrement mis en valeur. Visites guidées, animations photographiques et musicales permettent de faire l'expérience, le temps d'un séjour, d'un autre temps[372].

Illustration n°9 : Visuel mobilisé par la campagne de communication « Changez d'ère ». *Source* : site internet de l'Office de tourisme (les images ne sont plus en ligne).

La communication portée l'EPIC rejoint les objectifs de diversification affichés par le B'o Resort. La mise en scène du territoire orchestrée par l'entreprise thermale renforce et prolonge celle de l'EPIC. Cela n'a rien d'étonnant tant

[372] Les visites guidées sont l'occasion de partager avec les touristes des anecdotes sur les « illustres personnages » ayant fréquenté la station, réputée pour ses divertissements durant l'entre-deux-guerres et pour ses eaux après la Seconde guerre mondiale.

les dirigeants du B'o Resort sont soucieux de la façon dont est construite la communication sur le territoire, celle-ci devant valider et conforter ses orientations stratégiques et commerciales nouvelles. L'un des dirigeants de France Thermes lie explicitement le sort de l'entreprise thermale à celui de la ville : « *Bagnoles de l'Orne est une "destination spa", c'est-à-dire qu'il y a l'expérience du soin mais il y a tout ce qui va autour. Donc ça veut dire qu'on doit mettre en scène notre territoire pour le rendre attractif et lui donner une valeur à l'intérieur de l'offre. Cette expérience, elle est globale. Le territoire fait partie de l'offre et on doit le valoriser* ».

La participation du PDG de l'établissement thermal aux réunions de la commission communication et du comité directeur de l'EPIC facilite l'alignement des réflexions stratégiques et leur mise en œuvre[373]. Il expose : « *On doit aller améliorer et intensifier notre communication pour que* [les clients] *le perçoivent. Donc ça, c'est le travail que l'on fait avec la Région et le Département mais c'est aussi le travail qu'on fait au niveau de la commune où on a une interaction très forte entre bien sûr le casino, nous, la ville et les acteurs économiques de la destination. On a beaucoup travaillé avec la ville sur la création de la notion de Grand domaine, parce que ça impulsait aussi cette notion de parc grandeur nature. Grand domaine, c'est à la fois le domaine de ski où il y a tout au même endroit pour toutes les activités, toute la famille, un domaine* ».

Que ce soit sur les médias sociaux, sur son site internet ou encore dans les rédactionnels qui alimentent brochures et magazines, l'établissement organise systématiquement sa communication en trois niveaux : la région d'abord, la ville ensuite, l'offre commerciale enfin. Depuis 2013, il édite un support promotionnel intitulé « Le Mag du bien-être made in Normandie ». Renouvelé chaque saison, ce document associe l'accès à un bien-être complet à l'environnement offert par la station bagnolaise. La couverture met systématiquement en avant le thème de la nature : forêt en arrière-plan, famille souriante, femme apparemment détendue grâce aux « *soins naturels revitalisants* » incarnent la promesse de l'établissement, « *B'o Resort, Tout pour être bien, et mieux encore* ». Les visiteurs sont invités à découvrir « *l'autre*

---

373 Sa participation aux réunions s'estompe toutefois avec la croissance de France Thermes. Moins présent à Bagnoles de l'Orne, le PDG du groupe thermal semble délaisser progressivement ses obligations à l'EPIC.

Normandie », celle « *particulièrement féconde* [où] *l'histoire des hommes s'est inscrite au sein d'un environnement privilégié* »[374].

Le document ne se contente donc pas d'inviter au plaisir, il suggère aussi l'exotisme. Hauts lieux touristiques normands et atouts spécifiques de Bagnoles de l'Orne sont successivement vantés, avant que le lecteur ne soit convié à s'immerger dans l'expérience thermale. Le message s'adresse à un public élargi, en particulier aux familles, comme en témoigne cet extrait du numéro publié pour la saison 2015 : « *B'o resort c'est une résidence, un spa… De quoi répondre à toutes les envies de détente en famille, avec une résidence incluant des services comme le club Tib'O pour les enfants, la tanière des ados ; envie de détente en amoureux, avec un spa proposant des soins en cabine duo ; envie de détente en solo, avec un tarif préférentiel à certaines dates dans l'année* […]. *Toute la famille y trouve son compte, même les enfants* ».

Dans ce travail de recomposition de l'image, les acteurs réunis au sein de l'EPIC opèrent un véritable changement de paradigme. Si la station reste un lieu d'accueil de malades vieillissants atteints de pathologies diverses, elle cherche désormais à s'ouvrir à d'autres segments : celui de la vieillesse active, du tourisme familial, et plus largement d'un public en bonne santé. Le raisonnement économique qui sous-tend cette inflexion engagée par les acteurs de la ville apparaît clairement dans certains propos, notamment ceux du maire : « *On a vécu sur le thermalisme de Sécurité sociale. Aujourd'hui, on passe dans le thermalisme de santé, au côté duquel on va associer le bien-être. C'est ce que recherche la clientèle, du bien-être, se faire cocooner. C'est-à-dire qu'au-delà d'avoir les bienfaits de l'eau, ce sont les massages, l'ambiance, le repos, la relaxation* ». Le souci de mettre différemment en scène, en images et en mots le territoire resserre les liens entre acteurs économiques et politiques de la ville. Alignées au sein de l'arène de délibération collective que représente l'EPIC, les politiques d'image de l'établissement thermal et de la collectivité se renforcent mutuellement et contribuent à faire de Bagnoles de l'Orne « un territoire de bien-être ».

Le « sport » comme trait d'union entre univers touristique et médical

L'arrivée de deux nouveaux acteurs, à la direction de l'établissement thermal et de l'EPIC, vient nuancer ce positionnement. Recruté en novembre 2016,

---

[374] Le Mag du bien-être made in Normandie, B'o Resort, édition 2015, p. 7.

le premier est nommé directeur général de France Thermes et B'o Resort en février 2017 aux côtés du PDG en poste depuis 2009. Kinésithérapeute de formation, il présente un profil sensiblement différent de son homologue. Il débute sa carrière professionnelle en 1987 aux thermes de La Léchère (Savoie) avant d'être rapidement embauché par le groupe Danone. Il intègre alors les thermes d'Évian les Bains, d'abord comme personnel de santé, puis gravit les échelons au sein du groupe. À partir de 2005, il suit une double formation (cadre de santé, gestion des ressources humaines et administration du personnel), puis obtient en 2008 un master professionnel en sciences de l'éducation et management à l'Université d'Aix-Marseille. Il est alors promu responsable d'exploitation de l'établissement thermal d'Évian, avant de devenir, de 2009 à 2015, directeur de la société publique locale d'exploitation des Thermes de Balaruc-les-Bains. Il rejoint ensuite Bagnoles de l'Orne.

Sa nomination coïncide avec la volonté des dirigeants du B'o Resort d'ajuster leur stratégie. Après avoir longuement valorisé l'univers du bien-être, ces derniers entendent désormais réaffirmer l'excellence médicale des eaux bagnolaises. Depuis 2018, ce nouveau directeur général communique largement dans la presse locale autour des thèmes de « l'innovation » et de « l'excellence » pour conforter le positionnement de *leader* de l'établissement sur l'orientation phlébologie. « Phlébologie : un nouveau soin unique en France à Bagnoles de l'Orne » titre notamment le *Publicateur Libre*. Les éléments de langage utilisés font écho à ceux utilisés par le CDT des Landes et le Grand Dax. « *Expertise* », « *leadership* » ou « *unicité* » sont largement convoqués. « *Leader en phlébologie B'o resort à Bagnoles (Orne) a collaboré avec la société Cizeta Medicali, expert en compression, pour lancer un nouveau soin en exclusivité : Aquapress®* »[375], souligne l'article. Et de poursuivre : « *la société B'o resort a la joie cette année, d'avoir l'exclusivité en France de l'utilisation d'un nouveau soin révolutionnaire dans le traitement des maladies veineuses* ».

À l'instar de la directrice du CDT des Landes ou du président de France Thermes, ce directeur général partage l'idée selon laquelle investir le marché

---

375 « Phlébologie : un nouveau soin unique en France à Bagnoles de l'Orne-Normandie », *Le publicateur libre*, [En ligne], publié le 19/03/2018, consulté le 03/10/2019. Voir aussi sur ce point : « A Bagnoles de l'Orne-Normandie, les Thermes B'O resort ont frôlé les 13 000 curistes en 2018 », *Le publicateur libre,* [En ligne], publié le 09/18/2018, consulté le 03/10/2019.

du bien-être suppose d'adapter entièrement sa stratégie marketing et sa communication. Il lui semblait dès lors indispensable, dans un premier temps, que l'établissement thermal communique intensément sur son offre bien-être, afin de faire exister ce nouveau positionnement dans l'esprit du public. « *Il était très important avec tout ce qui a été fait et mis en place, avec tous les investissements qui ont été faits, d'avoir une communication qui soit tournée sur tout le bien-être*, explique-t-il. *Donc il y a eu un gros travail de fait pour imposer la marque, la référence et dire, oui tiens B'o Resort je sais où c'est* ». Néanmoins, capter au B'o Resort une clientèle la plus large et diversifiée possible suppose de ne pas dévoyer le crédit acquis par les eaux bagnolaises tout au long du XXe siècle. Toute la difficulté pour les dirigeants consiste dès lors à trouver un équilibre : communiquer suffisamment sur le bien-être pour séduire une clientèle parisienne en quête de déconnexion, tout en conservant leur statut de station de référence dans le traitement de certaines pathologies.

Vendre une expérience globale à des clientèles différenciées reste la stratégie privilégiée par les dirigeants. Dans les faits, les offres traditionnelles et de bien-être sont segmentées, tant dans l'espace que dans le temps (Sonnet, 2015)[376], mais le récit s'emploie à les articuler. Chacune vient enrichir l'autre. Les vertus thérapeutiques des eaux confèrent une légitimité médicale aux soins bien-être, tandis que l'univers du bien-être invite le curiste à l'évasion et contribue à dédramatiser l'univers des soins. Le discours est ensuite ajusté. L'accent est mis plus ou moins fortement sur l'une ou l'autre de ces dimensions, en fonction des supports et des cibles. « *On redéveloppe un peu également l'axe de communication auprès des professionnels de santé sur notre cœur de métier qu'est la cure, parce que les deux se nourrissent, parce que ce n'est pas du tout contradictoire que de dire dans mes cibles de communication* [...] *on*

[376] Dans ce travail, nous analysons la segmentation organisée par l'établissement thermal, tant sur le plan spatial (B'o Thermes pour les curistes traditionnels ; B'o spa thermal pour les touristes et pour les curistes prêts à payer un supplément de 345 € pour les trois semaines) que sur le plan temporel (les touristes investissement le B'o spa thermal les après-midis et les week-ends, tandis que les curistes ayant payé le supplément l'occupent le matin). Concernant les hébergements, la segmentation est également mise en œuvre : le B'o Cottage est principalement occupé par une clientèle de courts séjours tandis que les curistes traditionnels sont logés au B'o résidence des Thermes en face de l'établissement thermal. La politique tarifaire facilite l'association entre ces différentes pratiques et *in fine* la répartition des clientèles.

a oui le bien-être, le médical et les deux sont complémentaires, indique encore le DG de B'o Resort. *Et avec des discours qui diffèrent en fonction des cibles, parce que quand on va voir des journalistes bien-être-beauté, on n'a pas tout à fait le même discours que quand on va vers des journalistes santé. Mais en même temps, ça doit être complémentaire et cohérent* ».

Quand il prend ses fonctions au printemps 2018, le nouveau directeur de l'EPIC ne remet pas en cause les orientations définies six ans plus tôt. Mais il ambitionne d'en « moderniser » la forme. À ses yeux, la communication occupe une place centrale. Il affirme que « *le tourisme, c'est une des économies où la communication est quasiment aussi importante que l'offre. C'est-à-dire que sur la manière dont vous présentez l'offre, elle n'a pas du tout le même goût…* ». Telle qu'il l'envisage, une communication « moderne » doit permettre d'associer un territoire à des valeurs, celles-ci devant servir de base à toute stratégie marketing. Or, dans le document stratégique qu'il présente aux élus, le directeur de l'EPIC établit un sévère diagnostic de la marque « Grand domaine ». « Les valeurs […] ne sont pas mises en avant. Le Grand domaine ne communique pas sur un ensemble de valeurs mais communique sur une liste d'activités, de possibilités. La promesse d'un Resort unique et indivisible n'est pas tenue (guichet unique de réservation, communication harmonisée…) »[377]. Il convainc donc les élus d'abandonner la marque « Grand domaine Bagnoles de l'Orne » au profit d'une nouvelle, recentrée sur les « valeurs » identitaires du territoire.

Illustration n°10 : Logo de la nouvelle marque territoriale « Be Bagnoles ».

Source : site internet de l'Office de tourisme.

[377] Plan stratégique 2018-2021, p. 6.

La marque « Be Bagnoles » concrétise cette stratégie[378]. Il ne s'agit pas de rompre avec celle menée autour du Grand Domaine, mais de lui donner une autre dimension. L'expérience proposée à Bagnoles doit continuer de susciter des émotions agréables et orientées vers le plaisir, tout en s'étendant au-delà du seul séjour. L'imaginaire du visiteur est mobilisé en amont comme en aval, afin de prolonger l'évasion (Réau, 2005).

Pour le directeur de l'EPIC, la mise en œuvre d'une « *communication affinitaire* » joue dans cette perspective un rôle déterminant. « *Il faudra qu'on revoie toute notre philosophie de communication puisqu'aujourd'hui, on est plutôt sur une communication de tuyau, une communication classique d'achat d'espace...* explique-t-il. *Ça veut dire effectivement de trouver des contenus vidéo, photo, qui ne sont plus seulement sur des activités, mais qui se servent de ces activités pour illustrer un récit. On refait complètement tout notre site internet, toute la politique digitale va être complètement revue, pour intégrer cette communication de contenu. Le site internet sera forcément en lien avec un outil GRC, c'est-à-dire Gestion de la Relation Client qui nous permettra de qualifier une base de données au plus près, l'idée étant, toujours pareil, on ne parle plus de soi mais on parle au client* ».

L'utilisation des médias sociaux devient une composante essentielle de cette nouvelle stratégie. Ils permettent de renforcer le lien noué avec les visiteurs pendant et après leur séjour. Cet usage des réseaux socionumériques rejoint l'analyse de Michel Barabel, Samuel Mayol et Olivier Meier, selon lesquels « les réseaux sociaux sont de nouveaux outils au service des territoires. [...] Grâce aux réseaux sociaux, le marketing tribal ou marketing communautaire prend toute sa place » (2010 : 240). Le directeur de l'EPIC en explicite les ambitions : « *Il faut qu'on soit aussi sur ces outils-là de communication. Il faut aussi qu'on couple ça avec du récit. Donc ça va passer par une chaine YouTube liée justement à ces dimensions bien-être, mais produite avec des moyens de production*

[378] À l'instar de la marque « Be Bretagne » créée au début des années 2010 par la région éponyme, l'utilisation d'un anglicisme doit favoriser son internationalisation (Houllier-Guibert, 2012 : 43). Si les tons noir et blanc de la marque Be Bretagne rappellent « l'histoire et la culture bretonne », le fond vert du logo bagnolais évoque la nature et notamment la forêt entourant la ville. La mention du nom de la commune nouvelle, « Bagnoles de l'Orne Normandie », offre à la marque ce « gain de localisation » dont parlent Christian Le Bart et Thomas Procureur (2011 : 37). Enfin, la forme du logo n'évoque-t-elle pas la forme d'un sceau, d'une certification ? Cette dernière remarque relève de la suggestion.

professionnels et où ce sont plutôt les acteurs locaux – des médecins, des kinés, des cuisiniers sur la diététique – qui interviennent. Grosso modo, on va prendre un ton un petit peu magazine féminin. Il faut savoir que les prescripteurs en France pour le tourisme, c'est plutôt les femmes, donc ce n'est pas un hasard si on prend ce ton-là. Du type : "Je sors de l'hiver, quel est mon programme de footing avant de redémarrer pour être belle sur la plage cet été ?" Enfin je caricature, mais à peine, à peine… On va être sur des logiques plus orientées bien-être, zen : "Voilà, c'est l'hiver qu'est-ce que je fais comme plats pour ne pas prendre trop de poids, etc. ?" […] *Donc on est sur de la chaine YouTube classique, mais qu'on espère booster par la qualité de production et en délivrant de bons conseils* ».

Outre un changement de forme, la nouvelle marque repense également le positionnement du « Grand domaine Bagnoles de l'Orne ». Sans le bouleverser, elle en propose une réorganisation autour de trois socles. « *Je distingue trois positionnements sur Bagnoles de l'Orne : respiration, vitalité, adrénaline. Donc l'idée est de couvrir ces trois champs à travers la culture, le sport et les loisirs en général* », précise le directeur de l'EPIC. À l'image de la promesse suggérée par le positionnement des « Landes thermales », il s'agit d'associer Bagnoles de l'Orne à la célèbre maxime de Juvénal « *Mens sana in corpore sano* ».

Pour asseoir ce positionnement, plusieurs pistes d'évolution sont proposées, notamment en matière de politique culturelle. Mais c'est sur l'offre sportive que la nouvelle stratégie de l'EPIC met l'accent. Dans l'esprit des dirigeants de l'EPIC, le sport constitue le trait d'union entre les deux identités – médicale et touristique – de la ville.

Telles qu'elles sont mobilisées dans le plan stratégique, les activités physiques et sportives permettent d'abord de réactiver le thème de la « santé », en le convertissant en argument marketing. Depuis 2012, l'EPIC et le B'o Resort s'emploient à euphémiser les références à la maladie et à la vieillesse. En associant désormais la santé à la pratique sportive – en la détachant ainsi de son acception biomédicale au profit d'une approche plus holistique – les acteurs bagnolais réaffirment leur volonté de séduire une clientèle qui a intégré la « morale de l'effort » promue dans la société contemporaine (Génolini, Clément, 2010 ; Bergeron, 2011). En cherchant à accueillir des « touristes de santé », plus jeunes que les curistes traditionnels, attentifs à leur corps et concevant la santé comme un capital à préserver, ils espèrent résoudre une problématique partagée par le nouveau DG de B'o Resort : continuer de rajeunir l'image de la station, sans dévoyer sa réputation médicale.

Pour y parvenir, la méthode retenue consiste à travailler de concert avec l'établissement thermal et le centre de médecine physique et de réadaptation (CMPR), tout en s'inscrivant dans les dispositifs régionaux ou étatiques existants. Le directeur de l'EPIC précise : « *Bagnoles a commencé cette mutation avec l'arrivée de B'o Resort qui a permis d'avoir une nouvelle clientèle, un nouveau type d'hébergement, et puis toute une offre effectivement plein air, sport etc. Au départ réservée aux curistes, elle s'est aujourd'hui très élargie et a une vocation beaucoup plus large, de jeunes sportifs, de jeunes séniors, de séniors actifs, etc.* [...] *On va essayer de solliciter en s'inscrivant dans des dispositifs nationaux ou régionaux sur ce volet prévention santé puisqu'on a tout aujourd'hui, en termes de compétences, de moyens, de savoir-faire et de lieux* [...] *On a pris connaissance des différents dispositifs qui sont en train de se créer notamment les "maisons sport santé" que lance le ministère* [depuis] *avril-mai. Et on a effectivement pris contact plutôt avec des fédérations sportives sur lesquelles on a une action nous puisqu'on gère des équipements sportifs pour commencer cette réflexion-là de façon à ce qu'elle soit mise en place à partir de 2019* ».

Le déploiement d'une politique sportive ambitieuse vise plus largement à faire de Bagnoles de l'Orne une « ville dynamique ». Le sport occupe une place d'autant plus importante dans la stratégie présentée par le directeur de l'EPIC que les élus municipaux en font l'une des priorités du développement touristique. « *On est complètement sur les missions qui m'ont été confiées de rajeunissement à la fois de l'image, de l'offre et forcément de la clientèle*, souligne le directeur de la structure touristique. *Donc ça correspond complètement à une volonté municipale forte. Et puis c'est souhaitable aussi pour maintenir d'ailleurs l'ensemble du tissu touristique puisqu'aujourd'hui, l'un des enjeux est la petite hôtellerie notamment* ».

Comme d'autres stations (thermales, balnéaires ou classées tourisme), les acteurs bagnolais investissent le marché du « sport santé »[379]. Pour être

---

379 La relation qu'entretiennent les stations thermales avec le sport est néanmoins ancienne. Le chapitre I et les travaux de l'historien Frédéric Dutheil permettent d'en prendre la mesure. Pour illustrer notre propos sur les offres contemporaines, il est possible de prendre l'exemple, parmi bien d'autres, de la « cure sportive : cap sur le running ! » proposée par Vichy. La concurrence est très vive sur ce créneau. Le 25 décembre 2019, le quotidien *L'Équipe* publiait un article sur la récupération des sportifs dans les centres de thalassothérapie : « Quand les champions d'athlétisme se mettent à la thalassothérapie », *L'Équipe*, [En ligne], consulté le 25/12/2019.

identifiée comme une station à la fois « sportive » et « dynamique », plusieurs actions sont entreprises. Le territoire est d'abord reconfiguré en support de l'activité. Des équipements de fitness en plein air sont installés dans la ville, et des parcours de course à pied sont balisés selon différents niveaux de pratique. Ces aménagements ne révolutionnent pas l'offre locale – la ville dispose depuis longtemps d'une politique sportive étoffée – mais ils contribuent à rendre visible la pratique sportive dans l'espace urbain, sans recourir à une communication spécifique. À travers ces actions, il ne s'agit pas uniquement de capter une clientèle en quête de bien-être ou de prévention en santé. L'offre sportive s'adresse aussi aux habitants, aux touristes d'affaires et aux familles, cibles privilégiées par les hôteliers bagnolais depuis le début des années 2010.

Dans le prolongement de cette politique, les acteurs bagnolais mobilisent également la stratégie de « labellisation » pour se distinguer de leurs concurrentes. Comme à Dax, l'usage des labels n'est pas anodin. Pour Charles Erwan et Hervé Thouément, ils constituent autant de « signaux », permettant aux touristes de distinguer les territoires les uns des autres. En se basant sur la théorie économique des signaux, ces auteurs rappellent que le marché touristique ne satisfait pas aux conditions de la « concurrence parfaite » (atomicité de l'offre et de la demande, libre entrée, homogénéité du produit, information parfaite) : les territoires ne sont pas identiques, l'information inégale. Pour parer aux « situations d'asymétrie d'information qui en résultent [...], les acteurs économiques des différentes filières [ont] adopté des comportements stratégiques adaptatifs, comme, notamment, la différenciation de leurs produits, par des marques et des labels » (2007 : 33). Or, selon ces auteurs, « le tourisme est un domaine où la recherche de signaux par les "consommateurs" est plus marquée qu'ailleurs. Cela s'explique notamment par une quête informationnelle due à la méconnaissance du "nouveau territoire" » (Idem).

Labels « station verte », « famille plus », « qualité tourisme » ou, plus récemment, « ville active et sportive » et « terre de jeux 2024 » viennent asseoir les différents positionnements promus par le marketing territorial bagnolais depuis le début des années 2010. La ville devient également « station de trail », la deuxième du Département de l'Orne à intégrer ce réseau développé par la marque Rossignol. Comme c'est systématiquement le cas lors de l'obtention de labels, cette reconnaissance donne lieu à une forte médiatisation dans la presse locale et régionale. « Bagnoles de l'Orne Normandie devient une station trail » titre le quotidien *Ouest-France*[380], laissant le directeur de l'EPIC revenir longuement sur l'un des objectifs assignés à une telle démarche : « Beaucoup [de stations de trail] sont situées dans des massifs prestigieux qui ont déjà une forte connotation "sport de plein air" comme le Vercors, la Chartreuse ou les Écrins, rappelle-t-il. On gagne donc déjà un temps précieux (et on économise de grosses campagnes de communication) avec un retour d'image immédiat. D'autre part, ce qui a intéressé la Ville dans ce concept, c'est son volet développement touristique. Le réseau a par exemple développé des outils de réservation en ligne qui pourront être mis à disposition de nos hôteliers, d'appli terrain performantes et de gros moyens de communication au niveau national, ce qui là encore nous permet de valoriser fortement notre image ». Dans le *Publicateur Libre*, l'hebdomadaire local, l'inauguration de la station trail est l'occasion de réactiver le récit territorial en valorisant les aménités identitaires du territoire, qualifiées pour l'occasion d'« exceptionnelles ». Le journaliste décrit des « itinéraires [qui] cheminent sur le domaine forestier des Andaines avec ses gorges escarpées, son patrimoine naturel, ses arbres remarquables ». À cette offre, s'ajoute un « hébergement variée » et un « ensemble d'activités sportives », le tout rassemblé dans « une station loisirs et bien-être unique en Normandie », avec « un lac, une forêt à perte de vue et une architecture élégante tout droit sortie de la Belle Époque »[381].

L'obtention du label « ville active et sportive » est également l'occasion pour l'adjointe aux sports de rappeler, dans les colonnes du *Ouest-France*, que « l'objectif est d'attirer de nouvelles clientèles à travers l'image sportive et la vitalité de la station »[382]. Elle souligne la mise en place du projet de station trail, la réouverture de sites d'escalade à proximité des Thermes, et l'installation d'équipements de fitness extérieurs en libre accès.

Enfin, la candidature au label « Terre de Jeux 2024 » et la possibilité de devenir une « base arrière pour le tennis lors des JO à Paris » permet au

---

380 « Bagnoles de l'Orne Normandie devient une station trail », *Ouest-France*, [En ligne], publié le 10/05/2019, consulté le 10/05/2019.

381 « La Station Trail® lancée le 11 mai à Bagnoles de l'Orne-Normandie à l'occasion du Salon Sérénity », *Le Publicateur Libre*, [En ligne], publié le 23/04/2019, consulté le 10/05/2019.

382 « La commune de Bagnoles de l'Orne-Normandie labellisée Ville active et sportive », *Ouest-France*, [En ligne], publié le 21/01/2019, consulté le 02/02/2019.

directeur de l'EPIC de réaffirmer que « le sport est dans l'ADN de la station » et de rappeler les principales infrastructures sportives dont elle dispose[383].

Tel qu'il est mis en scène par l'EPIC, le développement du sport remplit plusieurs objectifs. Sa pratique, ou sa mise en spectacle, permet tout à la fois de tromper l'ennui, de préserver son capital santé (le sport étant ici envisagé comme un levier du « bien vieillir »), mais aussi de découvrir le territoire, à la fois dans ses dimensions naturelles et patrimoniales. En condensant les principales « valeurs » que les élus souhaitent voir associées à Bagnoles – santé, nature, détente et plaisirs –, le sport est progressivement devenu un élément central de la stratégie territoriale engagée depuis 2012. Utilisé comme argument marketing à la croisée des univers de la santé et du tourisme, il est décliné en fonction des différentes cibles que la collectivité entend capter : du touriste d'affaires au curiste en quête d'activité physique, en passant par la famille francilienne désireuse de s'évader de son quotidien le temps d'un court séjour. Les propos du maire en disent long sur l'importance que revêt ce levier dans la communication municipale : « *Le sport, c'est l'ADN je pense de la station. C'est aussi l'image ! Une station sportive, c'est une station dynamique. Donc à travers le sport, je pense qu'on véhicule une image dépoussiérée de Bagnoles de l'Orne* ».

Pensé comme un « pilier » parmi d'autres au sein du concept de Grand domaine dès le début des années 2010, le sport devient, avec la mise en œuvre de la marque Be Bagnoles et la nouvelle stratégie de communication qui l'accompagne, le socle à partir duquel la ville est promue tel un « pôle de bien-être »[384].

---

383 « En vue des JO 2024, Bagnoles de l'Orne-Normandie veut renforcer son image de ville sportive », *Le Publicateur Libre*, [En ligne], publié le 13/10/2019, consulté le 13 octobre 2019. Le directeur de l'EPIC rappelle l'importance du sport dans la station : « […] Terrain de foot, complexe tennistique, boulodrome, piscine, hippodrome, salles des communs du château. "Sans oublier le terrain de golf dont la création remonte à 1927, mais aussi le parcours acrobatique dans les arbres géré par un privé". La liste ne serait pas complète sans les activités proposées par l'EPIC : marche nordique, randonnées, parcours d'orientation, tir à l'arc, et plus récemment fitness outdoor, parcours de trail ».

384 Deux articles parus dans *Ouest-France* font référence à ce statut en trois mois d'intervalle. Voir : « Bagnoles de l'Orne veut devenir le pôle de bien-être du Grand Ouest », *Ouest-France*, [En ligne], publié le 04/03/2019, consulté le 04/03/2019. « Be Bagnoles veut devenir la capitale du bien-être », *Ouest-France*, [En ligne], publié le 25/01/2019, consulté le 04/03/2019.

La nouvelle stratégie impulsée par le directeur de l'EPIC et son équipe à partir de 2018 vient nuancer le positionnement adopté au début des années 2010. Après avoir tout mis en œuvre pour euphémiser voire effacer toute référence à la vieillesse et à la maladie, les acteurs bagnolais réaffirment leur volonté de faire de la ville un territoire de santé. En investissant le marché du bien-être au début de la décennie, ils ne s'étaient pas détournés de la vocation médicale de la station, mais avaient mis cette dimension en sourdine. La santé était alors appréhendée dans son acception holistique, permettant de maintenir une certaine ambivalence. Tandis que l'établissement thermal développait des « mini-cures » relevant de la prévention, la communication du B'o Resort – épaulée par celle de l'EPIC – valorisait principalement l'image d'une « bulle » de bien-être.

Or, aussi bien du côté des dirigeants du B'o Resort que de la municipalité, l'année 2018 marque une évolution. La santé retrouve une place centrale dans la communication, comme l'illustre d'ailleurs la signature par la ville, en novembre 2019, d'une « charte "Ville aidante" Alzheimer »[385]. Reconfigurée autour du sport et de la prévention, elle est néanmoins associée aux registres du dynamisme. Une telle évolution permet aux acteurs bagnolais de mobiliser l'ensemble des ressources symboliques offertes par le positionnement bien-être. Dès lors, les formes de communication adoptées tendent à n'exclure aucune cible : de la personne âgée dépendante souhaitant retrouver de la mobilité au jeune couple parisien en quête de détente, la marque « *Be Bagnoles* » se veut fédératrice.

Cette recomposition de l'image sociale bagnolaise fait ainsi écho à celle observable sur le Grand Dax. *A priori*, les deux stations semblent suivre des orientations divergentes. Tandis que Dax reste attachée à son ancrage médical et à son statut de première ville thermale de France jusqu'en 2015, Bagnoles mise sur un repositionnement touristique affirmé. Pourtant, à partir de 2018, les deux territoires marquent une inflexion similaire. Tout en conservant leur positionnement dominant, Dax comme Bagnoles adoptent des positionnements secondaires pour élargir leur spectre d'attractivité.

---

[385] « Une charte "Ville aidante" pour aider les malades d'Alzheimer à Bagnoles de l'Orne-Normandie », *Le Publicateur Libre*, [En ligne], publié le 01/12/2019, consulté le 01/12/2019.

Au final, les images sociales renvoyées par ces deux territoires se révèlent bien moins différentes qu'uniformes. Les distinctions identifiables sont de l'ordre de la nuance ou du degré. L'opposition fondatrice entre médecine et tourisme, longtemps constitutive de l'univers thermal, tend à s'estomper à la fin des années 2010. Les stations thermales contemporaines valorisent désormais une « expérience globale », teintée selon les cas d'une dominante médicale ou touristique.

Conclusion du quatrième chapitre

Dans un contexte de forte concurrence entre territoires, où la course à l'attractivité s'est partout imposée (Le Bart, 2009), il n'est guère surprenant de voir les villes thermales s'engager, au tournant des années 2010, dans des démarches de marketing territorial. Confrontées à une crise multiforme – chute de fréquentation, perte de légitimité vis-à-vis des tutelles, incertitudes sur le modèle économique –, ces villes cherchent à restaurer leur image et à regagner en visibilité. Comme le soulignent Camille Chamard et Lee Schlenker (2017), ces démarches émergent souvent dans des contextes de vulnérabilité ressentie par les acteurs locaux, qui y voient ici un levier pour attirer de nouvelles clientèles et faire évoluer les représentations associées à des villes souvent perçues comme vieillissantes. Cette ambition de « *dépoussiérage* » est pleinement assumée par les élus locaux, soucieux de s'adapter aux attentes contemporaines des clientèles touristiques et de santé.

Mais ces politiques d'image ne se réduisent pas à une logique promotionnelle. Portées par les municipalités ou les intercommunalités selon les cas, elles sont conçues comme des démarches participatives, associant de nombreux acteurs – exploitants thermaux, hôteliers, commerçants, loueurs de meublés, parfois même habitants – dans la définition d'un positionnement commun. Ce faisant, elles participent à la recomposition des équilibres locaux, en réorganisant les modes de coopération et les dynamiques de légitimation politique.

À Dax comme à Bagnoles de l'Orne, la mise en œuvre du marketing territorial accompagne les projets de diversification portés par les coalitions d'acteurs constituées au tournant des années 2010. Mais la logique qui préside à leur mobilisation n'est pas identique. À Bagnoles de l'Orne, la démarche permet aux élus de conforter leur *leadership*, en s'affichant comme des entrepreneurs capables de revitaliser l'image de la ville et d'attirer de nouvelles clientèles. À Dax, elle intervient dans un contexte plus contraint, marqué par le redécoupage du périmètre des régions et l'intercommunalisation de la compétence tourisme. Elle constitue alors un outil d'ajustement, visant à préserver la cohésion d'une coalition fragilisée par les recompositions institutionnelles. Dans les deux configurations, toutefois, ces démarches contribuent à stabiliser l'action collective, de deux manières complémentaires : d'une part, en renforçant la confiance des partenaires économiques vis-à-vis des élus, à mesure que les « promesses » de retombées matérielles s'accompagnent de résultats tangibles (fréquentation en hausse, diversification des publics) ; d'autre part, en favorisant un alignement progressif des acteurs, par la recherche de compromis, l'institution d'un langage commun et la diffusion de normes partagées. Sans nécessairement effacer les divergences, elles les rendent négociables.

Par ce travail de mise en récit et d'alignement symbolique – autour de notions comme la modernisation, la redynamisation ou l'attractivité – le marketing territorial fonctionne alors comme un instrument d'intégration politique. Il contribue à la consolidation des coalitions locales, renforce la capacité d'agir des élus et soutient une forme de gouvernement renouvelé, fondée sur la recherche de compromis, plus que sur l'imposition de décisions.

Ce rôle stabilisateur explique en partie la nature des images produites. Malgré une forte mise en concurrence des stations et en dépit des efforts affichés de différenciation – territoire de « l'excellence thermale » (Dax) *vs* « pôle de bien-être » (Bagnoles) –, les politiques d'image se traduisent *in fine* par des registres très proches. Les visuels, les slogans, les valeurs mobilisées convergent. Les mêmes références au patrimoine, à la nature, au bien-être, à l'excellence, à la douceur de vivre, aux particularités régionales sont mobilisées. Ce qui devait singulariser tend à homogénéiser.

Plusieurs facteurs renforcent ce mouvement. Le *benchmarking*, placé au centre de ces démarches, la circulation de consultants, la standardisation des méthodes, les rencontres professionnelles comme les Thermalies, produisent un environnement dans lequel les « bonnes pratiques » tendent à s'uniformiser. Comme l'a montré Charles-Édouard Houllier-Guibert (2012), le marketing territorial est par ailleurs bien souvent utilisé par les acteurs publics comme un outil de convergence autour d'une offre territoriale, au détriment de ce qui fait sa spécificité, c'est-à-dire sa capacité à inventer et à proposer des récits originaux et différenciants.

Dans les villes thermales, où l'image est une ressource stratégique – en raison du poids du tourisme, de la dépendance au secteur thermal, et de la nécessité d'attirer des clientèles renouvelées –, cette tendance peut toutefois surprendre. Tandis que les conditions semblaient réunies pour voir émerger des démarches plus offensives ou audacieuses, elles participent avant tout d'une forme de gouvernement local en quête de stabilité, où l'image devient un vecteur d'intégration, au prix, parfois, d'un appauvrissement de sa force distinctive.

Conclusion générale

Dans le monde thermal, la décennie 1990 marque un tournant. L'État engage un processus de retrait de l'Assurance maladie du remboursement des soins thermaux et la thérapeutique, dont le service médical rendu n'a jusqu'alors pas été scientifiquement démontré, perd progressivement sa légitimité. Plusieurs rapports administratifs soulignent son efficacité incertaine, son coût élevé pour la collectivité, voire les risques qu'elle pourrait comporter. Ce désengagement progressif de l'État contraste fortement avec la reconnaissance qu'il avait accordée aux villes thermales après 1945, lorsqu'il les avait légitimées comme « territoires de santé ». Désormais, ces villes sont plongées dans une forme d'incertitude structurelle. Localement, les effets sont immédiats. Le nombre de curistes conventionnés, en croissance constante depuis les années 1950, commence à diminuer. Investir financièrement et temporellement dans une cure perd de son sens dès lors que l'efficacité thérapeutique est publiquement remise en cause. Face à cette remise en question, les exploitants thermaux adoptent des stratégies attentistes, limitant leurs investissements dans les équipements ou la qualité des soins. Tandis que l'offre thermale se fige ou se dégrade, d'autres modèles – notamment la thalassothérapie – se modernisent et gagnent en attractivité, contribuant à accentuer le déclin relatif du thermalisme médicalisé (Laconme, 1998).

À la fois prisonnières du système de remboursement institué par l'État et de l'image « *poussiéreuse* » renvoyée par la thérapeutique, les villes thermales voient leur économie se dégrader pendant de nombreuses années. Or, de

2010 à 2019, « *le thermalisme en France connaît un véritable renouveau* »[386]. Les stations affichent une croissance soutenue. En dix ans, plus de 1,2 milliard d'euros sont investis dans la réhabilitation ou la construction d'établissements (de soins ou d'hébergement), tandis que le nombre de curistes progresse d'environ 20 %. Ce retournement s'inscrit dans une histoire marquée par l'alternance de phases de croissance et de crises profondes.

Cette instabilité révèle la forte sensibilité du monde thermal aux aléas politiques et économiques. Elle s'explique par des transformations plus larges, à la fois institutionnelles et économiques, qui modifient en profondeur le rôle de l'État dans le gouvernement des villes, ainsi que les rapports de pouvoir entre acteurs locaux. C'est à l'analyse de ces évolutions que s'est consacré cet ouvrage, en interrogeant les ressorts et les enjeux de coordination entre les acteurs impliqués dans le gouvernement des villes thermales, et leurs effets sur la capacité politique territoriale comme sur l'économie locale.

Pour analyser ces recompositions, nous avons structuré notre démonstration autour de quatre chapitres complémentaires. Le premier chapitre s'est attaché à retracer l'évolution du gouvernement municipal du thermalisme, depuis son émergence à la fin du XVIIIe siècle jusqu'aux recompositions contemporaines. L'analyse de la construction progressive de la capacité politique des villes thermales, au prisme des relations établies entre acteurs politiques, économiques et institutionnels, met en lumière l'influence déterminante – bien que variable – de l'État dans l'histoire du thermalisme. Jusqu'au début des années 1980, ce dernier structure les rapports de pouvoir à l'échelle locale, façonne les modalités de gouvernement et oriente les trajectoires économiques et symboliques des stations.

Quatre grandes périodes peuvent être distinguées. Dans un premier temps (fin XVIIIe – milieu XIXe siècle), l'État encadre fortement le développement du thermalisme. Propriétaire d'une grande partie des sources, il participe à la gestion et à la construction des établissements, tandis que les médecins

386 « Le secteur du thermalisme en pleine croissance attire les investisseurs », *Ecomnews*, [En ligne], publié le 14/04/2017, consulté le 17/08/2020. Les chiffres qui suivent proviennent de la même source. Voir aussi : « Pourquoi les français plébiscitent les cures thermales », *ChallengeS*, [En ligne], publié le 20/01/2017, consulté le 17/08/2020, Si ces investissements sont majoritairement assurés par des acteurs privés (souvent des grands groupes), les collectivités territoriales participent aussi à ce mouvement.

dominent la vie locale. Le thermalisme est alors une pratique sanitaire, organisée autour d'un pouvoir médical fort.

L'émergence du tourisme et l'affirmation d'un pouvoir municipal à partir de la IIIe République viennent redistribuer les équilibres. Grâce à l'autonomie acquise dans les années 1880, les communes s'imposent comme des acteurs majeurs du développement thermal. L'expérience thermale évolue alors selon les rapports de force locaux, oscillant entre domination médicale et valorisation touristique. Cette autonomie municipale ne s'exerce toutefois pas en rupture avec l'État (Borraz, 2000 : 13). Elle s'inscrit dans un système d'interdépendance durable entre les deux niveaux de gouvernement, que les crispations entre les identités médicale et touristique des villes thermales mettent en évidence. Face aux tensions entre tenants du thermalisme touristique et défenseurs d'un thermalisme médicalisé, les acteurs locaux sollicitent l'arbitrage étatique. L'entre-deux-guerres voit la montée en puissance d'organisations nationales issues des différents groupes d'intérêt, et l'État, sous pression, entérine la double dimension médicale et touristique du thermalisme.

Cette identification évolue toutefois rapidement. Le double mouvement de centralisation de l'État-providence et de sectorisation de l'action publique, entamé à partir de 1945, transforme l'identification des villes thermales, désormais intégrées au secteur de la santé et conçues comme des territoires de soin. L'adossement du thermalisme au système de remboursement de la Sécurité sociale stimule la fréquentation des stations. Pendant plusieurs décennies, le nombre de curistes conventionnés augmente de manière continue. Mais cette dynamique masque une dépendance accrue à l'égard de l'État, tant sur le plan économique que politique. Si elle soutient l'économie locale, la création du thermalisme social affaiblit la dimension touristique des stations et réduit la capacité des acteurs locaux à s'interpeller, à coopérer et à orienter collectivement le développement de leur territoire.

Les acteurs thermaux prennent conscience de cette situation de dépendance dès la fin des années 1980, au moment où la fréquentation commence à décliner et où l'État envisage de remettre en cause le remboursement des soins thermaux. Sous l'effet conjugué des logiques néolibérales, de la décentralisation et de l'européanisation des politiques publiques, l'État redéfinit son rôle dans l'économie et la gestion des territoires. L'État-providence cède progressivement la place à un État régulateur, qui privilégie l'orientation à distance des acteurs plutôt que l'intervention directe. Il mobilise pour cela une panoplie d'instruments issus du *New Public Management* – appels à projets, normes de qualité, indicateurs de performance, dispositifs d'évaluation – qui conditionnent l'accès aux ressources publiques à des objectifs définis nationalement. Dans le secteur de la santé, cette transformation se traduit par un durcissement des conditions d'accès au remboursement, fondé sur des critères médico-économiques plus stricts. Le deuxième chapitre souligne ainsi combien le thermalisme, longtemps toléré dans le système de soins, se retrouve de plus en plus en décalage avec les exigences de preuve, de performance et de sécurité sanitaire désormais attendues. Pour maintenir leur accès à ces ressources sectorielles, les acteurs thermaux sont sommés de se conformer à ces nouveaux standards, en améliorant la qualité de l'offre, en sécurisant les pratiques et en apportant la preuve de leur efficacité thérapeutique. Ces injonctions, formulées sous la forme de menaces (de déremboursement, notamment), s'accompagnent d'incitations visant à redéployer le thermalisme autour de la prévention, du bien-être ou du vieillissement actif. La mise en œuvre de telles pistes de diversification à l'échelle locale nécessite toutefois une capacité d'action collective dont les villes thermales ont été privées par la configuration précédente.

Dans ce contexte de désengagement étatique, de fragmentation des ressources et de multiplication des acteurs, les troisième et quatrième chapitres s'attachent ainsi à comprendre comment les acteurs locaux parviennent, dans des configurations contrastées, à reconstituer une capacité politique territoriale et à enrayer le déclin économique des stations. À partir de la comparaison de deux villes thermales aux caractéristiques différentes – Dax, ville moyenne du Sud-Ouest intégrée dans un environnement régional structuré autour du thermalisme, et Bagnoles de l'Orne, petite station isolée du quart Nord-Ouest – le troisième chapitre met d'abord en lumière le rôle des élus locaux dans la mobilisation des acteurs économiques autour de projets de développement. Face à la déstabilisation de ces coalitions provoquée par les recompositions territoriales de la décennie 2010, le quatrième chapitre s'intéresse quant à lui aux conditions de stabilisation de l'action collective et au rôle joué, dans cette perspective, par la construction d'un récit territorial partagé.

À partir de ces éléments, une réflexion plus générale peut être engagée sur ce que le thermalisme révèle des recompositions contemporaines de l'action publique locale. Au-delà de leur singularité, les villes thermales étudiées offrent en effet un poste d'observation privilégié pour interroger la fragilisation des régulations sectorielles, les mutations du gouvernement municipal et l'émergence de nouvelles formes de coordination politique sous contrainte.

Concernant le premier point, les dynamiques à l'œuvre dans le monde thermal depuis les années 1980 rappellent, par bien des aspects, celles analysées par Pierre Muller dans le domaine agricole. Ce dernier met en évidence l'émergence, à rebours de l'agriculture productiviste structurée par l'État, d'un nouveau modèle (« l'agriculture de service ») et d'un nouvel acteur (« l'exploitant rural »). Moins dépendant des régulations sectorielles, ce dernier s'inscrit dans une logique plus marchande, orientée vers la transformation, la vente directe et l'insertion dans le tissu local. Comme le souligne Pierre Muller, « un maire rural n'a pas grand chose à dire à un exploitant agricole spécialisé, parce que la commune ne représente plus un enjeu pertinent pour ce dernier (du moins en tant que professionnel). L'agriculture de production se trouve en dehors des interventions des élus locaux en matière de développement économique local. L'agriculture de services, au contraire, en raison de son caractère localisé et de sa dimension commerciale, s'intègre facilement dans une volonté de redynamisation de la commune ou du pays » (1990 : 25).

À bien des égards, la trajectoire du thermalisme s'apparente à celle décrite par Pierre Muller, tout en se distinguant par une ambivalence persistante. D'un côté, en effet, les acteurs du monde thermal s'efforcent de maintenir leur appartenance au secteur de la santé, où se concentrent les principales ressources publiques, la reconnaissance institutionnelle et la légitimité professionnelle. Ils ajustent leurs pratiques, renforcent la qualité de leur offre et s'emploient à lever les doutes persistants sur l'efficacité thérapeutique du thermalisme.

Mais ce positionnement reste fragile. Le cadrage sanitaire opéré par l'État au sortir de la Seconde Guerre mondiale ne s'est pas construit sur le mode d'une négociation sectorielle stabilisée entre administration de tutelle et profession organisée, disposant d'un monopole de représentation. Si le thermalisme est intégré au secteur de la santé, cette appartenance demeure ambivalente. D'une part, sa reconnaissance institutionnelle est éclatée entre plusieurs tutelles administratives (santé, tourisme, aménagement). D'autre part, les pratiques et logiques professionnelles qui structurent le monde thermal s'articulent difficilement avec les normes dominantes du monde médical. La création, au début des années 2000, d'un syndicat professionnel unique – le

Conseil national des établissements thermaux – constitue un prérequis nécessaire pour maintenir le remboursement des soins thermaux. Mais cette restructuration collective ne suffit pas à repositionner le thermalisme dans le monde médical, ni à peser de manière significative sur la définition des normes et des politiques publiques de santé.

Dans ce contexte de vulnérabilité, les acteurs thermaux investissent d'autres registres pour consolider leur activité. Ils se tournent vers la diversification de l'offre (prévention, bien-être, courts séjours), s'insèrent dans le marché touristique et cherchent des appuis auprès des collectivités territoriales. À l'instar des « exploitants ruraux » décrits par Pierre Muller, ils élargissent leurs alliances et deviennent progressivement des acteurs du développement territorial, au-delà de leur fonction sanitaire initiale.

C'est cette position intermédiaire, à la croisée du sanitaire et du touristique, qui rend le thermalisme si éclairant. Ni pleinement structuré par une régulation sectorielle, ni entièrement appréhendé dans une logique territoriale, il donne à voir – et c'est le premier enseignement de notre ouvrage – comment, dans des secteurs faiblement institutionnalisés, le gouvernement à distance par l'État favorise des recompositions hybrides, mêlant alignement sur des normes centrales et enracinement dans des dynamiques locales de développement.

Ce premier constat en appelle un second. Dans une formule volontairement provocatrice, Olivier Borraz situe dans les lois de décentralisation du début des années 1980 non pas l'affirmation mais l'épuisement du gouvernement municipal (Borraz, 1998 : 22-23). Contrairement à l'idée reçue selon laquelle la décentralisation aurait permis aux villes d'accéder à une pleine capacité de gestion, Borraz montre que le pouvoir municipal s'exerçait déjà, sous la Ve République, dans un cadre d'intégration étroite avec les segments de l'État. Ce gouvernement municipal se caractérisait par une capacité à traiter les problèmes locaux à l'échelle de la commune, *via* des interactions stabilisées entre élus municipaux, administration d'État et société urbaine structurée. Or, ce modèle entre en crise au moment même où les élus deviennent pleinement responsables. Le décentrement opéré par l'État affaiblit le lien entre centre et périphérie ; la société urbaine se fragmente, rendant difficile une représentation intégrée dans le conseil municipal ; le secteur public s'émiette en une multiplicité d'acteurs aux statuts divers (public, parapublic, privé, économie mixte et associatif) (Idem : 21) ; enfin, la légitimité municipale se voit concurrencée par celle d'autres acteurs publics, notamment intercommunaux, départementaux ou régionaux. En somme, les élus doivent assumer la responsabilité sans disposer d'un cadre stable d'action collective. La figure du maire comme chef d'orchestre s'efface au profit d'un éclatement des responsabilités et des ressources, rendant incertaine l'existence même d'un gouvernement municipal.

C'est ici que les villes thermales offrent un contrepoint éclairant. Dans un domaine historiquement structuré par une régulation sectorielle étatique (le thermalisme), la recomposition des modes d'intervention de l'État recrée une responsabilité municipale. S'il se retire de la gestion directe des villes, l'État renonce finalement à acter le déremboursement des cures par l'Assurance maladie au tournant des années 2000. Par le biais du thermalisme médicalisé, il continue ainsi de peser dans le développement des villes thermales. Mais en entretenant dans le même temps une incertitude récurrente quant à la pérennité de ce remboursement[387], il pousse les acteurs locaux à limiter leur dépendance au cadre national et à organiser eux-mêmes les conditions de leur développement.

Face à cet espace d'action partiellement vacant, les élus locaux s'emploient à organiser localement la réponse aux difficultés économiques, sociales et symboliques rencontrées par leur commune. On assiste ainsi à la réactivation d'un gouvernement municipal du thermalisme au sens fort du terme, c'est-à-dire capable de traiter les problèmes locaux en agrégeant des intérêts divergents, en composant des coalitions d'acteurs (exploitants thermaux, acteurs économiques et associatifs, intercommunalités et autres acteurs institutionnels), en stabilisant des arrangements et en formulant une orientation commune dans un espace local complexifié.

Loin de la fragmentation décrite par Olivier Borraz dans les métropoles, le gouvernement de ces villes repose sur des coalitions resserrées, articulées autour d'un objectif partagé de développement des économies thermale et touristique, et portées par des autorités municipales encore légitimes. À Dax, le cluster Aqui O Thermes puis l'Office intercommunal du thermalisme et du tourisme incarnent ces coalitions. Si les structures sont intercommunales, l'impulsion politique, la coordination des acteurs et la mise en récit des enjeux

[387] « Cures thermales : que sait-on de leur possible déremboursement par la Sécurité sociale ? », *France Bleu.fr*, publié le 03/07/2025.

restent assumées par les élus dacquois. À Bagnoles de l'Orne, la création d'un EPIC permet aux élus municipaux de reprendre la main dans un contexte de contraintes intercommunales. Dans les deux cas, ce sont bien les élus locaux qui impulsent, stabilisent et incarnent ces formes de coordination, en agrégeant les ressources locales disponibles, en composant avec les incertitudes réglementaires et en portant une vision partagée du développement territorial. Mais cette forme de gouvernement municipal recomposée est plus fragile, car elle repose moins sur des ressources institutionnelles solides ou sur un appareil administratif intégré que sur la capacité à maintenir des coalitions d'acteurs aux intérêts parfois divergents.

Dans ce contexte incertain, l'image devient un levier central de capacité politique. Dans ces territoires en forte concurrence pour attirer curistes et visiteurs, elle constitue d'abord une ressource stratégique, mobilisée dans la quête d'attractivité. Mais elle revêt également – et c'est peut-être là le principal résultat de notre démonstration – une dimension politique décisive. Dans des villes qui ne disposent ni des ressources institutionnelles (capacité financière, expertise), ni des ressources politiques suffisantes pour lancer de grands projets fédérateurs, l'image devient un vecteur d'intégration, utilisé pour stabiliser les coalitions locales.

C'est à travers les démarches de marketing territorial que cette fonction intégrative s'exerce le plus nettement. Ces démarches ne se limitent pas à une stratégie de communication destinée à séduire des clientèles. Elles servent aussi à construire un récit partagé et à formuler un horizon collectif suffisamment consensuel pour fédérer des acteurs aux intérêts parfois divergents. En ce sens, elles participent pleinement à stabiliser la capacité politique territoriale.

Dans les deux villes étudiées, la construction de compromis occupe une place centrale dans ces démarches. Chaque réunion s'apparente à un « tournoi » (Lascoumes, Le Bourhis, 1998), où les acteurs peuvent confronter leurs intérêts, défendre leurs visions du territoire et négocier des ajustements. Ce fonctionnement favorise non seulement l'engagement collectif, mais aussi la production de normes partagées et la transformation progressive des rapports entre acteurs. Les clivages initiaux, entre logiques économiques, professionnelles ou institutionnelles, tendent alors à s'estomper au profit d'une dynamique coopérative fondée sur un langage commun.

Autrement dit, les politiques d'image ne jouent pas seulement un rôle instrumental ; elles ont une portée politique. En l'absence de retombées matérielles importantes, elles permettent de consolider l'action collective sur des fondements symboliques (Stoker, Mossberger, 1995). Si un tel usage du marketing territorial contribue à stabiliser les coalitions locales, il conduit toutefois à une standardisation progressive de l'offre : en reléguant la différenciation au second plan, ces politiques favorisent une convergence des positionnements vers une acception élargie de la santé et du bien-être, capable de concilier publics touristiques et curistes dans une même stratégie.

Enfin, à l'issue de cet ouvrage, un questionnement reste en suspens concernant le rapport des villes thermales au processus intercommunal. Souvent présentée comme un « outil de mutualisation » et un levier de renforcement de l'ingénierie locale, l'intercommunalité est supposée accroître la capacité politique des petites villes en augmentant leur stock de ressources budgétaires (économies d'échelle, capacité d'endettement), mais aussi en leur apportant des compétences techniques et juridiques dont elles ne disposent pas toujours en interne. Pourtant, notre enquête invite à nuancer cette promesse. Dans les petites villes thermales, situées en milieu rural ou montagnard, elle constitue souvent moins une opportunité qu'une contrainte.

Dans des communautés de communes faiblement dotées, les ressources d'expertise promises par l'intercommunalité restent en deçà des besoins, tandis que la montée en puissance budgétaire, bien que réelle, se heurte à des tensions politiques dès lors que les élus de ces villes peinent à imposer leurs diagnostics et leurs priorités. Assimilées au début du XXe siècle à des villes de plus de 20 000 habitants par le législateur (Carribon, 2014), les villes thermales demeurent en effet de petites communes au regard de leur population. Cette situation ne leur garantit ni un statut de ville-centre, ni la capacité de peser dans la gouvernance intercommunale, encore moins d'imposer leur propre définition des problèmes. Dès lors, s'engager dans la coopération intercommunale revient parfois à prendre le risque de diluer leur capacité à coordonner l'action collective locale voire à fragiliser des coalitions créées à l'échelle communale.

À l'inverse, dans les configurations où les élus municipaux conservent un pouvoir d'influence important – comme à Dax, où la commune-centre préside l'intercommunalité et où le directeur général des services de la ville dirige également le groupement –, cette dernière peut prolonger et élargir le gouvernement municipal du thermalisme, en lui offrant un espace de légitimation institutionnelle et de projection stratégique à plus grande échelle.

Aussi précieuses que soient les politiques d'image pour stabiliser les coalitions, ce dernier enseignement rappelle ainsi qu'une capacité politique territoriale ne va pas sans une maîtrise de l'environnement institutionnel, ni sans l'aptitude des élus à tirer parti de ses évolutions.

Bibliographie

Ouvrages

Ansart P (1990) *Les sociologies contemporaines*. Paris, Seuil, 1990.

Balme R, Faure A, Mabileau A. (dir.) (1999) *Les Nouvelles Politiques locales. Dynamiques de l'action publique*. Paris, Presses de Sciences Po.

Becker H (2010) [1988] *Les mondes de l'art*. Paris, Flammarion.

Becker H (1985) *Outsiders, Etudes de sociologie de la déviance*. Paris, Métailié.

Becker H. (2002) *Les ficelles du métier. Comment conduire sa recherche en sciences sociales*. Paris, La Découverte.

Bessy O (dir.) (2013) *L'innovation dans l'événementiel sportif. De l'attractivité touristique au développement territorial*. Paris, Presses universitaires du sport.

Borraz O (1998) *Gouverner une ville, Besançon 1959-1989*. PUR, coll. « Res Publica ».

Bourricaud F (1961) *Esquisse d'une théorie de l'autorité*. Paris, Plon.

Boyer M (2005) *Le Thermalisme dans le grand Sud-Est de la France*. Grenoble, PUG.

Callède J-P (2000) *Les politiques sportives en France. Éléments de sociologie historique*. Paris, Economica.

Carribon C (2001) *Du thermalisme mondain au thermalisme social ? Les villes d'eaux françaises dans l'Entre-deux-guerres (1919-1939)*. Thèse de doctorat d'Histoire, Université Bordeaux III, sous la direction Guillaume P.

Carricaburu D, Ménoret M (2004) *Sociologie de la santé, Institutions, professions et maladies*. Armand Colin.

Cochoy F (dir.) (2004) *La captation des publics. C'est pour mieux te séduire mon client…* Presses Universitaires du Mirail.
Corbin A (1995) *L'avènement des loisirs. 1850-1960*. Paris, Aubier.
Corcuff P (2017) *Les nouvelles sociologie*. Paris, Armand Colin.
Crozier M, Friedberg E (1977) *L'acteur et le système*. Paris, Seuil.
Danguy Y (2013) *Bagnoles de l'Orne 1913-2013. Histoire de la ville de Bagnoles de l'Orne réalisée à partir des archives*. Bagnoles de l'Orne Tourisme.
Davezies L (2008) *La République et ses territoires, la circulation invisible des richesses*. La République des Idées, Paris, Seuil.
Delpont H (2011) *Dax et les Milliès-Lacroix. L'aventure thermale*. Nérac, Éditions d'Albert.
Delpont H (2014) *Dax, Roger Junca et Yves Goussebaire-Dupin, L'aventure thermale, Acte II*. Nérac, Éditions d'Albret.
Delpont H, Taillentou J-J (2015) *Petite histoire de Dax*. Pau, CAIRN, coll. « Petite histoire des villes ».
Desrosières A (2010) *La politique des grands nombres. Histoire de la raison statistique*. Paris, La Découverte.
Dogan M, Pélassy D (1980), *La comparaison en sociologie politique : une sélection des textes sur la démarche du comparatiste*. Paris, Litec.
Douillet A-C, Lefebvre R (2017) *Sociologie politique du pouvoir local*. Paris, Armand Colin, coll. « U ».
Dubuisson-Quellier S (2016) (dir.) *Gouverner les conduites*. Paris, Presses de Sciences Po.
Dupuy F, Thoenig J-C (1985) *L'Administration en miettes*. Paris, Fayard, 1985.
Duran P (2009) *Penser l'action publique*. Paris, LGDJ.
Durkheim E (2007) [1895] *Les règles de la méthode sociologique*. Paris, Presses universitaires de France.
Dutheil F (2002) *Le sport à la cure : vie de société et distraction à Vichy, 1850-1914*. Thèse de doctorat en STAPS, Université Lyon I.
Elias N (2003) *La civilisation des mœurs*. Paris, Pocket, coll. « Agora ».
Elias N (1985) *La société de cour*. Paris, Flammarion, coll. « Champs essais ».
Elias N (2015) [1987] *La société des individus*. Paris, Pocket, coll. « Agora ».
Elias N (1981) [1970] *Qu'est-ce que la sociologie*. Paris, Pocket, coll. « Agora ».
Faure A (1992) *Le village et la politique. Essai sur les maires ruraux en action*. Paris, L'Harmattan.
Freidson E (1984) *La profession médicale*. Paris, Payot.
Gaudin J-P (1985) *L'avenir en plan : technique et politique dans la prévision urbaine, 1900-1930*. Seyssel, Champ Vallon.

Gilbert C (dir.) (2002) *Risques collectifs et situations de crise. Apports de la recherche en sciences humaines et sociale*. Paris, L'Harmattan.

Grojean A-L (2006) *Prévention des risques en milieu thermal. Applications aux soins d'eau de l'espace « Cure » des Thermes de Vittel.* Mémoire de fin d'études, sous la direction Gueury M, formation ingénieur du Génie Sanitaire, ENSP.

Grossman E, Saurugger S (2012) *Les groupes d'intérêt. Action collective et stratégies de représentation*. Paris, Armand Colin, Coll. « U ».

Guibert C (2006) *L'univers du surf et stratégies politiques en Aquitaine.* Paris, L'Harmattan, 2006.

Henry E (2007) *Amiante, un scandale improbable. Sociologie d'un problème public*. Rennes, PUR, coll. « Res Publica ».

Hirschman A (1995) *Défection et prise de parole : théorie et applications*. Paris, Fayard, 1995.

Jamot C (1988) *Thermalisme et villes thermales en France*. Clermont-Ferrand, Institut d'Études du Massif Central.

Jarrassé D (1992) *Les thermes romantiques : bains et villégiatures en France de 1800 à 1850*. Clermont-Ferrand, Publications de l'Institut d'études du Massif Central.

Jobert B, Muller P (1987) *L'État en action. Politiques publiques et corporatismes*. Paris, PUF.

Kingdon J W (1984) *Agendas, Alternatives and Public Policies*. Boston (Mass.), Little, Brown and Co.

Lahire B (2012) *Monde pluriel. Penser l'unité des sciences sociales*. Paris, Seuil.

Lamarque G (1994) *Le Lobbying*. Paris, PUF.

Lascoumes P, Le Galès P (2012) *Sociologie de l'action publique (2e édition)*. Paris, Armand Colin, coll. « 128 ».

Le Bart C (2003) *Les Maires, Sociologie d'un rôle.* Presses universitaires du Septentrion.

Lefebvre T, Raynal C (2015) *Du thermalisme à la médecine thermale. Aux sources du vrai « made in France »*. Le Square éditeur.

Le Goff E (2012) *Les villes-santé en Bretagne : quels choix de gestion et d'aménagement des espaces*. Thèse de doctorat, Université de Rennes 2.

Le Saout R, Madoré F (dir.) (2004) *Les effets de l'intercommunalité.* Rennes, PUR.

Lorrain D (1992), *La Naissance des grandes organisations locales. La mairie de Lorient, 1884-1990*. Paris, CEMS.

Lucido D (1992) *L'espace public dans la promotion de la station thermale et touristique de Bagnoles de l'Orne.* Maitrise d'aménagement et

d'urbanisme, sous la direction de Guillerme A, Universités Paris I & Paris VIII.
Mabileau A (1991) *Le système local en France*. Paris, Montchrestien.
(De) Maupassant G (2002 à [1887] *Mont Oriol*. Paris, Gallimard.
Mayeur J-M (1973) *Les débuts de la IIIe République 1871-1898*. Paris, Seuil.
Maynadier B (2009). *Marque de ville, étude des modalités sémiotiques de génération d'une marque par une ville*. Thèse de Doctorat, Toulouse 1 Capitole.
Merrien F-X (1990) *Politiques publiques et structures sociales. Étude comparative de l'édification et de l'évolution de l'État-protecteur en France et en Grande-Bretagne*. Paris, CRSST / Université Paris-Sud / Mire.
Murard L, Zylberman P (1996) *L'hygiène dans la République. La santé publique en France ou l'utopie contrariée 1870-1918*. Paris, Fayard.
Nay O (1994) *Le chant local : politique de communication et stratégie de développement local à Montpellier 1982-1993*. Les Cahiers du CERVL.
Nay O, Smith A (2002) *Le gouvernement du compromis. Courtiers et généralistes dans l'action publique*. Paris, Économica.
Négrier E (2005) *La question métropolitaine. Les politiques à l'épreuve du changement d'échelle territoriale*. Grenoble, PUG.
Neveu E (2015b) *Sociologie des mouvements sociaux*. Paris, La découverte, coll. « Repères Sociologie ».
Neveu E (2015a) *Sociologie politique des problèmes publics*. Paris, Armand Colin, coll. « U ».
Noiriel G (2008) *Introduction à la socio-histoire*. Paris, La Découverte.
Offerlé M (1994) *Sociologie des groupes d'intérêt*. Paris, Montchrestien.
Padioleau J-G, *L'État au concret*. Paris, PUF, 1982.
Palier B (2007) *Gouverner la sécurité sociale*. Paris, PUF, coll. « Quadrige, essais débats ».
Pénez J (2005) *Histoire du thermalisme en France au XIXe siècle, Eau, médecine et loisirs*. Paris, Economica, coll. « Economies et sociétés contemporaines ».
Pinson G (2009) *Gouverner la ville par le projet*. Paris, Presses de Science Po.
Ramon-Dupuy S (2017) *Le capital social, un déterminant des coopérations inter-organisationnelles territorialisées. Le thermalisme dans les Landes*. thèse de doctorat en sciences de gestion. Sous la direction de Cueille S, Ohayon-Courtès C, Rigal J-J, Université de Pau.
Rauch A (2011) *Vacances en France de 1830 à nos jours*. Paris, Hachette-Pluriel.
Rénahy N (2005) *Les gars du coin. Enquête sur une jeunesse rurale*. Paris, La Découverte.

Sonnet A (2014) « *Réussir sa cure ». Une analyse du rapport du curiste à sa cure thermale. Le cas de la cure thermale de Bagnoles de l'Orne*. Sous la direction de Lestrelin L, Université de Caen Basse-Normandie.

Sonnet A (2015) « *La quête de bien-être ». Sociologie des expériences de la cure contemporaine. Bagnoles de l'Orne comme illustration*. Sous la direction de Lestrelin L, Université de Caen Basse-Normandie.

Stone C (1989) *Regime Politics : Governing Atlantan 1946-1988*. Lawrence, University Press of Kansas.

Urbain J-D (2002) *Sur la plage : mœurs et coutumes balnéaires aux XIX*[e] *et XX*[e] *siècles*. Paris, Payot.

Thévenot L (2006) *L'action au pluriel. Sociologie des régimes d'engagement*. Paris, La Découverte.

Veblen T (1970) *Théorie de la classe des loisirs*. Paris, Gallimard.

Verpeaux M (2017) *Les collectivités territoriales et la décentralisation, 10*[e] *édition*. Paris, La documentation française.

Vigour C (2005) *La comparaison dans les sciences sociales. Pratiques et méthodes*. Paris, La Découverte.

Weber M (1995) [1921] *Économie et Société, Tome 1 : Les catégories de la sociologie*. Paris, Pocket, coll. « Agora ».

Weber M (1959) [1919] *Le savant et le politique*. Paris, Plon.

Walker V (2017) *Étude des freins et des leviers dans la mise en place de l'éducation thérapeutique du patient en milieu thermal. Étude qualitative auprès des acteurs thermaux du Grand Dax : curistes et professionnels*. Université de Bordeaux, Bordeaux.

Articles scientifiques, contributions d'ouvrages

Alaux C, Serval S, Zeller C (2015) « Le marketing territorial des Petits et Moyens Territoires : identité, image et relations », *Gestion et management public*, 2(4) : 61-78.

Amirou R (1994) « Le tourisme comme objet transitionnel », *Espaces et Sociétés*, 76 : 149-164.

Aquino J-P (2007) « Le plan national "Bien-vieillir" », *Retraite et société*, 52(3) : 152-157.

Arab N (2007) « À quoi sert l'expérience des autres ? "Bonnes pratiques" et innovation dans l'aménagement urbain », *Espaces et sociétés*, 131 : 33-47.

Arnstein S (1969) « A Ladder of Citizen Participation », *Journal of the American Institute of Planners*, 35(4) : 216-224.

Artioli F (2017) « Les politiques du retrait territorial de l'État. Réformes de la carte militaire et gestion des mobilisations locales (1989-2012) », *Gouvernement et Action publique*, 6(1) : 81-106.

Avanza M, Laferté G (2005) « Dépasser la « construction des identités ? » Identification, image sociale, appartenance », *Genèses*, 61(4) :134 à 152.

Bachelet F (2005) « Les fonctionnaires intercommunaux. Sociologie et politique », *Les annales de la recherche urbaine*, 99 : 118-125.

Balazs G, Rosenberg-Reiner S (2005) « La composante universitaire dans la hiérarchie des disciplines hospitalières. Note de recherche : Sur le choix d'un indicateur », *Actes de la recherche en sciences sociale,* 156-157 (1) : 115-118.

Barabel M, Mayol S, Meier S (2010) « Les médias sociaux au service du marketing territorial : une approche exploratoire », *Management & Avenir* 32(2) : 233-253.

Baszanger I (1990) « Émergence d'un groupe professionnel et travail de légitimation. Le cas des médecins de la douleur », *Revue française de sociologie*, 2(31) : 257-282.

Baudier F, Leboube G (2007) « Éducation thérapeutique du patient et disease management : pour une troisième voie "à la française" ? », *Santé publique*, 4(19) 335-340.

Béal V (2006) « L'évolution du gouvernement municipal dans une ville industrielle : le cas de Saint-Étienne », *Pôle Sud*, 25(2) : 89-105.

Béal V, Dormois R, Pinson G (2010) « Relancer Saint-Étienne. Conditions institutionnelles et capacité d'action collective dans une ville en déclin », *Métropoles* [En ligne], URL : http://metropoles.revues.org/4380.

Béal V, Epstein R, Pinson G (2015) « La circulation croisée. Modèles, labels et bonnes pratiques dans les rapports centre-périphérie », *Gouvernement et action publique*, 3(3) : 103-127.

Béal V, Rousseau M (2008) « Néolibéraliser la ville fordiste », *Métropoles*, 4 : 160-202.

Béhar D (2000) « Les nouveaux territoires de l'action publique », *in* Pagès D, Pélissier N, *Territoires sous influence*, Paris, L'Harmattan : 83-102.

Belorgey N (2014) « Machiavel aujourd'hui : des consultants au travail dans le secteur public », *La nouvelle revue du travail*, 4 [En ligne], URL : https://journals.openedition.org/nrt/1604

Benamouzig D (2009) « La haute autorité de santé au cœur des choix économiques », *Regards croisés sur l'économie*, 5(1) : 229-237.

Benamouzig D, Besançon J (2007) « Les agences, alternatives administratives ou nouvelles bureaucraties techniques ? », *Horizons stratégiques*, 3(1) : 10-24.

Benamouzig D, Besançon J (2008) « Chapitre 10 : Les agences de nouvelles administrations publiques ? », *in* Borraz O *et al.* (dir.), *Politiques publiques 1*, Paris, Presses de Sciences Po, : 283-307.
Benford R, Snow D (2012) « Processus de cadrage et mouvements sociaux : présentation et bilan », *Politix*, 99(3) : 217-255.
Bergeron H *et al.* (2011) « Un entrepreneur privé de politique publique, la lutte contre l'obésité, entre santé publique et intérêt privé », *Revue française de science politique*, 2(61) : 201-229.
Bergeron H (2010) « Chapitre 3, Les politiques de santé publique », *in* BORRAZ Olivier et Guiraudon V, Politiques publiques, Presses de Sciences Po « Académique » : 79-111.
Bergeron H, Castel P, Hauray B (2015) « Evidence-based medicine », *in* Henry E (dir.), *Dictionnaire critique de l'expertise*, Paris, Presses de Science Po : 140-148.
Bherer L, Breux S (2012) « L'apolitisme municipal », *Bulletin d'histoire politique*, 1(21) : 170-184.
Bocquet R, Mothe C (2009) « Le rôle des institutions publiques dans la gouvernance des pôles de compétitivité de PME », *Revue canadienne des sciences régionales*, 32(3) : 101-122.
Borraz O (2000) « Le gouvernement municipal en France. Un modèle d'intégration en recomposition », *Pôle Sud*, 13 : 11-26.
Borraz O (2005) « Les normes. Instruments dépolitisés de l'action publique », *in* Lascoumes P Pierre, Le Galès P (dir.), *Gouverner par les instruments*, Paris, Presses de Sciences Po : 123-161.
Borraz O, Loncle-Moriceau P (2000) « Permanences et recompositions du secteur sanitaire. Les politiques locales de lutte contre le sida », *Revue française de sociologie*, 41(1) : 37-60.
Boulangé M (2009) « Enquêtes sur l'enseignement médical du thermalisme en France », *La Presse Thermale et Climatique*, 146 : 251-256.
Bozon M, Chamboredon J-C (1980) « L'organisation sociale de la chasse en France et la signification de la pratique », *Ethnologie française*, 10(1) : 65-88.
Briquet J-L (2012) « Notables et processus de notabilisation en France aux XIXᵉ et XXᵉ siècles », [En ligne], URL : https://hal.archives-ouvertes.fr/hal-00918922/document.
Briquet J-L, Sawicki F (1989) « L'analyse localisée du politique », *Politix*, 7(8) : 6-16.
Brouant J-P (2005) « La compétence habitat des intercommunalités, les jeux ambigus du législateur », *Les annales de la recherche urbaines*, 99 : 93-101.

Bué N, Desage F, Matejko L (2004) « L'intercommunalité sans le citoyen » *in* Le Saout R, Madoré F, *Les effets de l'intercommunalité*, Rennes, PUR : 39-61.

Cadiou S (2014) « Le maire et les paris (risqués) de l'action publique », *Pouvoirs*, 148 : 43-55.

Callède J-P (2002) « Les politiques du sport en France », *L'Année sociologique*, 2(52) : 437-457.

Camus A (1991) « Le Rotary-Club, une forme de sociabilité américaine dans le bocage normand », *Ethnologie française*, 2(21) : 196-203.

Carribon C (2014) « Villes d'eaux, villes de loisirs. L'exemple des stations thermales françaises de la fin du XIXe siècle aux années trente », *Revue d'histoire urbaine*, 41(3) : 83-103.

Castel P, Crespin R (2015) « Bonne pratique médicale », *in* Henry E (dir.), *Dictionnaire critique de l'expertise*, Paris, Presses de Science Po : 57-64.

Castel P, Friedberg E (2010) « Institutional change as an interactive process : the case of the modernization of the French cancer centers », *Organization Science*, 21(2) : 311-330.

Céfaï D (1996) « La construction des problèmes publics. Définitions de situations dans des arènes publiques », *Réseaux*, 75(14) : 43-66.

Céfaï D (2015) « Mondes sociaux. Enquête sur un héritage de l'écologie humaine à Chicago », *SociologieS* [En ligne], URL : http://journals.openedition.org/sociologies/4921

Céfaï D (2016) « Publics, problèmes publics, arènes publiques… Que nous apprend le pragmatisme? », *Questions de communication* [En ligne], URL : http://journals.openedition.org/questionsdecommunication/10704; DOI : 10,4000/

Chaboche J (2010) « Évaluer la performance des dynamiques sportives intercommunales : théorie, méthode, modélisation », *Management & avenir*, 40(10) : 275-295.

Chamard C, Schlenker L (2017) « La place du marketing territorial dans le processus de transformation territoriale », *Gestion et management public*, 1(6) : 41-57.

Charles C (2013) « L'achèvement et la rationalisation de la carte intercommunale : du consensus sur les principes aux dissensions sur la méthode », in Monjal P-Y, Aubelle V (dir), *La France intercommunale, Regards sur la loi de réforme des collectivités territoriales du 16 décembre 2010*, Paris, L'Harmattan.

Charles E, Thouément H (2007) « Le label territorial, facteur d'attractivité touristique : une étude appliquée à la Bretagne », *Téoros*, 2(26) [En ligne], URL : https://journals.openedition.org/teoros/823

Chélini M-P (2001) « Le plan de stabilisation Pinay-Rueff, 1958 », *Revue d'histoire moderne et contemporaine*, 48(4) : 102-123.
Chevalier J (2004) « L'État régulateur », *Revue française d'administration publique*, 111(3) : 473-482.
Clavier C (2009) « Les élus locaux et la santé : des enjeux politiques territoriaux », *Sciences sociales et santé*, 2(27) : 47-64.
Cochoy F (2007) « "*Tasting, testing, teasing*". L'emballage, ou comment (faire) goûter avec les yeux », *in* Assouly O (dir.), *Goûts à vendre. Essais sur la captation esthétique*, Paris, Institut français de la mode / Éditions du Regard, 2007 : 151-168.
Collinet C, Delalandre M (2014) « L'injonction au bien-être dans les programmes de prévention du vieillissement », *L'année sociologique*, 64(2) : 445-467.
Crespy C, Simoulin V (2016) « Le gouvernement à crédit. Tâtonnements des gouvernants, aveuglement des gouvernés ? », *L'Année sociologique* 2(66) : 465-492.
Crozier M, Thoenig J-C (1975) « La régulation des systèmes organisés complexes. Le cas de décision politico-administratif local en France », *Revue française de sociologie*, 1(16) :3-32.
Cusin F, Damon J (2010) « Les villes face aux défis de l'attractivité. Classements, enjeux et stratégies urbaines », *Futuribles*, 367 : 25-46.
Delannoy M-A, Rieu J, Pallez F (2004) « Intercommunalité, une réforme qui cherche ses objectifs », *Politiques et Management Public*, 22(2) : 75-93.
De Maillard J (2014) « Apprentissage », *in* Boussaguet L *et al.* (dir.), *Dictionnaire des politiques publiques*, Paris, Presses de Sciences Po (4e édition) : 62-68.
De Maillard J (2002a) « Les associations dans l'action publique locale : participation fonctionnalisée ou ouverture démocratique ? », *Lien social et politiques*, 48 : 53-65.
De Maillard J (2002b) « Les nouvelles politiques socio-urbaines contractuelles entre conflits et apprentissages », *Politix*, 15(60) : 169-191.
De Maillard J (2000) « Le partenariat en représentations : contribution à l'analyse des nouvelles politiques sociales territorialisés », *Politiques et Management publi*c, 18(3) : 21-41.
Desage F (2009) « Un régime de grande coalition permanente ? Éléments lillois pour une sociologie des "consensus" intercommunaux », *Politix*, 88(4) : 133-161.
Desage F, Guéranger D (2010) « La démocratisation de l'intercommunalité n'aura pas lieu », *Savoir/Agir*, 11(1) : 19-27.

Desage F, Kaciaf N (2019) « Publicité, sauvegarde du peuple ? », *Congrès de l'AFSP, ST 82 « Contester la métropole »*.
Desrumaux C (2016), « Une approche configurationnelle des styles de campagne. Les mobilisations électorales législatives en Grande-Bretagne (1997-2005) », *Politix*, 113(1) : 43-64.
Devisme L et *al.* (2007) « Le jeu des "bonnes pratiques" dans les opérations urbaines, entre normes et fabrique locale », *Espaces et sociétés*, 131(4) : 15-31.
D'Harcourt H (2014) « Le lobby des maires », *Pouvoirs*, 148 : 71-80.
Douillet A-C (2003) « Les élus ruraux face à la territorialisation de l'action publique », *Revue française de science politique*, 53 : 583-606.
Douillet A-C, De Maillard J (2008) « Le magistrat, le maire et la sécurité publique : action publique partenariale et dynamiques professionnelles », *Revue Française de Sociologie*, 4(49) : 793-818.
Dormois R (2008) « Les coalitions dans l'analyse des politiques urbaines post-keynésiennes. Discussion à partir de la comparaison des politiques de régénération urbaine menées dans trois villes européennes en reconversion », *Métropoles*, n°4, [En ligne], URL : https://journals.openedition.org/metropoles/3122
Dormois R (2006) « Structurer une capacité politique à l'échelle urbaine. Les dynamiques de planification à Nantes et à Rennes (1977-2001) », *Revue française de science politique*, 5(56) : 837-867.
Dumons B, Pollet G (2011) « Espaces politiques et gouvernements municipaux dans la France de la IIIe République. Éclairage sur la sociogenèse de l'État contemporain », *Politix*, 53(14) : 15-32.
Duran P (2010) « L'évaluation des politiques publiques : une résistible obligation. Introduction générale », *Revue française des affaires sociales*, 1 : 5-24.
Duran P, Thoenig J-C (1996) « L'État et la gestion publique territoriale », *Revue française de science politique*, 4(46) : 580-623.
Dutheil F (2003) « Le sport à la cure : le corps médical face à la diffusion des pratiques sportives dans la station thermale de Vichy. 1875-1914 », *STAPS*, 61 : 39-52.
Dutheil F (2004) « Une image raffinée et avant-gardiste de la station thermale : le sport féminin à Vichy (1875-1914) », *STAPS*, 66(4) : 11-23.
Elias N (2000) « La transformation de la balance des pouvoirs entre les sexes. Étude sociologique d'un processus à travers l'exemple de l'État romain antique », *Politix*, 51 : 15-53.
Epstein R (2005) « Gouverner à distance. Quand l'État se retire des territoires », *Esprit*, 11 : 96-111.

Epstein R (2015) « La gouvernance territoriale : une affaire d'État. La dimension verticale de la construction de l'action collective dans les territoires », *L'Année sociologique*, 2(65) : 457-482.

Epstein R (2013) Les trophées de la gouvernance urbaine », *Pouvoirs locaux : les cahiers de la décentralisation*, 37 : 13-18.

Fabry N (2009) « Clusters de tourisme, compétitivité des acteurs et attractivité des territoires », *Revue internationale d'intelligence économique*, 1(1) : 55-66.

Falaix L (2012) « Les sports de nature dans le département des Landes : du développement maîtrisé à la mobilisation d'une "ressources territoriales" », *Annales de géographie*, 686(4) : 410-432.

Faure A (2013) « Arène », *in* Faure A *et al.* (dir.), *Dictionnaire critique et interdisciplinaire de la participation*, GIS Démocratie et Participation, [En ligne], URL : halshs-00991781

Favier-Ambrosini B (2016) « Socio-histoire du lien entre activité physique et santé, de 1960 à 1980 », *Santé publique*, 1 : 13-24.

Férérol M-E (2012) « Naissance et développement de La Bourboule : ville thermale neuve française exemplaire », *Espaces et Société*, 151(3) : 49-67

Fressoz J-B (2015) « Objectivité », *in* Henry E (dir.), *Dictionnaire critique de l'expertise*, Paris, Presses de Science Po : 225-231.

Fretel J (2004) « Le parti comme fabrique de notables. Réflexions sur les pratiques notabiliaires des élus de l'UDF », *Politix*, 65(17) : 45-72.

Friedberg E (1999) « L'entretien dans l'approche organisationnelle de l'action collective : les cas des universités et des politiques culturelles municipales », *in* COHEN Samy (dir.), *L'art d'interviewer les dirigeants*, Paris, PUF.

Friedberg E (1992) « Les quatre dimensions de l'action organisée », *Revue française de sociologie*, 33(4) : 531-557.

Friedberg E (2009) « Pouvoir et négociation », *Négociations*, 12(2) : 15-22.

Frinault T (2017) « Les communes nouvelles : l'invité surprise de la réforme territoriale », *Revue française d'administration publique*, 162(2) : 277-294.

Genieys W, Smith A, Baraize F, Faure A, Négrier E (2000) « Le pouvoir local en débats. Sociologie du rapport entre leadership et territoire », *Pôle Sud*, 13 : 103-119.

Genieys W (1997) « Le territoire imaginaire du "Pays Cathare". Nouvelles dynamiques du développement local en milieu rural », *Pôle Sud*, 7 : 118-131.

Génolini J-P, Clément J-P (2010) « Lutter contre la sédentarité : l'incorporation d'une nouvelle morale de l'effort », *Sciences sociales et sport*, 3(1) : 133-156.
Gerbaux F, Marcelpoil E (2006) « Gouvernance des stations de montagne en France : les spécificités du partenariat public-privé », *Revue de Géographie Alpine*, 94(1) : 9-19.
Gilbert C, Henry E (2012) « La définition des problèmes publics : entre publicité et discrétion », *Revue française de sociologie*, 53(1) : 35-59
Girard V (2008) « Une notabilisation sous contrôle : la trajectoire d'un maire rural face à un professionnel de la politique sur la scène intercommunale (1971-1995) », *Politix*, 8(3) : 49-74.
Gonçalves O (2013) « Gestion privée ou publique : quel système de gouvernance pour quelle performance ? », *Gestion et management public*, 3(1) : 40-57.
Gourlay F, Marinos C (2017) « L'émergence d'un territoire d'action et de projet : Bretagne Sud, entre coopération et indécision », *Pouvoirs locaux*, 111(3) : 59-66.
Grémion P (1970) « Introduction à une étude du système politico-administratif local », *Sociologie du travail*, 1(12) : 51-73.
Guéranger D (2004) « L'impensé de la réforme intercommunale. La mise en place des administrations des communautés d'agglomération », *Revue française d'administration publique*, 111(3) : 461-472.
Guéranger D (2008) « L'intercommunalité, créature de l'État. Analyse socio-historique de la coopération intercommunale. Le cas du bassin chambérien », *Revue française de science politique*, 4(58) : 595-616.
Guibert C (2006) « Politiques de communication et identifications territoriales différenciées : les usages politiques des vagues et de l'univers du surf par les municipalités de la côte Aquitaine », *Téoros*, 2(25) : 62-71.
Haschar-Noé N (2004) « L'évolution des politiques sportives municipales en France : entre « rationalisation » et construction identitaire », *Loisir et Société*, 2(27) : 489-527.
Hassenteufel P (2010) « Les processus de mise sur agenda : sélection et construction des problèmes publics », *Informations sociales*, 157 : 50-58.
Hassenteufel P (2008) « L'État mis à nu par les politiques publiques ? », *in* Badie B, Déloye Y (dir.), *Le temps de l'État*, Paris, Fayard, 2008.
Hassenteufel P (2011) « Les transformations du mode de gouvernement de l'Assurance maladie : une comparaison France / Allemagne », *La revue de l'IRES*, 70(3) : 3-32.

Hastings-Marchadier A (2011) « VII. Les financements croisés dans les budgets locaux », *Droit et gestion des collectivités territoriales*, 31 : 123-137.

Hautbois C, Desbordes M (2011) « Le sport dans la stratégie de communication des collectivités territoriales : le cas de la Seine-Saint-Denis », *Politiques & management public*, 4(28) : 509-530.

Honta M (2016) « Le sport dans les "territoires de projet" ou les chemins tortueux de la coopération intercommunal » *Cahiers de géographie du Québec*, 171(60) : 439-453.

Honta M (2004) « Sport et Action publique locale : des initiatives entre concurrence et complémentarités inter-institutionnelles. Le cas de la ville de Mérignac (Gironde) », *STAPS*, 63(1) : 107-122.

Honta M (2008) « Sport et intercommunalité : quels enjeux pour la définition des politiques départementales et l'articulation de l'action publique sportive locale ? », *STAPS*, 80(2) : 115-136.

Honta M, Basson J-C (2017) « La fabrique du gouvernement métropolitain de la santé. L'épreuve de la légitimation politique », *Gouvernement et action publique*, 2(2) : 63-82.

Houllier-Guibert C-E (2012) « De la communication publique vers le marketing des territoires : approche microsociologique de la fabrication de l'image de marque », *Gestion et management public*, 2(1) : 35-49.

Houllier-Guibert C-E (2017) « Gérer l'image des territoires avec le marketing territorial : émergence d'un "place branding" francophone? », *Gestion et Management Public*, 1(6) : 6-7.

Houllier-Guibert C-E (2019) L'attractivité comme objectif stratégique des collectivités locales. *Revue d'Économie Régionale & Urbaine*, 1, 153-175

Hummel C (2006) « Le sénior, la science et le marché : un point de vue sur vieillissement différentiel selon l'origine sociale », *Revue suisse de sociologie*, 3(32) : 511-525.

Hummel C (2002) « Les paradigmes de recherche aux prises avec leurs effets secondaires », *Gérontologie et société*, 102(25) : 41-52.

Huron D (2001) « Une typologie de maires entrepreneurs politiques comme aide au conseil dans les mairies », *Politiques et management public*, 2(19) : 63-81.

Jaisson M (2002a) « La mort aurait-elle mauvais genre ? La structure des spécialités médicales à l'épreuve de la morphologie sociale », *Actes de la recherche en sciences sociales*, 143(3) : 44-52.

Jaisson M (2002b) « L'honneur perdu du généraliste », *Actes de la recherche en sciences sociales*, 143(3) : 31-35.

Jobert B (2003) « Le mythe de la gouvernance dépolitisée », *in* Favre P *et al.* (dir.), *Être gouverné. Études en l'honneur de Jean Leca*, Paris, Presses de Sciences Po : 273-285.
Jobert B (1992) « Représentations sociales, controverses et débats dans la conduite des politiques publiques », *Revue française de science politique*, 2(42) : 219-234.
Karpik L (1996) « Dispositifs de confiance et engagements crédibles », *Sociologie du travail*, 38 : 527-550.
Karpik L (2013) « Éléments de l'économie des singularités », *in* Steiner P *et al.*, *Traité de sociologie économique*, PUF, coll. « Quadrige » :163-206.
Karpik L (2000) « Le *guide rouge Michelin* », *Sociologie du travail*, 42 :369-389.
Karpik L (1989) « L'économie de la qualité », *Revue française de sociologie*, 30(2) : 187-210.
Kessous E (2000) « L'objectivation des qualités industrielles en discussion. Les acteurs du marché européen confrontés à l'élaboration de normes communes », *Réseaux*, 18(102) : 91-117.
Koebel M (2011) « Le sport, enjeu identitaire dans l'espace politique local », *Savoir/Agir*, 15(1) : 39-47.
Laconme P (1998) « La thalassothérapie sur la côte basque », *Sud-Ouest européen*, 1 : 59-68.
Lafage-Coutens A, Prenat-Laville C, Simoulin V (2019) « La construction politique et organisationnelle de la région Occitanie », *Pôle Sud*, 50(1) :105-120.
Lagadec P (2002) « La recherche confrontée à la question des crises. Pour des ruptures créatrices », *in* Gilbert C (dir.), *Risques collectifs et situations de crise. Apports de la recherche en sciences humaines et sociale*, Paris, L'Harmattan : 297-317.
Lagrange J (2019) « Aix-les-Bains, la création d'une ville d'eau et la publicité », *Histoire urbaine*, 56(3) : 129-152
Lagroye J (1985) « Légitimation », *in* Grawitz M, Leca J, *Traité de science politique. Tome 1, La science politique, science sociale. L'ordre politique*, PUF : 395-467.
Laroque M (2015) « Des premiers systèmes obligatoires de protection sociale aux assurances sociales », *Vie sociale*, 10 : 31-48.
Laroque P (2015) « Sécurité sociale et assurances sociales : la mise en œuvre de la sécurité sociale », *Vie sociale*, 10 : 51 à 71.
Lascoumes P (1990) « Normes juridiques et mise en œuvre des politiques publiques », *L'Année sociologique*, 40 : 43-71.

Lascoumes P, Le Bourhis J-P (1998) « Le bien commun comme construit territorial. Identités d'action et procédures », *Politix*, 42(11) : 37-66.

Lazéga E (2006) « Capital social, processus sociaux et capacité d'action collective », *in* Bevort A, Lallement M (dir.), *Le capital social. Performance, équité et réciprocité*, Paris, La Découverte : 211-225.

Lazéga E (2013) « Théorie de la coopération entre concurrents : organisations, marchés et analyse de réseaux », *in* Steiner P et *al.* (dir.), *Traité de sociologie économique*, Paris, PUF, coll. « Quadrige » : 533-571.

Le Bart C (2015) « Administration et pouvoir local », *in* Cohen A, Lacroix N, Riutort P, *Nouveau manuel de science politique*, Paris, La découverte, coll. « Grands Repères » : 299-310.

Le Bart C (2012) « La communication politique », *in* Verpeaux M *Institutions et vie politique sous la V*[e] République, 4e éditions, La documentation française, coll. « Les notices » : 277-279.

Le Bart C (2000) « Les bulletins municipaux : une contribution ambigüe à la démocratie local », *Hermès*, 26-27(1) :175-184.

Le Bart C (1999) « Les politique d'image. Entre marketing territorial et identité locale », *in* Balme R, Faure A, Mabileau A, *Les nouvelles politiques locales. Dynamiques de l'action publique*, Paris, Presses de Sciences Po : 415-427.

Le Bart C (2011) « Marketing territorial », *in* Cole A, Guigner S et Pasquier R, *Dictionnaire des politiques territoriales*, Paris, Presses de Sciences Po : 324-329.

Le Bart C, Procureur T (2011) « Quand les côtes du Nord sont devenues les côtes d'Armor. Le département entre identité et attractivité », *Mots. Les langages du politique*, 104 : 31-44.

Le Berre M (1992) « Territoire », *in* Bailly A, Pumain D, *Encyclopédie de géographie*, Economica, Paris : 617-638.

Le Bot J-M (2017) « Sociologie des emballages et marketing touristique. Un double attachement : aguichement et appariement », *Téoros*, 36(2) [En ligne] URL : https://journals.openedition.org/teoros/3114

Le Galès P (1995) « Du gouvernement des villes à la gouvernance urbaine », *Revue française de sciences politiques*, 1(45) : 57-95

Legavre J-B (2011) « Entre conflit et coopération. Les journalistes et les communicants comme "associés-rivaux" », *Communication et langages*, 169(3) : 105-123.

Le Goff E (2011) « Innovations politiques locales, régulation de l'État et disparités territoriales. Un regard historique sur les politiques locales de santé dans les villes françaises (1879-2010) », *Revue française des affaires sociales*, 4 : 158-177.

Le Lidec P (2012) « L'intercommunalité, une variable d'ajustement dans la réforme des collectivités territoriales? Généalogie d'un projet, stratégies et arbitrages politiques », *in* Le Saout R (dir.), *Réformer l'intercommunalité. Enjeux et controverses autour de la réforme des collectivités territoriales*, Rennes, Presses universitaires de Rennes : 21-45.

Le Saout R (2001) « De l'autonomie fonctionnelle à l'autonomie politique. La question de l'élection des délégués d'établissements intercommunaux », *Actes de la recherche en sciences sociales*, 140(5) : 73-79.

Le Saout R (2015) « Le resserrement du « double jeu » intercommunal des maires », *Revue française d'administration publique*, 154(2) : 489-503.

Le Saout R, Olive M (2007) « L'intercommunalité et les directeurs des services municipaux. Entre distanciation et engagement », *Politiques et management public*, 2(25) 45-64.

Lohez M (2000) « Thermalisme et tourisme : les évolutions récentes en France », *L'information géographique*, 4(64) 314-321.

Lorrain D (1993) « Après la décentralisation. L'action publique flexible », *Sociologie du travail*, 1993, 3(35) : 285-307.

Lorrain D (1991) « De l'administration républicaine au gouvernement urbain », *Sociologie du travail,* 4(33) : 461-484.

Lorrain D (2000) « Gouverner les villes. Questions pour un agenda de recherche », *Pôle Sud*, 13 : 27-40.

Lorrain D (1989) « La montée en puissance des villes », *Économie et humanisme*, 305(1) 6-20.

Nezosi G (2017) « Quelle gouvernance au sein de la Sécurité sociale », *Regards*, 52(2) : 37-47.

Mabileau A (1997) « Les génies invisibles du local. Faux-semblants et dynamiques de la décentralisation », *Revue française de science politique*, 3-4(47) : 340-376.

Merrien F-X (1999) « La Nouvelle-Gestion publique : un concept mythique », *Lien social et Politiques*, 41 : 95-103.

Millet-Fourrier C, Lépine V, Marin-Juchat F (2011) « Représentations des pratiques des professionnels de la communication en France : entre injonctions marketing et idéal de la communication », *Revue internationale Communication sociale et publique*, 6 : 41-56

Montargot N, Férérol M-E (2016) « Analyse d'un cluster thermal. Au carrefour du tourisme médical et du bien-être : le cas d'INNOVATHERM en Auvergne Rhône-Alpes », *Revue francophone sur la santé et les territoires*.

Morel C (2016) « Les refus de négocier », *Négociations*, 26 : 7-18.
Muller B (2005) « Les nouveaux modes de régulation de l'action publique », *Pensée plurielle*, 10(2) : 159-177.
Muller P (1997) « L'européanisation des politiques publiques : politiques communautaires et managements publique », *Politiques et management public*, 1(15) : 3-9.
Muller P (1990) « Les politiques publiques entre secteurs et territoires », *Politiques et management public*, 8(3) : 19-33.
Muller P (1985) « Un schéma d'analyse des politiques sectorielles », *Revue française de science politique*, 35(2) : 165-189.
Murard L, Zylberman P (1993) « Experts et notables. Les bureaux municipaux d'hygiène en France (1879-1914), *Genèses*, 10 : 53-73.
Nay O (1994) « Les enjeux symboliques du développement local : l'exemple de la politique de communication de Montpellier », *Politiques et management public*, 4(2) : 51-69.
Nay O (1997) « L'institutionnalisation de la région comme apprentissage des rôles. Le cas des conseillers régionaux », *Politix*, 38(10) : 18-46.
Négrier E (2005) « Leadership, territoire et action publique », *in La question métropolitaine. Les politiques à l'épreuve du changement d'échelle territoriale*, Grenoble, PUG, 2005 : 153-193.
Nevers J-Y (1992) « Entre consensus et conflits, la configuration des compétitions aux élections municipales dans les communes rurales », *Revue française de sociologie*, 33 : 391-416.
Offner J-M (2006) « Les territoires de l'action publique. Fausse pertinence et jeux d'écarts », *Revue française de sociologie*, 1(56) :27-47.
Palier B (2014) « Path dependence (dépendance au chemin emprunté) », *in* Boussaguet L *et al.*, *Dictionnaire des politiques publiques*, Paris, Presses de Sciences Po : 411-419.
Pasquier R (2016) « Crise économique et différenciation territoriale. Les régions et les métropoles dans la décentralisation français », *Revue internationale de politique comparée*, 3(23) : 327-353.
Pasquier R (2017) « Une révolution territoriale silencieuse? Les communes nouvelles entre européanisation et gouvernance territoriale », *Revue française d'administration publique*, 162(2) : 239-252.
Peljak D (2011) « L'éducation thérapeutique du patient : la nécessité d'une approche globale, coordonnée et pérenne », *Santé publique*, 2(23) : 135-141.
Pénez J (2004) « Les réseaux d'investissement dans le thermalisme au XIXe siècle en France », *In Situ* [En ligne] : 2-21.

Pierru F (2011) « La santé en fusions. L'accouchement des agences régionales de santé au forceps institutionnel », *Congrès de l'Association français de science politiques*, 2011.
Pierson P (1993) « When Effects Becomes Cause. Policy Feedback and Political Change », *World Politics*, 45(4) : 595-628.
Pinell P (2005) « Champ médical et processus de spécialisation », *Actes de la recherche en sciences sociales*, 156-157(1) : 4-36.
Pinson G (2007) « Gouverner une grande ville européenne. Les registres d'action et de légitimation des élus à Venise et Manchester », *Sciences de la société*, 71 : 89-113.
Pinson G (2010) « La gouvernance des villes français. Du schéma centre-périphérie aux régimes urbains », *Pôle Sud*, 32(1) : 73-92.
Pinson G (2014) « Le maire et ses partenaires : du schéma centre-périphérie à la gouvernance multi-niveaux », *Pouvoirs*, 148(1) : 95-111.
Pinson G (2019) « Penser par cas, penser par comparaison. Études urbaines et pratique des monographies comparées », *in* Authier J-Y, *D'une ville à l'autre*, Paris, La Découverte : 43-66.
Pinson G (2006) « Projets de ville et gouvernance urbaine. Pluralisation des espaces politiques et recomposition d'une capacité d'action collective dans les villes européennes », *Revue française de science politique* », 4(56) : 619-651.
Pinson G, Sala-Pala V (2007) « Peut-on vraiment se passer de l'entretien en sociologie de l'action publique? », *Revue française de science politique*, 5(57) : 555-597.
Poisson J (2004) « Le voyage aux eaux. Histoire de la desserte ferroviaire des stations thermales », *Revue d'histoire des chemins de fer*, [En ligne], URL : https://journals.openedition.org/rhcf/700
Pollet J (1995) « La construction de l'État social à la française : entre local et national (XIXe et XXe siècles) », *Lien social et Politiques*, 33 : 115-131.
Porter M (1998) « Clusters and the new Economics of competition », Harvard Business Review, November-December 1998. [En ligne] URL : https://hbr.org/1998/11/clusters-and-the-new-economics-of-competition.
Poussard A (1996) « Rétrospectives chronologique des villes bas-normandes », *Norois*, 169 : 229-241.
Réau B (2005) « Évasions temporaires : socialisations et relâchement des contrôles dans les villages de vacances familiaux », *Espaces et sociétés*, 120-121(2) : 123-139.
Reigner H, Ségas S (2013) « Faire régime. Variété des régimes d'engagement et labilité des coalitions en ville ». *12ème Congrès de*

l'Association Française de Science Politique. Association Française de Science Politique – AFSP.

Remoussard-Pourquier C, Ditter J-G (2015) « De la coordination au leadership : le rôle de l'animateur de cluster », *Revue d'économie industrielle* [En ligne], 152, URL : http://rei.revues.org/6205.

Retière J-N (2004) « Autour de l'autochtonie. Réflexions sur la notion de capital social populaire », *Politix,* 63(16) : 121-143.

Roubieu O (1994) « Le modèle du "manager". L'imposition d'une figure légitime parmi les hauts fonctionnaires des collectivités locales », *Politix,* 28(7) : 35-48.

Salman S, Topçu S (2015) « Expertise profane », *in* Henry E (dir.), *Dictionnaire critique de l'expertise*, Paris, Presses de Science Po : 164-172.

Sawicki F (2003) « Le leadership politique : un concept à remettre sur le métier ? », *in* Smith A, Sorbets C (dir.), *Le Leadership et le territoire. Les cadres d'analyse en débat*, Rennes, PUR : 71-88.

Sheppard-Sellam E (2019) « Problème public », *in* Boussaguet L *et al.* (dir.), *Dictionnaire des politiques publiques,* Paris, Presses de Science Po : 504-510.

Sonnet A, Lestrelin L, Honta M (2017) « La fabrique des territoires du "bien vieillir" : recompositions du thermalisme et gouvernement municipal en France. Le cas de Bagnoles de l'Orne (Normandie) », *Lien social et Politiques*, 79 : 53-72.

Sonnet A, Honta M, Lestrelin L (2025) « (Se) jouer de la coopération intercommunale. Normes juridiques et stratégies de sauvegarde d'une capacité politique des villes thermales en milieu rural », *Revue d'économie régionale et urbaine*, 1 : 5-24.

Snow D *et al.* (2000) « Le legs de l'École de Chicago à la théorie de l'action collective. Entretien avec David Snow », *Politix*, 50(13) : 151-162.

Stone C (1993) « Urban régimes and the capacity to govern : a political economy approach », *Journal of Urban Affairs*, 1(15).

Tabuteau D (2003) « Les agences sanitaires : balkanisation d'une administration ou retour de l'État hygiéniste ? », *Les tribunes de la santé*, 1 : 34-46

Tabuteau D (2004) « Les autres défis de l'Assurance maladie », *les tribunes de la santé*, 4(3) : 111 à 125.

Talandier M (2008) « L'économie résidentielle à l'horizon 2040 », *Futuribles*, 388 : 35-49.

Taulelle F (2012) « Ce que nous avons vu en matière de services publics dans les quatre pays de l'étude : le délaissement du territoire », *Sciences de la société*, 86 : 5-13.

Tracol M (2019) « Le gouvernement Mauroy face à la désindustrialisation : de la crise économique à la crise sociale et politique », *Revue d'histoire*, 144 : 65-79.

Tétu J-F (1995) « L'espace public local et ses médiations », *Hermès*, 17-18 : 287-298.

Tourette-Turgis C, Thievenaz J (2014) « L'éducation thérapeutique du patient : champ de pratique et champ de recherche », *Savoirs*, 35(2) : 9-48.

Tissot S (2010) « De l'usage de la notion de capital d'autochtonie dans l'étude des catégories supérieures », *Regards sociologiques*, 40 : 99-109.

Vignon S (2011) « De la mairie à la communauté de communes : renouvellement des formes d'action publique et transformation du personnel politique local », *Pour*, 209-210(2) : 135-148.

Vincent J (2010) « Hors saison : une saison à préparer la station balnéaire (Bretagne-Sud et Vendée, 1850-1945) », *Annales de Bretagne et des pays de l'Ouest*, 117-3 : 113-126.

Worms J-P (1966) « Le préfet et ses notables », *Sociologie du travail*, 3 : 249-275.

Weisz G (2002) « Le thermalisme en France au XXe siècle », *Medecine sciences*, 18 : 101-108.

Zumbo-Lebrument C (2017) « Les dispositifs de marketing territorial comme vecteur de participation : une approche arnsteinienne d'une marque de territoire », *Gestion et management public*, 1(6) : 9-24.

Littérature grise

AQUACERT-HACCP (2011) Thermalisme, Système de management de la sécurité sanitaire. AES Certification. Produits, dérivés et soins thermaux, Version n° 1.

Chambre régionale des comptes, Aquitaine, Poitou-Charentes (2014), *Rapport d'observations définitives sur la gestion de la société d'économie mixte « compagnie thermale de Dax »*, Bordeaux.

Conseil national des exploitants thermaux (2008), « Thermalisme et Santé publique : vers de nouvelles convergences », Livre blanc remis auprès du Ministère de la Santé.

Conseil national du tourisme, section des politiques territoriales et du développement durable (2011) « La diversification des activités des stations thermales », présidé par Moisset P, Ministère de l'Économie, des Finances et de l'Industrie.

Cour des comptes – rapport public annuel (2019), « Thermalisme et collectivités territoriales, un système fragile : le cas Occitan ».
Cour des comptes – Rapport public particulier (1995), « Les interventions publiques dans le domaine du thermalisme ».
Deloménie P (2000), « Rapport sur le thermalisme français », Inspection générale des affaires sociales, Ministère de l'Emploi et de la solidarité.
Dord D, Dubié J (2016), « Rapport d'information sur l'évaluation du soutien public au thermalisme », enregistré à la Présidence de l'Assemblée nationale.
Guide des bonnes pratiques (2004). *Presse thermale et climatique*, 141 : 101-143.
Lefevre A, Schillinger P (2019) *Mieux associer les élus municipaux à la gouvernance des intercommunalités : valoriser les bonnes pratiques,* Rapport d'information enregistré à la Présidence du Sénat.
Questel B, Schellenberger R (2019), *Rapport d'information sur l'évaluation de l'impact de la loi n° 2015-991 du 7 août 2015 relative à la nouvelle organisation territoriale de la République (loi NOTRe)*, Commission des lois constitutionnelles de la législation et de l'Administration Générale de la République.

La Fabrique du politique (FAPOL)

Sociologie de l'action publique

L'analyse des politiques publiques, des institutions et acteurs qui les conçoivent, a beaucoup gagné à s'ouvrir largement aux autres sciences sociales et particulièrement à la sociologie. Qu'il s'agisse des organisations internationales, des institutions européennes, des administrations nationales ou encore des collectivités territoriales, les enquêtes quantitatives et qualitatives sur leur personnel et leurs interlocuteurs privilégiés, l'observation ethnographique, le travail sur archives, permettent de renouveler le regard sur l'action publique. Attentives à la diversité des acteurs engagés dans la formulation des politiques publiques, ces recherches peuvent en outre s'appuyer avec profit sur les enseignements et concepts de la sociologie du droit, des organisations, des professions, ou des institutions pour éclairer la façon dont élus, fonctionnaires, experts, représentants d'intérêts, ou encore usagers y contribuent.

La collection accueille des travaux inscrits dans une telle perspective de recherche et mobilisant à cette fin tous types d'enquêtes et de données empiriques de nature à éclairer la fabrique du politique, de l'échelle locale à l'échelle internationale.

Ouvrages parus :

Vol. 1 : Guillaume Courty, *Le lobbying en France. Invention et normalisation d'une pratique politique*, 2018.

Vol. 2 : Yohann Morival, *Les Europes du patronat français depuis 1948*, 2019.

Vol. 3 : Christine Guionnet et Bleuwenn Lechaux (dir.), *Rapports au genre en politique. Petits accommodements du quotidien*, 2020.

Vol. 4 : Willy Beauvallet, Cécile Robert, Elise Roullaud (dir.), *EU Affairs. Sociologie des lobbyistes européens*, 2022.

Vol. 5 : Chloé Gaboriaux et Martine Kaluszynski (dir.), *Au nom de l'intérêt général*, 2022.

Vol. 6 : Gaëlle Ronsin, *Sociologie des conseils scientifiques, Un millefeuille scientifique pour protéger la nature*, 2022.

Vol. 7 : Lola Avril, Samuel B. H. Faure, Vincent Lebrou (dir.), « *C'est la crise* ». *Contribution à une sociologie politique de l'action publique européenne*, 2023.

Vol. 8 : Emmanuel Martinais, *La fabrique administrative des lois et règlements. Enquête au ministère de l'environnement après la catastrophe d'AZF*, 2024.

Vol. 9 : Lorenzo Barrault-Stella et Sébastien Michon (dir.), *Intermédiations politiques. Les reconfigurations des modes d'exercice de la domination politique*, 2024.

Vol. 10 : Adrien Sonnet, *Le gouvernement municipal du thermalisme. Fragilité sectorielle et recompositions d'une capacité politique territoriale*, 2026.

www.peterlang.com